AF155527

Elisabeth BRANDT

Pestilenz

Unser langer Weg mit
den Seuchen

novum pro

e-book

Dieses Buch ist auch als **e-book erhältlich.**

www.novumverlag.com

© 2022 novum Verlag

ISBN 978-3-99131-740-1
Lektorat: Leon Haußmann
Umschlagfoto: Ausschnitt aus
einem Gemälde von Arnold Böcklin
Reprografie aus Kunstbuch2.
Handelsblatt3. Kunstmuseum Basel,
Online Collektion, Gemeinfrei CC0
Umschlaggestaltung, Layout & Satz:
novum Verlag
Innenabbildungen: siehe
Bildquellennachweis S. 370

Die von der Autorin zur Verfügung
gestellten Abbildungen wurden in der
bestmöglichen Qualität gedruckt.

www.novumverlag.com

Bibliografische Information
der Deutschen Nationalbibliothek:

Die Deutsche Nationalbibliothek
verzeichnet diese Publikation in
der Deutschen Nationalbibliografie.
Detaillierte bibliografische Daten
sind im Internet über
http://www.d-nb.de abrufbar.

Gedruckt in der Europäischen Union
auf umweltfreundlichem, chlor- und
säurefrei gebleichtem Papier.

Inhaltsverzeichnis

Prolog

„Die Krankheiten wandern hin und her, so weit die Welt ist, und bleiben nicht an einem Ort. Will einer viele Krankheiten erkennen, so wandert er auch – wandert er weit so erfährt er viel und lernt viel kennen." Paracelsus (1493–1541)

Die karge Mansarde ist eiskalt und die junge, bleiche Frau zittert so stark, dass das Publikum auch schon fröstelt. Ihr Geliebter muss sie stützen, während er zärtlich versichert, sie sei schön wie die Morgenröte. Das Kompliment ist zu dick aufgetragen, seine Liebste seufzt im lyrischen Sopran, er meine wohl den Sonnenuntergang. Dem Zuschauer schwant, es geht zu Ende. Opernfreunde erkennen den Zweigesang, in dem die todkranke Mimi und ihr Rodolpho tränenreich Abschied voneinander nehmen. Mit seiner überirdisch schönen Musik machte Giacomo Puccini in seiner Oper *La Bohéme* die verblassende Stickerin unsterblich, auch wenn sie laut Libretto gerade der Tuberkulose erliegt. Wie Mimi hauchten und husteten damals viele Menschen ihr Leben aus, weil sie von Schwindsucht zerfressen wurden. Weil Puccini und viele andere das Dahinschwinden an der garstigen Infektion ästhetisch aufwerteten, unterschätzen wir, welch unendliches Leid die Seuche verursacht. Bis heute bringt sie Jahr für Jahr 1,5 Millionen Menschen einen qualvollen Tod, ganz ohne Soundtrack. Puccinis Oper zeigt klangvoll, warum die Heimsuchung Seuche sich nicht auf Erreger, Symptome und Krankheitsverläufe reduzieren lässt. Genau darum geht es in dem vorliegenden Buch, ich möchte das Ur-Trauma Plage mit all seinen Facetten und Komplexitäten betrachten. Als Anthropologin bewege ich mich dabei im Grenzbereich zwischen Natur- und Geisteswissenschaften. In meinem Fach nutzen wir Erkenntnisse aus vielen Disziplinen, um die Wirklichkeit der Menschen in geschichtlichen und vorgeschichtlichen Zeiträumen zu erforschen. Auch wie der Mensch sich entwickelt und dabei seine Umwelt verändert hat, interessiert meine Zunft. Ebenso haben natürlich auch Ökosysteme ihre Bewohner geprägt, nicht zuletzt durch Epidemien. Was Sie erwartet, ist ein Zeitreiseführer, eine Tour durch die lange Geschichte der Plagen, Seuchen und Pandemien. Wie in jedem Fremdenführer werden wichtige Schauplätze, Ereignisse und Traditionen beschrieben, um anschaulich den Horizont zu erweitern. Ich möchte Sie verständlich und ansprechend über ein elementares Thema informieren, das sich durch die gesamte Menschheitsgeschichte zieht. Meine Erzählung reichere ich nicht nur durch viele Fakten an, sondern auch durch ein buntes Gemisch aus Anekdoten und Lebensläufen. Hin und wieder kommen auch Zeitzeugen zu Wort, wie zum Beispiel Sir Arthur Conan Doyle, der mal als Arzt, mal in Gestalt seiner Schöpfung Sherlock Holmes zum Leser spricht. Wie jeder gute Reiseführer soll Ihnen mein Buch Lust auf unser Reiseziel machen. Klar, Plagen und Seuchen sind auf den ersten Blick nicht gerade verlockende Destinationen. Bei näherem Hinschauen findet der Reisende aber viel Staunenswertes auf seiner Tour entlang der Spur der Naturgewalt Infektionskrankheit, die uns bis in die Gegenwart entscheidend prägt. Ich will Sie neugierig darauf machen, wie Menschen früher mit Masseninfektionen umgegangen sind. Lebensumstände und Zeitgeist einer Epoche lassen sich nicht einfach ausgraben oder nachlesen. Lange hinterließen nur gekrönte Häupter und andere Promis schriftliche Spuren. Wie es der Masse während einer Seuche erging, muss anhand eines Puzzles aus kurzen Randnotizen oder Kirchenbüchern, sowie aus archäologischen und anderen Indizien mühsam rekonstruiert werden. Welche Folgen hatten frühere Pandemien für unsere Vorfahren? Wie hat sich unsere Wahrnehmung von Seuchen geändert? Es gibt viele Parallelen, aber auch ein paar entscheidende Unterschiede zur aktuellen COVID-19 Pandemie. Kurt Tucholsky regt an, der Enge der Zeit durch das Studium der Geschichte zu entfliehen, ähnlich wie Reisende die heimatliche Beschränktheit erst in fremden Ländern begreifen. Heute beherrscht die Corona Krise unsere Wirklichkeit, durch den Vergleich mit anderen epidemischen Katastrophen können wir dieser Tyrannei durch *SARS-CoV-2* entkommen. Ein Streifzug durch vergangene Plagen-Epochen hilft, das gegenwärtige Pandemie-Trauma einzuordnen und relativiert so manche Verschwörungstheorie, versprochen. Und da geht noch mehr: auf unserer historischen Sightseeing-Tour sehen wir, wie Umwelt, Infektionen und unser Verhalten zusammenhängen und erkennen, welche Konsequenzen das im Hier und Jetzt für uns hat. Als ob Vergangenheitsanalyse und Gegenwartsverständnis nicht genug wären, bereitet uns dieses Buch auch auf die Zeit nach Corona vor. Da stehen nämlich, nach Meinung von Pandemie-Experten, ein paar wichtige Entscheidungen an, wenn wir die nächste Pandemie vermeiden wollen.

Einleitung

Wie für Reiseführer üblich, beginnt auch mein Zeitguide mit einer Auflistung wichtiger Vokabeln in der Landessprache. Anstelle von „merci", „buenos dias" oder „arrividerci" klären wir ein paar wissenschaftliche Begriffe mit Seuchenrelevanz. Dann brechen wir auf, ganz früh in der Morgendämmerung der Menschheit. Die Tour beginnt mit einer Einführung in das Woher und Warum von Epidemien, gefolgt von einigen Beispielen zur Seuchenentstehung und -ausbreitung, um der blassen Theorie Farbe zu verleihen. Dem folgt eine Exkursion in das Reich der Methoden und Quellen, die Wissenschaftlern helfen, die Plagen-Historie möglichst detailgetreu zu rekonstruieren. Hierfür wechseln wir das Genre und begeben uns in die morbid-makabre Welt des Krimis. Danach beginnt das eigentliche Sightseeing, und zwar in der Frühgeschichte. Wir besuchen spektakuläre Plagen-Schauplätze in der Steinzeit und sehen, wie Ur-Seuchen Geschichte machten. Weiter geht es in das Schriftzeitalter, wo wir zum ersten Mal mit Epidemiezeugen sprechen können, wenn auch über die Distanz vieler Jahrtausende. Die Mediziner der Antike sind da schon sehr viel beredeter und haben schockierend moderne Ansichten zum Thema Seuche. Dagegen wirkt die mittelalterlich-spirituelle Denke betreffs Plagen und anderer Leiden befremdlich, auch wenn die Epoche bei genauerem Hinschauen nicht durchweg so düster war, wie ihr Ruf. Die Neuzeit erweist sich dagegen als das eigentliche Plagenzeitalter, aber das sehen Sie sich besser vor Ort an. Während der Industrialisierung und Kolonialzeit boten sich wandelnde Gesellschaften den Seuchen ideale Biotope, besuchen Sie die malignen Habitate von Armen, Auswanderern und Arbeitern. Werden Sie dann Zeugen eines Science-Thrillers über den Kampf der ersten Mikrobiologen gegen die tödlichsten Übel ihrer Zeit. Eine wichtige Epoche also, die Sie keinesfalls auf Ihrer Besichtigungstour auslassen sollten.

Schon sind wir bei unserem letzten Stopp in der Moderne. Verfolgen Sie, wie eine Revolution uns scheinbar von dem archaischen Fluch Seuche erlöste. Verlassen Sie Ihre Komfortzone, um zu entdecken, wo und warum all die neuen Infektionen entstehen, die uns plagen. Sehen Sie, weshalb die vielen Alarmzeichen für eine Rückkehr des Übels Epidemie von unserem Kulturkreis ignoriert wurden.

Die vielen Eindrücke unserer Zeitreise vernetze ich ab dem vierten Teil des Buches. Dafür werden die historischen Schnappschüsse unserer Rundreise zu einer stimmigen Kollage zusammengefügt. Zunächst erfahren wir mehr über die Ursachen von Seuchen in Natur und Kultur. Dann blicken wir auf die durchreisten Epochen zurück, fassen die Auswirkungen von Seuchen auf die Menschheitsentwicklung zusammen und vergleichen sie mit dem aktuellen Ungemach. Machen Sie sich an dieser Stelle auf ein paar überraschende Einsichten gefasst. Um nicht ganz trübsinnig zu werden, verfolgen wir nun den Kampf gegen Seuchen von den vormenschlichen Anfängen bis zur hochtechnisierten Apparatemedizin. Eigentlich eine tolle Erfolgsstory, aber auch die hat dunkle Seiten, sehen Sie selbst.

Zum Schluss unserer Tour analysieren wir gemeinsam mit Experten die COVID-19 Pandemie. Das epidemiologische A-Team gibt uns zum Ausklang auch gleich Ratschläge für eine bessere globale Seuchenresilienz.

TEIL 1

Von der Gottesstrafe zur Pandemie

vom (Aber-)Glauben zur Wissenschaft

Was ist Was?

Wir alle haben während der vergangen Monate Erfahrung mit dem Begriffswirrwarr um die aktuelle Pandemie gemacht. Mal wird von dem *Coronavirus*, mal von SARS-*CoV-2* gesprochen, mal von COVID-19, Epidemie, Pandemie, Inzidenzwert ... Eine Flut von Fachbegriffen prasselt auf uns ein. Der Volksmund vereinfacht, verfremdet und nimmt alles mit einer Prise Humor. So entstehen verbale Kostbarkeiten wie Nuschelmuschel oder Schnutenjardine als Spitznamen für den Mundschutz. Verschwörungsfans reden von einer *Plan*demie und selbst in öffentlich-rechtlichen Nachrichten werden die Begriffe Ausganssperre, Ausgangsbeschränkung oder Lockdown achtlos durcheinandergeworfen. Da fällt es leicht zu verstehen, dass auch frühere Gesellschaften für viele Krankheiten denselben Namen und viele Namen für dieselbe Krankheit gebrauchten. Dies umso mehr, als auch Ärzte wenig über Ursachen und Symptome von Krankheiten wussten und sie nicht eindeutig bestimmen konnten (1; 2).

Seuchen waren einstmals, wie andere Naturkatastrophen auch, ein scheinbar unerklärlicher Schicksalsschlag. Die Angst vor der unbegreiflichen Bedrohung führte zu Narrativen, die dem Leid einen Sinn geben sollten. Naheliegend war die Deutung einer Plage als Gottesstrafe (3; 4), unschön wurde es, wenn Sündenböcke gesucht wurden. Die fantasievollen Begründungen für viele „Strafaktionen" an Minderheiten in betroffenen Gesellschaften erinnern fatal an moderne Verschwörungstheorien.

Die Wissenschaft hat Seuchen entmystifiziert. Man kennt ihre Ursachen, kann sich besser davor schützen und Krankheiten wirkungsvoll therapieren. Für den Laien sind die Zusammenhänge aber nach wie vor schwer zu verstehen, besonders bei einer Pandemie wie COVID-19, deren Opfer für die breite Öffentlichkeit erst sichtbar werden, wenn die Lage völlig außer Kontrolle gerät. Der Fachjargon der Experten trägt dabei wenig zur Aufklärung bei. Fundierte Erklärungen für die komplexe Seuchendynamik werden oft nur von Wenigen verstanden und von Vielen nicht angenommen.

Um mehr Klarheit zu schaffen, möchte ich darum das Begriffschaos ein wenig ordnen, auch um Missverständnisse zu vermeiden. Deshalb erkläre ich zunächst die gängigsten Begriffe in Zusammenhang mit Infektionskrankheiten.

Allgemein:

Plage
Ist abgeleitet vom griechischen Verb „plaga" für Schlag oder Hieb. Das Wort steht für eine Strafe des Himmels, Krankheit, Leid aber auch Missgeschick, Sklaverei oder Not.

Seuche
Eine ansteckende Infektionskrankheit, die sich schnell ausbreitet.

Epidemie
Eine ansteckende Infektionskrankheit, die zeitlich und örtlich begrenzt vermehrt auftritt.

Endemie
Eine ansteckende Infektionskrankheit, die örtlich begrenzt ständig auftritt.

Pandemie
Eine Infektionskrankheit mit hohen Erkrankungszahlen, die weltweit neu aber zeitlich begrenzt auftritt. Pandemien sind in der Regel mit schweren Krankheitsverläufen verbunden.

Mortalität
Kann als „Sterblichkeit" übersetzt werden. Die Mortalitätsrate benennt den Anteil der Individuen der Gesamtpopulation, die

an einer Krankheit sterben, bzw. die Wahrscheinlichkeit, mit der ein Individuum der Population an der Krankheit sterben wird.

Letalität

Kann man als „Tödlichkeit" einer Krankheit übersetzen. Letalität/Letalitätsrate bezeichnet den Anteil der erkrankten Infizierten, die durch eine Infektionskrankheit sterben, beziehungsweise mit welcher Wahrscheinlichkeit Erkrankte durch eine Infektion sterben.

Morbidität

Bezeichnet, wie viele Individuen einer Population in einem definierten Zeitraum nach einer Infektion mit einem bestimmten Erreger erkranken.

Zoonose

Ist ein Kombiwort aus den griechischen Vokabeln „zoon" (Lebewesen) und „nosos" (Krankheit). Der Begriff beschreibt tierische Infektionen, die auf den Menschen überspringen. Bei manchen Infektionen erfolgt die Ansteckung immer nur von Tier zu Mensch, wie bei Tollwut, Milzbrand oder dem schrecklichen Rinderwahn. Manche Keime werden nach der Ansteckung an einem Tier auch zwischenmenschlich weitergegeben, aber selten, weshalb Epidemien meist nur kurz aufflammen. Eine tragische Ausnahme ist die Ebola-Epidemie von 2013 in Westafrika. Es gibt auch Mikroorganismen, die sich bei Mensch und Tier mehr oder weniger gleich gut ausbreiten, wie zum Beispiel die Schlafkrankheit. Einige Erreger haben sich ganz auf den Menschen spezialisiert und lösen Klassiker wie Malaria, Masern und Syphilis aus (5).

Arbovirale Krankheiten (arthropod-born-viruses)

Werden von Viren ausgelöst, die Insekten und anderen Gliederfüßlern (Arthropoden) als Zwischenwirte, sozusagen Shuttles benutzen.

Infektion
Eindringen eines krankheitsauslösenden Organismus.

Infektiös
Kann man als ansteckend übersetzen.

Virulenz, Pathogenität
Bedeutet umgangssprachlich „krankmachend". Leitet sich von dem lateinischen Wort „virulentus" ab, was so viel wie giftig heißt.

Inkubationszeit, Latenzzeit, Verzögerungszeit
Bezeichnet die Zeit zwischen der Ansteckung und dem Auftreten der ersten Symptome. Die Inkubationszeit kann Stunden, aber auch Jahre oder gar Jahrzehnte dauern.

Transmission
Bedeutet so viel wie Ansteckung, also die Übertragung der Keime von einem Individuum auf ein zweites.

Bauteile:

DNA
In Molekülform codierte Bauanleitung für unseren Körper. Die Informationen für ein Protein sind jeweils zu einem Gen zusammengefasst.

Plasmid
Kleiner DNA-Ring, auf dem Bakterien neu erworbene Erbinformation speichern. Ein Bakterium besitzt mehrere Kopien seiner Plasmide, die es mit anderen Bakterien über eine temporäre „Schleuse" austauscht.

mRNA
steht für messenger-RNA und ist eine Arbeitskopie von Teilen der DNA-Bauanleitung. Sie ist weniger haltbar und dient nur

als kurzfristige Vorlage für den Zusammenbau eines neuen Proteins im Zellplasma.

Erreger:

Erreger, Pathogen, Keim
Direkter Auslöser einer Krankheit. Neben Bakterien und Viren können auch Pilze, Würmer, Einzeller oder sogar Proteinpartikel – Prionen genannt – Krankheiten verursachen. Pathogen kommt aus dem Griechischem, „pathos" bedeutet „Leid" und „-genes" steht für „Verursacher von".

Mikroben, Mikroorganismen
Ist ein Sammelbegriff für Kleinstwesen (Viren, Bakterien etc.), die einzeln nur unter dem (Elektronen-) Mikroskop erkennbar sind.

Prion
Die Welt kennt Prionen erst seit vierzig Jahren. Bei den fiesen Partikeln handelt es sich um Proteine, die auch im gesunden Körper vorkommen, vor allem im Gehirn. Faltet sich solch ein Prion-Protein falsch, wird es gefährlich, denn das entgleiste Biomolekül veranlasst auch andere Prionen, sich atypisch zu knüllen. Prionen sind also Moleküle, keine Lebewesen. Wissenschaftler ziehen es vor, Prione mit Giften gleichzusetzen, die ja ebenfalls Körperfunktionen stören.

Parasit
Ist ein Organismus, der ein anderes Lebewesen als Wirt benutzt und diesen dabei schädigt.

Virus
Viren sind Minimalisten. Eigentlich bestehen sie nur aus einem Stück DNA/RNA in einer hübschen Proteinverpackung. Sie betreiben weder eigenen Stoffwechsel noch können sie sich alleine reproduzieren. Deshalb benötigen sie Wirtszellen, die sie kapern

und für sich arbeiten lassen. Weil Viren so sparsam ausgestattet sind, gelten sie ebenfalls nicht als Lebewesen. Anders als bei ihren Wirten ist ihre DNA/RNA sehr schlecht vor Kopierfehlern und Beschädigungen geschützt, deshalb neigen sie zu Mutationen und verändern sich eigentlich ständig. In unserem wissenschaftlichen Zeitalter soll es keinen Raum für Missverständnisse geben, weshalb neu auftretende Viren weltweit mit einem englischen Namen bezeichnet werden. Oft bezieht sich der Name auf Überträger (z. B. *Tick-borne encephalitis virus*), Symptome (z. B. *severe acute respiratory-syndrom related coronavirus*) oder er ist eine geografische Bezeichnung (z. B. *West Nile virus*). Leider sind die Namen zum Teil recht unhandlich und werden oft in noch sperrigere Akronyme verkürzt (z. B. *SARS-CoV, MERSV*). Es gibt auch Viren, die Bakterien befallen diese nennt man Phagen.

Bakterium
Bakterien sind einzellige Lebewesen mit einem eigenen Stoffwechsel und Reproduktionsapparat. Allerdings liegt ihre DNA als Ring nackt im Zellplasma und nicht geschützt im Zellkern wie bei uns. Zusätzlich zu der Basisausstattung an Genen haben Bakterien kleinere DNA-Ringe, sogenannte Plasmide, die sie kopieren und untereinander austauschen können. So haben sie das Beste beider Welten: Sie können sich unkompliziert und schnell per Zellteilung vermehren. Durch den Austausch ihrer Plasmidringe erwerben sie aber auch schnell neue Eigenschaften, ähnlich wie Mehrzeller, die ihre Gene bei der geschlechtlichen Vermehrung immer wieder neu durchmischen. Gerade auf Plasmiden liegen für Bakterien nützliche Eigenschaften wie Resistenzen oder Virulenzen, die sich rasend schnell innerhalb eines Bakterienstamms verbreiten können. Besser noch (für die Bakterien), Plasmide werden sogar zwischen verschiedenen Bakterienarten ausgetauscht.

Einzeller
Bei Einzellern liegt die DNA geschützt in einem Zellkern und sie haben einen eigenen Stoffwechsel und Reproduktionsapparat.

Bazillen

Das Wort stammt aus den Kindertagen der Mikrobiologie und beschreibt stäbchenförmige oder runde Bakterien. Außerdem gibt es die Gattung *Bacillus,* zu der auch *B. anthracis,* der Erreger des Milzbrands gehört. Der Laie setzt Bazillen gerne mit Mikroben oder Erregern gleich.

So, das reicht! Schließlich soll dieses Buch kein Lexikon werden, sondern wir wollen uns, sozusagen aus der historischen Vogelperspektive, mit Ursachen, Folgen und Dynamik von Infektionskrankheiten beschäftigen. Deswegen konzentriere ich mich auf Epi-, En- und Pandemien, die mehr oder weniger deutliche Spuren hinterlassen haben. Dazu kommen moderne ansteckende Krankheiten wie Ebola oder COVID-19, die für einen Vergleich über den Umgang früherer und heutiger Gesellschaften mit Seuchen taugen. Um der Lesbarkeit willen gehe ich auf Erreger, Krankheitsverläufe und Symptome nur ein, wenn es für das Verständnis der Zusammenhänge wichtig ist. Für Interessierte gibt es am Ende des Buchs eine Liste der angesprochenen Seuchen inklusive einer kurzen Beschreibung.

Der Preis der Zivilisation

Sesshaftigkeit

Der Blick auf die letzten überlebenden Jäger und Sammler zeigt, dass ihre mittlere Lebenserwartung sehr viel niedriger ist als die von Menschen in Industriegesellschaften. Die Yanomami, eine in Südamerika lebende Volksgruppe mit traditionellem Lebensstil, haben bei der Geburt eine Lebenserwartung von 20–22 Jahren (6). Ganz anders in Deutschland, hier liegt die Lebenserwartung bei der Geburt zwischen 79 und 83 Jahren (7). Ein zweiter Blick zeigt, dass viele Indigene aufgrund schlechter Ernährung, fehlender medizinischer Versorgung, mangelnder Hygiene oder auch unkontrollierter Gewalt so früh sterben müssen. Woran sie *selten* sterben, sind Epidemien, zumindest, wenn sie isoliert leben.

Humane Massenkrankheiten, die auf eine schnelle Übertragung mit kurzen Verläufen spezialisiert sind, entstanden selten in äquatornahen Zonen und das mit gutem Grund. Nirgendwo auf der Welt gibt es eine so hohe Artendichte wie in den Tropen, die meisten Spezies sind aber nur mit wenigen Exemplaren vertreten. Sich zu sehr auf eine einzelne Art zu fokussieren, ist daher keine gute Idee. Darum haben vor allem tropische Infektionskrankheiten Reservoirs in vielen verschiedenen Tierarten und sind zum Überleben nicht ausschließlich auf den Menschen angewiesen. Die Folge davon ist eine geringere Spezialisierung auf *Homo sapiens* als in anderen Klimazonen. Langsamer verlaufende Infektionskrankheiten gedeihen trotz niedriger Ansteckungsraten, sie benötigen daher ebenfalls nur wenige Infizierte. Auch solche Krankheiten kommen vor allem in den Tropen vor oder sind dort entstanden. Ein großer Teil der auf den Menschen spezialisierten Pathogene, wie zum Beispiel die Masern, entwickelten sich erst in gemäßigteren Zonen (5). Unsere mikrobiellen Follower können sich umso besser ausbreiten, je enger Menschen zusammenleben, auch die Gruppengröße spielt eine

Rolle. Leben Menschen aber aufgrund begrenzter Nahrungs-ressourcen in kleinen, weit verstreuten Gruppen, und wechseln womöglich oft den Wohnort, dann haben die Erreger schlechte Karten. So kann sich eine humane Infektionskrankheit kaum ausbreiten, denn nur wenige Menschen können sich anstecken (8).

Bis vor 11 000 Jahren nutzten alle Menschen ihr Umfeld extensiv, dann begannen sie mit dem Anbau von Pflanzen und domestizierten Tiere (9). Als Landwirte veränderten sie ihr Umfeld radikal, schufen Lichtungen und störten das natürliche Gleichgewicht. Die frühen Bauern und ihre Haustiere kamen dabei in Kontakt mit neuen Mikroben. Viele dieser Organismen nutzten die Gelegenheit, sich neu zu orientieren, übersprangen Artgrenzen und spezialisierten sich auf die Eindringlinge, als neue Wirte. Schon vor 17 000 Jahren konnten Menschen dank der intensiveren Nutzung ihrer Ressourcen ihr Schweifgebiet verkleinern. Nachdem sie begannen, Getreide und Gemüse anzubauen, mussten sie nun ganz an einem Ort bleiben, um ihr Land zu bearbeiten. Auch das förderte die Ausbreitung von Infektionskrankheiten, denn schon in frühen Siedlungen war die Bevölkerungsdichte 10- bis 100-mal höher als bei Jägern und Sammlern (10). Noch besser, aus Sicht von Erregern aller Art: um und in den ersten Dörfern wuchsen die Abfall- und Fäkalienhaufen. Abfallmanagement ist schließlich ein Problem, das Nomaden nicht kennen. Die schlechte Hygiene der ersten Bauern hat bis heute Spuren hinterlassen: Die versteinerten Kothaufen früher Siedlungen wimmeln von Wurmeiern und anderen Parasiten (10). Vermutlich erkannten die frühen Landwirte schnell, dass Dung auf den Feldern den Ernteerfolg verbessert, und als Brenn- und Baustoff taugt er getrocknet sowieso. Durch das Fäkalien-Recycling brachten sie Mikroorganismen in Nahrung und Häuser ein (9). Die Menschen lebten in immer größeren Gruppen, hielten immer größere Herden und bauten immer mehr an, um sich zu ernähren. Dies ist der Beginn erster Hochkulturen, aber auch der Karriere von Infektionskrankheiten (3; 8).

Abbildung 1: Tierhaltung im alten Ägypten

Tierhaltung

Noch etwas kommt den Erregern zugute: Der enge Kontakt zwischen den Menschen und ihren Haustieren. Oft hatten sich Pathogene zunächst von Wildtieren auf domestizierte Tiere ausgebreitet. Die Menschen der Jungsteinzeit teilten mit ihren Tieren die Räume, aßen ihr Fleisch, versorgten sie und verarbeiten Fell, Knochen und Dung. Solch intensiver Kontakt förderte die Übertragung von Zoonosen, also Krankheiten, die von Tieren auf Menschen überspringen und umgekehrt. Der Mensch teilt fast 150 Krankheiten mit seinen Haus- und Nutztieren, das sind 75 % aller Infektionskrankheiten (11). Viele der Organismen entwickelten sich weiter zu rein menschlichen Infektionskrankheiten, soll heißen, sie wurden direkt von Mensch zu Mensch übertragen. Masern sprangen von Rindern über (12), Pocken infizierten vermutlich ursprünglich Nagetiere, die von den Getreidevorräten angezogen wurden (9). Bis vor kurzem rätselten Forscher über den Ursprung von Röteln und Mumps, nun hat man nahe Verwandte der Erreger bei Mäusen und Fledermäusen gefunden (13). Eine Vielzahl von Haus- und Wildtieren dient als Reservoir für Influenzaviren und besonders Vögel und Schweine tauschen sie gerne mit uns aus (14). Die meisten frühen Infektionskrank-

heiten gelten heute als Kinderkrankheiten. In der Jungsteinzeit
kannte das menschliche Immunsystem die neuen Pathogene aber
noch nicht und die „Kinderkrankheiten" endeten oft tödlich. Erst
nach vielen Generationen konnte das Abwehrsystem der frühen
Landwirte besser mit den Keimen umgehen. Die Krankheiten
verliefen allmählich milder. Dieses verhängnisvolle Drama wiederholte sich, wann immer Menschen aus verschiedenen Ökosystemen aufeinandertrafen. Jede Gruppe trug Mikroorganismen
mit sich, gegen die die jeweils anderen noch keine Abwehrmechanismen entwickelt hatten (15; 16).

Seuchengeschichten

Unsere Geschichte beginnt mit den ersten Schriftkulturen, alles davor wird unter dem Begriff prähistorisch zusammengefasst. In unbeschriebenen Millionen von Jahren entwickelten wir uns in unserer Urheimat Afrika zu modernen Menschen. Mehrfach haben unserer Ahnen von dort aus die Welt besiedelt. Die vergessene Vorgeschichte umfasst bis auf die letzten 10 000 Jahre unsere ganze menschliche Existenz, kein Wunder also, dass Forscher aller Sparten davon fasziniert sind. Neben frühen Artefakten und kostbaren menschliche Überresten suchen sie nach Indizien, die Aufschluss geben über unsere graue Vorzeit. Auch beim Jetztmenschen werden prähistorische Fährtenleser fündig. Hinweise auf unsere Urgeschichte finden sich in unserem Genom, den Sprachen und Überlieferungen, aber auch in Infektionskrankheiten und traditionellem Heilwissen. Hilfreich sind auch Rekonstruktionen früher Ökosysteme mithilfe des wachsenden Wissens über Klima und Biotope in den letzten Jahrmillionen. So erfahren wir, welches Umfeld bestimmte Krankheiten fördert (17). Epidemien sind besonders interessant für Zeitdetektive wie Archäologen oder Anthropologen. Aus der Verbreitung von Infektionskrankheiten und auch den Resistenzen, die Menschen dagegen entwickeln, ziehen die Forscher Rückschlüsse auf Lebensumstände und Umweltbedingungen. Ist die Entwicklung eines Erregers mit der von *Homo Sapiens* schon seit langer Zeit verwoben, spiegeln beide Genome diese gemeinsame Evolution. Mykobakterien sind solche treuen Begleiter, die sich schon seit Jahrtausenden auf den Menschen spezialisiert haben. Diese Pathogene verursachen Tuberkulose und Lepra. Beides sind Krankheiten mit langsamen Verläufen, was auf eine lange Koexistenz zwischen Wirt und Erreger deutet (18). Durch die gemeinsame Co-Evolution mit dem Menschen gibt uns die globale Verteilung verschiedener Mykobakterien-Linien Hinweise auf die menschliche Migration seit dem Aufbruch aus Afrika. Die einzelnen Linien passten sich an ihre jeweiligen Wirtspopulationen an. Als den Mikroorganismen dann in der Jungsteinzeit mehr Menschen zur Verfügung standen, wurden Mykobakterien virulenter, die Erkrankten ansteckender (18). Nach Beginn der Viehhaltung konnten Krankheiten vermehrt von Haustieren auf Menschen überspringen. Notgedrungen lernte unser Immunsystem über viele Generationen, mit den Erregern umzugehen (9). Aus verheerenden Seuchen wie Masern, Mumps und Röteln wurden vermeintlich harmlose Kinderkrankheiten. Hier nun ein paar Beispiele dafür, wie Seuchen den Alltag unserer Vorfahren spiegeln, lange bevor Geschichte geschrieben wurde.

Mörderische Malaria

Malaria ist die Mutter aller Seuchen. Schon unsere vor- und urmenschlichen Ahnen litten unter Formen des Sumpffiebers. Tatsächlich gab und gibt es nämlich verschiedene Arten des Erregers *Plasmodium,* der über den Stich der Anophelesmücke übertragen wird. *Plasmodium* ist ein Einzeller und nicht etwa ein Bakterium oder Virus. Der Unterschied ist zu fein, als dass ihn die Opfer würdigen könnten, die Auswirkungen der Krankheit sind bis heute furchtbar. Alleine 2019 starben über 400 000 Menschen an den Folgen einer Malariainfektion. Aber weil Malaria die Menschen schon so lange plagt, haben die Wirte eben auch eine Reihe von Schutzmechanismen entwickelt, allen voran den Klassiker des Biologielehrplans, die Sichelzellenanämie. Wer von einem Elternteil die Anlage zur Sichelzellenanämie erbt, bildet neben ufoförmiger normaler roter Blutkörperchen auch sichel(!)förmige Blutkörperchen aus. Damit wird Plasmodium ausgetrickst, denn der Einzeller kann sich nur in den Standard-Ufo-Blutzellen einnisten. Rote Blutkörperchen mit einem Sichelzell-Gen verformen sich bei einer Plasmodien-Infektion und werden vom den Immunzellen eliminiert. Folglich sind Träger der Sichelzellenanämie resistenter gegen Malaria (17). Aber der Preis ist hoch: wer von beiden Eltern die Anlage erbt, der stirbt noch vor dem Erwachsenenalter, die sichelförmigen Blutzellen können ihren

Job im Körper einfach nicht alleine erfüllen. Dennoch finden sich Regionen in Afrika, in denen ein Drittel der Bevölkerung die Anlage zur Sichelzellenanämie hat, das sind eben jene Gegenden, die besonders stark von Malaria geplagt werden. Selten findet man so eindeutige Zusammenhänge in der Natur! (19)

Dabei haben die roten Blutzellen noch andere Abwehrmechanismen gegen die fiesen Einzeller. Da gibt es zum Beispiel die Duffy, eine negative Genvariante, bei der das Einfallportal des Plasmodiums in die Blutzelle blockiert wird. Diese Genmutation hat für den Träger keine schädlichen Nebenwirkungen. In den Malariagebieten Afrikas tragen 97 % der Bevölkerung das veränderte Gen. Sie sind damit gegen *Plasmodium vivat* der ältesten Malariaform immun. Leider aber nicht gegen *P. falciparum,* der mörderischsten aller Malariavarianten. Davor schützt der Körper sich durch die Sichelzellenanämie. Solch ein „teurer" Schutz lohnt sich aber erst, wenn die Infektionsgefahr mit Malaria sehr hoch ist. Das wiederum hängt von der Lebensweise ab.

Solange die Menschen im tropischen Afrika umherziehende Jäger und Sammler waren, die sich in Kleinstgruppen durch dichten Wald bewegten, fielen nur wenige der Malaria zum Opfer. Je effektiver diese Gruppen aber mit Hilfe neuer Techniken und Werkzeuge ihre Ressourcen nutzten, desto größer wurden die Gruppen und desto länger konnten sie sich in einem Gebiet aufhalten. Zeitgleich nahm der Befall mit Malaria zu, *Plasmodium* konnte leichter per Mückentaxi von einem Opfer auf das andere überspringen, als die Menschen immer enger zusammenlebten. Dann begannen die Urafrikaner, per Brandrodung kleine Lichtungen zu schaffen, damit die heißbegehrten Yamswurzeln besser gediehen. Leider machten sie damit den piekenden Zwischenwirten das Leben noch leichter (17). Außerdem enthalten Yamswurzeln Inhaltsstoffe, die die Sichelzellenbildung verhindern, also die Nebenwirkungen der Anämie abschwächen. Dies half der Mutation, sich trotz aller Nachteile durchzusetzen. Dummerweise mieden zudem viele Tiere die menschengemachten Lichtungen, so dass die ursprünglich sehr vielseitigen Mücken immer mehr auf den Menschen als Blutspender angewiesen waren. Auch das förderte ungewollt den Malariabefall. Eine andere Seuche, nämlich die von der Tsetse-Fliege übertragene Schlafkrankheit, verhinderte, dass die tropischen Afrikaner Haustiere domestizierten, denn nicht nur für Menschen, sondern auch für andere Arten ist die Schlafkrankheit fatal. Als Folge davon nistete sich die Anophelesmücke immer mehr in den künstlich geschaffenen humanen Habitaten ein und erkor *H. sapiens* zu ihrem Hauptwirt, wodurch der Infektionsdruck auf die Zentral- und Westafrikaner stark zunahm. Heute sticht die gefürchtete Mücke zu 80% bis 100% Menschen, zum Glück für ihren blinden Passagier *P. falciparum*, der sich in anderen Lebewesen nicht vermehrt.

Andererseits half Malaria den Völkern, die durch ihre effektive Ressourcennutzung und immer sesshaftere Lebensweise in Afrika ihre Hauptopfer waren. Sie gehören der Volksgruppe der Bantu an. Wie oben beschrieben entwickelten sie im Laufe leidvoller Jahrtausende Gegenstrategien, die sie vor Malaria schützten. Den Jägern und Sammlern, mit denen sie ihren tropischen Lebensraum teilten, fehlte dieser Schutz. Ein Gang durch ein Bantudorf oder über eine mückenverseuchte Lichtung war da schnell todbringend. So konnten sich die Bantu in West und Zentralafrika durchsetzen. Auch die Europäer fielen dem Parasiten reihenweise zum Opfer, dies brachte Afrika den Spitznamen „Grab des weißen Mannes" ein. Diese evolutionäre Seifenoper begann Jahrtausende vor Beginn der Geschichtsschreibung. Forscher haben sie in mühsamer Spurensuche aus den Genen von Erregern und Opfern rekonstruiert. Auch aus der modernen Verbreitung von *Plasmodien* und Resistenzen, sowie aus Sprache und kulturellen Schutzstrategien, ergeben sich Hinweise. So ist die Co-Evolution von Anophelesmücke, Malaria und den Menschen ein Lehrstück über die Zusammenhänge zwischen einer Seuche und der Lebensweise des Menschen. (19)

Rätselhafte Resistenz

AIDS ist *die* Seuche der Moderne, als wir glaubten, das Schreck-
gespenst Infektionskrankheit schon mit Impfungen und Antibiotika verbannt zu haben. Die Immunschwächekrankheit ist
vermutlich vor etwas mehr als 100 Jahren in Afrika entstanden
und wuchs sich vor 40 Jahren zum globalen Albtraum aus. Als
sich die Zahl der Infektionen häufte, bemerkten Forscher in
Amerika, dass sich einige Menschen schwerer anstecken oder
zumindest einen verzögerten Krankheitsverlauf haben. Es stellte sich heraus, dass sie Träger einer Mutation namens CRR5
waren, die ihre Immunzellen vor dem Angriff der häufigsten
Form des *HI-Virus* schützt. Dem veränderten Gen fehlt ein Teil,
so dass es ein bestimmtes Protein nicht mehr korrekt codiert.
Dieses Protein liegt auf der Oberfläche der Immunzellen, die
Angriffsziel des *HIV* sind. Das Protein spielt eine Schlüsselrolle
bei der Übernahme der Zelle durch das Virus. Das Verblüffen-
de: die Träger der Mutation waren alle Nachfahren von europäischen Einwanderern. Haben sie von beiden Eltern die mu-
tierten Gene gerbt, sind sie sogar immun gegen *AIDS*. Weitere
Studien, deckten auf, dass etwa 10% aller Europäer die Mutation tragen. Bei Nordeuropäern sogar bis zu 14%, bei den Südeuropäern um die 5%. In allen anderen Kontinenten ist die Genveränderung sehr selten. (20)

Das eigentliche Mutationsereignis geschah wohl schon vor über
2 000 Jahren, aber seit etwa 700 Jahren ist es besonders für Europäer vorteilhaft, die Genveränderung zu tragen. Seit dieser
Zeit stellen Genetiker nämlich einen starken Anstieg der Mutation im Erbgut der Europäer fest. Bis heute ist nicht geklärt,
was den Anstieg bewirkte, der vor *AIDS* schützt, einer Krankheit, die erst Jahrhunderte später auf einem anderen Kontinent entstand. Vermutlich haben sich andere Erreger auf eben
jene Immunzellen spezialisiert, die auch das Angriffsziel für das
HI-Virus sind. Was ist vor 700 Jahren geschehen, dass die veränderten Immunzellen für ihre Träger so vorteilhaft wurden? Es
ist die Epoche des schwarzen Todes, jener Seuchenwelle, die ab

dem 14. Jahrhundert ein Drittel der Europäer ausrottete. Kleiner Schönheitsfehler: Die Beulenpest, Hauptverdächtige in Sachen schwarzer Tod, wird durch ein Bakterium übertragen, nicht durch einen Virus. In Versuchen mit Mäusen zeigte sich, dass das gekürzte Gen nicht vor dem Befall mit der Beulenpest schützt. Viele Forscher halten daher den Pockenvirus für den wahren Selektionsfaktor (21). Pocken sind nicht so tödlich wie die Beulenpest, waren dafür aber über viele Jahrhunderte eine ständige Gefahr. Die Beulenpest dagegen kam immer wieder in Wellen, manche Regionen blieben sogar ganz verschont. Allerdings war Südeuropa besonders schwer vom schwarzen Todeszug betroffen, so verlor allein Florenz zwei Drittel seiner Einwohner, Venedig sogar drei Viertel (14). Daher sollten bei den Südeuropäern die schützende Genveränderung mindestens ebenso häufig auftreten wie bei den Nordeuropäern. Die ist ein weiteres Indiz, das gegen die Beulenpest als Ursache der Resistenz gegen *HIV* spricht.

Wir wissen, dass seit dem Spätmittelalter eine ungute Kombination aus starken Bevölkerungswachstum, mangelnder Hygiene und häufigen Missernten begann. Letztere ist die Folge einer Abkühlung, genannt die „kleine Eiszeit". Ernährungszustand und die Gesundheit der Menschen verschlechterten sich, wodurch sie anfälliger für Seuchen waren. Dazu kamen fehlenden Kanalisation und enges Zusammenleben, Verhältnisse, die buchstäblich zum Himmel stanken. Da wurden Latrinen neben den Dorfbrunnen gebaut, Leichen flach begraben, Flüsse zur Abfallentsorgung genutzt. Hygiene kam aus der Mode, denn man kannte weder die Ursachen noch die Übertragungswege von Infektionen und hielt zu häufiges Waschen für ungesund. Dies alles sind ideale Voraussetzungen für Infektionskrankheiten, weshalb vermehrt und dauerhaft Seuchen grassierten. Welche davon für die eigenartige Resistenz gegen *AIDS* verantwortlich ist, lässt sich noch nicht sicher sagen. Manche Experten vermuten sogar, dass es eine Kombination von mehreren Krankheiten gewesen sein könnte. Fazit: Die vielen Seuchen und die menschlichen Schutzmechanismen dagegen spiegeln auch hier die Lebensverhältnisse der Europäer des späten Mittelalters wider. Es sei noch kurz angemerkt, dass auch der bessere Schutz vor AIDS seinen Preis hat. Menschen mit dem verkürzten Gen neigen zu Darmerkrankungen und haben statistisch eine etwas kürzere Lebenserwartung (22).

TEIL 2

Späte Diagnose

oder CSI der besonderen Art

Wer in der Vergangenheit nach den Spuren von Seuchen sucht, hat drei Probleme:

- Krankheiten wurden bis in die Neuzeit nicht systematisch dokumentiert.
- Erst seit dem 19. Jhd. Jahren wurden Krankheiten eindeutig erkannt und benannt.
- Nur wenige Krankheiten hinterlassen Spuren am menschlichen Körper, die nach Jahrhunderten oder gar Jahrtausenden nachweisbar sind.

Beweise

Bis vor 200 Jahren wurden Krankheiten selten statistisch verwendbar dokumentiert. Von Krankheiten erfahren wir fast nur in Zusammenhang mit historischen VIPs wie Kaiser Konstantin (277/280 – 337 n. Chr.). Als Konstantin an Lepra erkrankte, soll er der Sage nach ein Bad im Blut von Jungfrauen zwecks Heilung erwogen haben (23). Verheerende Seuchen mit vielen Opfern werden zwar in alten Chroniken erwähnt aber ohne solide Zahlen zu liefern. Ein gutes Beispiel sind die „Annales Fuldenses", sie berichten wortkarg von einer „gewaltigen Pestilenz", die 877 n. Chr. am Rhein wütete, so dass „sehr viele an Husten die Seele aushauchten." (24). Besonders verwirrend für den faktenorientierten Jetztmenschen ist die metaphorische Erzählweise mittelalterlicher Chronisten. Wird ein kranker Leib erwähnt, ist damit oft weder Infektion noch Epidemie gemeint, sondern eine spirituelle Krise (25). Die ergiebigsten Quellen sind Kirchenbücher, wie das des kleinen englischen Dorfes Eyeam. In dem Ort wütete im 17. Jhd. eine Epidemie, vermutlich die Beulenpest, der fast 40% der Bewohner zum Opfer fielen. William Mompesson, der junge Rektor der Gemeinde, überredete die Eyeamer schließlich, sich selbst zu isolieren. Niemand verließ oder besuchte den 800-Seelen-Ort in den nächsten Monaten. Nachbargemeinden stellten Essen an die Ortsgrenze, das Geld für die Lebensmittel hinterlegten die Bewohner des geplagten Dörfchens zur Sicherheit in Bächen oder Essigkrügen für die hilfreichen Nachbarn. In seinem Kirchenbuch registrierte Mompesson alle Opfer der Plage, einschließlich seiner eigenen Frau. Auch die Sterbedaten vermerkte er penibel. Aufgrund der ebenfalls in das Kirchenbuch eingetragenen Heiraten und Taufen konnten Verwandtschaftsverhältnisse nachvollzogen werden, so war es möglich, auch nach 350 Jahren Infektionsketten zu rekonstruieren (26). Der Geistliche beschrieb in Briefen an seinen Onkel die dramatischen Ereignisse in Eyeam und so lernen wir die Menschen hinter den Namen im Kirchenbuch kennen. Die Kombination aus Fakten und individuellen Schicksalen, vor allem aber die freiwillige Selbstisolation, haben Eyeam weltberühmt gemacht. Nicht nur Forscher fasziniert das tragische Schicksal des kleinen Ortes (27).

Aussagen

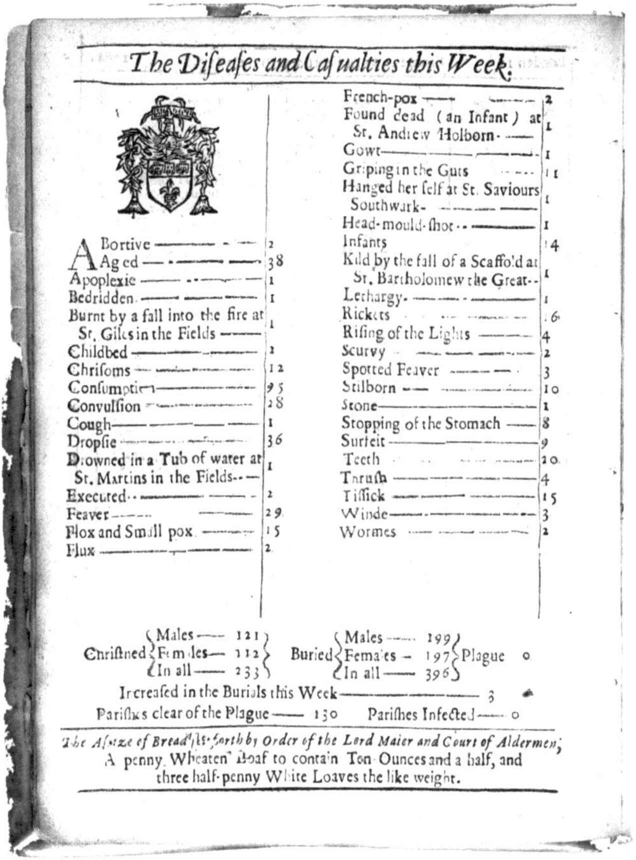
The Diseases and Casualties this Week.

Abortive	2	French-pox	2
Aged	38	Found dead (an Infant) at St. Andrew Holborn	1
Apoplexie	1	Gowt	1
Bedridden	1	Griping in the Guts	11
Burnt by a fall into the fire at St. Giles in the Fields	1	Hanged her self at St. Saviours Southwark	1
Childbed	1	Head-mould-shot	1
Chrisoms	12	Infants	4
Consumption	95	Kild by the fall of a Scaffold at St. Bartholomew the Great	1
Convulsion	28	Lethargy	1
Cough	1	Ricketts	6
Dropsie	36	Rising of the Lights	4
Drowned in a Tub of water at St. Martins in the Fields	1	Scurvy	2
Executed	2	Spotted Feaver	3
Feaver	29	Stilborn	10
Flox and Small pox	15	Stone	1
Flux	2	Stopping of the Stomach	8
		Surfeit	9
		Teeth	20
		Thrush	4
		Tissick	15
		Winde	3
		Wormes	2

Christned: Males 121, Females 112, In all 233
Buried: Males 199, Females 197, In all 396; Plague 0
Increased in the Burials this Week 3
Parishes clear of the Plague 130 Parishes Infected 0

The Assize of Bread set forth by Order of the Lord Maior and Court of Aldermen;
A penny Wheaten Loaf to contain Ten Ounces and a half, and three half-penny White Loaves the like weight.

Abbildung 2: Billls of Mortality

Die Idee, dass körperliches Unwohlsein natürliche Ursachen hatte, setzte sich erst allmählich durch. Die Menschen verstanden Gebrechen eher ganzheitlich als Ausdruck göttlichen Unwillens oder kosmischen Ungleichgewichts (28). Krankheiten reduzierten ägyptische Ärzte auf das dominierende Symptom und richteten ihre Behandlung darauf aus. Andererseits suchten besonders griechische Ärzte, schon in der Antike, neben Therapien auch nach den physischen Auslösern von Leiden (29; 30). Anders im mittelalterlichen Europa, hier praktizierten Heiler Medizin weitgehend unbelastet von kausalen Zusammenhängen. Wohl verfügte man über überliefertes Wissen und Erfahrung, um Leiden zu lindern, ebenso wichtig waren aber philosophische und astrologische Kenntnisse. Das Universum und die Elemente, so glaubte man, beeinflussten den menschlichen Körper, daher konsultierten bis in das 16. Jhd. Ärzte die Sterne, bevor sie Gebrechen behandelten (31). Lange Zeit wurden Krankheiten nach ihren Symptomen benannt. Noch 1788 finden sich in einem Londoner Sterberegister *(Bills of Mortality)* Angaben wie: Schwellung, Krämpfe oder Fieber als Todesursachen. Oft sammelten nicht Mediziner die Details über Krankheitsverläufe, sondern Laien. Meist waren es Frauen, die gegen ein kleines Entgelt die Behörden über Todesfälle in ihrem Umfeld informierten (1). Erst seit dem 19. Jhd. sind Ärzte in der Lage, Krankheiten eindeutig zu benennen. Neben dem wachsenden Wissen über Naturgesetzte halfen auch technische Neuerungen wie das Mikroskop, die Verursacher von Krankheiten zu finden und die winzigen Organismen sichtbar zu machen. Bilder und Zeichnungen erlauben nur selten einen Blick in Krankenstuben und Hospitäler vergangener Epochen. Menschliche Darstellungen sind zu ungenau, um sicher auf eine bestimmte Krankheit zu schließen. Darum können Wissenschaftler nur aus Beschreibungen von Symptomen, der Geschwindigkeit, mit der sich eine Krankheit ausbreitete und der Zahl der Todesopfer Rückschlüsse auf eine Seuche ziehen. Um eine Massenerkrankung einem bestimmten Erreger zuzuordnen, sind historische Berichte aber oft zu vage und widersprüchlich (24). Erschwerend kommt hinzu, dass sich Organismen über die Jahrhunderte und Jahrtausende verändern. Insbesondere Viren, aber auch Bakterien entwickeln sich weiter. Auch COVID-19 hat in dem ersten Jahr nach seiner Entdeckung mehr als 4 000 Mutationen durchlaufen. Infektionskrankheiten konnten früher also andere Symptome haben als heute. Da sich das menschliche Immunsystem ebenfalls anpasst, können Epidemien ihren Schrecken verlieren, wie wir am Beispiel der Kinderkrankheiten sehen. Aus all diesen Gründen bleiben Ursachen und Ausmaß vieler historischen Seuchen bis heute rätselhaft.

Indizien

Die Forensik, also Techniken, mit denen Verbrechen untersucht werden, ist groß in Mode. Einige Fernsehsender bestreiten gefühlt ihr gesamtes Abendprogramm mit *Crime Scene Investigation (CSI)*. Auch manche Autoren haben sich auf Detektive spezialisiert, die vor allem mit forensischen Methoden ermitteln. Die gefällige Mischung aus Grusel, Igitt und Wissenschaft ist populär. Auch Laien wissen, dass man anhand der Leiche auf die Todesursache schließen kann. Klar ist auch, dass die Rekonstruktion des Tathergangs umso schwerer fällt, je älter die Leiche ist. Sind die Überreste Jahrhunderte oder gar Jahrtausende alt, spricht man von Paläopathologie. Die Methoden sind ähnlich, allerdings geht es um krankhafte Veränderungen, nicht um Verbrechen, obwohl der eine oder andere historische Mord einer Studie durchaus Farbe verleiht. Die Paläopathologie liefert wertvolle Informationen über Alltag und Lebensbedingungen von Menschen. Niedergeschriebene Geschichte dokumentiert dagegen bis in das 19. Jhd. hauptsächlich große Persönlichkeiten und Ereignisse. Informationen über Lebenserwartung, Ernährung und eben auch Krankheiten der breiten Masse sind rar.

In der Regel bleiben von einem toten Körper schon nach wenigen Monaten nur die Knochen übrig. Mumien sind darum besonders beliebt, denn bei ihnen hat auch das Weichgewebe die Zeiten überdauert. Man denke nur an Ötzi, dessen 5 300 Jahre alte Gletschermumie 1991 in den Ötztaler Alpen gefunden wurde. Jahrelange Untersuchungen produzierten nicht nur ausreichend Erkenntnisse für ungezählte Dokumentationen und Artikel, auch eine Dauerausstellung und mehrere Einzelausstellungen beschäftigen sich nur mit diesem einen Fund (32). Ägyptische und indianische Mumien sowie Moorleichen werden ebenfalls mit immer ausgefeilteren Methoden untersucht (33). Von einem Großteil der Menschheit sind aber leider, wenn überhaupt, nur Knochen übrig. Erschwerend hinterlassen Seuchen selten Spuren am Skelett, da die meisten sehr schnell zum Tode führen. Löbliche Ausnahmen aus Sicht der Paläopathologen sind Tuberkulose, Syphilis und Lepra, die langsamer töten und die Knochen verändern (34). Jede dieser Krankheiten schädigt das Skelett auf typische Weise. Fossilierte Kothaufen und Latrinen erlauben Einblicke, wie stark die Menschen von Parasiten des Magen-Darm-Trakts befallen waren. Neue Techniken liefern zusätzliche Informationen. Neben radiologischen Untersuchungen können Körper mit der Hilfe von kleinen Kameras auch von innen betrachtet werden. Besonders wertvoll ist die Molekularbiologie, die Biomarkern wie alter DNA (*aDNA*) Proteinen und Fetten nachspürt. In diesem molekularen Bereich arbeiten die neuen Stars der Vergangenheitsforschung, Archäogenetiker, und Paläomikrobiologen, die auch nach Jahrtausenden noch Erreger nachweisen können (35; 33). Menschliche DNA liefert ebenfalls Indizien, denn parallel zur Urbanisation steigt der Anteil an Genen, die mit verbesserter Immunabwehr in Verbindung stehen. Beispiele dafür sind die schon erwähnten Mutationen, die ihre Träger vor Malaria oder AIDS schützen.

Informativ sind auch sogenannte Sterbetafeln, in denen Alter und Geschlecht der „Bewohner" eines Gräberfeldes oder Friedhofes festgehalten werden. In Kombination mit dem Todesdatum, das sich aus Grabsteinen oder durch andere Datierungen ergibt, kann Friedhofsdemografie betrieben werden. Die Wahrscheinlichkeit zu sterben, ist je nach Alter, Geschlecht und sozialer Klasse unterschiedlich groß. Finden sich in einer Grabstätte Menschen aller Altersgruppen und beider Geschlechter in gleichen Anteilen, die alle in kurzer Zeit verstarben, ist dies ein Hinweis auf eine Naturkatastrophe, Massaker oder eben eine Seuche. Auch die Art des Begräbnisses, etwa in einem Massengrab, geben Hinweise auf die Umstände des Todes. Trotz des spärlichen Untersuchungsmaterials hilft die Paläopathologie entscheidend mit, die lückenhafte Dokumentation von Seuchen zu ergänzen. Epidemiologen liefert sie damit wichtige Einblicke in die Krankheitsevolution (33) und den Umgang früherer Gesellschaften mit Pandemien und Epidemien.

Schrumpfen Siedlungen und werden aufgegeben, oder verschwinden gleich ganze Kulturen, ist dies ebenfalls ein Hinweis auf eine Katastrophe. Es kann sich um Überschwemmungen, Dürren oder hausgemachte ökologische Desaster handeln. Auch Seuchen gehören zu den üblichen Verdächtigen. Insbesondere in frühgeschichtlichen Zeiten lässt sich das schwer rekonstruieren, da ist ein Forscher für Indizien dankbar.

TEIL 3

Chroniken des Unheils

eine Spurensuche in der Vergangenheit

Frühgeschichte

Die Anfänge von Seuchen lassen sich bis in prähistorische Zeiten zurückverfolgen. Epidemien begannen zwar erst mit der landwirtschaftlichen Revolution, doch es gibt drei Erregergattungen, die sich schon viel früher auf den Menschen spezialisierten. Neben Malaria litten unsere afrikanischen Vorfahren bereits unter Treponematosen und mykobakteriellen Infektionen.

Malaria
Im Falle von Malaria rekonstruierten Genetiker die Evolution der Infektionskrankheit, zur weltweiten Seuche. Einige Arten des Parasiten *Plasmodium*, des Verursachers von Malaria, haben sich hochgradig an den Menschen angepasst, ein langer Evolutionsprozess. Am ähnlichsten sind die menschlichen *Plasmodien* noch denen, die Gorillas plagen (36), ein Hinweis auf gemeinsame Ahnen. Möglicherweise erkrankten schon Vormenschen an einer Form der Malaria, die sich mit dem Menschen weiter veränderte, was auf Afrika als Ursprungskontinent deutet. Als sich Homo sapiens vor 80 000 Jahren von Afrika aus über die Welt ausbreitete, hatte er Malaria bereits im Gepäck.

Tuberkulose
Palöomikrobiologen streiten darüber, wie lange Tuberkulose (TB) der Menschheit schon zusetzt (37). *Mycobacterium tuberculosis* Gene spiegeln eine lange Co-Evolution zwischen Erreger und Mensch wider. Sicher ist, der Tuberkulose-Erreger spezialisierte sich schon in Afrika auf menschliche Wirte, da sind sich die Wissenschaftler einig. Mit dem Menschen wanderte das Pathogen bis nach Amerika. Bei verschiedenen Tierarten finden sich allerdings nahe Verwandte, die als Zoonosen ebenfalls tuberkuloseartige Schäden im menschlichen Körper verursachen. Kurzerhand werden sie mit *M. tuberculosis* zum *Mycobacterium tu-*

berculosis Komplex (MTBC) zusammengefasst. Vermutlich stammen sämtliche *MTBC-Pathogene* von *M. tuberculosis* ab (37). Bei diesen Zoonosen ging die Evolution den umgekehrten Weg und die Erreger sprangen von den Menschen auf seine Nutztiere über. Es ist denkbar, dass der kontrollierte Gebrauch von Feuer vor 300 000 – 400 000 Jahren die Entstehung von Tuberkulose förderte. Durch Brandrodung begann der Mensch damals, seine Umwelt zu verändern, dadurch kam er vermehrt in Kontakt mit Mykobakterien-Reservoirs im Boden. Rauch schädigt das Lungengewebe und schwächt die Abwehrkräfte, das machte es leichter für die Erreger, Menschen zu infizieren. Obendrein boten Lagerfeuer als soziale Hotspots eine gute Gelegenheit, sich gegenseitig anzustecken (11). Es wird spekuliert, dass die lange Latenzzeit, in der das Immunsystem den TB-Erreger unterdrücken kann, eine Anpassung des Pathogens an die Jäger- und Sammlergesellschaften war. Ohne Schaden zu verursachen, überdauert der Erreger im Wirt, bis dessen Immunsystem geschwächt wird, sei es nun durch Alter, Hunger oder eine weitere Infektion. Dann erst wird das Bakterium reaktiviert, beginnt den Wirt zu schädigen und kann neue Wirte infizieren. Durch die lange „Pause" kann in der Familiengruppe des Erkrankten eine neue Generation nicht befallener Menschen heranwachsen. Dank seiner langen Latenzzeit konnte sich *M. tuberculosis* auch in kleinen menschlichen Gruppen auf *H. sapiens* spezialisieren, bevor dieser sesshaft wurde (37). Archäogenetiker gehen davon aus, dass *M. tuberculosis* virulenter wurde, als viele Menschen in neolithischen Siedlungen dauerhaft zusammenlebten. An einer 4500 Jahre alten ägyptischen Mumie wurde Spuren einer Tuberkulose-Erkrankung entdeckt. Neben TBC- typischen Wirbelsäulenverformungen wie dem Pottschen Gibbus, die zu einem Buckel führen können, wurde auch DNA von *M. tuberculosis* in Gewebeproben gefunden (33; 14). Die DNA-Funde lassen vermuten, dass die Durchseuchungsrate mit Tuberkulose bei den Ägyptern hoch war. In Europa fanden sich ebenfalls Spuren von Tuberkulose an drei jungsteinzeitlichen Skeletten. Genetische Spuren von *M. tuber-*

culosis, wie die an einer präkolumbianischen 1 000 Jahre alten weiblichen Mumie, beweisen, dass Tuberkulose nicht erst mit den Europäern nach Amerika kam. Trotz Impfungen und Medikamenten sterben auch heute noch jedes Jahr 1,5 Millionen Menschen an Tuberkulose. Keine andere Infektionskrankheit fordert so viele Opfer (37).

Lepra
M. leprae, ein naher Verwandter von *M. tuberculosis,* ist ein behäbiger Erreger. Das Bakterium teilt sich sehr langsam, seine Latenzzeit kann bis zu 30 Jahre dauern, die Ansteckungsgefahr ist moderat und längst nicht jeder Erkrankte hat einen schweren Verlauf. Zurzeit leiden etwa 200 000 Menschen an Lepra (38). Die grausamen Symptome, das entstellte „Löwengesicht", der Verlust von Extremitäten und das soziale Stigma eines „lebenden Toten" wecken bis heute irrationale Ängste. Die Evolution der Lepra ist rätselhaft, Genetiker verorten ihren Ursprung nach Ostafrika oder den Mittleren Osten. Sie sind nicht sicher, ob …

a. Lepra wie ihre „Cousine" Tuberkulose schon vor zehntausenden von Jahren mit *Homo sapiens* aus Afrika emigrierte, oder

b. Jahrtausende später mit bronzezeitlichen Händlern aus Asien nach Ostafrika kam.

Viele Paläomikrobiologen vermuten, dass sich Lepra erst mit der Urbanisierung ausbreiten konnte, denn für eine Ansteckung ist die Krankheit auf häufigen menschlichen Kontakt angewiesen. Archäogenetiker verglichen verschiedene Linien des Lepra-Erregers und errechneten einen gemeinsamen Ursprung vor höchstens 5 000 Jahren (39). In Indien stießen Paläopathologen auf ein 4 000 Jahre altes Skelett mit den markanten Knochenveränderungen, die bei einem schweren Verlauf der Lepra auftreten (40). Das alles spricht für Theorie b. Andererseits fanden sich in einer 6 000 Jahre alten ungarischen Siedlung ebenfalls Skelette mit lepratypischen Schäden (41).

Niemand weiß, wie und wann sich Lepra in Afrika, südlich der Sahara, ausbreitete. Die ältesten Spuren finden sich im Osten des Kontinents, doch auf welchem Weg die Seuche von dort aus durch Menschen verschleppt wurde, wird noch untersucht. Sicher ist, dass Lepra schon vor der Kolonialzeit in ganz Afrika verbreitet war (42).

Treponematosen

Genetischen Untersuchungen zeigen, dass *Treponema pallidum* Bakterien schon seit Urzeiten bei dem Menschen Erkrankungen auslösen. Die berüchtigtste Treponematose ist die Syphilis, die dank vager Assoziationen mit Lust und Wahnsinn viele Künstler fasziniert und inspiriert hat. Gemeinsam mit den Menschen verließen die korkenzieherförmigen Keime Afrika und wurden über die ganze Welt verteilt. Sie gelangten bis nach Amerika und natürlich auch nach Europa.

Pocken / Blattern

Der direkte Vorfahr des Pockenerregers entstand vor 68 000 bis 17 000 Jahren, vermuten Virologen (43). Nächste Verwandte sind auf Rennmäuse und Kamele spezialisierte Pockenarten. Immer wieder werden Ansteckungen zwischen Tieren und Menschen beobachtet, besonders Kuhpocken werden eine Schlüsselrolle im Kampf gegen „das gefleckte Monster" Blattern spielen, doch dazu später mehr. Wahrscheinlich infizierten tierische Pocken den Menschen also schon, bevor er Haustiere hielt. Die rein menschliche Pockenform konnte aber erst entstehen, nachdem *Homo sapiens* vor 10 000 Jahren sesshaft wurde, also in ausreichender Dichte zur Verfügung stand. (44). Paläomikrobiologen halten die Pocken für jünger, sie verorten den Ursprung der Blattern in das Reich der Königin von Saba am Horn von Afrika. Vor 3 000 bis 4 000 Jahren wurden Handelsgüter mit dem damals neumodischen Kamel transportiert, auch nach Ostafrika, einem Habitat von Rennmäusen (45). So kamen die verschiedenen Pockenvirenstämme in Kontakt und *Orthopoxvirus variolae (VARV)* entstand.

Lungenpest

Erste Spuren des Pesterregers *Yersinia pestis* finden sich in 5 000 Jahre alten Skeletten in den östlichen eurasischen Steppen (46). Archäogenetiker vermuten, dass schon vor mindestens 7 000 Jahren das harmlose Bakterium *Y. pseudotuberculosis* zu dem tödlichen Keim mutierte, der immer wieder zum Gamechanger der Menschheitsgeschichte werden sollte. Damals, 3000 v. Chr., in der Jungsteinzeit, wurde *Y. pestis* aber nicht von Rattenflöhen oder Läusen übertragen, sondern über Aerosole von Mensch zu Mensch. Man bezeichnet diese Pestvariante daher als Lungenpest. Erst in der Bronzezeit um 1800 v. Chr. mutierte *Y. pestis* erneut und konnte nun auch von Zwischenwirten wie Flöhen übertragen werden (46; 47; 48). Nun kann man sich fragen, welche Vorteile es *Y. pestis* brachte, den Umweg über Flöhe und anderes Ungeziefer als Zwischenwirte zu nehmen, statt direkt von Mensch zu Mensch überzuspringen. Der Teufel liegt in diesem Fall im Detail: Für den Pesterreger ist es nicht einfach, sich auf direktem Wege auszubreiten. Denn um sich anzustecken, muss man einem Erkrankten sehr nahekommen, die Ansteckungskraft ist also sehr viel geringer als etwa die des *SARS-CoV-2* Erregers. Außerdem schränkt der spezifische Ansteckungsweg die Auswahl an Wirtsorganismen ein. Ursprünglich kamen Pestvorläufer in Nagetieren vor, wie sie auf die menschlichen Wirte übersprangen ist noch ungeklärt. Wir wissen, dass die Steppenvölker vor 5 000 Jahren berittene Hirten waren, daher stehen ihre Pferde in Verdacht, als Bakterienreservoir fungiert zu haben (49). Mit dem Volk der Yamnaya verbreitete sich die Pestwelle weit über die eurasischen Steppen und erreichte schließlich Europa und Asien (47). Geholfen hat ihr ein Infektionsbeschleuniger: zwischen den verstreuten Kulturen hatte sich ein dichtes Handelsnetz entwickelt, vor allem dank der Pferde, mit denen große Entfernungen überwunden werden konnten. Neben Waren wurden auch Keime über weite Strecken ausgetauscht. Dann kommt es zum Einbruch: überall in Eurasien werden im 4./3. Jahrtausend v. Chr. Siedlungen aufgegeben, die Bevölkerung geht zurück, vielleicht eine Folge dieser ersten Pestwelle. Auch für Europa waren die Auswirkungen apokalyptisch. Von den damals vielleicht 8 Millionen frühen Bauern starben etwa die Hälfte an der Lungenpest. Männer waren schwerer von der Seuche betroffen als Frauen, ähnlich wie bei der aktuellen COVID-19-Pandemie. Den genetischen Spurensuchern zufolge verdrängten einwandernde Steppenreiter damals fast alle ansässigen Männer in Europa. Unklar ist, warum die Neuankömmlinge aus dem Osten weniger unter der Pandemie litten als die Europäer. Möglicherweise hatten sie eine bessere Immunabwehr, da die Pest schon seit Jahrhunderten bei ihnen wütete. Unterwarfen die Steppennomaden die sesshaften Bauern also gewaltsam, von der Pest als „Biowaffe" unterstützt? Vielleicht erreichte die Lungenpest aber auch über Handelswege den Westen und die Pferdehirten wanderten später friedlich in die im doppelten Sinne herrenlosen Gebiete ein? Neben *Y. pestis* brachten sie damals nebenbei auch die indoeuropäische Sprache, helle Hautfarbe und die Laktosetoleranz nach Europa. Langfristig lösten die Migrationsbewegungen und Umwälzungen in der Bevölkerung einen Kulturschub aus und sorgten für die Ausbreitung von Technologien wie dem Rad und dem Austausch von Kulturpflanzen. Auch nach Osten breitete sich die Lungenpest von den zentralasiatischen Steppen aus. Bis heute tritt *Y. pestis* weltweit immer wieder auf.

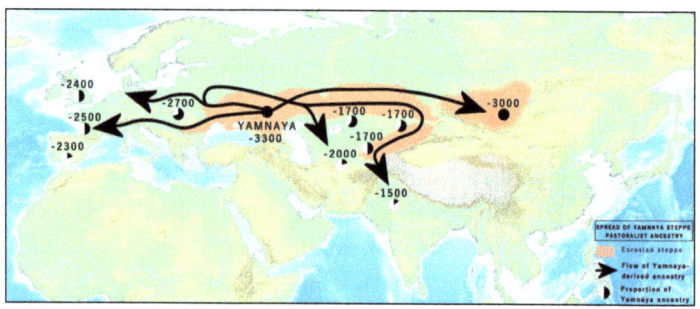

Abbildung 3: Yamnaya Steppenhirten, aus (6 September 2019).
„The formation of human populations in South and
Central Asia". Science 365 (6457).

Bei vielen sogenannten Kinderkrankheiten kommt es zu Hautveränderungen und Fieber, sie haben einen schnellen Krankheitsverlauf und hinterlassen bei Überlebenden keine Spuren. Kein Wunder, dass die Infektionen von Ärzten lange verwechselt wurden. Ihre Bestimmung und Unterscheidung gelangen erst im 19. Jhd., als Koch, Pasteur und ihresgleichen die auslösenden Pathogene identifizierten. Wir müssen abwarten, bis Paläomikrobiologe und Archäogentiker die Ursprünge der Krankheiten durch Genanalysen erkunden. Immerhin sind sich Forscher sicher, dass eine Spezialisierung auf Homo sapiens erst möglich wurde, als die Populationen groß genug wurden, um den Seuchen das Überleben zu sichern, also die Siedlungen eine Mindestgröße erreicht hatten. Ein Beispiel dafür sind die Masern:

Masern

Manchmal hilft bei der Suche nach den ersten Massenkrankheiten ein wenig Rechnen. Um in einer Population zu überdauern, brauchen Masernviren mindestens 4 500 nicht resistenten Opfer pro Jahr. Wohl keine andere Infektionskrankheit benötigt so viele Menschen zum Überleben (14). Dafür gibt es Gründe: Masernerreger stammen zwar von Rindern, haben sich aber auf den Menschen als einzigem Wirt spezialisiert und, einmal erkrankt, sind Überlebende dauerhaft resistent und können sich nicht neu infizieren. In der Jungsteinzeit lebten Gesellschaften in sesshaften, aber isolierten Gruppen, die mindesten 500 000 Menschen umfassen mussten, damit der Pool an empfänglichen Opfern groß genug war und dem Pathogen das Überleben sicherte. Erste Siedlungen dieser Größe gab es erst ab 3000 v. Chr. in Mesopotamien. Es gibt widersprüchliche genetische Altersbestimmungen sowie fehlende Berichte über Masserninfektionen vor dem Mittelalter. Folglich halten Wissenschaftler es für möglich, dass die Pathogene sich erst Jahrtausende später auf Menschen spezialisierten. Masern gelten heute als harmlos, die weltweite Mortalität liegt bei 1%, kann aber bei Gruppen unterernährter Kinder bis auf 40% ansteigen.

Erste Schriftkulturen

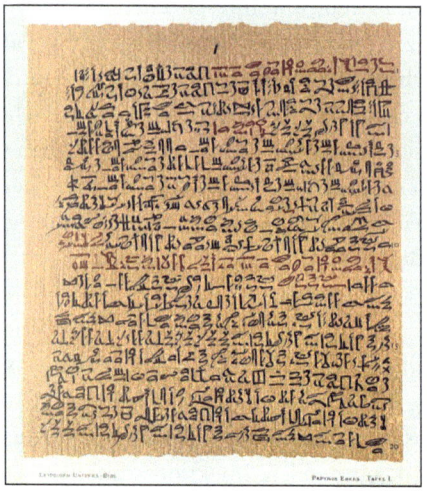

Abbildung 4: Reproduktion des Ebers Papyrus (ca. 1550 v.Chr.) eines ägyptischen medizinischen Papyrus

Schon älteste Schriften bezeugen, dass Infektionskrankheiten weltweit ein große Bedrohung für frühe Kulturen waren, seien es nun chinesische, indische, ägyptische oder mesopotamische (10). Um welche Krankheiten es sich genau handelte, ist meist unklar, denn werden Krankheiten benannt, sind die Bezeichnungen oft missverständlich. Ein gutes Beispiel ist das Alte Testament. Die jüdische Vorlage wurde erst nach vielen Jahrhunderten (1000 bis 500 v. Chr.) mündlicher Überlieferung niedergeschrieben und so haben sich im Laufe der Jahrtausende Übersetzungsfehler eingeschlichen.

Lepra, Aussatz

Im Alten Testament bezeichnet der Begriff „Aussatz" heilbare Hautkrankheiten wie Grind, Ekzeme oder Krätze. Nicht gemeint ist die im mittelalterlichen Europa gefürchtete Lepra. Obwohl in Indien und Europa mögliche Lepraopfer aus der Jungsteinzeit gefunden wurden, finden sich keine Spuren der Krankheit in Kleinasien. Der indische Chirurg Sushruta beschreibt die Krankheit 600 v. Chr. recht genau und gibt auch therapeutische Ratschläge (14). Auch in China wird 500 v. Chr. von einem Konfuzianer namens Pai-Niu berichtet, der an Lepra gelitten haben soll. Historiker vermuten, dass die Krankheit erst 200 Jahre später mit dem Heer Alexander des Großen nach Kleinasien gekommen ist (14).

Geschlechtskrankheiten

Das in der Bibel Ausfluss ebenfalls als unrein galt, deutet darauf, dass auch Geschlechtskrankheiten schon bekannt waren (3). Allerdings sind die Hinweise zu unspezifisch, um auf eine bestimmte Krankheit zu schließen (50). Im Verdacht stehen Gonorrhoe, auch als Tripper bekannt, verursacht von *Neisseria gonorrhoeae*, oder *Clamydien*, beide Erreger sind bis heute weltweit verbreitet.

Malaria

Bei ägyptischen Mumien gelang der erste direkte Nachweis eines Malariaerregers. Archäogentiker spürten *Plasmodium* DNA in 4 000 Jahre alten Mumien auf (51). Aus Indien gibt es schriftliche Hinweise auf Malaria bereits vor 3 000 Jahren. In China kannte man schon vor 2 000 Jahren Therapien für Malariakranke (14).

Pocken/Blattern

Bei einer 3 500 Jahre alten ägyptischen Mumie finden sich bereits Pockennarben (44; 43). Wahrscheinlich kam die Epidemie mit Händlern via Indien aus China, wo sie bereits in 3 000 Jahre alten Schriften erwähnt wurde (52). In der Bibel finden sich hingegen keine eindeutigen Hinweise auf Pocken-Epidemien. Die Lutherbibel bezeichnet zwar eine der ägyptischen Plagen (ca. 1300 v. Chr.) als „schwarze Blattern", doch im Originaltext wird

nur bedauerlich vage von einem „Geschwür, das Blasen schlägt"
berichtet (2 Mos 9,10). Möglicherweise kam die Seuche also erst
später nach Kleinasien und Europa (43).

Typhus
Schon einige babylonische Texte klingen verdächtig nach Beschreibungen von Typhuserkrankungen. Neben stufenweise an-
steigendem, langandauernden Fieber, wird auch der typische blu-
tige Durchfall erwähnt (53).

Klassische Antike

In der klassischen Antike kommt die Vernunft in Mode. Vor allem griechische Ärzte, vermuteten hinter körperlichen Veränderungen natürliche Ursachen, nicht göttliche Bosheit. (30) Krankheiten wurden diagnostisch präzise notiert, komplett mit Therapievorschlägen.

Attische Seuche (430–426 v. Chr.)
Diese erste „offizielle" Epidemie dokumentierte Zeitzeuge Thucydides. Hier war der Seuchenbooster Krieg der Auslöser des Desasters, an dem bis zu 100 000 Menschen starben. Während eines Krieges kommen Menschen aus vielen Regionen zusammen, leben in beengten und unhygienischen Verhältnissen und haben nur wenig zu Essen. Kurz, der ideale Nährboden für Krankheiten. Die Attische Seuche liefert eine prima Fallstudie dafür, wie Kriege Epidemien befeuern. Damals drohte der Streit zwischen Sparta und Athen zu eskalieren. Statt zu kämpfen, beschlossen die Athener, eine Palisade um ihre Stadt und den Hafen zu bauen und den Konflikt einfach auszusitzen. Keine gute Idee! Aus dem Umland kamen viele Flüchtlinge, so dass die Stadt völlig überbevölkert war. Diese Verhältnisse waren ideal für Infektionskrankheiten, weshalb dann auch prompt (mindestens) eine Seuche ausbrach. Da der einzig offene Fluchtweg die offene See war, mussten die Athener zusammengepfercht in der Stadt ausharren. Thucydides malt in seinem Bericht ein drastisches Bild der furchtbaren Zustände, ein Drittel der Bevölkerung fiel der Seuche zum Opfer, auch der berühmte Anführer Perikles. Den Athenern bescherte die Epidemie eine verheerende Niederlage und das Ende der goldenen Ära Griechenlands (10).

Typhus
Thucydides beschreibt eine lange Liste von Symptomen der Attischen Seuche, an der er auch selber erkrankte. Dazu gehörten

Fieber, Ausschlag und Durchfall. Wissenschaftler vermuteten daher lange, dass gleich mehrere Seuchen das Massensterben verursachten. In einem antiken Massengrab kamen Archäogenetiker dann aber dem Pathogen auf die Spur: Die Attische Seuche wurde durch die Typhuserreger *Salmonella Typhi* verursacht (54). Auch Thucydides Zeitgenosse und Stammvater aller Mediziner Hippokrates (460–370 v. Chr.) kannte Typhus schon und beschrieb die Durchfall-Erkrankung fachkundig. Er bezeichnete sie als „typhos", was im griechischen Nebel heißt und auf den verwirrten, umnebelten Bewusstseinszustand anspielt, in den die Opfer verfallen. Vermutlich grassierte Typhus schon lange vorher unter den Menschen, aber wegen der unspezifischen Symptome konnte die Krankheit vor der Attischen Seuche nicht sicher nachgewiesen werden (30). Sowohl Malaria und Typhus haben zum Beispiel einen langen fiebrigen Krankheitsverlauf. Zu gerne wüssten Historiker, welches Pathogen den Überhelden Alexander den Großen umbrachte. Wegen des stetig ansteigenden Fiebers anstelle malariatypischer Fieberschübe tippen viele auf Typhus als Todesursache (53).

Cholera

Schon die Ärzte der Antike kannten sich mit dem Brechdurchfall gut aus. Neben dem Griechen Hippokrates (460 – 370 v. Chr.) beschreibt auch der Römer Galen (131 – 201 n. Chr.) Cholerafälle. Experten streiten, ob der Name von dem griechischen *chole* (Galle), *cholera/choledra* (Abflussrinne) oder *cholas* (Darm) abgeleitet wurde. In unschöner Eindeutigkeit zeigen die Vokabeln aber, dass Namensgeber Hippokrates mit den Symptomen der Cholera vertraut war (55).

Influenza, echte Grippe

Der Eine oder die Andere hat sie bei meiner Aufzählung des Grauens sicher schon vermisst: Influenza, die allgegenwärtige Infektionskrankheit, die uns jedes Jahr wieder eine Epidemie beschert. *Influenzaviren* sind, wie so viele andere, von tierischen Reservoiren auf den Menschen übergesprungen, und tun dies bis heute:

man denke nur an die Vogel- und die Schweinegrippen, die bei modernen Epidemiologen graue Haare wachsen lassen. Umgekehrt können sich Tiere auch mit einem menschlichen Grippe-Erreger infizieren. Virologen nehmen an, dass Entenvögel die ursprünglichen Reservoire für Grippe-Viren waren (56). Seit ihrer Domestikation leben Gänse und Enten mit Schweinen und Menschen oft eng zusammen und immer wieder kommt es zu *„spillover events"*, soll heißen, das Virus läuft über zu einer neuen Art. Die Lässigkeit, mit der *Influenzaviren* von Spezies zu Spezies wechseln, machen sie extrem gefährlich. Gelegentlich wird ein Wirt, zum Beispiel ein Schwein, von mehreren Influenza Subtypen gleichzeitig befallen, sozusagen eine Synchroninfektion. Stammt einer der Subtypen von einem Vogel, der andere von einem Menschen, kann es zur Vermischung (dem sogenannten Reassortment) der Genome kommen, während sich die Erreger in den Schweinezellen reproduzieren. Das resultierende Hybridvirus kann für Menschen infektiös sein, nun aufgepeppt mit neuen exotischen Vogelgrippen-Virus-Eigenschaften (57). Zusätzlich zu der ständigen Veränderung der Viren durch Mutationen, wie wir sie von *Coronaviren* kennen, verwirren *Influenzaviren* auf diese Weise mit plötzlich auftauchenden fremdartigen Merkmalen. Unser Immunsystem jedenfalls kann mit den flatterhaften Pathogenen nicht mithalten, auch Menschen, die gegen ein Influenzavirus immun sind, können immer wieder an neuen Varianten erkranken (57). Etwa alle fünfzig Jahre entsteht dann eine derart ungewöhnliche Spielart des Keims, dass eine Pandemie ausgelöst wird. Weil die Symptome einer Influenzainfektion denen gewöhnlicher Erkältungskrankheiten ähnlich sind, lässt sich die echte Grippe erst in neuzeitlichen Berichten sicher von anderen Infektionen unterscheiden. Wenn wir ehrlich sind, werfen die meisten von uns bis heute sämtliche Erkältungen zusammen mit der Influenza in einen Topf und nennen es einfach Grippe. Influenza und Erkältungen sind in unseren Breiten typische Winterkrankheiten, was ebenfalls zur Verwechslung beiträgt. Bei einer Influenza sprechen Mikrobiologen von der *echten* Grippe, deren Symptome viel stärker sind als die einer

Erkältung. Insbesondere für Senioren und Menschen mit Vorerkrankungen können echte Grippen lebensbedrohlich werden, eine stark unterschätzte Gefahr, die meist erst im Rückblick an den hohen Todeszahlen nach einer Grippewelle sichtbar wird. Kommt es zu einer Pandemie, kann man nur hoffen, dass es sich um eine wenig virulente Variante handelt, denn die Erreger verbreiten sich sehr schnell. Wieder verdanken wir Alleswisser Hippokrates erste spärliche Hinweise auf die Grippe: In seinem „Buch der Epidemien" beschreibt der gelehrte Arzt 412 v. Chr. eine Atemwegserkrankung, die er „Husten von Perinthus" oder „Fieber von Perinthus" nennt. Regelmäßig im Winter und Frühjahr trat die Krankheit in der Hafenstadt Perinthus auf (14; 58). Das klingt nach dem bis heute bekannten Muster winterlicher Grippewellen.

Lepra

Im 4. Jhd. v. Chr. berichtet der griechische Autor Nanzianos über eine Krankheit mit Lepra-Symptomen. Auch der berühmte römische Wissenschaftler Plinius der Ältere (23/24–79 n. Chr.) kannte die Krankheit. Aus dem 2. Jhd. v. Chr. stammen vier Schädel, die in einer Oase im westlichen Ägypten gefunden wurden. Die Schädel zeigen die für Lepra typischen Veränderungen (14).

In einem israelischen Grab aus dem 1. Jahrhundert n. Chr. fanden Genetiker in einem Skelett aDNA von *M. leprae* und *M. tuberculosis*. Solch eine Co-Infektion ist nicht ungewöhnlich, denn Lepra schwächt das Immunsystem und dann kann sich auch Tuberkulose manifestieren (59). Hundert Jahre später beschrieb der chinesische Arzt Hua T'o unverkennbar einen Leprafall (14). Dann ist da noch die schon erwähnte Skandalanekdote über Kaiser Konstantin (277/280 – 337 n. Chr.), der mittels eines Bades in Jungfrauenblut von der Lepra kuriert werden sollte (23). Die bizarre Heilmethode hat ihre Wurzel in der Assoziation von Lepra mit Sünde, die dem damaligen Zeitgeist entsprach. Da hatte die Idee, sich mit dem Blut einer unschuldigen Jungfrau reinzuwaschen, eine gewisse Logik. Ab dem 4. Jhd n. Chr. wurden

die ersten Krankenhäuser speziell für Leprakranke in Kappado-
kien und Europa erbaut. Auch vor den Stadtmauern Jerusalems
entstand ein Leprahaus, Leprosorium genannt. Zunächst betreuten armenischen Mönche das Hospital, später entstand daraus der
ritterliche Lazarusorden. Lepra wird auch als Krankheit des Lazarus bezeichnet, nach dem armen, mit Geschwüren bedeckten
Bettler Lazarus, der in cinem biblischen Gleichnis (Lukas 12,19-
16,31) erwähnt wird. Viele Leprosorien wurden daher auch als
Lazarushäuser bezeichnet. Das grüne Kreuz des Lazarusordens
finden wir bis heute an vielen Apotheken.

Abbildung 5: Lazaruskreuz

Tuberkulose
Natürlich beschrieb Über-Arzt Hippokrates vor 2 400 Jahren
bereits die Tuberkulose, ebenso sein Kollegen Galen im ersten
nachchristlichen Jahrhundert. Hippokrates erkannte, dass ein ganz
heterogener Symptom-Cluster mit derselben Krankheitsursache
zusammenhing. Der Naturphilosoph Aristoteles (384 – 322 v.
Chr.) warnte außerdem vor der Ansteckungsgefahr durch ein Tu-
berkulose-Opfer. Auch römische Celebrities wie die Schriftsteller
Ovid und Seneca beschrieben die Schwindsucht. Letzterer soll sogar selber an TBC gelitten haben. Klar ist, für die hochkarätigen
Zeitzeugen war Tuberkulose eine nur allzu vertraute Krankheit.

Malaria

Epidemiologen nehmen an, dass bis vor 2 500 Jahren Europa einfach zu dünn besiedelt war, als dass sich Malaria etablieren konnte. Dazu kamen niedrigere Temperaturen, bei denen sich Mücken nicht fortpflanzten (14). Ab 500 v. Chr. sah es für die Einzeller besser aus: Die Bevölkerungsdichte nahm zu und durch Abholzung entstanden Brachlandschaften, in denen Anophelesmücken gediehen. Über Handelsrouten mit Afrika konnte Plasmodium nun seinen Lebensraum ausweiten. Wieder sind es die Ärzte Hippokrates (460–370 v. Chr.) und Galen (131–201 n. Chr.), denen wir frühe Beschreibungen von Malaria verdanken. Schon damals war bekannt, dass man sich besonders in feucht-schwülen sumpfigen Gebieten infizierte, wo es viele Mücken gab. In Rom hielt man das leidige Fieber zunächst mit gekonntem Wassermanagement in Schach. Als ab dem dritten Jahrhundert, mit dem Niedergang des Imperiums, auch die öffentliche Infrastruktur zerfiel, wurde Rom zur Malariabrutstätte. Der Pechvogel Kaiser Konstantin (277/280–337 n. Chr.), ohnehin schon von Lepra geplagt, soll auch ein Malariaopfer gewesen sein. Nicht besser erging es Vandalen und Goten, die die ewige Stadt ab dem 4. Jhd. n. Chr. wiederholt besetzten (25).

Sei der Zeitenwende verstärkte sich der Handel zwischen Europa und dem fernen Osten. Die Völker des Korridors zwischen fruchtbaren Halbmond und Indien waren mittlerweile Seuchenprofis. Seit der Jungsteinzeit hatten sich mit den ersten Hochkulturen nicht nur viele Krankheiten auf den Menschen spezialisiert, durch Handel und Migration tauschten sich die Gesellschaften auch fortwährend aus und das in jeder Beziehung. Die imperialen Großmächte China und Rom aber, Endpunkte des erweiterten Handelsnetzes, importierten neben exotischen Handelsgütern allerlei für sie neue Krankheiten (25). Die resultierenden Epidemien destabilisierten beide Reiche und könnten zu deren Untergang beigetragen haben. So endete mit der Han Dynastie 220 n. Chr. Chinas goldene Ära (16). Dem römischen Imperium ging es nicht viel besser, von den Seuchen, die ab Ende des 1.

Jhds. N Chr. vermehrt ausbrachen und an den Grundfesten des Staates nagten, ist eine besonders gut dokumentiert:

Antoninische Pest (165 bis 190 n. Chr.) – Vermutlich die Pocken
Der Name ist irreführend, denn aufgrund der überlieferten Symptome vermuten Forscher, dass es sich um eine Pockenepidemie handelte. Dazu muss man wissen, dass die Vokabel „pestis" im Lateinischen einfach Seuche bedeutet, weshalb verschiedene Epidemien und Pandemien als Pest bezeichnet wurden. Tuberkulose zum Beispiel ist nicht nur als Schwindsucht, sondern auch als Weiße Pest bekannt. Die Auslöser für die Antoninische Pest sind bekannt, das multiethnische römische Imperium hatte eine gute Infrastruktur, so standen alle Teile des Reiches im regen Austausch (25). Während einer Strafaktion plünderten römische Soldaten Seleucia, eine Stadt am Tigris. Als Souvenir brachten sie die Seuche mit nach Rom. Von dort verbreitet sich die Infektionskrankheit ins restliche Europa und Kleinasien. Insgesamt starben bis zu 10 Millionen Menschen. Die römische Bevölkerung schrumpfte derart, dass dadurch das römische Reich destabilisiert wurde. Felder lagen brach, überall fehlten Arbeitskräfte, der Handel stockte (10). Prominentestes Opfer der Pandemie war Kaiser Marcus Aurelius (25; 60).

Auch in Asien finden sich Hinweise auf Pocken-Epidemien. Im fünften nachchristlichen Jahrhundert berichtet uns der chinesische Chemiker Ko Hung von einem Hautausschlag, der den ganzen Körper bedeckte und „aussah wie Verbrennungen, die von weißer Stärke bedeckt waren." Laut Ko Hung starben viele Patienten, wenn sie nicht behandelt wurden. Überlebende behielten tiefe Narben. Ein eindeutiger Beweis, dass es sich um Pocken handelte, ist das nicht, die Symptome passen auch zu anderen Krankheiten (14; 44).

Justinianische Pest (von 527 bis 565 nach Chr. eigentlich 750 n. Chr.)
Bei der Justinianischen Pest handelte es sich um die Beulenpest. Die berüchtigte Infektion wird durch Flöhe (Ratten- und Men-

schenflöhe) oder Kleiderläuse übertragen. Sie befällt auch Ratten, weshalb einer Pestepidemie oft ein großes Rattensterben vorangeht (61). Erst wenn sein eigentlicher Wirt nicht mehr zur Verfügung steht, befällt der Rattenfloh Menschen und saugt ihr Blut. Dabei gelangt *Y. pestis* aus dem Flohdarm in das menschliche Lymphsystem. Die Lymphknoten entzünden sich und schwellen zu den gefürchteten Beulen an. Die Justinianische Pest wütete, als Kaiser Justinian das oströmische Reich beherrschte. Letzte Pestwellen verebbten erst im Jahr 750. Vermutlich gab es in Eurasien und Afrika bis zu 50 Millionen Pestopfer, mindestens ein Viertel der damaligen Menschheit (60)! Auch diesmal kam die Pandemie über Handelswege wie der Seidenstraße aus Asien. Manche Historiker vermuten, dass das oströmische Reich durch die Justinianische Pest angezählt wurde und sein Verfall begann. Man könnte sagen, die Justinianische Pest war der Anfang vom Ende der Antike. Dass es sich tatsächlich um DIE Pest handelte, konnte aber erst in jüngster Zeit bewiesen werden. Archäogenetiker haben *Y. pestis* in Knochen aus dem 6. Jahrhundert nachweisen können (62; 63). Inzwischen fand man an 21 Fundorten in Westeuropa den Pesterreger in sterblichen Überresten aus jener Epoche. Erstmals sicher dokumentiert sind justinianische Pestfälle 541 n. Chr. in Ägypten, ein Jahr später gelang der Sprung über das Mittelmeer nach Konstantinopel. Nicht nur DNA-Spuren, sondern auch historische Schriften bezeugen die weitere Ausbreitung nach Westeuropa.

Mittelalter

Für Europa bedeutete das Mittelalter medizinisch einen Rückschritt und auch die Dokumentationslage war eher mau (25). Wir haben schon von den „Annales Fuldenses" gehört, die Geschehnisse des 9. Jahrhunderts wiedergeben. In den ehrwürdigen Annalen finden sich einige spärliche Hinweise auf eine aus Italien eingeschleppte Seuche, die in zwei Wellen über Europa rollte (24). Der symbollastige Erzählstil, der sich ab der Spätantike durchsetzt, macht es Seuchenforschern schwer, zwischen seelischen, spirituellen und körperlichen Leiden zu unterscheiden. Manche meinen, der leidensverliebte mittelalterliche Zeitgeist resultiere aus den vielen Seuchen, unter denen die Menschen litten. Sowohl das Chaos der Völkerwanderung (Migration!) zu Beginn des Mittelalters, als auch eine mittelalterliche Bevölkerungsexplosion (Urbanisierung!) seit der Jahrtausendwende begünstigten Massenkrankheiten. Möglicherweise wurden einige Erreger auch virulenter, was zusammen mit den anrüchigen sanitären Zuständen ebenfalls als Infektionsverstärker wirkte (10). Die „kleine Eiszeit" gegen Ende des Mittelalters machte alles noch schlimmer, da Kälte und Nahrungsknappheit die Menschen zusätzlich schwächten. Da passt ins Bild, dass Krankenpflege eine Kernkompetenz christlicher Orden war. Die frommen Heiler waren systemrelevant für die Feudalstaaten Europas. Ohne die fachkundige Wohltätigkeit von Mönchen und Nonnen wäre der soziale Frieden durch die vielen Epidemien unterminiert worden (25).

Pocken/Blattern
Weil Pockensymptome leicht mit anderen Infektionskrankheiten wie Masern oder Röteln verwechselt wurden, gibt es aus vorchristlicher Zeit wenig eindeutige Hinweise auf Pockenepidemien, wenn auch viel vermuten, dass Blattern hinter der Anton-

inischen Pest stecken. Erst kürzlich fand ein Team der Universität Kopenhagen den genetischen Fingerabdruck des Pockenvirus in den Zähnen frühmittelalterlicher Wikinger (ca. 600 n. Chr.). Von Russland bis England fanden sich in Wikingerskeletten verräterische DNA-Spuren des Virus. Die Erbmoleküle beweisen, dass die Drachenschiffer den Erreger über ganz Europa verteilten. Im Vergleich zum modernen Pockenvirus wirkt der mittelalterliche ursprünglicher und ähnelt stärker tierischen Varianten (64). Als weiterer sicherer Beleg für das Auftreten von Pocken gilt ein Bericht des legendären Arztes Rhazes aus Bagdad um 900 n. Chr. Der berühmte Mediziner beschreibt Pocken fachkundig und grenzt sie detailverliebt gegen Masern ab. Dies genügt auch modernen Forschern, der Mann wusste, wovon er sprach (14; 65). Vermutlich verbreitete sich aber schon dreihundert Jahre früher im Tross islamischer Eroberer eine Blatternepidemie in Nordafrika und Spanien.

Lepra

Seit dem Konzil von Orléans (549 n. Chr.) regelte die Kirche in Europa den Umgang mit Leprakranken (66). Infizierte wurden zwar mit Essen und Kleidung versorgt, die Bischöfe mussten aber sicherstellen, dass Leprose (so die Bezeichnung für Leprakranke) niemanden anstecken konnten. Kranke mit verdächtigen Hautveränderungen wurden durch Ärzte oder dem lokalen Priester begutachtet. Der Befund Lepra hatte drastische Konsequenzen für den Leprosen und im Laufe der folgenden Jahrhunderte wurden die Maßnahmen zum Schutz der Gesunden immer brutaler. Kranke wurden für tot erklärt, sie verloren ihr Hab und Gut, ja sogar ihre Ehe wurde ab 1179 aufgelöst. Leprose mussten in manchen Regionen an der eigenen Totenmesse teilnehmen und wurden vom Pfarrer ermahnt, sich von anderen Menschen fernzuhalten. Die Patienten waren nun „tamquam mortuus", also lebende Tote, die in klosterähnlichen Gemeinschaften zusammenlebten (67). Selbst nach dem Tode waren sie Ausgestoßene und wurden separat begraben. Immerhin bewiesen die Gutachter bei den „Lepraschauen" Sachverstand: Anthropologen stellten fest, dass 70 % der Skelette in einem dänischen Leprafriedhof Anzeichen fortgeschrittener Lepra-Erkrankungen zeigten (14). Seit dem 7. Jhd. entstehen in ganz Eurasien, von Japan bis England, Leprosorien und Leprakolonien. Noch immer kursierten kuriose Methoden, um die verfluchte Krankheit wieder loszuwerden. Jungfrauenblut, vorzugweise Herzblut, stand nach wie vor hoch im Kurs, alternativ sollte eine Kastration die Krankheit heilen (68). Beide Kuren belegen die abergläubische Verbindung zwischen Lepra und Laster, die Betroffene als schändliche Sünder stigmatisierte. Durch die Kreuzzüge rückten Orient und Okzident ab dem 12. Jhd. wieder enger zusammen und, wie zu erwarten, brachten heimkehrende Kreuzritter allerlei Krankheiten mit. Nun änderte sich das Image der Lepra. Galt sie bisher als Strafe für Sünde und Lust, verschafften ihr infizierte Gotteskämpfer nun eine heilige Aura. Berühmtestes Opfer war König Balduin IV. von Jerusalem, Spitzname Balduin der Aussätzige (1161–1185) (69). Aus Leprakranken wurden die Armen Christi, deren Versorgung Christenpflicht war, allerdings vorsichtshalber weiter auf Abstand. Im Hochmittelalter nahmen Leprafälle in Europa stark zu, belegt durch 19 000 Lazarushäuser, die es im 13. Jhd. in Europa gab (14). Welche schwere Bürde Lepra für die Menschen des Mittelalters war, haben wir weitgehend verdrängt. Für uns wird das Zeitalter trotz vieler anderer Seuchen überschattet von dem übermächtigen Trauma Schwarzer Tod.

Der Schwarze Tod oder das große Sterben (Erste Welle 1346 bis 1353, danach immer wieder Seuchenwellen wie die „Great Plague" in London 1665/1666, bis 1750)

Abbildung 6: St. Sebastian, der für das Leben eines Totengräbers betet, der während der Justinianischen Pest im 7. Jhd. von der Beulenpest befallen wurde

Die Beulenpest-Pandemie, in Europa bekannt als berühmt-berüchtigter „Schwarzer Tod", begann in China. 1334 brach die Plage in der Provinz Hubei aus, deren Hauptstadt Wuhan damals zum ersten Mal Startpunkt einer Pandemie wurde (70). Die Stadt liegt verkehrsgünstig mitten in China zwischen zwei Flüssen, war also schon vor 700 Jahren optimal angebunden. Zwei Drittel der chinesischen Bevölkerung wurden Pandemieopfer (60). Über Handelswege breitete sich die Beulenpest in ganz Asien aus und erreichte im Gepäck der Goldenen Horde, einem Mongolenheer, die Stadt Kaffa am Schwarzen Meer. Hier, in der Krim, hatten Genueser Kaufleute einen Handelsstützpunkt, den die Mongolen 1346 belagerten, um die fremden Händler aus ihrem Reich zu vertreiben. Um dem Nachdruck zu verleihen, katapultierten sie Leichen von Pestopfern über die Stadtmauern. Einige Genueser Kaufleute flohen aus Kaffa zurück in das westliche Mittelmeer und landeten im Oktober 1347 in Sizilien (14). In kurzer Zeit breite sich die Pandemie wiederum über Handelswege weiter aus. In den nächsten sechs Jahren starben mindesten 25 Millionen Menschen, mehr als ein Drittel der Europäer. Es war lange umstritten, ob es sich bei dem Schwarzen Tod tatsächlich um die Beulenpest handelte. Die unglaubliche Geschwindigkeit, mit der die Pandemie über den Kontinent raste, schien nicht zu den eher umständlichen Übertragungswegen via Ratten und Rattenfloh zu passen. Zudem war das mittelalterliche Klima ungünstig für Hausratten (26). Inzwischen konnte aber sicher bewiesen werden, dass die Katastrophe Schwarzer Tod tatsächlich von der Beulenpest ausgelöst wurde, denn DNA von *Y. pestis* wurde in mittelalterlichen Seuchenopfern nachgewiesen (35). Bei anderen Ausbrüchen der Beulenpest zeigte sich, dass das Bakterium auch von menschlichen Flöhen und der Kleiderlaus übertragen werden kann. Mittels eines mathematischen Modells konnte eine Forschergruppe der Universität Oslo zeigen, dass das Infektionsgeschehen während des großen Sterbens besser zu erklären ist, wenn man von einer Übertragung durch Menschenflöhe und Kleiderläusen ausgeht (71). Die Parasiten waren damals ständige Begleiter der Menschen, so dass sich *Y. pestis* als blinder Passagier in Wandergeschwindigkeit über Europa verbreiten konnte. Archäogenetiker fanden ein weiteres Puzzlestück: in Skeletten nordeuropäischer Pestopfer isolierten sie *Y. pestis* Bakterien, die sich genetisch von denen in südeuropäischen

Seuchenopfern unterschieden. Offensichtlich wurde vom Nordeuropa her ein zweites Mal die Pest eingeschleppt, wahrscheinlich über Handelsbeziehungen (35; 60).

Masern

Es soll nicht verschwiegen werden, dass wiederholte Analysen des Maserngenoms verwirrende Ergebnisse zeitigten. Mal konvertierte der Masernerreger vor 2 000 Jahren, mal im frühen Mittelalter und mal erst vor 200 Jahren zu einem rein menschlichen Erreger (10; 72). Genetiker warnen vor der Ungenauigkeit genetischer Altersbestimmungen, die das wahre Alter einer Spezies oft verschleiern (73). Es ist gut möglich, dass irgendwann in der langen Karriere des gepunkteten Übels ein besonders virulenter Stamm alle anderen Linien verdrängte und so die genetische Uhr verfälschte (10). Historische Quellen helfen wenig, denn, wie schon erwähnt, wurden mögliche Maserninfektionen im Altertum oft mit Pocken oder anderen Hautauschlägen verwechselt. Erst der arabische Arzt Rhazes (865–923) schaffte Klarheit, als er Masern und Pocken voneinander abgrenzte (14). Der umstrittene genetische Befund wird allerdings von Linguisten untermauert, die vor dem Mittelalter keine eigene Bezeichnung für die Krankheit finden können.

London Printet for Dorman Newman at the kings Armes in the Poultry 82.   F. H. van Houe Sculp:

Abbildung 7: Der König legt Kranken die Hand auf und heilt sie, Druck The Kings Evil von Raymond Crawfurd

Eine bisher noch nicht erwähnte Form der Tuberkulose begegnet uns im Mittelalter unter dem Namen Skrofulose. Es handelt sich um Schwellungen und Hautveränderungen im Kopf und Halsbereich, die schon bei Kindern auftreten. Nun ist Skrofulose ein etwas schwammiger Begriff, den gelehrte Klosterbrüder anfangs für ein Sammelsurium von Hautkrankheiten einschließlich der Lepra verwendeten. Um es ein wenig spannender zu machen, gaben sie möglichst viele Bezeichnungen für Gebrechen an, mindestens eine davon lateinisch. Der typische mittelalterliche Autor ließ eben gerne durchblicken, wie belesen er war und zitierte sämtliche Begriffe, die er in antiken Quellen für dieses oder jenes Symptom finden konnte (68). Rund um die Skrofulose entstand seit dem 11. Jhd. ein wunderlicher Brauch: Es fing an mit Robert dem Frommen (972–1031): Der Legende nach konnte der französische König durch Handauflegen Skrofulose-Kranke heilen. Flugs wurden auch seinem angelsächsischen Kollegen

Eduard dem Bekenner (1004–1066) solche Wundertaten angedichtet. Waren Wunderheilungen zunächst nur Anekdoten rund
um besonders „heilige" Landesherren, gehörten sie Ende des 13.
Jhds. bereits zum Standardrepertoire vieler europäischer Herrscher. Skrofulose erhielt den Beinamen *„Kings Evil"*, auf Fran-
zösisch *„le mal du roi"*. Die durch royale Therapie geadelte Skrofulose legitimierte ihrerseits den König. Prunkvolle Audienzen
zwecks königlichem Handauflegen belegten, dass sein Königtum
„gottgewollt" war, nur so ließen sich Heilungen im biblischen
Stil, ausgeführt von einem Sterblichen, erklären (14). PR-träch-
tig inszeniert, wurden solche Empfänge bis in das 18. Jhd. zelebr-
riert. Man fragt sich, wie das merkwürdige Ritual so lange überdauern konnte. Die Heilungserfolge dürften ja wohl eher mäßig
gewesen sein, aber vielleicht half die Goldmünze, die den Heimgesuchten nach der Audienz in die Hand gedrückt wurde. Abgesehen von Berichten über königliche Heilungen finden sich bis
weit in das Mittelalter kaum Spuren der Tuberkulose in Europa.
Nach dem Zusammenbruch des römischen Reiches schrumpften die Städte, überall im feudalen Europa lebten die Menschen
in kleinen, isolierten Dorfgemeinschaften. Ihr Vieh hielten sie
in extensiver Weidehaltung. Kurz, es waren für *M. tuberculosis*
ungünstige Bedingungen. Ab dem 11. Jhd. wuchsen zwar dann
die Städte wieder an, aber noch immer machte sich die Tuberkulose rar. Zweihundert Jahre später kam es, auch wegen der
vielen Seuchen und dem ungünstigen Klima, wieder zu einem
Bevölkerungsrückgang. Aber noch immer finden Paläopathologen keine Belege für einen Anstieg der TBC-Infektionen (14).

Influenza, echte Grippe
An plötzlich und explosionsartig auftretenden Seuchenwellen erkennen historische Spurensucher die Beschreibung einer Influ-
enzaepidemie in alten Chroniken. Ansonsten hinterlässt sie, aus
Sicht der Paläopathologen ärgerlich, wenige Spuren an menschlichen Überresten. Aus dem Jahren 1172–73 ist ein einigermaßen
glaubwürdiger Bericht über eine Influenza-Epidemie in Europa
überliefert, deren plötzliches Auftreten und hohe Ansteckungsra-

te als Alleinstellungsmerkmale auf eine echte Grippe deuten (74). Schon damals fiel den Menschen in Europa auf, dass die Grippe vor allem in den kalten Monaten auftrat, in Italien gab man der Infektionskrankheit darum den lateinischen Namen „influentia" was so viel wie Einfluss heißt (58). Gemeint war der Einfluss der Sterne oder der Temperaturen. Im Lauf der Jahrhunderte hatte die Influenza viele Namen und Beinamen, die sich von Region zu Region unterschieden, darunter mein persönlicher Favorit „Nürnberger Pipf". Das deutschen Wort Grippe leitet sich übrigens von dem französischen „gripper" ab und bedeutet so viel wie greifen. Vermutlich beschreibt der Begriff, wie die Infektion schlagartig von einem Erkrankten Besitz ergreift. Die Vielzahl der Namen macht es Vergangenheitsforschern nicht leicht, der Grippe auf der Spur zu bleiben. Alleine in Europa kannte man mindestens 48 verschiedene Namen für die Infektionskrankheit, und da sind die Bezeichnungen Influenza und Grippe noch gar nicht mitgezählt (2).

Neuzeit

Superspreader

Inzwischen sind die meisten klassischen Seuchen auf die Bühne der Weltgeschichte getreten, meist ist es allerdings *Alt*-Weltgeschichte. Eurasien ist eine zusammenhängende Landmasse, auch weit auseinanderliegende Kulturen tauschen sich aus und das, wie wir gesehen haben, schon seit der Steinzeit. Da ist es kein Wunder, dass die Völker neben Waren und Wissen auch Krankheiten teilten. Afrika war mit Eurasien ebenfalls eng verbunden und so verschonten die frühen Pandemien auch den schwarzen Kontinent nicht. Umgekehrt litten Afrikaner neben der Malaria noch unter vielen anderen tropischen Krankheiten wie der Schlafkrankheit oder dem Gelbfieber, die sich aber nicht in gemäßigtere Zonen ausbreiteten. Die vielen Infektionskrankheiten schützten die Völker südlich der Sahara immerhin lange vor europäischen Eroberern, wir erinnern uns an die Redewendung von dem „Grab des weißen Mannes". Anders verhielt es sich mit den Bewohnern Amerikas, Australiens und vieler anderer isolierter Regionen. Von der Stein- bis in die Neuzeit hatten die Bewohner keinen Kontakt mit dem Rest der Menschheit. Schlimmer noch, sie hatten kaum domestizierte Tiere, waren also seltener Zoonosen ausgesetzt. Das Immunsystem der Altweltmenschen hatte sich seit der Steinzeit an die ständige Bedrohung durch Infektionskrankheiten angepasst, doch große Teile der Menschheit kamen erst ab dem 16. Jahrhundert mit Entdeckern aus dem dichtbevölkerten Europa in Kontakt. Europäische Städte waren noch immer Brutstätten für Infektionskrankheiten, dank Überbevölkerung und mangelnder Hygiene. Diesen Seuchenmix trugen die europäischen Weltumsegler mit sich, als sie zu neuen Ufern aufbrachen. Das Immunsystem der Neuweltvölker war den eingeschleppten Krankheiten nicht gewachsen. Viele der europäischen Seefahrer hatten dagegen schon als Kinder Masern oder Pocken überlebt und waren immun. Es kam zu nie gekannten Seuchentsunamis. Vermutlich begann das große Sterben in Amerika schon, bevor die Spanier anfingen, Buch zu führen. In Zentralmexiko schätzt man die vorkoloniale Bevölkerung auf etwa 25,2 Millionen Menschen. Nach fünfundsiebzig Jahren spanischer Eroberung waren 95 % der Ureinwohner gestorben. Viele Ur-Mexikaner wurden Opfer spanischer Aggression, die das multiethnische Aztekenreich ins Chaos stürzte. Unzweifelhaft ebneten aber die Pocken, eingeschleppt von einem afrikanischen Sklaven im Tross von Hernán Cortés, den Konquistadoren den Weg (75). Cortés zerschlug 1519 das Großreich in nur einem Jahr. Sein Vetter Francisco Pizarro hatte es bei der Eroberung des Inkareichs noch leichter. Schon sieben Jahre vor seiner Ankunft im Andenimperium starb Inka- Herrscher Huayna Capa samt Thronerben an den Pocken, dadurch wurde das ohnehin fragile Riesenreich so destabilisiert, dass Pizarro es 1531 mit nur 180 Soldaten erobern konnte (14). Wo immer die Europäer hinkamen, brachten sie, quasi aus Versehen, Tod und Verderben, das größte demografischen Desaster aller Zeiten (76). Schon bevor aus Endeckern Eroberer wurden, löschten Masern, Mumps und Co. ganze Völker aus. in Südostaustralien starben 95 % der indigenen Bewohner in den ersten sechzig Jahren nach dem Erstkontakt (16). Die Bevölkerung Neuseelands schrumpfte nach Landung der Europäer auf ein Viertel zusammen und so geht es weiter: von den Marquesas-Inseln bis nach Hawaii folgte der Anlandung der Europäer ein Bevölkerungsrückgang von 90 % und mehr. Während die Amerindianer vor allem den Pocken zum Opfer fielen, wütete auf den Pazifikinseln zunächst die Tuberkulose. Pocken und Influenza blieben Polynesiern und Aborigines (zunächst) erspart. Die lange Seereise verzögerte für eine Weile die Übertragung von Infektionskrankheiten mit schnelleren Krankheitsverläufen. Das änderte sich mit den ersten europäischen Siedlungen. Die hohe Sterblichkeit destabilisierte Gesellschaften, schwächte den Widerstand und entvölkerte ganze Regionen. Die Europäer werteten dies als Beleg für ihre moralische und kulturelle Überlegenheit. Sie freuten sich über scheinbar unberührte Landschaften und spärliche Besiedlung (77). Manch einer wunderte sich über verlassene Kultstätten und herumliegende Gebeine (76). Die Erreger eilten den Eindringlingen weit voraus, denn viele befallene Gesellschaften waren Nomaden. Wenn sie vor den schrecklichen Sterben flohen, trugen sie das Grauen weiter in das Landesinnere. Nicht selten waren die Einwanderer aber auch Zeugen der Katastrophe, mal entsetzt, mal eher gleichgültig.1634 erklärte John Winthrop, Gouverneur der Massachusetts Bay Kolonie lakonisch:

> *„Was die Eingeborenen betrifft, so sind sie fast alle an den Pocken gestorben, so hat der Herr unseren Anspruch auf das, was wir besitzen, bekräftigt (76)."*

Einige Europäer gingen noch weiter: Sir Jeffrey Amherst, Oberbefehlshaber in Nord-Amerika, ließ 1763 mit Pocken verseuchte Decken an feindlich gesinnte Indianerstämme verschenken (75). Er ermutigte seinen Kommandeur,

> *„… Die Indianer durch Decken zu infizieren oder mit jeder anderen Methode, die zur Vertilgung dieser abscheulichen Rasse beitragen kann."* (78)

Die Neuendeckten verstanden sehr wohl, dass das Unheil von den Europäern herrührte. So heißt es in einer Sage der Kiowas über die Pocken:

> *„Ich komme von weit her über den östlichen Ozean, Ich bin einer der Weißen Männer, sie sind mein Volk … Manchmal reise ich voraus, manchmal folge ich ihnen, aber ich bin immer ihr Gefährte."* (16)

In Hawaii gilt das Sprichwort:

> *„Durch Hawaiianer sterben nur wenige, durch die Weißen Menschen viele. (16)"*

Abbildung 8: Ansicht des Pockenhospitals in Hawaii

Gelbfieber oder die Rache der Sklaven

Die Besiedlung Amerikas durch die Europäer begann zähflüssig. Die ersten Siedlungen waren auf ständigen Nachschub an Menschen, Lebensmitteln und Material aus Europa angewiesen. Durch Krankheiten, karge Lebensbedingungen und Kämpfe mit den Einheimischen oder untereinander war das Leben in den ersten Kolonien hart und kurz. Christoph Kolumbus' erste Siedlung *La Navidad*,1492 auf dem Gebiet des heutigen Haitis gegründet, überdauerte kein Jahr (79). Doch in der Neuen Welt lockten reiche Gewinne, nicht nur an Gold und Silber. Der Anbau von Altweltpflanzen wie Kaffee und Zucker füllte die Kassen. Die begehrten Luxuslebensmittel gediehen im südlichen Klima prächtig und lieferten, ohne die Schädlinge ihrer natürlichen Standorte, traumhafte Erträge. Der Haken: den Spaniern fehlte es an Arbeitskräften, also mussten die karibischen Ureinwohner herhalten. Dank mitgebrachter Seuchen und brutaler Unterdrückung hatten die Spanier aber binnen weniger Jahrzehnte die

karibische Urbevölkerung stark dezimiert oder gleich ganz ausgelöscht. Die für die Ausbeutung der schönen neuen Welt dringend benötigten Arbeitskräfte fehlten. Schnell war ein Alternative gefunden: aus Westafrika importierte Sklaven. Mindestens
12 Millionen Menschen wurden in den nächsten 300 Jahren
nach Amerika verschleppt. Die Siedler ahnten nicht, dass sie mit
den Afrikanern genau die Seuchen einschleppten, die Europäer
damals von Afrika fernhielten. Mit der grausamen Logik einer
griechischen Tragödie brachten sie den Fluch tödlicher Epidemien nun auch über sich. Die verbleibenden Amerindianer wurden zum Kollateralschaden. Wie die Europäer starben sie massenweise an tropischen Seuchen wie Gelbfieber oder tropischer
Malaria. Die Epidemien setzten angeschlagenen Völkern weiter
zu und trugen zu ihrem Niedergang bei. Aber auch die Kolonisten gerieten unter Druck, die ohnehin hohe Sterblichkeit in den
Kolonien stieg weiter an. Gelbfieber, dummerweise gemeinsam
mit der Aedesmücke als Zwischenwirtin aus Afrika eingetragen,
sollte in der Geschichte Amerikas eine wichtige Rolle spielen.
Die Spanier traten den Westen der Antilleninsel Hispaniola an
die Franzosen ab. Die Kolonie, jetzt Haiti genannt, wurde zum
Goldesel für Frankreich, vor allem dank der afrikanischen Sklaven, die weiter auf den Plantagen schufteten. Mittlerweile waren
die Ureinwohner der Insel durch Seuchen und Ausbeutung ausgelöscht worden. Neo-Europäer und Plantagenbesitzer, ebenfalls
durch Tropenkrankheiten gebeutelt, bildeten eine verschwinden-
de Minderheit. 99 % der Haitianer waren Afrikaner oder multiethnischen Ursprungs mit einem robusteren Immunsystem. Da
ist es nicht wirklich überraschend, dass sich die Nachfahren ver-
schleppter und versklavter Westafrikaner auf Haiti mit einem
Staatsstreich befreiten. 1804 erklärte sich das Land von Frankreich unabhängig. Napoleon versuchte mit 27 000 Soldaten die
karibische Goldgrube zu retten, aber das Gelbfieber machte ihm
einen Strich durch die Rechnung. Seine Truppen wurden durch
eine Epidemie derart geschwächt, dass er nicht nur Haiti aufgab,
sondern sich auch entschloss, Frankreichs Ansprüche auf Land
westlich des Mississippis für über 27 Millionen US$ an die noch

jungen Vereinigten Staaten zu verkaufen (75). Die USA konnten sich weiter nach Westen ausdehnen und Napoleon konzentrierte sich in Ruhe auf die Eroberung Europas.

Syphilis, Franzosenkrankheit, Lustseuche, Morbus veneris
Nun war Amerika vor der Ankunft der Spanier kein Paradies. Auch in der Neuen Welt gab es auf den Menschen spezialisierte Pathogene. Nicht nur die Tuberkulose hinterließ Spuren an den Skeletten präkolumbianischer Amerindianer (14). Insbesondere korkenzieherförmige Bakterien fallen auf. Sie bereiteten den Invasoren Ungemach, denn die spiralförmigen Quälgeister gediehen auch im gemäßigten Klima Europas. Am gefährlichsten war *Treponema pallidum pallidum (TPA),* Erreger der Syphilis. Diesen Namen erhielt die Geschlechtskrankheit von dem Arzt und Poeten Girolamo Fracastoro (1478–1553). Namenspate Syphilus war ein Hirte, der für seine Gotteslästerung mit der schrecklichen Krankheit bestraft wurde. Die erste dokumentierte Syphilis-Epidemie in Europa trat zeitgleich mit der Rückkehr Kolumbus' aus Amerika auf. Da lag der Schluss nahe, dass die verwegenen Seereisenden ein verhängnisvolles Andenken an ihre Tändeleien mit karibischen Schönheiten mitgebracht hatten. Von Spanien aus rollte die Lustseuche über den Kontinent, mal wieder assistiert von einem Krieg: Der französische König Karl VIII. wollte seine Ansprüche auf Neapel durchsetzen. Sein Heer bestand aus Söldnern aus ganz Europa. In dieser bunten Truppe brach 1494 die Syphilis aus, die Soldaten dann über ganz Europa verteilten. Das brachte der Syphilis ihren Spitznamen Franzosenkrankheit ein. Die Infektionskette, Seeleute – Söldner, war lange das gängige Narrativ rund um die Ausbreitung der Geschlechtskrankheit in der Alten Welt. Hier passt ein Zitat Sherlock Holmes „Es gibt nichts Trügerisches als das Offensichtliche (80)." Und tatsächlich: Neuere genetische Untersuchungen zeigen, dass die Geschichte komplizierter ist. Genetikern ist es gelungen *TPA*-DNA in Skeletten in Nordosteuropa nachzuweisen (81). Die Pointe: die untersuchten Opfer starben schon Jahrzehnte *vor* Kolumbus' legendärer Entdeckungsreise nach Amerika. Brach die erste do-

kumentierte Syphilis-Epidemie in Europa also nur zufällig gleich nach der Rückkehr der Amerikafahrer aus? Anthropologen und Historiker vermuten eher, dass eine mildere Form von Syphilis schon vor Kolumbus durch Europa geisterte. Zahlreiche Mediziner beschrieben auch vor 1492 syphilis-ähnliche Symptome, gelegentlich findet man sogar mittelalterliche Abbildungen, die Syphiliserkranke darzustellen scheinen (14). Auch Anthropologen stoßen immer wieder auf mittelalterliche Skelette mit Verletzungen, die verdächtig nach Syphilis aussehen (81; 82). Daher basteln Wissenschaftler an alternativen Szenarien. Vielleicht kam die Urform von *TPA* mit afrikanischen Sklaven 50 Jahre vor der Entdeckung Amerikas nach Spanien, wo sie sich zum Syphilis-Erreger weiterentwickelte. Möglicherweise kreuzten sich aber auch die europäische, afrikanische und die Neuweltvariante und es entstand ein hochvirulentes *TPA Bakterium*. Dass es auch bei den Amerindianern zu viel mehr Infektionen kam, nachdem die „neue" Syphilis nach Amerika reimportiert wurde, spricht für einen *„Upgrade"* des Erregers. Pathogene passen sich schnell an veränderte Umweltbedingungen oder neue Wirte an. Sie suchen sich neue Übertragungswege oder ihre Virulenz ändert sich (83). *TPA* könnte sich einfach an die neue Umgebung angepasst haben. Im gemäßigt-kühlen Europa ist Körperkontakt sehr viel seltener als im tropischen Südamerika. Die Seuche mutierte vielleicht zur Geschlechtskrankheit, um von einem zugeknöpften Europäer auf den anderen überzuspringen (83).

Abbildung 9: Albrecht Dürer zugeschriebene
Darstellung eines Syphilitikers
(Flugblatt mit dem Lehrgedicht des Arztes
Dietrich Ulsen, Nürnberg)

Andere Forscher vermuten, dass die Syphilis lange Zeit für eine Sonderform der Lepra gehalten wurde, da sie ähnliche Symptome hat. Dafür spricht, dass schon im Mittelalter Quecksilber als Heilmittel gegen Lepra verwendet wurde. Quecksilber hilft aber nicht bei echten Lepra-Erkrankungen, wohl aber bei Syphilis (14). Dass Syphilis nun als eigenständige Seuche erkannt wurde, mag auch mit dem Beginn des neuen Zeitalters der Renaissance zusammenhängen. Mediziner besannen sich auf antikes

Wissen und die rationale Analyse von Naturerscheinungen (44). Die Diagnosen wurden genauer. Dank des Buchdrucks hatten Ärzte ab dem 16. Jhd. einen besseren Zugang zur Fachliteratur, um sich über Symptome zu informieren.

Schon seit dem 15. Jhd. bekämpfte man die grausame Krankheit mit dem giftigen Schwermetall Quecksilber, eine Therapie mit heftigen Nebenwirkungen. Weit verträglichere Heilmethoden hatten die Syphilis-geübten Eingeborenen in Südamerika. Sie bremsten TPA mit einer Kombination aus Guajak-Rinde und einer Schwitzkur aus. Der deutsche Reichsritter und Humanist Ulrich v. Hutten wirbt 1519 für die naturbasierte Kur, die auch sein Leiden linderte (84). Dazu passt, dass man 400 Jahre später herausfand, dass T. pallidum Temperaturen über 41 °C nicht überlebt.

Gonorrhoe, Tripper
Allmählich setzte sich bei Gelehrten die Erkenntnis durch, dass verschiedene Symptome dieselbe Ursache haben können. Noch ahnte aber niemand, wer oder was Krankheiten verursachte. Den Medizinern fiel es darum schwer, Symptomcluster voneinander abzugrenzen. Da begannen einige Ärzte, im Dienste der Wissenschaft systematisch Symptome zu erfassen, und wagten auch das eine oder andere Experiment an ihren Patienten. In diesem Kontext kam es zu einem pikanten Skandal, der bis heute die Gemüter erregt. Der Arzt John Hunter (1728–1793) wollte herausfinden, ob Syphilis und Gonorrhoe Ausformungen derselben Krankheit sind. 1767 entnahm er der eitrigen Harnröhre eines an Tripper Erkrankten etwas Material und infizierte damit den Penis eines Gesunden. Der Versuch schlug fehl, weil der Patient an einer Co-Infektion von Syphilis *und* Gonorrhoe litt, weshalb der neuinfizierte Proband zunächst Syphilis-Symptome entwickelte. Dr. Hunter kam deshalb zu dem Trugschluss, es handle sich um ein und dieselbe Krankheit. Der eigentliche Skandal entstand durch das Gerücht, Dr. Hunter hätte einen Selbstversuch gewagt. Bis heute hält sich die Legende, er wäre an Syphilis gestorben. Hunter gilt als Pionier der experimentellen Chirurgie und seine

Bewunderer streiten vehement für seine Ehre. Das bösartige Gerede wäre von neidischen Kollegen in die Welt gesetzt und von Historikern als saftige Anekdote ungeprüft übernommen worden (85). Die Episode zeigt sehr schön, wie Geschlechtskrankheiten die Infizierten stigmatisieren. Das aus heutiger Sicht bedenkliche experimentelle Herumdoktern an Patienten störte Hunters Zeitgenossen dagegen nicht (86).

Malaria
Ein indianisches Hausmittel mit Potential zum Kultdrink änderte für die Europäer alles: Ende des 16. Jhd. beobachteten Jesuitische Mönche in Peru, dass Inkas die Borke der Chinarindenbäume als Kur gegen Fieber benutzten. Die christlichen Pharmazeuten setzten das traditionelle Naturheilmittel auch gegen die aus der Alten Welt importierte Malaria ein, die mittlerweile in ganz Amerika wütete. Zufällig erwies sich die Rinde als effektive Arznei gegen das leidige Wechselfieber. Der irreführende deutsche Name verballhornt wohl den Gattungsnamen *Cinchona*, der die Bäume angehören. Diesen Namen erhielten die Wunderpflanzen durch die Gattin eines hohen Kolonialbeamten in Südamerika, Señora Ana de Osorio Condesa de Chinchón. Die Condesa erkrankte 1629 in Lima an Malaria und wurde durch die Rinde geheilt. 1630 brachten Jesuiten die Wunderborke nach Europa, denn das tückische Sumpffieber wütete auch hier. Eines der althergebrachten Ballungszentren war das von Marschen und Sümpfen umgebene Rom, Sitz des Vatikans. Nicht umsonst wurde die Stadt ursprünglich auf den berühmten Hügeln über dem verpesteten Feuchtland gegründet und investierte viel in Wassermanagement. Die mittlerweile endemische Seuche kostete viele Römer, unter ihnen auch eine Reihe von Päpsten und Kardinäle, das Leben. Nun hatte man endlich eine wirksame Waffe im Kampf gegen die Plage. Der englische König Charles II. (1630–1685) wurde mit der Rinde des Baums, der bei den Briten auch als „fever tree" bekannt ist, von Malaria geheilt. Sehr schnell wurde das Heilmittel zum Exportschlager, war es doch der Schlüssel zur Eroberung der für Europäer lebensfeindlichen Tropen (87; 88).

Erst durch Chinin wurde die dauerhafte Besiedlung Virginias möglich, bis dahin starb einer von fünf Siedlern an Malaria (88).

Pocken/Blattern

Auch Europäer litten unter den Pocken, ja die Seuche wütete schlimmer als jemals zuvor. Aufgrund der hohen Bevölkerungsdichte war ständig ein großer Pool an nicht resistenten Opfern vorhanden, vor allem in den Städten. Die Infektionskrankheit konnte hier endemisch werden, eine Dauerplage, anders als die epidemische Beulenpest, die immer wieder, aber zeitlich begrenzt auftrat. Während die Pestwellen in Europa allmählich abebbten, bildeten Pocken ein ständiges Hintergrundrauschen. Die Seuche tötete im alten Kontinent zwischen 20 % und 60 % der Erkrankten und es ist anzunehmen, dass im Lauf der Jahrhunderte mehr Menschen an Pocken als an der Beulenpest starben (44). Warum aber finden sich dann vor dem 16. Jahrhundert so wenige Hinweise auf Pockenepidemien? Wie schon erwähnt, begann mit der Neuzeit in Europa das wissenschaftliche Zeitalter. Metropolen wie Paris, Genf oder London begannen, Krankheiten systematisch zu registrieren (75). Die verbesserte Buchführung in den großen Städten liefert solide Daten: Laut den Londoner „Bills of Mortality" tötete der Pockenerreger im 17. Jhd. jedes Jahr rund 200 von 100 000 Einwohnern (89). Der Buchdruck generierte ebenfalls immer mehr Informationen für und über die Menschen. Manche Paläopathologen vermuten, dass bis in die Neuzeit Pocken und ähnlichen Krankheiten, aus mangelnder Kenntnis der Symptome, einfach verwechselt wurden. Andere Wissenschaftler weisen darauf hin, dass der Schwarze Tod in den Jahrhunderten davor alle anderen Epidemien überschattete. Wieder einmal fanden Genetiker ein weiteres Puzzlestück: Irgendwann nach 1500 veränderte sich das Genom des Pockenvirus stark (90). Noch ist nicht sicher, welche neuen Eigenschaften das Virus entwickelte, wurde es virulenter? Hier ist ein weiteres Zitat des Mediziners Sir Arthur Conan Doyle aka Sherlock Holmes hilfreich: „Es ist ein kapitaler Fehler, Theorien aufzustellen, bevor man die Fakten hat." (91) Fest steht, Pocken waren ab dem

17. Jhd. eine Dauerbedrohung für alle (noch) nicht Infizierten. Dies waren in Europa vor allem Kinder, doch auch Erwachsene zählten zu den Opfern, darunter auch viele VIPs. Den Blattern fielen Könige, Kaiser und Zaren zum Opfer, ein klarer Beweis, wie allgegenwärtig die Bedrohung war, selbst für die Erlauchtesten. Nebenbei stellten die Pocken die Weichen für Europas Zukunft, indem sie am bestehenden Machtgefüge rüttelten und immer wieder royale Erbfolgen durcheinanderbrachten. Überlebende waren zwar immun, aber oft lebenslang entstellt durch Pockennarben, ein Drittel erblindete sogar (52). Queen Elisabeth I. von England kam mit einem blauen Auge davon. Nicht nur ihr Leben, sondern auch ihre jungfräuliche Schönheit wurden verschont. Zur Sicherheit half Good Queen Bess mit einer dicken Schicht Bleischminke nach. Der französische Sonnenkönig überlebte die Krankheit schwer gezeichnet schon als einjähriges Kind. Selbstbewusst machte er später als royaler Influencer die Narben salonfähig. Die Habsburger Kaiserin Maria-Theresia dagegen soll nach ihrer Pockenerkrankung alle Spiegel verhängt haben, um ihr entstelltes Gesicht nicht sehen zu müssen (44)

Genetische Stammbaumforscher konnten zeigen, dass Pocken in Indien schon seit der Frühzeit heimisch waren. Schon lange vor europäischem Erstkontakt besaß der Subkontinent, laut Entdecker Vasco da Gama, eine eigene Pocken-Göttin, genannt Shitala Mata. Der wackere Abenteurer besuchte 1498 als erster Portugiese Kalkutta und verwechselte eine Figur der auf einem Esel sitzenden Göttin zunächst mit der Jungfrau Maria. Kurz nachdem die Portugiesen sich 1545 häuslich auf dem Subkontinent niederließen, brach in Indien eine Pockenepidemie aus. Die Europäer vermerkten, dass bis zu 8 000 Kinder daran starben, was typisch für eine Endemie ist, gegen die viele Erwachsene bereits immun sind (44).

Abbildung 10: Shitala Mata, die Pockengöttin auf einem Pferd sitzend.

Lepra

Die Geschichte der Lepra in der Neuen Welt ist ebenso mysteriös wie in der Alten. Lepra verursacht sehr unterschiedliche Symptome, nicht nur bei verschiedenen Menschen, sondern auch in verschiedenen Populationen. Grund ist die starke Abhängigkeit des Keims von unserer Spezies. Jede Erregervariante hat sich auf „ihre" ursprüngliche Population und deren Immunsystem spezialisiert (92). Prallen zwei Gesellschaften aufeinander, springt der Keim über, manifestiert sich aber bei den neuen Wirten mit anderen Symptomen. In jeder Population kann sich zwar das gesamte Spektrum an Symptomen entwickeln, doch mit unterschiedlichen prozentualen Anteilen in unterschiedlichen Populationen (93). Der vielseitige Erreger macht es Paläopathologen wirklich schwer, wenn sie Spuren von Lepraerkrankungen an alten Skeletten und Mumien suchen. Genetiker fanden in Amerika neben europäischen und afrikanischen auch asiatischen Linien des Lepraerregers. Noch verblüffter waren sie, als sie eine neue Bazillenart, *M. lepromatosis* entdeckten, die hauptsächlich in Mexiko vorkommt (94). Dieser hässliche Bruder des schon bekannten Lepraerregers löst dieselben Symptome aus, ist aber virulenter. Aufgrund der asiatischen Lepravarianten vermuten manche, dass schon sibirische Einwanderer Lepra mit nach Amerika brachten, als sie vor 12 000 Jahren die Beringstraße überquerten (95). Seit einiger Zeit wird spekuliert, dass parallel zu den Nordasiaten Polynesier weiter südlich anlandeten und den Kontinent besiedelten. Auch diese Einwanderer, wenn es sie denn gab, könnten asiatische Lepraformen eingeschleppt haben. In Amerika soll dann der neue Lepraerreger *M. lepromatosis* als regionales Produkt entstanden sein. Diese Asiatische-Migrations-Theorie steht im Widerspruch zu der Entstehung der Lepra vor maximal 5 000 Jahren, wie sie von anderen Paläomikrobiologen propagiert wird. Viele Wissenschaftler sind skeptisch und vermuten eher, dass die freiwilligen und unfreiwilligen Einwanderer aus der Alten Welt Lepra zuerst nach Amerika brachten, eine als Post-Kontakt-Theorie bekannte Alternativerklärung. Bisher wurden keine Lepraspuren an vorkolonialen Skeletten entdeckt und frühe Kolonisten und Entdecker erwähnen keinen einzigen Leprafall unter den Eingeborenen. Wie so oft ist die Beweislage aber konfus, denn im Spanischen wurden verschiedene Krankheiten als Lepra bezeichnet die echte Lepra hingegen als „mal de san lazaros". Erste Leprafälle und Leprosorien tauchten in Amerika erst 50 Jahre nach dem Erstkontakt zwischen Neu- und Altweltlern auf. Eine weitere Erklärung übersehen wir in unserer auf Europa fokussierten Geschichtssicht: ab dem 16. Jhd. wanderten auch viele Asiaten in Amerika ein. Sie kamen mehr oder weniger freiwillig als Wanderarbeiter aus China. In Amerika waren Lebensbedingungen und soziale Stellung dieser sogenannten „Kulis" nur wenig besser als die der Einheimischen oder der afrikanischen Sklaven. Je dürftiger ab dem 18. Jhd. der Nachschub an Sklaven wurde, desto mehr billige Arbeitskräfte aus Asien wurden angeworben. Vermutlich brachten die Kontraktarbeiter asiatische Varianten der Lepra mit in ihre neue Heimat. Durch die Einwanderung aus Ost und West wurde Zentralamerika zum ersten globalen Schmelztiegel. Hier verschmolzen nicht nur die Kulturen, sondern es könnte sich aus verschiedenen Lepravarianten der Lepraerreger *M. lepromatosis* entwickelt haben. Die Mehrheit der Zeitenforscher nimmt an, dass die Lepra erst im 16. Jhd. nach Amerika kam (93).

In Europa sorgt die Lepra ebenfalls für gelehrtes Stirnrunzeln. Nach ihrer Blütezeit im Hochmittelalter beginnt die Seuche ab dem 15. Jhd. auf mysteriöser Weise einfach aus dem alten Kontinent zu verschwinden. Die Gründe sind unklar, an verbesserten Behandlungsmethoden lag es jedenfalls nicht. Auch die hygienischen Verhältnisse waren immer noch katastrophal. Die populärste Theorie besagt, dass Lepra von der Tuberkulose sozusagen verdrängt wurde (14; 96). Beide Erreger sind nah verwandt, doch der gesetzte Lepraerreger ist genetisch nur dürftig ausgestattet und teilt sich viel langsamer als *M. tuberculosis*. Da könnte eine Zunahme an Tuberkuloseerkrankungen das Immunsystem der Menschen so konditioniert haben, dass er besser vor dem Lepraerreger geschützt war (97). Man weiß, dass Menschen, die gegen Tuberkulose mit einer abgeschwächten Form des Mykobakteriums immunisiert wurden, durch eine sogenannte Kreuzimmunität auch vor bestimmten Lepraformen besser geschützt sind. Weil bei rund einem Viertel der Lepraopfer eine Co-Infektion von Lepra und aktiver Tuberkulose vorliegt, interpretieren manche Forscher die Datenlage genau umgekehrt: Weil Lepra das Immunsystem schwächt und sich die Lebensumstände für

Leprakranke radikal verschlechtern, geraten sie körperlich und seelisch unter Stress. Dies aktiviert eingekapselte Tuberkulosekeime, die rund ein Drittel der Menschen in sich trägt. Sie erkranken und sterben an Tuberkulose, deren Krankheitsverlauf schneller ist als der von Lepra (98).

Wie schon so oft liefern auch die Gene entscheidende Hinweise zur Lösung des Rätsels. Diesmal allerdings die der Wirte, nicht des Erregers. *M. leprae* hat sich in den letzten tausend Jahren kaum verändert, berichten Paläogenetiker. Das heißt, die Bazillen waren im Mittelalter nicht virulenter als heute (92). Bei den Populationen, die schon länger unter der Seuche leiden, hat sich dagegen genetisch etwas getan. In diesem Zusammenhang spielt die Schuppenflechte (*Psoriasis*) eine wesentliche Rolle, eine angeborene Hautkrankheit, die durch eine Überreaktion des Immunsystems verursacht wird. Kurioserweise schließen sich Schuppenflechte und Lepra praktisch aus. Besonders Nordeuropäer neigen zur Schuppenflechte und findige Genetiker konnten das verantwortliche Gen identifizieren. Es codiert für ein Immunprotein, das mit der überschießenden Immunreaktion im Zusammenhang steht. Träger anderer Genvarianten haben schwächere Abwehrsysteme und werden darum leichter zu Lepraopfern (92). Da Lepra außerdem die Fruchtbarkeit beeinträchtigt, haben Leprose weniger Nachkommen. Als Folge begünstigte die Natur Menschen mit der Anlage zur Schuppenflechte gleich doppelt. Hier haben wir ein weiteres Paradebeispiel für Evolution à la Darwin: Mehr Überlebende und mehr Nachkommen unter den Trägern des Schuppenflecht-Gens erhöhten deren Anteil in einer Population in der die Gefahr einer Leprainfektion hoch war. Da Lepra bis in die Moderne vor allem in Nordeuropa endemisch war, finden wir deshalb hier besonders viele Menschen mit der Anlage zur Schuppenflechte. Ein ähnliches Bild zeigt sich in Afrika. Im Osten des Kontinents trieb die Plage viel länger ihr Unwesen als im Westen, und wie erwartet finden sich in Ostafrika mehr Fälle von Schuppenflechte als in Westafrika. Allerdings verwechselten die Zeitgenossen seit der Antike *Psoriasis* mit Lepra, so brachte die nervige Hutkrankheit nur bedingt Vorteile für die Befallenen. (96).

Fest steht, während des 16. Jhd. verschwanden die vielen Lazarus Häuser oder wurden allgemeine Hospitäler (14).

Tuberkulose

Erst ab dem 16. Jhd. tut sich also etwas in Sachen Tuberkulose. Anzeichen dafür finden sich in der königlichen Buchhaltung: Während der königlichen Heilungshappenings für Skrofulose-Kranke werden immer mehr Goldmünzen ausgegeben. Zusammen mit dem schon beschriebenen Rückgang an Leprafällen deutet dies auf einen Anstieg an Tuberkulose-Kranken. Aber warum jetzt, wenn Schwindsucht und Skrofulose in der vorhergehenden Epoche trotz zwischenzeitlicher Bevölkerungsexplosion eher eine Nebenrolle spielten? Eine Ursache ist sicher das bröselnde feudale System. Auch der Handel und eine wachsende Textilindustrie ziehen die Menschen in die Städte, die anfangen zu wachsen. Die Stadtbewohner leiden mehr denn je unter mangelnder Kanalisation und mangelndem Platz. Die Lebensbedingungen waren verheerend und die Versorgung so vieler Menschen lange vor Erfindung des Gefrierschranks oder der Konservendose eine echte Herausforderung. Was hat das aber mit der Tuberkulose zu tun? Ein Besuch in Edinburgh bringt wortwörtlich Licht in das Dunkel. Touristen sollten sich in der verwinkelten Altstadt auf das Abenteuer „Mary Kings Close" einlassen. Lange schlummerte das Gässchen vergessen und zugemauert unter dem Fundament der Royal Exchange, jetzt ist es eine Attraktion. Auf Touristen wartet eine historische Tour mit Gruseleffekt. Sie werden in eine Straßenschlucht hinabgeführt, in die schon vor ihrer Überbauung kaum Tageslicht fiel. Ein Elendsquartier reiht sich an das nächste. Kanalisation gab es nicht, lassen sie sich von der Führerin erklären, was der allgegenwärtige Warnruf „Gardy-Noo" bedeutet. Mitten in dem historischen Slum drängt sich ein Gewölbe, das als Kuhstall diente. Denn um an frische Milch zu kommen, holten die Bürger Kühe in die Stadt. Hier lebten die Rinder in dunklen Ställen, qualvoll eng und verdreckt wie ihre menschlichen Nachbarn. Solche Gehege waren ein Paradies für MTBC-Bazillen, die zwischen und innerhalb Rinder- und Menschwirten hin- und herwechselten und gediehen (14). Mikrobiologen halten diese nicht wirklich artgerechten Kuhställe für die reinsten Seuchenherde, die eine starke Zunahme der Tuberkulose-Infektionen auslösen. Ab dem 17. Jhd. verursachte TBC 15 % aller Todesfälle in London, hundert Jahre später waren es doppelt so viele.

Influenza, echte Grippe

Historische Quellen berichten schon um 1510 von einer Influenza-Pandemie, die aus Afrika kommend Europa heimgesucht haben soll. Auch aus dem Jahr 1557 gibt es magere Hinweise auf eine weitere Seuchenwelle, doch die erste wirklich gesicherte Influenza-Pandemie nahm 1580 ihren Anfang in Asien und erreichte via Kleinasien und Nordafrika auch Europa. Während der nächsten sechs Monate forderte die Plage in ganz Europa viele Todesopfer, alleine in Rom sollen 8 000 Menschen gestorben sein (57). Natürlich verschleppten die Europäer die Infektionskrankheit auch nach Amerika. 1729 erfahren wir von der nächsten großen Influenza-Pandemie, die im Frühjahr in Russland begann und sich innerhalb eines halben Jahres über ganz Europa ausbreitete. In den nächsten drei Jahren erreichte sie auch entlegene Winkel auf der ganzen Welt. Die Aufzeichnungen sind detailliert genug, um klar abgegrenzte Infektionswellen zu unterscheiden, die mit zunehmend schweren Verläufen einhergehen (57).

Industrialisierung und Kolonialzeit

Erst Ende des 19. Jhds. hatten traditionelle Vorstellungen vom „Miasma", einem verderblichen Dunst, mit dem sich Seuchen angeblich ausbreiten, endgültig ausgedient. Auch die von Hippokrates ausgeheckte Theorie von Körpersäften, die ins Gleichgewicht gebracht werden müssen, damit der Patient gesundet, begruben Mediziner auf dem Friedhof wissenschaftlicher Irrtümer. Nun schlägt die Stunde der Mikrobiologen, sie identifizierten Bakterien als Urheber von Infektionskrankheiten. Viren blieben für die Seuchenfahnder aber weiter unsichtbar, sie waren einfach zu klein für die damaligen Mikroskope. Doch Koch, Pasteur und Co. kommen auch ihnen durch Versuche auf die Spur. Endlich verstanden Ärzte die Ursachen einiger der schlimmsten Geißeln der Menschheit und konnten Infektionen gezielt bekämpfen. Mit der Industrialisierung nahm die Landflucht weiter zu, die hygienischen Verhältnisse blieben dagegen zunächst dürftig. Seuchen galten jetzt auch als soziales Problem. Die Armen bildeten angeblich …

> *„Durch Trunk, liederliche Lebensweise, Unreinlichkeit, verpestete Luft bei Anhäufung von Schmutz, gedrängtes Zusammenwohnen in engen Räumen und durch Mangel der notdürftigen Bekleidung und Nahrungsmittel von gesunder Beschaffenheit (Kurtriersches Jahrbuch 39) (99)"*

… den Nährboden für Seuchen, so der – politisch unkorrekte – Schluss der Gesundheitsbehörden (100).

Noch immer hatten Krankheit und Elend den Beigeschmack von Liederlichkeit und Sünde. Zu den Maßnahmen der preußischen Gesundheitsbehörden gehörten nicht nur die Erfassung der Lebensverhältnisse von Bewohnern städtischer Slums, sondern auch die moralische Beurteilung der einzelnen Haushalte (100). Andere dachten da praxisorientierter. Epidemiologen und Hygieniker kämpften mit den Waffen der Wissenschaft gegen die Plagen. Sie fanden Übertragungswege und spürten Infektionsketten auf. Reformen der Trinkwasseraufbereitung, Lebensmittelhygiene und Kanalisation ebenso wie eine allgemeine Verbesserung der Ernährung der Menschen leisteten einen wichtigen Beitrag zum Rückgang von Epidemien in Europa und Amerika.

Pocken, Blattern

Die leidvolle Pocken-Saga erreichte im 18. Jhd. einen weiteren Höhepunkt. Alleine in Europa starben 400 000 Menschen an Pockeninfektionen (52). Dann, im 19. Jhd., wendete sich das Blatt endlich. Der Kampf gegen die Blattern begann, lange bevor ihr Auslöser identifiziert wurde. Schon im mittelalterlichen China hatten Mediziner begonnen, das Immunsystem zu stimulieren, indem sie gefährdete Personen mit kontaminiertem Material in Kontakt brachten. Diese Inokulation genannte Technik klingt auf den ersten Blick nach russischem Roulette, hatte aber System: Es war der Versuch, Menschen gezielt mit schwach virulenten Pockenerregern anzustecken, um ihnen schwere Verläufe zu ersparen. Eher zufällig infizierten sich dagegen Arbeiter in der Rinderbranche mit Kuhpocken. Da sie nach einer Kuhpockeninfektion gegen menschliche Pocken immun waren, galten Milchmädchen wegen ihrer unversehrten Haut als besonders hübsch, wenn auch als etwas naiv (man denke nur an das geflügelte Wort von der Milchmädchenrechnung). Aufbauend auf diesen jahrhundertealten Erfahrungen wurden 1796 erstmals Kuhpockenviren als Impfstoff gegen Pocken eingesetzt. Paläomikrobiologen stellten fest, dass mit Beginn der massenhaften Immunisierung viele neue Variolavarianten entstanden. Möglicherweise reagierte der Erreger damit auf den verstärkten Selektionsdruck durch die künstlich aufgepeppte Immunabwehr seiner menschlichen Wirte (90). Trotz des Durchbruchs im Kampf gegen den Virus gab es im 19. Jhd. in Europa weiter Pockenepidemien, wenn auch weniger heftige als in den Jahrhunderten zuvor. Kriege und Hungersnöte bremsten Impfkampagnen ebenso wie voreiliger Optimismus. Durch die Immunisierung verloren die Pocken schon nach wenigen Jahrzehnten ihren Schrecken und schienen bereits besiegt. Da nahm es manch einer mit dem Impfen nicht mehr so genau, was sich bei jeder neuen Pockenwelle rächte. Denn die Seuche schwelte weiter in abgelegenen Regionen des Kontinents, ebenso wie in der zentraleuropäischen Bevölkerung, deren Durchimpfungsgrad sich von Land zu Land unterschied. Bei jeder Krise bahnte sich das Unheil wieder seinen Weg. Der erste Weltkrieg, über 100 Jahre nach Beginn der Impfungen, führte zu mehreren Epidemien in ganz Europa (44).

In Amerika litten die Menschen ebenfalls unter Blattern-Epidemien, vor allem an der Ostküste, wo die Schiffe aus der Alten Welt die Infektion immer wieder neu importierten. Einzelne Städte wie Boston hatten daher strickte Quarantäne-Regeln (44). Die Seuchenwellen häuften sich, als mehr Siedlungen zu Städten heranwuchsen, aber auch jenseits der Städte brachen immer wieder die Pocken aus, assistiert von Kämpfen mit und zwischen Indianern. Der Pelzhandel mit den Einheimischen gab der Ausbreitung des Pathogens zusätzlichen Schub. Hilfreich aus Pockensicht war auch der Krieg zwischen Engländern, Niederländern und Franzosen um die Vorherrschaft in Nordamerika, den sie mit ihren jeweiligen indianischen Verbündeten führten. Immer wieder entschieden Pockenepidemien über das Kriegsglück. Ab und zu versuchten europäische Siedler à la Befehlshaber Amherst, lästige Indianer mit Pocken zu infizieren. In dieser Lage begeisterten sich auch die Amerikaner für Inokulation und Impfung. Ausgerechnet die versklavten Afroamerikaner wurden nun zu Vorbildern, da viele schon in Afrika inokuliert worden waren, wo die Technik seit Jahrhunderten bekannt war (44). Die Neo-Europäer hätten von ihnen schon lange die Methode übernehmen können, bevor sie via Europa nach Amerika kam. Dennoch litten auch die Sklaven stark unter jeder neuen Seuchenwelle, ebenso wie Ureinwohner und ärmere Europäer. Denn Inokulation war ein Luxus, der zunächst nur die Wohlhabenden schützte. Mit Einführung der billigeren Impfung kamen auch sozial schwächere Europäer in den Genuss der Immunisierung. Die Indianer starben weiter an der furchtbaren Plage, erst gegen Ende des 19. Jhd. nahmen die Pocken-Epidemien unter den Prä-Kolumbianern ab. Die Regierung begann, die wenigen Überlebenden zu impfen und durch Isolation vor Infektionen zu Schützen (44).

In Asien wütete die Seuche dagegen fast ungebremst. Obwohl China viel Erfahrung mit der Inokulation hatte, wurde das Reich immer wieder von Epidemien erschüttert. Indien, Malaysia und den südostasiatischen Inseln erging es nicht besser, auch wegen des regen kolonialen Handelsverkehrs. Wenn die Europäer hier nicht die Infektionskrankheit einschleppten, lösten sie mit ihrer Kolonialpolitik, dem zunehmenden Schiffsverkehr sowie den wachsenden Enklaven Migration aus. Erhöhte Mobilität ist, das wissen wir schon seit der Steinzeit, ein bewährter Seuchenkatalysator. Vor den Augen der Europäer jagt eine Pockenepidemie die nächste. Mit den ersten Siedlern erreichten die Pocken 1789 auch Australien und wütete unter den Aborigines. Zu einer Zeit, als das gefleckte Monster in Europa und Amerika schon gezähmt wurde, fing das Grauen *Down Under* gerade erst an (14).

Abbildung 11: Karikatur zeitgenössischer britischer Nabobs

Zu gerne hätten eroberungsfreudige Europäer und ab dem 19. Jhd. auch Amerikaner die letzten weißen Flecken auf dem Erdball nutzbar gemacht. Afrika lag aus (neo-) europäischer Sicht brach, genauso wie andere tropische Regionen in Indien, Asien und Lateinamerika. Einerseits lockten Gold und Silber, Zucker, Gewürze, Seide und dazu der einträgliche Sklavenhandel. Andererseits bremsten die miesen Krankheiten Expansionsgelüste effektiv aus. Die Todesrate in den tropischen Handels-Enklaven der Europäer war einfach zu hoch, um militärisch aufzutrumpfen. Aus den exotischen Paradiesen früher Weltendecker wurden schnell grüne Höllen, in denen die Lebensbedingungen für Abendländer unerträglich und ungesund waren. Obendrein zehrte die Rivalität zwischen europäischen Händlern an deren Kräften, weil sie fernab der Heimat Stellvertreterkriege ausfochten. Die umtriebigen Unternehmer führten oft ein Doppelleben als Piraten und schreckten auch an Land nicht vor gewalttätigen Kabbeleien um ihre Stützpunkte zurück. Die größten Feinde der imperialistischen Geschäftsleute waren aber Malaria und Gelbfieber, die unentrinnbar schienen und Eindringlingen aus gemäßigten Zonen das Leben schwermachten. In England entstand das Cliché vom Nabob, der in den (indischen) Kolonien märchenhaften Reichtum erwarb und sich dann in der alten Heimat Palast und Position erkaufte. Als Souvenir brachten die mächtigen Neureichen unweigerlich einen sklavisch ergebenen orientalischen Diener und allerlei fremdländische Gebrechen mit (101). Trotz ihres kränklich-gelben Teints und wiederkehrender Fieberanfällen inspirierten die gutbetuchten Heimkehrer die nächste Generation junger Abenteurer, sich auf die Suche nach Reichtum, Karriere und Erfolg in die tödlichen Tropen zu begeben. Die Gefahr für Leben und Gesundheit nahmen die Glücksritter dafür gerne in Kauf. So wuchs und wuchs der Bedarf nach Heilmitteln für Tropenkrankheiten wie Chinin. Dank der Mikrobiologie wusste man gegen Ende des 19. Jhds. mehr über Verursacher und Verbreiter von Malaria und Gelbfieber. Mücken der Gattungen *Anopheles* und *Aedes* galten als Verkörperung des tropischen Übels. Insektenforscher avancierten zu Vorkämpfern des Imperialismus, als sie ihre Kenntnis der Mückenökologie nutzten, um die lebensfeindlichen Tropen auch für den weißen Mann bewohnbar zu machen.

Malaria

P. falciparum hatte zusammen mit andern Tropeninfektionen Afrika lange vor europäisch-imperialen Ambitionen geschützt. Dank der Rinde der Cichona-Bäume, die Jesuitische Mönche vor 350 Jahren für sich entdeckten, hatte man aber endlich eine wirksame Waffe gegen das tödliche Fieber. Der Bedarf an der Wunderrinde war enorm. Die Kolonialherren verweigerten sogar den Amerindianern ihre ureigene Arznei, die sie im Kampf gegen die aus der Alten Welt eingeschleppten Malaria dringend benötigt hätten. Peruanische Behörden versuchten, die Pflanze zu monopolisieren, doch geschäftstüchtige Holländer schmuggelten die Samen nach Java, damals eine ihrer Kolonien, um ihre eigene Cinchonarinden-Produktion zu starten. Doch auch sie konnten die Nachfrage nicht befriedigen, die Wunderborke war der Schlüssel zur Eroberung tropischer Kolonien, mit gewaltiger politischer und wirtschaftlicher Bedeutung. 1820 isolierten französische Chemiker Chinin als die gegen Malaria wirksame Substanz aus der Rinde. Der einzige Schönheitsfehler war, dass Chinin eklig bitter schmeckt, weshalb schon die Inkas sich die Medizin versüßten. Die Europäer taten es ihnen nach und das Ergebnis war das noch heute beliebte Tonic Water. In Indien entwickelten die Briten das eigentlich als Medizin gedachte Getränk dann weiter zum kultigen Gin-Tonic.

Gelbfieber

Wieder einmal machte der gelbe Dämon Weltpolitik, dieses Mal, weil er dem globalen Handel dazwischenfunkte. Ferdinand de Lesseps war ein gutvernetzter Unternehmer und gilt als Erbauer des Sueskanals, doch das reichte dem Franzosen nicht. 1881 wagte er sich an das nächste Großprojekt, den Panamakanal. Der Wasserweg sollte Zentralamerika durchqueren und den Pazifik mit dem Atlantik verbinden. Eine gewaltige Abkürzung für den Schiffsverkehr und ein Riesengeschäft für die Betreiber. Aber die Arbeit in den schwülen Sümpfen war eine Herausforderung, vor der ihn ein Freund warnte:

„Wenn Sie wirklich den Kanal bauen wollen, dann wird es hier nicht genügend Bäume geben, um Grabkreuze für Ihre Arbeiter daraus zu schnitzen (102)."

De Lesseps ließ sich nicht abschrecken und begann mit dem mörderischen Vorhaben. Das schlecht geplante Projekt wurde ein Kampf gegen Malaria und vor allem die gelbe Seuche, die Tag für Tag bis zu 8 Arbeitern das Leben kostete. Durch Bestechung und Pressemanipulation wurden Anleger und die französische Öffentlichkeit lange im Dunkeln gehalten. Doch nach mehr als 20 000 Toten und eskalierenden Kosten ließ sich das tragische Fiasko nicht mehr leugnen. Endlich wurden die Arbeiten 1889 eingestellt, die Pleite ging als größter Finanzskandal des 19. Jhds. in Frankreichs Geschichte ein. Die USA sprangen ein und führten den Kanalbau fort, mussten allerdings ebenfalls hohe Verluste durch Gelbfieber und Malaria in Kauf nehmen. Dann um 1900 erkannten Wissenschaftler wie Sir Ronald Ross (1857–1932), dass Mücken als Vektorinnen für Krankheiten dienten, weil sie Erreger von Infizierten auf Gesunde übertrugen. Der wissenschaftliche Durchbruch hatte nicht nur medizinische Konsequenzen, sondern auch soziale. Plötzlich waren nicht mehr feuchtes Klima und Hitze verantwortlich für das unbekömmliche tropische Milieu, englische Ärzte erklärten stattdessen den Eingeborenen zum Hauptschuldigen an den exotischen Infektionen der Europäer. Im Falle Panamas ging die Gefahr für die weiße Elite von den etwa 100 000 Immigranten aus, die als Bauarbeiter in der Karibik angeworben wurden. Nach dem neuen rassistischen Narrativ gediehen Keime aller Art beim Südmenschen besonders gut. Rassentrennung als Hygienemaßnahme schien da nur logisch. Henry Rose Carter, Direktor der Kanal-Krankenhäuser, schlug 1908 kurzerhand vor:

„Um zu verhindern, dass sich die Mücken, denen unserer Schutzbefohlenen [i. e. die Amerikaner Anm. d. Übs.] ausgesetzt sind, infizieren, müssen wir deren Quartiere von denen der Eingeborenen und Farbigen trennen."

Sir Ronald Ross war zwar derselben Meinung, doch vor allem, forderte er, müssten die Moskitos reduziert werden. Angereiste Insektenkundler fokussierten sich also zielstrebig auf den Kampf gegen das sirrende Ungeziefer. Nun ist Panama für Schnaken ein Paradies, warm genug, um sich das ganze Jahr fortzupflanzen und dank acht Monaten Regenzeit voller stehender Tümpel für die Larvenbrut. Das machte den Krieg gegen die Mücken zu einer ungeheuren Herausforderung. Immerhin, Maßnahmen wie das Roden des Areals um Arbeitersiedlungen, das Austrocknen von Wasserstellen und systematisches Mückenscreening in den Wohnquartieren zeigten erste Erfolge. Beliebt war auch, Pfützen mit Öl zu versetzen, um die Larven zu ersticken.

Abbildung 12: Ein Arbeiter am Panama-Kanal
spritzt Kerosin in eine Pfütze

Doch je genauer Entomologen die Mückenfauna studierten, desto besser verstanden sie, dass nur wenige Arten menschliche Krankheiten übertrugen. Nicht ganz überraschend waren die Superspreader unter den Moskitospezies diejenigen, die sich an Menschen und ihr Umfeld gut anpassten. Die importierte Tigermücke und Gelbfieber-Vektorin *Aedes aegypti* war besonders anhänglich. Sie brütete fast nur in menschengemachten Wassergefäßen rund um die Siedlungen. Den Schnaken-Experten drängte sich der Verdacht auf, dass die Kanalbaustelle selber, durch die ständigen Erdumwälzungen und neu entstehenden Tümpel, die Hauptwurzel des Übels war. In dem sich permanent wandelnden Umfeld entstanden täglich neue Mückenhabitate. Letztlich überredeten die Insektenfreunde die Hygiene-Beauftragten der Kanalbaugesellschaft zu zielgerichteten Maßnahmen gegen wenige Mückenarten. Der totale Krieg gegen Panamas Natur wurde eingeengt, das schonte Umwelt und Geldbeutel und erfüllte doch seinen Zweck. 1914 konnte der Panama-Kanal fertiggestellt werden, er gilt mit dem Sueskanal als wichtigster Wasserweg der Welt (103).

Influenza, echte Grippe
Die Reihe der seit dem 16. Jhd. dokumentierten Influenza-Pandemien setzt sich 1781–82 fort. Die Grippewelle beginnt in China im Herbst und umrundet via Russland und Nordamerika den ganzen Globus. In den folgenden 8 Monaten gibt es explosive Ausbrüche, ganz untypisch scheinen vor allem junge Erwachsene zu den Opfern zu zählen. In St. Petersburg erkrankten zeitweise 30 000 Menschen pro Tag, in Rom wurden zwei Drittel der Bevölkerung infiziert (57). Auch die nächste Welle nahm 1830 in China ihren Anfang. Sie wütete drei Jahre weltweit und soll hochansteckend gewesen sein. Diesmal begann die Krankheit im Winter, und neben der schon bewährten russischen Landroute verbreiten sich die Erreger auch auf dem Seeweg in Südostasien und nach Indien. Neben Europa erreichte die Infektion auch Nordamerika. 20–25 % der Weltbevölkerung wurden infiziert, glücklicherweise war die Letalität aber nicht so hoch wie bei der Spanischen Grippe. Bevor es zu dieser sinisteren medizinischen Apokalypse kam, rollten noch zwei weitere globale Grippewellen. 1918 begann dann eine Pandemie, die es mit der Justinianischen Pest und dem Schwarzen Tod aufnehmen kann.

Spanische Grippe (1918 bis 1920)
Es ist bis heute nicht geklärt, wo genau das Verhängnis begann, in Spanien jedenfalls nicht. Fast schon aus Gewohnheit verorten

einige den Anfang der Pandemie in China, aber mehrere Ausbrüche in der Frühphase der Spanischen Grippe (März 1918) fanden in Nordamerika statt, so dass Forscher hier Patient 0 vermuten (57). Wieder einmal fungierte ein Krieg als Seuchenhelfer, diesmal war es der erste Weltkrieg, für den viele junge Amerikaner eingezogen wurden. Nachdem sie in Ausbildungscamps reichlich Gelegenheit hatten, die Seuche weiterzugeben, wurden sie nach Frankreich verschifft. Dort steckten die amerikanischen Truppen zunächst die verbündeten Briten an, dann sprang der Keim auf alle anderen Kriegsparteien über. Mit den Soldaten verbreite sich die Seuche über ganz Europa und hatte im Mai Nordafrika und im Juni Russland erreicht. Wegen des alles beherrschenden Krieges wollten die Verantwortlichen den Ball flach halten und zensierten Meldungen über die „Modekrankheit" (104). Nur im neutralen Spanien erschienen unverblümte Berichte über die Influenza. Das Resultat haben die Iberer sich selber zuzuschreiben, Spanien avancierte wegen der wahrheitsgetreuen Meldungen zum Namenspaten für eine der mörderischsten Seuchen in der Geschichte der Menschheit.

Abbildung 13: Satirische spanische Darstellung Ende September 1918: der Soldado de Nápoles liest in der Zeitung vom gutartigen Charakter der Krankheit und gleichzeitig, dass der Platz auf den Friedhöfen ausgeht

Die Influenza erreichte dank Globalisierungsfaktor Krieg bald auch Afrika. Heimkehrende indische Soldaten brachten die Grippe auf den Subkontinent. Da die Briten auf dem Subkontinent viel in die Infrastruktur investiert hatten, waren die großen Städte durch Eisenbahnlinien verbunden. Die Züge halfen bei der Ausbreitung ebenso wie die gleichbleibend schlechte Gesundheit großer Teile der Bevölkerung. Indien verlor 18 Millionen Menschen an die Spanische Grippe, mehr als jedes andere Land (105). Von Indien aus wurde die Seuche dann weiter nach Asien verschleppt. Überall verbreitete sie sich mit rasender Geschwindigkeit, aber nach einigen Wochen nahmen die Fallzahlen zunächst wieder ab. Zu diesem Zeitpunkt galt die Massenerkrankung einfach als eine der üblichen Influenza-Pandemien und man hatte ja gerade ganz andere Probleme. Dann trat eine dramatische Wende ein: August 1918 erkrankten auf einem Schiff, unterwegs von England nach Sierra Leone, einige Menschen an einer Erregermutante, die zehnmal virulenter war und sich leider ebenso schnell verbreiteten wie die erste Welle (57). Als 1920 die Pandemie nach drei Wellen endlich endete, hatte sie 40–50 Millionen Opfer gefordert, fünfmal so viele Menschen wie der erste Weltkrieg. Etwa 50 % der Menschheit hatten sich infiziert, die Hälfte davon zeigte deutliche Symptome. Ungewöhnlich für eine Grippe starben vor allem junge Menschen, unter den 20 bis 40-jährigen zählte man die meisten pandemischen Toten. Seltsamerweise wurde die Spanische Grippe zu einer vergessenen Katastrophe, die wenige Spuren im kollektiven Gedächtnis hinterlassen hat. Im Gegensatz zu den Klassikern Pest, Pocken oder Schwindsucht haben Kunst und Literatur die Grippe-Pandemie praktisch totgeschwiegen. Bei der Aufarbeitung des ersten Weltkrieges spielt sie kaum eine Rolle. Dabei könnte sie den Kriegsausgang beeinflusst haben, denn die deutschen und österreichisch-ungarischen Truppen waren stärker von der Grippe betroffen als die anderen Kriegsparteien (106). Während der Versailler Friedensverhandlungen infizierten sich sowohl der amerikanische Präsident Thomas Wilson Woodrow als auch sein Berater. Man darf spekulieren, wie die Geschichte weitergegangen wäre, wenn der auf Ausgleich bedachte amerikanische Präsident sich mit ganzer Kraft eigebracht hätte. Bei dem mangelnden Krisenbewusstsein wirkte sicher die beschwichtigende Berichterstattung der Kriegsmächte nach, die öffentliche Moral sollte bloß nicht ins Wanken kommen. Folglich wurden die Auswirkungen der Pandemie relativiert und schöngeredet. Schlechte Ernährung und mangelnde Hygiene seien der Grund für die rasante Ausbreitung der Grippe, hieß es damals. Mangels Personal wurden Infektionen den Behörden nicht gemeldet. Selbst in Deutschland, einem der Mutterländer der Mikrobiologie, wurde im großen Stil verdrängt (104). Nach neun Monaten war die Pandemie überstanden, bevor das volle Ausmaß der Katastrophe von der Öffentlichkeit wahrgenommen wurde. Vielleicht hatte die Tragödie erster Weltkrieg die Menschen auch einfach so abgestumpft und emotional erschöpft, dass sie von dem neuen Unglück überfordert waren (61). Erst nach dem Auftreten neuer Pandemien kommt es zu einer „Rememorierung" (104), und nicht nur Forscher, auch Kreative befassen sich nun mit der verdrängten Seuche. 1990 wurde sie in dem Film „Zeit des Erwachens" mit Robin Williams und Robert De Niro thematisiert, ebenso wie in der preisgekrönten Serie „Downtown Abbey". Nachtrag: Es stellte sich später heraus, dass der Influenzavirus, der die Spanische Grippe verursachte, nah verwandt ist mit einer Virusvariante, die bis heute unter Schweinen grassiert (57).

Pest

Jules Vernes Roman „Die Reise um die Erde in 80 Tagen" von 1873 feiert die rasende Globalisierung, die mit der Kolonialisierung der Welt einherging (107). Die Beherrschung ihrer Riesenreiche und der Transport all der kolonialen Schätze waren für die Imperialmächte eine logistische Herausforderung, weswegen ein eng getakteter Schiffsverkehr und ein weltweites Eisenbahnnetz entstanden. Durch die Dampfschifffahrt und Megaprojekten wie dem Sueskanal verkürzten sich Fernreisen drastisch. Jules Vernes Klassiker spiegelt die Fortschrittsbegeisterung und Reiselust seiner Zeitgenossen. Als aber 1892 in der Mongolei die dritte große Pest-Pandemie ausbrach und 1894 Honkong erreichte, zeigten sich die Schattenseiten der geschrumpften Welt. Die Angst war groß, dass Schiffe aus Honkong die Seuche auch nach Europa bringen könnten. Der kollektive Albtraum Schwarzer Tod war vor kaum 150 Jahren endgültig in Europa verklungen. Eilig schickten Franzosen und Deutsche ihre Wissenschaftler nach Honkong, um den Auslöser der Seuche zu finden. Das französischen Pasteur- und das deutsche Robert-Koch-Institut waren erbitterte Konkurrenten in diesem Forscher-Wettkampf. Die zwei Forschungsstätten waren Prestige-Objekte der damaligen „Erbfeinde". Die Wissenschaftler bildeten die Crème de la Crème der Mikrobiologen und kämpften mit Mikroskop und Petrischale für die nationale Ehre. Beide Teams machten sich auf die Suche nach dem Erreger, der junge Schweizer Arzt Alexandre Yersin machte das Rennen. Er entdeckt als erster das Bakterium, das ihm zu Ehren *Yersinia pestis* genannt wurde. Wichtig für die Eindämmung der Seuche war auch die Aufklärung des Übertragungsweges und der Verbindung zwischen Ratten und Menschen durch den Rattenfloh. Den fand der Franzose Paul-Louis Simond (1858–1947). Eigentlich keine neue Erkenntnis, denn schon seit dem 11. Jhd. wusste man in Indien:

> *„Wenn Ratten von den Dächern fallen, und wie betrunken*
> *über die Straße torkeln, dann wisse, die Pest ist nah."*

Eine Weisheit, die fast schon poetisch umschreibt, dass die verhassten Nager die erste Wahl für *Y. pestis* und den Rattenfloh sind und der Mensch nur Plan B, wenn Ratten knapp werden (61). Obwohl der Pesterreger endlich gefunden wurde, starben weltweit etwa 15 Millionen Menschen an dieser (hoffentlich) letzten großen Pestwelle. Diesmal traf es vor allem die Chinesen und Inder, in Europa und Amerika starben nur Wenige.

Tuberkulose
TBC entwickelte sich zum Megakiller des 19. Jhds. Keine andere Infektion forderte mehr Todesopfer. In Großbritannien star-

ben pro Jahr bis zu 500 von 100 000 Einwohnern in Philadelphia waren es sogar 618. Wie die Pocken wütete auch TBC am schlimmsten in den Städten. Noch immer waren die Ursachen umstritten. Manche Ärzte vermuteten gar, dass es sich um ein erbliches Leiden handelte, was einige dazu verleitete, sich zurückzulehnen und den Dingen ihren Lauf zu lassen. Die Krankheit hatte für Zeitgenossen einen seltsam morbiden Charme, wie ein Blick auf die Kunstszene zeigt: In den Opern La Bohème oder La Traviata wird wohlklingend an Schwindsucht gestorben und nie war Sinnsuche sprachlich schöner als bei den Siechen in Thomas Manns Zauberberg.

Abbildung 14: Poster für die 1896 production for Puccini's La bohème. Erstellt: 1. Januar 1896

Blasse TBC-Kranke galten als vornehm, die magere Figur todkranker Society Beautys inspirierte die Mode eng geschnürter Wespentaillen. So wirkten auch gesunde Fashionistas interessant fragil. 1882 identifizierte Robert Koch endlich *M. tuberculosis* als

Infektionsursache und die Entzauberung der Krankheit begann (108). Zu diesem Zeitpunkt war Tuberkulose in Europa schon auf dem Rückzug, vermutlich, weil sich die Lebensumstände für die breite Bevölkerung verbesserten. Durch Steigerung der Ernte-Erträge hatten auch Ärmere mehr zu Essen (14). Die Menschen waren *M. tuberculosis* weniger ausgesetzt und ihre Widerstands-kraft wurde stärker. Welchen Beitrag die legendären Sanatorien, denen Thomas Mann mit seinem Roman ein Denkmal setzte, leisteten, ist unklar. Geholfen hat sicher, dass viele Länder be-gannen, Milch durch Pasteurisation zu sterilisieren und so die Mikroben abzutöten (109).

Krankheit und Klassenkampf

Cholera und Typhus werden durch mit Fäkalien verunreinigte Lebensmittel und Trinkwasser übertragen. Obwohl keiner vor der Seuche sicher war, lebte der Löwenanteil der Opfer in den Elendsvierteln der wuchernden Städte. Das machte Cholera und Typhus zu sozialem Sprengstoff. Während die Gesundheitsbehör-den den „liederlichen" Lebensstil der sozial Schwachen als Ge-fahr für die öffentliche Gesundheit sahen (100), keimte im neu-en Proletariat der Verdacht, dass sie zwecks Dezimierung von der Obrigkeit gezielt infiziert würden (110).

Cholera, die politische Seuche

Keine andere Infektionskrankheit ist so eng mit der Politik jener Epoche verwoben wie die Cholera, weshalb sich Soziologen für die Krankheit ebenso interessieren wie Paläomikrobiologen. Da Hippokrates die Cholera schon kannte, gibt es sie wohl schon seit mindesten 2 400 Jahren. Nun waren Durchfallerkrankun-gen in allen Epochen ein Dauerproblem, die Mediziner unter-schieden sie nicht voneinander, weshalb sich die Spur der Cho-lera während der nächsten Jahrtausende verliert. Erst im 19. Jhd. löst das kommaförmige Bakterium *Vibrio cholerae* massive Pan-demien aus. Die gut dokumentierten Choleraepidemien sind ein weiteres Beispiel dafür, wie eng menschliches Verhalten und In-fektionsgeschehen verzahnt sind.

Doch zunächst fängt alles mit einer Naturkatastrophe an, als 1815 der Tambora in Indonesien ausbrach. Es war einer der heftigsten Vulkanausbrüche in der Geschichte der Menschheit. Hochgeschleuderte Partikel verteilen sich rund um die Welt und verdunkeln die Sonne. Daraufhin fällt 1816 der Sommer aus. Ganz. Weltweit (111). Nicht nur in Indien führt das entgleiste Klima zu Ernteausfällen und Hungersnot, aber hier löste es erste wirklich große Cholera-Ausbrüche aus. Es gilt als sicher, dass der Brechdurchfall schon seit langem im Subkontinent endemisch war. Vermutlich verbreitete sich Cholera jahrhundertelang von permanent infizierten Wasserwegen in das indische Hinterland. Das Kumbh Mela Fest am Ganges im April 2021 ist ein aktuelles Beispiel dafür, wie Menschenansammlungen während traditioneller Feiern zu Superspreader-Events werden. Das religiöse Megahappening am Ganges befeuerte auch die Corona-Pandemie in Indien neu. Ein großer Teil Indiens war bis vor 200 Jahren noch dünn besiedelt und die Menschen lebten in mobilen Dörfern, in denen es vermutlich immer wieder mal kurze lokale Ausbrüche von Cholera-Infektionen gab, die sich aber mangels Menschen nicht zu Seuchen hochschaukelten. Das änderte sich, als die britische Ostindienkompanie Ende des 18. Jhds. kräftig expandierte. Die Fernhändler konzentrierten sich mehr auf gewinnträchtige Exporte als auf Krisenmanagement in den von ihnen verwalteten Gebieten. Hinzu kamen Maßnahmen der Kompagnie zur „Zivilisierung" des Subkontinents, die Unruhen und Kriege auslösten. Die Folge all des Ungemachs waren gewaltige Flüchtlingsströme und eine Verschlechterung des allgemeinen Gesundheitszustandes. Kurz, der Subkontinent durchlitt eine Reihe von Katastrophen, durch die sich Cholera flächendeckend in Indien verbreiten konnte. 1817 entwickelte *V. cholerae* dann ganz neue Schlagkraft, möglicherweise war das Bakterium durch Mutationen virulenter geworden. Wissenschaftler spekulieren, dass durch den Vulkanausbruch die Wassertemperatur im Golf von Bengalen stieg. In der lauwarmen Brühe gedieh der Cholera-Erreger und könnte aufgerüstet haben (112). Auf seuchentechnisch bewährten Handelswegen breitete sich die

Infektionskrankheit weltweit aus. Als wäre das nicht genug, reiste *V. cholerae* gemeinsam mit den britischen Truppen komfortabel in alle Ecken ihres kolonialen Imperiums. Von dessen Grenzen aus hangelte sich die Seuche weiter nach China und Japan ebenso wie nach Russland und schließlich Europa (113). Über die arabische Halbinsel erreichte die Pandemie dann auch Afrika. In Nordamerika brandeten schließlich 1832 erste Cholera-Wellen in Hafenstädten wie Montreal und New York an.

In den großen Städten wütete die Seuche vor allem in den Elendsquartieren, die mit ihren unbekömmlichen sanitären Verhältnissen der ideale Nährboden für Seuchen waren. Nun sind die unappetitlichen Arrangements menschlicher Siedlungen, rund um Abfall und Abwasser, seit Beginn der Sesshaftigkeit ein Dauerthema, jetzt aber erreicht die Urbanisierung eine neue Qualität. Die Europäer befanden sich wie die Inder in einer Epoche gesellschaftlichen Wandels, ausgelöst durch die Industrialisierung. Neben Rohstoffen benötigen die neuen Fabriken billige Arbeitskräfte, die sich in den Städten sammelten und die Einwohnerzahlen explodieren ließen. Städte wie Manchester, London oder Essen hatten innerhalb weniger Jahrzehnte doppelt so viele Bürger, der Großteil davon ungelernte Arbeiter mit ihren Familien. Das war nicht nur logistisch problematisch, durch ihre schiere Menge wurden die Armen zur Bedrohung für die Mittel- und Oberschicht. Die neue Klasse des Proletariats entstand und lebte zunächst in einem sozialen und rechtlichen Vakuum. Bisher waren Arme eine Randgruppe, weit über das Land verstreut. Sie wurden durch Kirche und lokale Verwaltungen versorgt und durften sich oft nicht frei bewegen (114). Jetzt konzentrieren sich die elenden Massen in den Hafenstädten und Industriezentren. Dadurch wurden sie zu einer Gefahr für die politischen Systeme und die Gesundheit jedes Einzelnen. Die Regierungen waren in einer Zwickmühle: Die Wirtschaft brauchte die Niedriglöhner, obwohl sie eine tickende soziale und epidemiologische Zeitbombe waren. Schriftsteller wie Charles Dickens, Ökonomen wie Thomas Malthus oder der Philosoph Karl Marx befassten sich intensiv mit den Bedingungen, unter denen große Teile der Bevölkerung leben mussten. Tausende hausten in jeder großen Stadt zu fünft und mehr Personen in einem Zimmer, ohne sanitäre Anlagen, ohne Zugang zu sauberem Wasser. Um 1840 hatten 7000 Bewohner eines Arbeiterviertels in Manchester keine Toilette. Stattdessen teilten sie sich 33 große Nachttöpfe, die morgens auf die Straße entleert wurden (113). Der Gestank in solchen Quartieren war unbeschreiblich, Keiner entkam den Ausdünstungen des Elends. Der bestialische Mief galt nicht nur als Ärgernis, sondern auch als Bedrohung für die Gesundheit. Seit der Antike glaubte man, dass sich Krankheiten durch verderbliche Luft verbreiten. Anfang des 18. Jhds. war man nicht viel weiter, schließlich waren die Erreger unsichtbar. Zwar gab es schon seit der Antike Gedankenspiele über krankmachende Partikel oder Korpuskel, doch diese Theorien waren umstritten. Die traditionelle Vorstellung von schlecht riechender Luft, sogenanntem Miasma, als Krankheitsvehikel war überzeugender, weil sinnlich wahrnehmbar: Nicht umsonst wird stinkende Luft im Deutschen als „verpestet" bezeichnet.

Abbildung 15: Oktober 1831 Cholera,
als großes verhülltes Gespenst mit skelettartigen
Händen und Füßen, das Soldaten auf beiden
Seiten der Front niedertrampelt

Doch so naiv auch die Angst vor dem Duft der Armut war, desto gravierender waren die Konsequenzen. Um des Gemeinwohl Willens musste etwas unternommen werden: erste Maßnahmen waren allerdings eher kontraproduktiv. In London etwa versuchte man die anstößigen Gerüche zu bekämpfen, indem man mit Fäkalien blockierte, stinkende Abwasserkanäle ausspülte, und zwar in die Themse, von der dann wieder Trinkwasser entnommen wurde. Der englische Arzt John Snow sammelte in detektivischer Kleinarbeit Beweise dafür, dass daraufhin in den Haushalten, die ihr Trinkwasser aus der Themse bezogen, die Zahl der Cholera-Infektionen stieg. Die medizinische Zunft blieb skeptisch, Snow investigierte weiter: 1854 litt das Londoner Armenviertel Soho unter einem heftigen Cholera-Ausbruch, der innerhalb wenigen Wochen 500 Menschen das Leben kostete. Mit kriminalistischem Spürsinn ermittelte Dr. Snow, dass Patientin 0 sich mit dem Wasser aus einer öffentlichen Pumpe in der Broad Street infiziert hatte. Bei den Haushalten, die von der Pumpe ihr Wasser bezogen, waren die Fallzahlen hoch (115; 116). Einzige Ausnahme war eine Brauerei, die ebenfalls in dem Viertel lag. Ihre Angestellten tranken nur das Freibier der eigenen Firma, blieben gesund und dienten so gleich als Gegenprobe für Snows Studie. Seine Untersuchung belegte, dass sich die Infektion über Wasser und nicht über die Luft übertrug, Stadthygiene wurde salonfähig. In London hatte man schon 1829 begonnen, Trinkwasser durch Sandfiltration zu reinigen. 1865 hatte die Stadt ein Kanalisationssystem, dadurch wurden Trink- und Abwasser erfolgreich getrennt. In München gründete der Pharmazeut und Arzt Max v. Pettenkofer das nach ihm benannte Hygieneinstitut und versuchte über Jahrzehnte, die Stadtväter zu überzeugen, Ab- und Trinkwasserleitungen zu bauen. Vergeblich, die Verantwortlichen hielten es für Verschwendung, so viel Geld für bloße „Stadtverschönerung" auszugeben (61). 1854 suchte eine weitere Choleraepidemie München heim, an der 3 000 Menschen starben. Prominentestes Opfer war Königin Therese, deren Hochzeit mit dem bayerischen Kronprinz 44 Jahre zuvor der Startschuss zur Tradition des Oktoberfestes gab. Endlich waren die Verantwort-

lichen überzeugt und die Münchner erhielten 1865 ein Kanal-
system. Ebenfalls 1854 beschrieb der Anatom Filipo Pacini das
Bakterium *V. cholerae*. Dreißig Jahre später wies Robert Koch mit
seinem Team nach, dass der kommaförmige Bazillus die Seuche
verursacht. Er fand den Erreger im Darm eines Cholera-Opfers
in Kalkutta. Geschmackssache, wen man als Entdecker des Cho-
lera-Erregers bezeichnen möchte. Obwohl Erreger und Übertragungsweg bekannt waren, sperrten sich in Hamburg sparsame
Senatoren weiter gegen den Bau teurer Klärwerke. Die Hanse-
aten bezogen ihr Trinkwasser noch immer ungefiltert aus der
Elbe, die der Stadt auch als Kloake diente. Am 15. August 1892,
während das schöne Hamburger Rathaus gerade Form annahm,
brach in der Stadt die Cholera aus. Aus Angst vor einer Blamage
mit fatalen Folgen für den Handel versuchten die Behörden zunächst, Gerüchte über die Seuche zu vertuschen. Nach nur acht
Tagen ließ sich aber die Katastrophe nicht mehr verheimlichen.
Die Leichen stapelten sich auf öffentlichen Plätzen und Toten-
gräber hatten 24-Stunden-Schichten. Selbst im Ausland berichtete man schon über das Unheil, das die Hafenstadt heimsuchte.
Die Grenzen wurden geschlossen, die Wirtschaft lag darnieder.
Der Regierung reichte es, aus Berlin schickte sie ihren Mann fürs
Mikrobielle: Koch, Robert Koch. Der fand in Hamburg Verhältnisse vor, die er sonst nur von seinen Forschungsreisen nach
Indien und Ägypten kannte. „Meine Herren, ich vergesse, dass
ich in Europa bin", soll er geäußert haben. Die stolzen Patrizier
im Senat sperrten sich gegen die preußische Einmischung, aber
die Lage spitzte sich immer mehr zu, die Menschen flohen zu
tausenden. Schiffe durften nicht mehr ausfahren, nachdem der
Polizeisenator noch schnell ein Auswandererschiff abfahren ließ,
als die Passagiere bereits Anzeichen des Brechdurchfalls zeigten.
Robert Koch setzte sich durch, ließ mit Tank- und Brauereiwa-
gen sauberes Wasser verteilen und startete eine Aufklärungs-
kampagne, die die Bürger davor warnte, ungekochtes Wasser zu
trinken. Eine weitere Demütigung für den konservativen Hamburger Senat, denn nur die Sozialdemokratische Partei verfügte
über die Kapazitäten, binnen weniger Stunden genügend Info-

flyer zu drucken. Die qualvoll engen Wohnungen in den Armenvierteln, Hotspots des Seuchengeschehens, wurden gereinigt und desinfiziert. Robert Koch bezeichnete die Slums als „Pesthöhlen und Brutstätten". Als die Plage nach zehn Wochen endlich besiegt war, waren 8 605 Menschen gestorben. Nach der Seuche ließ die Stadt die Elendsviertel abreißen und vertrieb 20 000 der ärmeren Bewohner. Die teuren schönen Neubauwohnungen konnten sie sich nicht leisten und mussten nun von weiter außerhalb pendeln. Dies wiederum trieb den Ausbau des öffentlichen Nahverkehrs voran, das Konzept der Trabantenstadt war geboren (112). Die Hamburger Epidemie war der letzte große Cholera-Ausbruch in Deutschland. In anderen europäischen Staaten kam es noch bis in das 20. Jhd. zu größeren Seuchenwellen. Thomas Mann beschreibt in seinem Roman „Tod in Venedig" die Auswirkungen einer Cholera-Pandemie, die von 1899–1923 in der Lagunenstadt wütete. Auch in Venedig vertuschten die Behörden 1911 den Ausbruch des Gallbrechdurchfalls aus wirtschaftlichen Gründen, Touristen sollten nicht verschreckt werden. Thomas Manns Protagonist fürchtet, ganz dem Zeitgeist entsprechend, dass die Seuche die Moral gefährde, die der Unterschicht wohlgemerkt. Die Infektionskrankheit habe „zur Entsittlichung der unteren Schichten" geführt. Der Roman spiegelt wider, wie die Plage den moralischen Ton verschärfte. Obwohl die Ursachen der Cholera inzwischen bekannt waren, waren die Opfer noch immer die „Schuldigen" (117).

Auch Amerikaner nutzen Cholera-Ausbrüche, um, unter dem Deckmantel der Moral, Politik zu machen, in diesem Fall Einwanderungspolitik. Wir erinnern uns an das Auswandererschiff, das während des Hamburger Cholera-Debakels nach Amerika aufbrach. Es war nur eines von vielen, die immer wieder Cholera-Infizierte in die neue Welt brachten. Es ist keine Überraschung, dass die Infektion in den ostamerikanischen Städten vor allem in den Vierteln wütete, in denen die armen Einwanderer lebten. Ab 1841 flohen Millionen von Iren vor der großen Hungersnot in ihrer Heimat nach Amerika. Der Empfang war

kühl, die lebenslustigen Kelten wären dem Whisky viel zu sehr
zugeneigt, nörgelte die protestantisch-puritanische Mehrheit.
Außerdem war es meist armes Landvolk ohne Ausbildung und
dazu noch katholisch. All das machte sie zu idealen Sündenbö-
cken für die Epidemie. Sie schienen als Seuchenherde viel ge-
eigneter als die deutschen Einwanderer, die ebenfalls in großer
Zahl in das Land strömten. Die Deutschen waren meist nicht
nur ausgebildete Handwerker, sondern auch erfreulich oft Protestanten (wenn auch leidenschaftliche Biertrinker). Schnell war
man sich einig, dass eine ungebührliche Lebensführung anfällig für Cholera mache. Als auch immer mehr Protestanten krank
wurden, zog man den Zirkelschluss, dass rechtgläubig Infizierte
es wohl mit der Gottesfurcht nicht so genau genommen hatten.
Einige Cholera-Epidemien später überzeugte auch dieses Narrativ nicht mehr, es musste erweitert werden. Da die Seuche meist
in der Stadt auftrat, erklärte man das Stadtleben an sich als ver-
derbt und irgendwie unamerikanisch. Wahre Amerikaner lebten einfach (und fromm) in und von der Natur, soweit das Ideal.
Wie in Europa ließen sich die Stadtverwaltungen aber allmählich
von den Vorteilen sanitärer Anlagen überzeugen. In den großen
Städten des Ostens wurden Kanalsysteme gebaut und die Versorgung der Bürger mit sauberem Trinkwasser gesichert, worauf
die Cholera-Wellen verebbten. Trotzdem behielt die Seuche ein
Geschmäckle von Unmoral und (geistiger) Unsauberkeit. Um
die öffentliche Gesundheit zu verbessern, wurden die Armen
deshalb vorsichtshalber nicht nur zur Hygiene erzogen, sondern
auch religiös und moralisch unterrichtet (113).

Typhus oder das Rätsel der irischen Köchin
Erst 1837 gelang es, Typhus sicher von anderen Darmerkrankungen zu unterscheiden (14). Noch immer lag der Übertragungsweg im Dunkeln, aber allmählich rückten, auch bei Typhus, mit
Fäkalien verunreinigte Lebensmittel und vor allem das Trinkwasser in den Fokus. Kam es zu Typhus-Ausbrüchen, begannen
Mediziner und Mikrobiologen, systematisch Wasserproben zu
analysieren. Meist konzentrierten sie sich dabei auf die ärmeren

Viertel, denn, wie wir gesehen haben, ließen bis in das 20. Jhd. in den Slums die Sauberkeit des Wassers und der Wohnverhältnisse stark zu wünschen übrig. New York schickte Typhus-Infizierte auf eine eigene Quarantäne-Insel, North Brother Island, um die Plage einzudämmen. Da irritierte es den New Yorker Hygieneexperten Dr. George Soper doch sehr, als er 1907, nach einem Typhus-Ausbruch, partout den Fokus der Epidemie nicht finden konnte. Seltsamerweise grassierte die Infektionskrankheit in den blitzsauberen Vorstädten der Metropole, die sonst verschont blieben von Seuchen und Ungeziefer. Wieder einmal wurde ein Arzt zum Detektiv und nach langer Recherche hatte Dr. Soper eine heiße Spur: In allen Haushalten, in denen Typhus ausbrach, arbeitete zu dem Zeitpunkt eine irische Köchin namens Mary Mallon. Wenige Jahre zuvor hatte Robert Koch herausgefunden, dass manche Menschen, auch nachdem sie von einer Typhus-Infektion genesen waren, weiter Keime abgaben, ohne unter den Symptomen zu leiden. Die irische Auswanderin Mary war solch eine Dauerausscheiderin (118). Ahnungslos hatte sie ihren Herrschaften mit ihrem leckeren Pfirsichdessert auch Salmonellen serviert. „Typhoid Mary" wurde unter Protest isoliert und man legte ihr nahe, sich die Gallenblase, in der sich die Erreger eingenistet hatten, entfernen zu lassen. Mary lehnte eine Operation ab, die, nebenbei bemerkt, nicht ungefährlich war. Also schickte man die Widerborstige kurzerhand nach North Brother Island in Dauer-Quarantäne.

Abbildung 16: Mary Mallon (1870–1938) erhielt
den Spitznamen „Typhoid Mary"

Das ließ die meuternde Mamsell nicht auf sich sitzen. In einem dreijährigen Prozess erstritt sie sich ihre Freiheit. Zu diesem Zeitpunkt war sie eine Berühmtheit, ein Symbol für das amerikanische Streben nach Freiheit und Selbstbestimmung, zu der die Presse die ganze Affäre hochjubelte. Das änderte sich einige Jahre später, als sich herausstellte, dass die Dame entgegen den Auflagen wieder als Köchin arbeitete, und zwar ausgerechnet in einem Krankenhaus. Einige Typhus-Opfer später kam ihr Dr. Soper auf die Spur. Diesmal gab es weder Sympathie noch Pardon. Die restlichen 23 Jahre ihres Lebens verbrachte die rührige Seuchenschleuder in einem eigens für sie erbauten Haus auf North Brother Island (14; 118).

Auch Sir Arthur Conan Doyle schreibt Typhusgeschichte, diesmal nicht als Autor, sondern als Arzt. Vielleicht war es seine Midlifecrisis, die den medizinischen Schreiberling bewog, während des

Burenkrieges 1899 als ziviler Feldarzt nach Südafrika zu gehen. Während er in einem Hospital in Bloemfontein arbeitete, wütete in der Stadt eine Typhus-Epidemie. Dr. Doyle setzte sich vehement für eine verpflichtende Typhus-Inokulation der britischen Truppen ein, die sein Kollege Sir Almroth Edward Wright entwickelt hatte. Die beiden Mediziner konnten sich nicht durchsetzen, wegen der heftigen Nebenwirkungen verweigerten fast alle Soldaten eine Immunisierung. Als Folge der missglückten Kampagne starben über 8 000 Bewaffnete an Typhus und den Zivilisten ging es nicht besser. Robust patriotisch schrieb Doyle später:

„Wären alle inokuliert worden, wäre dies mit Sicherheit der gesündeste Krieg der Geschichte geworden."

Der wortgewandte Doktor kämpfte auch vor königlichen Untersuchungskommissionen für die Inokulation, konnte aber nicht überzeugen. Die wenig dynamische militärische Kultur verhinderte vorerst Reformen. Typhus blieb die Haupttodesursache in Armeen aller Farben, feindliches Feuer mitgezählt (119).

Syphilis
Erst 1905 wurde *T. pallidum* von dem jungen Bakteriologen Fritz Schaudinn beschrieben. 1906 setzte August v. Wassermann noch eins drauf, mit dem nach ihm benannten Test konnte Syphilis frühzeitig nachgewiesen werden (120). Zu der riskanten Quecksilberkur kam dann, dank Nobelpreisträger Paul Ehrlich, arsenhaltiges Salvasan hinzu (14). Wie sich herausstellte überlebt der Syphilis-Erreger Temperaturen über 41 °C nicht, das brachte den Psychiater Julius Wagner-Jauregg auf die pfiffige Idee, Patienten im fortgeschrittenen Syphiliserkrankungen mit dem Blut von Malariapatienten zu impfen (121). Nicht überraschend hatten alle diese Therapien erhebliche Nebenwirkungen. Wie die Schwindsucht weckte Syphilis makabre Fantasien bei den Menschen. Je nach Einstellung hatte die Geschlechtskrankheit die Aura des anstößigen Schandmals oder war Inspiration zu genial-erotischem Wahnsinn. Genies aller Sparten wurde Syphilis

angedichtet (122), während andere – ganz traditionell – in der Lustseuche eine Strafe Gottes sahen. Auch Thomas Mann, Wortzauberer und Schönerzähler moribunder Schicksale, widmet der Legende seinen Roman „Dr. Faustus". In der Erzählung infiziert sich der Held Adrian Leverkühn bewusst mit Syphilis, um seine Kreativität zu steigern (123).

Lepra, Aussatz, Hansen-Krankheit
1873 fand Gerhard Armauer Hansen im Gewebe eines Leprakranken *M. leprae* Bakterien. Damit bewies er endgültig, dass Mikroben Krankheiten auslösen können, ein Meilenstein der Mikrobiologie. Dem norwegischen Arzt zu Ehren wird die Infektionskrankheit heute oft als Hansen- Krankheit oder *„Hansen's Disease"* bezeichnet, wohl auch, weil althergebrachte Bezeichnungen, wie Lepra oder Aussatz, manchen als missverständlich und herabwürdigend gelten. Noch immer war aber ungeklärt, wie sich die Krankheit überträgt, weshalb Infizierte weiter stigmatisiert und isoliert wurden.

Schattenseite einer Sonneninsel
Fans der Achtziger erinnern sich noch an den Privatdetektiv Magnum, der im roten Ferrari entspannt grinsend durch das Südseeparadies Hawaii kreuzt. Auch Sonne, Sand und Surfen fallen einem spontan zu den abgelegenen Vulkaninseln ein, Lepra wohl eher nicht. Doch so abgelegen die Inseln auch sind, Mitte des 19. Jhds. erreichte die Seuche auch das polynesischen Sehnsuchtsgefilde. Wer die Krankheit auf die Inseln brachte, wurde nie geklärt. Es hält sich die Legende, dass es chinesische Köche waren. Noch hatte Dr. Hansen nicht seine bahnbrechende Entdeckung gemacht, weshalb die Gesundheitsbehörden der Inseln, vom westlichen Denken beeinflusst, zu den alten Methoden der Entrechtung und Absonderung Leprakranker griffen. Auf der Insel Molokai'i wurde 1866 eine Leprakolonie gegründet. Die von Felsen umringte Halbinsel, auf der die Kolonie lag, beschrieb Schatzinsel-Autor Robert Louis Stevenson als „a hell to dwell" (124). Dem Gesetz nach wur-

den Infizierte Kriminellen gleichgestellt, enteignet und von ihren Familien getrennt. Letzteres war den Hawaiianern völlig fremd, ihre Kultur dreht sich um den Zusammenhalt in der Familie, auch mit kranken Angehörigen war sie bedingungslos solidarisch. Deshalb folgten nicht wenige ihren Partnern, Eltern oder Kindern in die Kolonie. Die Verhältnisse waren haarsträubend, die Verbannten erhielten eine Decke, eine Schaufel und ein Haustier. Trotz ihrer oft schlechten Verfassung sollten sie für sich selber sorgen und Häuser bauen. Unter diesen Umständen setzten sich zunächst die Stärksten durch, es herrschten Gewalt und Willkür. Allmählich verbesserten sich die Bedingungen vor allem durch Missionare, die in einem angeschlossenen Hospital die Kranken versorgten. Leider kamen nicht alle, um zu helfen, denn die Hawaiianer waren ideales „Menschenmaterial" [sic] für die Erforschung der Hansen-Krankheit (125). So neigten sie nicht nur zu schweren Verläufen, sondern hatten auch kurze Inkubationszeiten. So lockte die Leprakolonie auch das deutsch-englische Ärzte-Duo Dr. Eduard Arning und Dr. Arthur Mouritz an. *M. leprae* war nur schwer auf die Spur zu kommen, Mikrobiologen-Guru Dr. Koch hatte postuliert, dass ein Keim nur dann sicher als Erreger einer Krankheit galt, wenn ein Versuchstier damit infiziert die entsprechenden Symptome entwickelte. Nun hatte die Hansen-Krankheit nicht nur eine Inkubationszeit von bis zu 30 Jahren, sondern der Erreger vermehrte sich nur in menschlichen lebenden Zellen. Auch der Übertragungsweg war unbekannt. Um diese Fragen zu klären, führten die beiden Wissenschaftler mehrere schon damals umstrittene Versuche an den Kranken und ihren Angehörigen durch. Das berüchtigtste Experiment war die bewusste Infizierung des gesunden 48-jährigen Hawaiianers Keanu mit Lepra. 1884 inokulierte Dr. Arning den verurteilen Mörder mit dem Gewebe eines leprakranken Mädchens. Keanu hatte schriftlich dem Versuch zugestimmt, seine Alternative war der Tod durch den Strang (126). Als Keanu zwei Jahre später, wie Dr. Mouritz dokumentierte, Symptome entwickelte, galt das Experiment als wissenschaftlicher Erfolg (125). Es lohnt sich, daran zu erinnern, dass zu diesem Zeitpunkt die Hansen-Krankheit unheilbar war. Keanu verstarb einige Jahre später.

Obwohl Lepra seit vier Jahrhunderten auf dem Rückzug war, gab es in Europa weiter regelmäßig Leprafälle. Dank Robert Koch haben wir einen detaillierten Bericht über die Rückkehr der Lepra nach Ostpreußen im Jahr 1870 (127). Es gab so viele Leprafälle, dass 1899 sogar ein neues Lepraheim in Memel entstand. In Norwegen zählte man Mitte des 19. Jhds. noch über 2 000 Leprafälle bei insgesamt 2 Millionen Einwohnern. Auch im übrigen Europa wird von Lepraerkrankungen berichtet, es gibt jedoch keine belastbaren Zahlen. In Japan entstand 1870 ein erstes Leprakrankenhaus.

Moderne

Nach der Impfung schenkt uns die Wissenschaft im 20. Jhd. Antibiotika als neue Wunderwaffen gegen Infektionskrankheiten. Vor allem dank Penicillin und Co haben westliche Gesellschaften ihre Angst vor Seuchen fast vergessen. Dabei helfen die Stoffwechselhemmer aus dem Arsenal von Pilzen und Bakterien nur gegen bakterielle Infektionen. Viren haben, siehe Kapitel 1, gar keinen eigenen Stoffwechsel, sind also unangreifbar für Antibiotika. Seit einiger Zeit müssen wir zudem befürchten, dass unser mühsam errungener Vorsprung im Wettlauf mit den unfreundlichen Bakterien schwindet.

Influenza
Nach der Spanischen Grippe dauerte es knapp fünfzig Jahre, bis 1957 die nächste Influenza-Pandemie von China aus die Welt eroberte. Während des dortigen Winters erreichte sie auf der Südhalbkugel ihren Höhepunkt, auf der Nordhalbkugel ging es ab Oktober los. Diese Grippe kostete „nur" 1 Million Menschen das Leben (57).

Schon zehn Jahre später 1968 bescherte uns der Influenza-Erreger die Hongkong-Grippe. Ob der Virus wirklich in Honkong entstand oder schon vorher in China kursierte, ist bis heute nicht geklärt. Sicher ist hingegen, dass es sich um ein Reassortment aus einem Vogel- und einem menschlichen Influenzavirus handelte. Dank der nah verwandten 1957er-Grippe hatten viele Menschen schon Antikörper gegen den Viren-Subtyp der Hongkong-Grippe parat und die Pandemie verlief ziemlich milde.

1977/78 tritt die sogenannte Russische Grippe auf. Wieder ist der Name missverständlich. Die Sowjetunion war einfach der erste Staat, der Grippefälle meldete. Entstanden ist die Grippe wieder einmal in China. An sich verlief die Grippewelle glimpflich: Es erkrankten vor allem Kinder und junge Erwachsene, die meist nur milde Symptome zeigten. Daher wird dieses Infektionsplätschern auch nicht als echte Pandemie gewertet. Dass so wenig ältere Menschen erkrankten, die sonst zu den Hauptopfern einer Grippe-Welle zählen, lag daran, dass der Virustyp der Russischen Grippe dem der Spanischen Grippe ähnlich war. Das Immunsystem der damaligen Generation 60+ machte mit dem Erreger kurzen Prozess. Rund um die Epidemie ranken sich Verschwörungstheorien, da einige Forscher vermuten, dass der Keim aus einem Labor entkommen sein könnte.

Seit den 1990ern flackern immer wieder kurze Vogelgrippen-Epidemien in Asien auf. Wie der Name schon sagt, beschränkt sich dieser Influenzatyp in der Regel auf Geflügel. Kommt es aber zu engem Kontakt mit Menschen, sprangen wiederholt diverse Subtypen über. So zum Beispiel bei der großen Vogelgrippen-Epidemie 2003 in Korea. Je nach Subtyp des wandelbaren Erregers sterben ein Fünftel bis zur Hälfte der Erkrankten.

2009 kommt es zu der Grippe-Episode, an die viele von uns sich als Schweinegrippe erinnern. Grund für die große Aufregung um die Möchtegern-Pandemie war, dass der Erreger nah verwandt ist mit dem Subtyp, der seinerzeit die Spanischen Grippe auslöste. Der Name Schweinegrippe kommt daher, dass das Virus einen Reassortante aus zwei Schweine-Influenzaviren ist, die in Mexiko entstand. Als die *World Health Organisation* (*WHO*) im Juni 2009 feststellte, dass das Pathogen auch direkt von Mensch zu Mensch weitergegeben wurde, rief sie vorsichtshalber eine Pandemie aus. Zum Glück für uns erwies sich die Schweinegrippe als sehr viel weniger pathogen als die Horrorseuche Spanische Grippe, womit sie die Gesundheitsbehörden aber gründlich blamierte. Eine Konsequenz der Schweingrippe war, dass die WHO ihre Kriterien für eine Pandemie änderte. In Deutschland wurde die Arbeitsgemeinschaft Influenza (AGI) reorganisiert. Bis dahin waren die Hauptsponsoren der Seuchenmelder-Organisation große Pharmabetriebe. Seit dem Winter 2009 ist das Robert-Koch-Institut (RKI) alleinverantwortlich.

Pocken/Blattern

1980 erklärte die WHO *Orthopoxvirus variolae* offiziell für ausgerottet. Für dieses Statement kämpften Menschen weltweit über 20 Jahre in den entlegensten und elendsten Winkel der Welt gegen den gefleckten Tod (128). Bis heute finden sich in Sachbüchern Einschränkungen wie: „gelten als" oder „vermutlich". Ein Grund sind immer wieder aufflammende Infektionen, als man glaubte, schon besiegt zu haben. Der Hauptgrund für die wissenschaftliche Skepsis ist aber, dass der Virus in Reagenzgläsern weiter existiert. Noch immer bewahren zwei Labore in den USA und Russland Pocken-Erreger auf. Mehrfach konnte der Erreger aus dem Reagenzglas entwischen, weshalb extreme Sicherheitsmaßnahmen getroffen wurden, um weitere Unfälle zu verhindern. Trotzdem gab es vor einigen Jahren eine Explosion in dem russischen Laborkomplex, in dem das Virus gelagert wird. Unbehaglich macht auch der Verdacht, dass in so manchem Institut noch vergessene Bestände des Pockenvirus überwintern. So wie bei der amerikanische Pharma-Aufsichtsbehörde FDA, auf deren Gelände sich 2014, in einem staubigen Karton, noch Reagenzgläser mit dem Virus fanden. Pessimisten fürchten, dass Terroristen einen solchen „schwarzen Bestand" zwecks eines Anschlags in die Hände kriegen könnten (129).

Malaria

1880 fand der Militärarzt Charles Laveran *(1845–1922)* endlich den Erreger der Malaria. Leider war das nur die halbe Miete, denn der Übertragungsweg lag noch immer im Dunkeln. Dass die Anophelesmücke als Malariashuttle dient, fand Sir Ronald Ross *(1857–1932)* erst im 20. Jahrhundert heraus (130). Für ihre bahnbrechende Forschung erhielten beide Mediziner den Nobelpreis, hatten sie doch die Ursache und den Infektionsweg der vielleicht ältesten Plage der Menschheit gefunden.

Noch im zweiten Weltkrieg mischte die scheinbar bezwungene Malaria kräftig mit. Dabei hatten die Deutschen schon seit dem ersten Weltkrieg begonnen, erfolgreich an Alternativen zu Chinin zu basteln. Damals war ihnen von den Japanern der Nachschub an der Wunderdroge angeschnitten worden, was ihnen strategische Nachteile brachte. Während des nächsten großen Krieges kontrollierten Deutsche *gemeinsam* mit den Japanern durch die Besetzung Hollands, Indonesiens und der Philippinen die Cinchonrinden-Produktion. In der Folge infizierten sich ohne das Medikament mehr als 600 000 amerikanische Soldaten mit dem Wechselfieber. Das hatte dramatischen Folgen: Für etwa 10 % der Malariaopfer endete die Krankheit tödlich, unter dem Strich starben damit mehr Amerikaner an Malaria als an japanischen Kugeln (87). Die Chinesen nutzten den Einjährigen Beifuß (*Artemisia Annua*) schon seit 2 000 Jahren zum Schutz vor dem Sumpffieber. Als während des Vietnamkriegs Ho Chi Minh die chinesischen Genossen um Unterstützung bat, da sein Land keinen Zugang mehr zu Malaria-Medikamenten hatte, besann man sich auf altes Wissen. Chinesische Wissenschaftler isolierten wirksame Bestandteile des Beifußes und modifizierten sie zu einem effektiven Prophylaxe-Medikament. Leider dauerte es bei keiner der Arzneien lange, bis *P. falciparum* Resistenzen dagegen entwickelte (131). Bisher gibt es nur einen Impfstoff gegen Malaria. Er schützt in gefährdeten Regionen vier von 10 Kindern vor einer Infektion (132). Der Einsatz von DDT ab 1940 trug ebenfalls zum Rückgang der fatalen Fieberkrankheit bei, da damit die Mückenpopulationen dezimiert wurden. Wegen unguter Nebenwirkungen ist das Insektizid zwar seit den 1970ern verpönt, wird aber nach wie vor im Kampf gegen krankheitsübertragende Insekten eingesetzt. Allerdings registriert die WHO zunehmende Resistenzen der Anophelesmücken gegen diverse Insektengifte. Etwa 230 Millionen Menschen sind gegenwärtig mit Malaria infiziert, bei Kleinkindern ist die Gefahr besonders groß, dass sie an der Infektion sterben (132). Vor allem in den Entwicklungsländern mangelt es an Medikamenten und Widerstandskraft gegen die Krankheit.

Pest

Die Pest gehört für Europäer in das Mittelalter, ja sie ist ein Grund dafür, dass dieses als so finster gilt. Wie wir gesehen haben, ist das ein großer Irrtum, die Mutter aller Plagen treibt nach wie vor ihr Unwesen. Zwischen 2010 und 2015 erkrankten über 3000 Menschen an der Pest, etwa 500 starben (133). Da sich *Y. pestis* noch immer in Nagetieren sehr wohl fühlt, überdauert die Seuche in Asien, Afrika und Amerika. In Regionen, in denen die Nager in engen Kontakt mit Menschen kommen, brechen immer wieder Epidemien aus. Für die Pestepidemien vor rund hundert Jahren in Zentralasien und Sibirien war aber die von Mensch zu Mensch übertragbare Lungenpest verantwortlich. Tausende starben während des Ausbaus der Transsibirischen Eisenbahn an der Seuche. Auch Bergarbeiter und Murmeltier-Jäger zählten zu den Opfern. Sie alle lebten in beengten, schmutzigen Quartieren, in denen es kaum möglich war, Kleidung und Körper zu waschen.

Erst während der letzten großen Pestpandemie 1894 gelangte der Pesterreger nach Nordamerika. Es starben zwar nur wenige Menschen an der Seuche, aber die amerikanischen Eichhörnchen steckten sich an und so konnte sich *Y. pestis* dauerhaft etablieren. Die Bazille überdauert auch in Erdhörnchen und weiteren Nagetieren, ebenso wie in anderen Säugern. Immer wieder kommt es zu vereinzelten Pestausbrüchen in den USA, so wie in den 1980ern, als sich eine Amerikanerin bei einem Eichhörnchen ansteckte, das ein Opfer ihres Rasenmähers wurde, oder 2002, als ein amerikanisches Ehepaar von Buschrattenflöhen auf der heimischen Terrasse infiziert wurde. Wird die Infektion im Frühstadium erkannt, ist sie mit Antibiotika gut behandelbar (128). Für Risikogruppen gibt es sogar eine Impfung. Bricht die Pest in Regionen wie Madagaskar, dem Kongo oder Indien aus, wo die medizinische Versorgung nicht so gut ist, kann es aber immer noch zu heftigen Epidemien kommen. Die WHO warnt auch bei *Y. pestis* vor ersten Resistenzen gegen Antibiotika.

Tuberkulose

Nach wie vor ist TBC die Infektionskrankheit, an der weltweit jedes Jahr die meisten Menschen sterben (134). Ab 1950 konnte die Krankheit erfolgreich mit Medikamenten behandelt werden, so dass sie in reichen Ländern fast verschwand. In westlichen Gesellschaften schienen nur noch Ältere mit geringer Abwehrkraft aktiv an TBC zu erkranken. Manche träumten gar schon von der Ausrottung von *M. tuberculosis*. Falsch gedacht! Ab 1980 wurden die Karten neu gemischt, dank AIDS gewann TBC wieder die Oberhand. HIV-Infizierte sind 20-mal gefährdeter, an TBC zu erkranken, als Gesunde. Wir erinnern uns: Etwa ein Drittel der Menschheit ist mit TBC infiziert, aber nur bei 10 % kommt es zu einer aktiven Erkrankung (134), denn in der Regel wird unser Abwehrsystem mit dem Erreger fertig. Co-Infektionen wie AIDS können aber das schlummernde Monster wecken (135). Problematisch sind multiresistente TBC-Erreger, die zur Entwicklung immer neuer Antibiotika zwingen. Europa hat zwar im globalen Vergleich sehr wenige TBC-Fälle, diese werden aber häufiger als anderswo von multiresistenten Erregern ausgelöst. In vielen Ländern wie z. B. Frankreich wird auch eine abgeschwächte Form von *M. bovis* verimpft. Die nach ihren Entwicklern *Bacillus Calmette-Guerin (BCG)* genannte Schutzimpfung schützt jedoch nicht vor allen TBC-Formen und verursacht Komplikationen, weshalb sie in Deutschland seit 1998 nicht mehr verwendet wird. Da in Deutschland TBC-Fälle selten sind, scheint das Risiko mittlerweile größer als der Nutzen der Impfung. Wegen der geringen Zahl an TBC-Kranken in Deutschland hat man auch die Reihenuntersuchungen eingestellt, in denen mittels eines Tuberkulin-Tests und eines Röntgenbildes der Lunge jeder Bürger auf TBC untersucht wurde. Heute gibt es sogenannte aktive Suchen, bei denen nur gefährdete Personen wie HIV-Infizierte oder Drogenabhängige auf infektiöse Tuberkulose getestet werden.

Lepra

Noch 2018 wurden über 200 000 neue Leprafälle gezählt (38). Die Plage ist also immer noch höchst lebendig. Wie bei so vielen Infektionskrankheiten werden die meisten Leprakraken in den armen Ländern registriert. Die WHO hat auch der Hansen-Krankheit den Krieg erklärt, aber aufgrund der der ewig langen Inkubationszeit ist ein Ende nicht in Sicht. Seit 1945 gibt es aber immerhin ein wirksames Heilmittel, das antibakteriell wirkende Dapsone, eine von giftigen Farbstoffen abgeleiteten Substanz. Ideal war das nicht, denn die Behandlung dauerte oft Jahre, wenn nicht lebenslang und die Nebenwirkungen sind erheblich. Zwanzig Jahre später wurde Dapsone mit Antibiotika zur sogenannten „multidrug therapy" (MDT) perfektioniert. Dadurch konnten die Behandlungszeit auf maximal 12 Monate verkürzt werden. Was das für die Betroffenen heißt, zeigt ein Besuch der noch immer bestehenden Lepra-Siedlung auf Molokai'i in Hawaii. Aus dem Höllenloch, in dem Kranke praktisch vogelfrei, ohne Behandlung, bestenfalls versorgt, schlimmstenfalls missbraucht wurden, ist eine Schutzzone geworden. Die Patienten werden geheilt und gefördert, einige sind freiwillig hiergeblieben, obwohl es ihnen seit 1969 freisteht, die Kolonie zu verlassen. Doch besonders die Älteren fürchten das Stigma und die Ausgrenzung, mit denen Leprakranke – auch geheilte – immer noch kämpfen müssen (136).

In Japan wurde erst 1996 ein Gesetz aufgehoben, das seit 1953 Leprakranke lebenslang in Sanatorien verbannte. Manche Japaner lebten seit ihrer Kindheit in solchen Einrichtungen, getrennt von ihren Familien und rechtlos. Wer bei dem Wort Sanatorium an ein Etablissement mit dem gepflegt-morbiden Charme eines Zauberbergs denkt, liegt falsch. Die Patienten wurden eingesperrt und zwangssterilisiert, Schwangere zur Abtreibung gezwungen. Einige der Institute haben bis in die Gegenwart überdauert, denn viele der greisen Bewohner mussten dort ihr ganzes Leben zubringen und würden sich außerhalb der Sanatorien nicht zurechtfinden (137).

Typhus
Ein Drittel der Menschheit hat keinen Zugang zu sauberem Trinkwasser, da verwundert es nicht, wenn es jährlich bis zu 20 Mil-

lionen Typhusopfer gibt, von denen über 100 000 die Krankheit nicht überleben. Noch immer ist Typhus die Plage der Armen, nur hat das Problem jetzt globale Dimensionen. In reichen Industrieländern kommt die Seuche praktisch nicht mehr vor, in Entwicklungsländern und Krisengebieten ist sie ein Dauerproblem. Die WHO warnt, dass Urbanisierung und Klimaveränderungen die Ausbreitung der Seuche fördern. Immer häufiger könnten Trinkwasser-Reservoire während einer Überschwemmung verschmutzt werden. Zwar ist Typhus gut mit Antibiotika behandelbar, doch hat auch *S. typhi* bereits Resistenzen erworben. Zusätzlich gibt es mehrere Impfungen gegen den Erreger (138).

Cholera

Nach sieben offiziellen Pandemien ist Cholera in vielen Ländern endemisch. Wie Typhus ist sie aber nur dort eine echte Gefahr, wo die Menschen verunreinigtes Wasser trinken müssen. Nach Naturkatastrophen wie dem Erdbeben in Haiti 2010 stellen Cholera-Epidemien eine zusätzliche Herausforderung für Rettungskräfte dar. Wobei die Helfer im Falle von Haiti die Durchfallerkrankung selber mit einschleppten (139). Während des selbstzerstörerischen Kriegs im Jemen brach 2016 die Cholera aus. Die Epidemie wütet noch immer und hat schon Tausende das Leben gekostet. Schon lange ist bekannt, dass Bakterien untereinander für sie vorteilhafte Erbinformation, zum Beispiel für Resistenzen, austauschen können. 1996 fanden Forscher heraus, dass Erreger auch von auf Bakterien spezialisierte Viren, sogenannte Bakteriophagen, nützliche Gene erhalten. Im Falle des Cholera-Bakteriums ergänzt ein Phage das an sich harmlose *V. cholerae* um Gene, die den Erreger veranlassen, sein Gift abzusondern (140). Erst Bakterienstämme, die mit den Phagen befallen wurden, mutieren zu Megakillern. Bis zu 4 Millionen Menschen infizieren sich jedes Jahr mit dem Brechdurchfall und zwischen 20 000 und 140 000 sterben daran. Die gute Nachricht ist, dass die Krankheit bei den meisten milde verläuft, und eine Therapie ist einfach. Es genügt, Kranken ausreichend Flüssigkeit zuzuführen, um zu verhindern, dass die Infizierten an dem dramatischen Wasserverlust sterben. Es gibt auch Schluckimpfungen, die vorbeugend genommen werden können (141).

Syphilis

Wie andere Geschlechtskrankheiten auch ist Syphilis weltweit verbreitet. Die Infektion gedeiht vor allem in urbanen, sozial-kulturellen Nischen. Seit dem 20. Jhd. sieht es an der Syphilis-front gut aus: Dank Penicillin gingen ab den Siebzigern Syphilismeldungen weltweit zurück. AIDS schärfte das Bewusstsein für die Gefahren beim ungeschützten Geschlechtsverkehr, was auch den Rückgang von Syphilis beschleunigte (142). Andererseits tritt Syphilis gerne als Co-Infektion zusammen mit AIDS auf und die Immunschwächekrankheit wird heute nicht mehr als so große Gefahr wahrgenommen wie vor 40 Jahren. Seit 2010 steigen daher, zumindest in Deutschland, die Syphilis-Infektionen wieder an. 90 % der Syphiliskranken aber werden in Entwicklungsländern gemeldet. 1999 gab es pro Jahr immer noch 12 Millionen Neuinfektionen (143).

Die jungen Wilden

Kaum hatten wir die „alten" Plagen im Griff, tauchten neue Bedrohungen auf und lehrten auch die Menschen in den Industrieländern wieder das Fürchten.

AIDS

Haemophilie oder Bluterkrankheit ist ein erblicher Gendefekt. Verletzen sich Betroffene, verzögert sich ihre Blutgerinnung, weil ihnen ein Gerinnungsfaktor fehlt. Dadurch können Bluter auch an kleineren Wunden verbluten. Der vielleicht bekannteste Haemophilie ist der tragische letzte Zarewitsch Alexei Romanow, der als 13-jähriger von den Bolschewiki erschossen wurde. Wegen seiner Krankheit durfte der Junge nicht einmal Fahrrad fahren, um eine potentiell fatale Verletzung zu vermeiden. Es sollte noch 50 Jahre dauern, bis eine wirksame Therapie für Bluterkranke entwickelt wurde. Aus dem Blutplasma Gesunder wurden Gerinnungsfaktoren gewonnen, die Hämophile bei Bedarf in bequemer gefriergetrockneter Form einnahmen.1970 schien also alles gut für Bluter, von denen es in Deutschland circa 10 000 gibt, hauptsächlich Männer und Jungen. Bluterkranke konnten ein fast normales Leben führen und sogar etwas Sport treiben. Keinen beunruhigte, dass die lebenswichtigen Gerinnungsfaktoren bis in die 90er ausschließlich aus Blutplasma gewonnen wurden, ein unterschätztes Risiko für die Bluterkranken. 90 % des verarbeiteten Blutes stammte aus den USA von Menschen mit epidemiologisch bedenklichem Lebenswandel, die für ihre Blutspenden bezahlt wurden. Wider besseres Wissen verzichteten Pharmaunternehmen und Gesundheitsbehörden darauf, die Gerinnungsfaktoren vorzubehandeln, um Viren abzutöten oder gespendetes Blut auf das Immunschwäche-Virus zu testen (144). 4 500 Bluterkranke infizierten sich in den 70ern und 80ern durch das für sie lebenswichtige Plasma mit *HIV* (145).

Noch immer wird über die Herkunft von AIDS gerätselt. Das *HI-Virus* ist – vermutlich – in Afrika vom Affen auf den Menschen übergesprungen. Die Anfänge liegen noch immer im Dunkeln, eine gute Gelegenheit für den russischen Geheimdienst, eine Verschwörungstheorie in Umlauf zu bringen. Der Erreger von *AIDS* soll in einem amerikanischen Militärlabor zusammengebastelt worden sein. Die Mehrheit der Forscher hält eine Übertragung vom Affen auf den Menschen für wahrscheinlicher, zumal sich das *HIV* genetisch nach Afrika zurückverfolgen lässt (146). Der älteste dokumentierte Fall von *AIDS* ist bei einem Mann aus dem Kongo aufgetreten, bei dem das Virus 1959 nachgewiesen wurde. Die erste Übertragung von Schimpansen auf den Menschen fand wohl zwischen 1885 und 1924 statt. Via Haiti und den USA ist die Karriere der Epidemie zur globalen Seuche gut dokumentiert. Bis heute sind 33 Millionen Menschen an *AIDS* gestorben, es gibt weltweit 36 Millionen *HIV*-Positive (147). 2/3 der Infizierten leben in Afrika, aber auf allen Kontinenten gibt es besonders gefährdete Bevölkerungsgruppen, wie zum Beispiel Drogenabhängige, Homosexuelle oder Prostituierte. *AIDS* ist immer noch nicht heilbar, auch eine Impfung gibt es nicht. Dank der Antiretroviralen Therapie (ART) gilt die grausame Infektion heute immerhin als behandelbare chronische Erkrankung. Der Nachteil ist, dass Patienten ein Leben lang auf Medikamente angewiesen sind, um gesund zu bleiben. Weil die Coronakrise die Gesundheitssysteme vieler Länder überfordert, kommt die Anti-*AIDS*-Kampagne ins Stocken. In ärmeren Ländern mussten viele Patienten ihre Therapie unterbrechen, mehr Menschen hungerten weltweit, was den Körper schwächt und die Gefahr erhöht, dass *AIDS* ausbricht. Besonders hart trifft es Millionen von *AIDS*-Waisen, von denen knapp 2 Millionen selber *HIV* positiv sind (148). Rund 70 % der *HIV*-Infizierten Menschen werden therapiert, aber die WHO setzt auch stark auf Prävention. Geschlechtskrankheiten sind in vielen Kulturen noch immer ein Tabuthema, weshalb schon durch gezielte Aufklärung und Werbung für Kondome Neuinfektionen vermieden werden können (128). Medizinisch lässt sich die Ansteckung von Sexualpartnern und der Föten im Mutterleib verhindern. Viel Aufsehen erregten zwei *HIV*-Infizierte, die durch eine Stammzellentransplantation und Re-Infusion gesunder Immunzellen als geheilt gelten (149). Diese Heilmethode ist jedoch nur für wenige *HIV*-Opfer geeignet.

Ebolafieber
Berichte und Bilder von Ebola-Ausbrüchen erinnern an mittelalterliche Seuchenszenenarien. Endzeitstimmung macht sich breit und selbst aus der Ferne löst die Seuche Panik aus. Ebolafieber ist eine junge Plage, 1976 wurden ein erster Ausbruch in der Nähe des Flusses Ebola gemeldet, der durch die heutige Demokratische Republik Kongo fließt. Gleichzeitig kam es zu einer zweiten Epidemie im heutigen Südsudan (150). Die Todesrate ist vom jeweiligen Virenstamm abhängig, kann aber bei 90 % liegen. Ironischerweise waren die hohe Letalität und der schnelle Verlauf der Infektion lange ein Garant dafür, dass Ebola nur in kurzen schrecklichen Epidemien aufflammte. Solange die Krankheit in dünnbesiedelten ländlichen Gebieten zuschlug, fand sie irgendwann einfach keine empfänglichen menschlichen Wirte mehr. Die In-

fektion galt den Menschen auf anderen Kontinenten als eine von Afrikas vielen tödlichen Bedrohungen, deren schauerlichen Verlauf sie aus sicherer Entfernung verfolgten. 2013, bei einem Ausbruch in Guinea in West-Afrika, kamen dann aber mehrere unglückliche Umstände zusammen. Erst dauerte es Monate, bis der Ausbruch als hochabsteckendes Ebolafieber erkannt wurde, inzwischen hatte sich die Seuche auf die Nachbarländer ausgeweitet. Als die Infektion urbane Gebiete erreichte, brach sie dann in nie gekannter Wucht über die Menschen herein. Waren bei früheren Ausbrüchen maximal 100 bis 300 Tote zu beklagen, starben diesmal über 11 000 Menschen (150). Der Massenausbruch rüttelte die Welt wach, plötzlich fühlten sich auch Länder auf anderen Kontinenten von der Albtraumkrankheit bedroht und es wurden zügig ein Impfstoff und Medikamente zur Behandlung des Fiebers entwickelt. Ein Heilmittel ist Remdesivir. Der Wirkstoff hat antivirale Eigenschaften, die auch im Kampf gegen andere RNA Viren wie *SARS-CoV-2* ausgesprochen nützlich sind (151). Als die Seuche 2016 als beendet erklärt wurde, lehnten sich die Menschen erleichtert zurück, dabei kostet das Ebolafieber weiter jedes Jahr viele Leben. Seit 2018 geht in der Demokratischen Republik Kongo erneut Ebola um, die dicht aufeinanderfolgenden Epidemien töteten bereits über 2 000 Menschen (150). Schon zu den abgelegenen Dörfern zu gelangen, in denen die Krankheit wütet, ist ein Abenteuer, und der Kampf gegen die Seuche wurde unter Coronabedingungen nicht einfacher. Bisher half nur die Isolation der Erkrankten, eine Desinfektion ihres Umfeldes und die Rückverfolgung von Infektionsketten. Wegen der großen Ansteckungsgefahr ist auch für die Ärzte und Pfleger das Risiko groß, an Ebolafieber zu sterben (152). Immerhin haben Mediziner jetzt bessere Therapiemöglichkeiten. Wie schon bei der westafrikanischen Epidemie wurde der neu entwickelte Impfstoff eingesetzt, obwohl der offiziell noch gar nicht zugelassen war. Mangels Alternativen schien der riskante Einsatz aber gerechtfertigt (150).

Woher kommt die grausige Infektion und warum kehrt sie immer wieder, auch wenn sie schon ausgelöscht scheint? Als ursprüngliches Reservoir stehen Fledermäuse und Flughunde in Verdacht. An den Flugtieren stecken sich andere Tiere vom Gorilla bis zum Stachelschwein an. All diese Zwischenwirte landen als „Bushmeat" ab und zu im Kochtopf und übertragen dabei den Ebolavirus auf den Menschen. Der agile Erreger stellt dann auf eine Ansteckung von Mensch zu Mensch um und die Katastrophe beginnt.

SARS-CoV-1
Gleich zu Beginn des 21. Jahrhunderts schlug *SARS* zum ersten Mal zu, die Pandemie begann 2002 und kostete 774 Menschen das Leben (153). Weil Menschen sich weniger leicht ansteckten als bei der aktuellen Pandemie, verebbte die Seuche aber schon nach einem Jahr. Anders als SARS-CoV-2 nistete sich das Virus in der Lunge ein, was die Transmission des Pathogens erschwerte. Außerdem gaben Erkrankte den Keim erst weiter, wenn sie schon Symptome entwickelten und sich unwohl fühlten, weshalb sie mit weniger Menschen Kontakt hatten. Ein weiterer Vorteil bei der Unterbrechung von Infektionsketten: Kranke sind als Infektionsherd erkennbar und können isoliert werden. Gleichwohl reichten wenige Infizierte in der globalen Drehscheibe Honkong für die weltweite Verbreitung des neuartigen Coronavirus. Der Begriff „Superspreader" entstand als Beschreibung für einige legendären *SARS*-Massenverbreiter, die in Hotels und Hospitälern der Megastadt Menschen aus aller Welt ansteckten (154). Seinen durchschlagenden Erfolg, verdankt der Erreger vor allem dem dichten globalen Flugverkehr. Hilfreich für das Coronavirus waren aber auch die Versuche der chinesischen Regierung, die Seuche zu vertuschen, sowie mangelnde Kooperation mit dem benachbarten Taiwan, das daraufhin eine besonders hohe Todesrate hatte. Letztlich gelang es unter der Führung der WHO, die Seuchen zügig einzudämmen, als man Ursache und Übertragungswege kannte (155; 156; 157). Der Schreckschuss *SARS-CoV-1* veranlasste die internationale Gemeinschaft, Seuchenkontrollpläne den neuen Realitäten der vernetzten Welt anzupassen, in der eine Infektion binnen Stunden in alle übrigen Kontinente

getragen wird. In Europa wurde als Reaktion auf *SARS-CoV-1* 2004 das *European* Centre for Disease Prevention and Control (ECDC) gegründet. Rätselhaft bleibt, woher genau das Virus kam. Als mehr oder weniger sicher gilt der Ursprung des Erregers in Fledermäusen. Die Flattertierchen leben eng zusammen und oft teilen sich mehrere Arten eine Höhle, ideale Voraussetzungen für den Austausch verschiedener Virenstämme inklusive Reassortment. Schon haben wir den ersten Schritt zur Entstehung eines neuen Virus. Danach sprang der Erreger vermutlich auf einen Zwischenwirt über, wahrscheinlich auf ein kleines Raubtier, Larvenroller genannt. Auch in diesem Wirt arrangierten sich die Gene neu. Einige Larvenroller landeten auf chinesischen Tiermärkten, hier soll das Virus dann Menschen für sich entdeckt haben. So etwa rekonstruierten Virologen die Entstehung von *SARS-CoV-1*. Schon damals warnten sie davor, dass noch mehr Varianten des Keims in unbekannten Reservoiren lauern (158).

MERS

Die tückische Infektionskrankheit *MERS* verbinden die meisten mit Dromedaren, von denen 70 % Antikörper gegen das *MERS-Co*-Virus im Blut haben. Während es den Kamelen dabei meistens ganz gut geht, kann das Virus beim Menschen eine tödliche Krankheit auslösen. Sowohl eine Ansteckung bei einem Dromedar als auch bei einem Menschen ist möglich. Für Europäer und Amerikaner ist *MERS* eine exotische Infektion, die sie kaum betrifft. Gelegentliche Todesfälle in unseren kamelarmen Regionen gehen auf Infektionen im Vorderen Orient und Afrika zurück. Da das Pathogen nach Fernost verschleppt wurde, konnte es sich in Südkorea etablieren. Größere Ausbrüche fanden meistens in Kliniken statt, da für eine Mensch-zu-Mensch-Verbreitung enger Kontakt notwendig ist. Die WHO registrierte bis heute über 2 442 Infektionen und mehr als 800 Tote. Es wird vermutet, dass nicht jeder Infizierte krank wird. Daher kann niemand genau sagen, wie ansteckend die Krankheit wirklich ist. Dank strenger Hygienevorgaben für das Pflegepersonal und einem verbesserten Informationsaustausch zwischen den betroffenen Ländern konnten Ausbrüche in Kliniken auf der arabischen Halbinsel und in Südkorea eingedämmt werden. Eine weitere Maßnahme war, die Mobilität der Dromedare in Risikogebieten zu begrenzen, eine Ausgangsbeschränkung für Kamele sozusagen (159). Dabei fungieren die Wüstenschiffe nur als Zwischenwirte, eigentliches Erregerreservoir sind – man ahnt es! – Fledermäuse (160). Alleskönner Remdesivir hemmt auch die Vermehrung des *MERS-CoV* (151), ansonsten kann man die Symptome der Infektion nur lindern.

COVID-19

Bekannt ist, die Misere *COVID-19* begann in der chinesischen Millionenstadt Wuhan. Wir erinnern uns: Die alte Handelsmetropole, liebevoll auch „Stadt der Flüsse" genannt, war schon Ausgangspunkt des Schwarzen Todes. Irgendwann, vermutlich zwischen Oktober und Dezember 2019, sprang *SARS-CoV-2* von Tieren auf Menschen über und konnte auch zwischenmenschlich übertragen werden. Ab Dezember berichtete China widerstrebend über die beunruhigende Häufung von mysteriösen Lungenerkrankungen in Wuhan. Wieder einmal wurde der zentral gelegene Knotenpunkt zum globalen Infektionsherd. Die Rekonstruktion der Seuchenentstehung ist politisches Dynamit, was den Faktencheck nicht einfacher macht. Als die Experten der WHO Januar 2021 nach Wuhan kamen, hatten sie eine brisante Mission: Sie sollten ergründen, wo und wie *SARS-COV-2* entstanden war. Nach fast einem Monat Recherche und Lokalterminen kommt der Showdown: Auf einer Pressekonferenz verkünden die Wissenschaftler, dass sie nicht viel schlauer sind als vorher (161; 162). Sicher scheint, auch das zweite *SARS-CoV-Virus*, hat enge Verwandte unter den Fledermausviren. Per Zwischenwirt gelangten die Pathogenen in die Stadt, aber wie, da scheiden sich die Geister. Ein trübes Gemisch aus Verschleierung und Fake News nährt wild wuchernde Verschwörungstheorien. Immerhin, das WHO-Team hält es für „extrem unwahrscheinlich", dass die maligne Mikrobe aus einem Labor entwischt ist. Andererseits fanden die Seuchenermittler „keine Beweise" dafür, dass der garstige Erreger mit tiefgekühlten Meeresfrüchten in die Volksrepublik importiert wurde (162). Der amerikanische Geheimdienst schließt dagegen nicht aus, dass sich Mitarbeiter des Wuhaner Virologischen Institutes versehentlich an Untersuchungsmaterial infiziert haben (163). Seit der ersten Virusbeschreibung Dezember 2019 ging alles rasend schnell. Wir mussten es selbst miterleben, schon vier Monate später hatte sich das Erreger über die ganze Welt verbreitet. Am 11. März 2020 erklärte die WHO die Seuche offiziell zur Pandemie, ein überfälliger globaler Weckruf. Im Kampf gegen das Virus ergriffen Deutschland und der Rest der Welt nun (endlich) robuste Maßnahmen. Zumindest Europäer und Nordamerikaner hatten seit Generationen solche Szenarien nicht mehr erlebt. In Asien reagierte man dagegen routinierter, für viele Länder im pazifischen Raum war es schon die dritte Seuche des neuen Millenniums. Noch ist die aktuelle Seuche nicht überstanden, im Mai 2021 hatten sich bereits 160 Millionen Menschen infiziert und über drei Millionen waren durch oder mit *SARS-CoV-2* gestorben (164). Immerhin, schon nach einem Jahr verfügen wir über eine Reihe wirksamer Vakzine, die anfangen, den Virus auszubremsen. Leider kontert der tückische Erreger mit „*Escape-Mutationen*", also neuen Varianten, gegen die Impfstoffe nicht so gut schützen oder die noch ansteckender oder virulenter sind. Da sie sich schneller verbreiten oder schwerer bekämpfen lassen, verdrängen sie weniger aggressive Virenstämme. Das Kapitel *COVID-19* kann noch nicht abgeschlossen werden.

TEIL 4

Die Wurzeln des Übels

Naturgewalt und Zivilisationskrankheit

Viele Ursachen für Seuchen haben wir schon kennengelernt. Neue Techniken wie die Brandrodung bringen unsere Vorfahren vermehrt in Kontakt mit Erregern und auch durch die Ausbreitung in andere Klimazonen setzten sich frühe Menschen neuen Pathogenen aus. Vor ca. 10 000 Jahren geht es dann richtig los mit den Epidemien. Die Menschen der Jungsteinzeit betreiben Ackerbau und Viehhaltung und begegnen dabei neuen Keimen. Vor allem der Umgang mit Nutztieren erleichterte für viele Pathogene den Sprung über Artengrenzen. Mehr Kontakt mit mehr Menschen verbunden mit mangelnder Hygiene boten expansionslustigen Erregern beste Bedingungen. Nicht alle Menschen ließen sich nieder und selbst die Siedler blieben mobil, das führte zu einem regen Austausch regionaler Seuchen dank Migranten, Händlern und dem einen oder anderen Krieg. In den folgenden Jahrtausenden wuchs der Schaden durch Plagen zusammen mit der menschlichen Bevölkerung und der Globalisierung. Als Antwort lernten Menschen, Infektionskrankheiten immer effektiver zu bekämpfen, und ergänzten ihre angeborene Immunität durch kulturelle Abwehr. Besonders in den letzten 170 Jahren gab es derart große Fortschritte in der Forschung, dass wir uns für einige Jahrzehnte in Sicherheit wiegten und glaubten, Infektionskrankheiten besiegen oder zumindest kontrollieren zu können. In den letzten 40 Jahren zeigte sich, dass wir uns zu früh gefreut haben. Immer dichter getaktet entstehen neue Seuchen oder alte passen sich an unsere Abwehrmaßnahmen an. Die Wissenschaft taufte die Seuchengeneration 2.0 „Emerging Infectious diseases (EID)". Um der wieder erstarkten Bedrohung auf den Grund zu gehen, studieren Forscher seit dem AIDS-Schock, wie und weshalb Pandemien entstehen. Sie wollten mehr über die Krankheitsevolution wissen, um neue Seuchen vorauszuahnen, potentielle humane Pathogene aufzuspüren und im Idealfall das Entstehen einer Epidemie zu verhindern (165; 166). Schnell kamen Viren in den Fokus, da sie durch ihre hohe Mutationsrate besonders anpassungsfähig sind und uns als neue Pathogene immer öfter unangenehm überraschen. Im Mai 2021 fiel der Stresstest zur globalen Seuchenabwehr katastrophal aus (167). Die WHO machte ihre Hausaufgaben und eröffnete am 1. September 2021 in Berlin ein neues Zentrum, in dem Informationen über EIDs gesammelt und ausgetauscht werden sollen, um im Kampf gegen Pandemien mit den Erregern mithalten zu können (168). Denn schon *SARS CoV-1* hat gezeigt, wie schnell sich Pathogene über die eng vernetzte Welt ausbreiten, sobald sie einen urbanen Knotenpunkt erreichen. Das Motto des neuen Seuchen-Hubs: „Viren sind schnell, aber Daten können sogar noch schneller sein." Eines hat sich nicht geändert, in erster Linie fördert der Mensch selber durch sein Handeln und die ökologischen Veränderungen, die sich daraus ergeben, die Entstehung und das Muster von Seuchen (169; 170; 171). Dies wird im Folgenden exemplarisch unter den Aspekten der Umweltzerstörung, der Rolle von Fledermäusen, der Fleischproduktion, dem Artensterben und dem Klimawandel sowie insbesondere Einflüssen von Migration, Globalisierung und Urbanisierung kritisch betrachtet.

Umweltzerstörung

Von den geschätzten 1,7 Millionen unbeschriebenen Tier-Viren sollen etwa die Hälfte auch Menschen infizieren können. Seit AIDS und Ebola wurde Wissenschaftlern so richtig bewusst, wie gefährlich Zoonosen für die Menschheit sind, schließlich stammen 75 % der Erreger, die neu bei den Menschen auftreten, von Tieren (172). Zu dem Pandemie-Frühwarnsystem, das die WHO September 2021 initiierte, gehört folgerichtig auch das Aufspüren potentieller Zoonosen (168). Emsig suchen Forscher nach gefährlichen Pathogenen bei Wild- und Nutztieren und nach Übertragungswegen. Sie identifizieren Faktoren in der Umwelt, den Wirten und den Pathogenen, die den Sprung über die Artengrenzen erleichtern. Das Ziel ist, Risiken vorauszuahnen und neuen Seuchen vorzubeugen. Seuchen-Aufspürer fanden alleine bei den schon beschriebenen Wildtier-Viren fast 900 Arten mit Zoonosepotential, einige davon halten sie für noch gefährlicher als die schon bekannten viralen Zoonosen (173).

Wenn der Mensch in Naturparadiese mit hoher Biodiversität vordringt, kommt er mit Arten in Kontakt, die als Vektoren für bisher unbekannte Viren fungieren. Ein klassischer Übertragungsweg ist die Bejagung wilder Tiere als „Bushmeat". Letzteres hat mehrfach Ebolafieber-Epidemien ausgelöst und dem AIDS-Erreger ermöglicht, von Affen auf den Menschen überzuspringen. Auch die beiden SARS-Pandemien begannen vermutlich auf Tiermärkten, die exotische Wildtiere verkaufen. Gefährlich wird es, wenn wie in Brasilien oder Malaysia neu gerodete Flächen in Siedlungen, Weiden, Plantagen und Felder umgewandelt werden, dann setzen sich Bauern wie seit Urzeiten neuen Pathogenen aus, die via Nutzvieh oder durch Kontakt mit von Fledermäusen kontaminierten Pflanzen auf den Menschen übergehen (174; 175). Neben den Fledertieren zählen besonders in Afrika

Primaten als unsere nächsten Verwandten zu den üblichen Verdächtigen in Sachen Viren-Vektor (5). In unseren gemäßigten Breiten sind vor allem Nagetiere für die Übertragung von Zoonosen verantwortlich, die Pest ist ein berüchtigtes Bespiel (176).

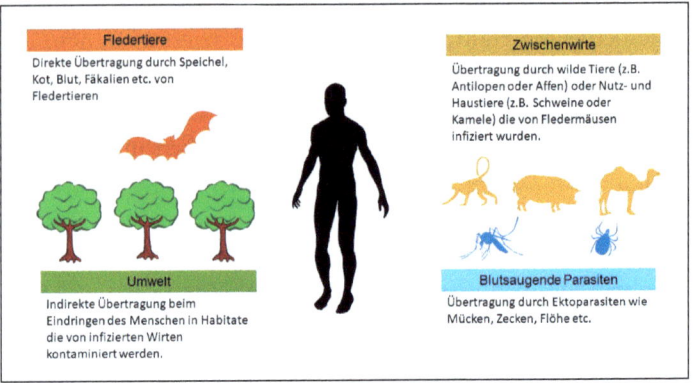

Abbildung 17: Übertragungswege von Zoonosen

Desperados auf Goldsuche haftet eine romantische Aura an. Sei es nun Eldorado, die Ufer des Sacramento oder Alaska, viel ist über die wilde Suche nach dem Glück in Form von Nuggets geschrieben und gesungen worden. Die Realität des 21. Jahrhunderts ist ernüchternd. Goldsucher in Brasilien dringen in den Regenwald ein und zerstören auf der Jagd nach Gold den Lebensraum für Tier und Mensch. Nebenbei fördern sie die Ausbreitung von Malaria, denn in ihren Goldgruben sammelt sich Regenwasser. Dadurch werden die Goldminen zu Brutstätten für Anophelesmücken, den Zwischenwirtinnen für *P. falciparum*. Auch andere von Insekten übertragene Krankheiten breiten sich aus. In den am stärksten von Goldsuchern heimgesuchten brasilianischen Provinzen stieg die Zahl entsprechender Infektionen von 2019 auf 2020 um 32 % (177; 178) die Malriainfektionen haben sich seit 2016 sogar verdoppelt. Goldgräber und anderer Erzsucher verwandeln intakten Regenwald in eine mondähnliche Kraterlandschaft mit bis zu 25 m tiefen Gruben. Der Abbau von Roh-

140

stoffen ist Teil einer gewaltigen Landschaftsumformung im Amazonasbecken, die vor etwa 60 Jahren begann. Dazu gehörte der Ausbau der Regenwaldautobahn Transamazonica, die buchstäblich zur Einfallstraße für Malaria in das Amazonasbecken wurde (179). Agrarindustrie und Holzfirmen schlagen ebenfalls immer größere Schneisen in den Urwald. Auch ohne Minen erleichtern Lichtungen die Vermehrung von Insekten, die als Vektoren für Infektionskrankheiten dienen. Schon länger weiß man, dass Stechmücken der Gattung *Haemagogus als Überträger für den Gelbfiebererreger aushelfen. Für gewöhnlich leben diese Moskitos in Baumwipfeln und ernähren sich von Affenblut, erst wenn ein Baum gefällt wird, haben sie die Chance, auch Menschen zu infizieren* (180). Als die brasilianische Regierung um die Jahrtausendwende begann, Fischfarmen zu fördern, verschlimmerte sich das Problem. Anophelesmücken erschlossen die Fischbecken schnell als zusätzliche Brutplätze. Hilfreich aus Sicht der Pathogene ist auch, dass sich die Bevölkerung in den Regenwaldprovinzen Brasiliens seit 1950 verdoppelt hat (178).

Auch gut gemeinte Eingriffe in die Natur können verhängnisvolle Folgen haben. Die weit verbreitete Sitte des Vogelfütterns bringt Vögel verschiedener Arten in hoher Dichte zusammen. Die gelebte Tierliebe hat unter anderem die Ausbreitung von *Salmonella typhimurium* katalysiert. Fast schon grotesk ist der Tod britischer Zootiere, nachdem sie mit BSE kontaminiertes Futter erhielten. Für die Berggorillas in Zentralafrika stellen Touristen eine tödliche Bedrohung dar. Immer wieder erkranken unsere großen Vettern an Masern und Atemwegsinfektionen, die begeisterte Tierfreunde mit einschleppen. Insbesondere unsere nächsten Verwandten, die Menschenaffen, stecken sich besonders leicht an humanen Infektionen an, eine ständige Bedrohung für diese ohnehin dezimierten Arten (181; 182). Tierschützer, Jäger und Landwirte siedeln immer wieder Tiere im großen Stil um. Damit bringen sie unbeabsichtigt auch neue Pathogene in ein „jungfräuliches" Ökosystem ein. Bestimmte Formen von Tollwut konnten sich so mit Hilfe von Waschbären in Amerika ausbreiten.

Nutztiere, wie zum Beispiel Zuchtnerze oder Hunde, verbreiten humane Erreger, die auf sie übergegangen sind. Solche reversen Zoonosen werden „spillback" genannt. Hierbei infiziert ein von einer Tierart auf den Menschen übergelaufener Virus wiederum neue Tierarten, die mit den Menschen engen Kontakt haben. Aktuelles Beispiel ist SARS-CoV-2, der von Menschen auf Zuchtnerze übergesprungen ist. Das Resultat: Die Niederlande waren bis vor zwei Jahren die viertgrößten Exporteure der Welt für Nerze – nun mussten die Farmen geschlossen werden. Aufgrund des notorischen Ausbruchstalents von Zuchtnerzen ist die Ausbreitung von Corona zwischen verwilderten Tieren nicht einzudämmen. Heutzutage werben die Niederländer daher für ein Nerzzuchtverbot in der ganzen EU. Gefährlicher Nebeneffekt: Wenn sich humane Viren neue Reservoire erschließen, wird es fast unmöglich, sie zu überwachen, eine tickende Zeitbombe. Möglicherweise entstanden die rund 50 neuen Mutationen, mit denen Omikron im Herbst 2021 die Forscher überraschte, während eines Zwischenaufenthalts in einem nicht-menschlichen Wirt. Wissenschaftler tippen auf ein Nagetier, an das sich der bewegliche Coronavirus mit neuen Spikefeatures anpassen musste, die ihm nun auch beim Menschen zupasskommen. Knapp jeder zweite amerikanische Weißwedelhirsch soll ebenfalls mit Corona infiziert sein. Die Übertragung könnte durch Jäger, Wanderer oder fütternde Tierfreunde erfolgt sein, oder aber auch durch einen Zwischenwirt wie die Nerze. Virologen befürchten, dass in der Weißwedelhirsch-Population eine weitere fatale Mutation von SARS-CoV-2 stattfindet. Immerhin handelt es sich um rund 30 Millionen Tiere (183). Auch der Mobilivirus hat sich per „spillback" neu erfunden. Der Masernerreger – ursprünglich von Rindern auf den Menschen übergegangen – wurde von den Europäern nach Amerika eingeschleppt. Ähnlich wie die Pocken führte er zur Auslöschung ganzer Kulturen. Von den Amerindianern sprang er auf ihre Hunde über, wo er sich zur inzwischen weltweit verbreiteten Hundekrankheit Staupe weiterentwickelte. Wir sehen, für viele Pathogene sind Artgrenzen durchlässig wie ein Sieb, je intensiver unser Umgang mit anderen Spezies, desto mehr setzten wir uns artfremden Keimen aus oder reinfizieren uns mit neu codierten Humanerregern. Rücken wir Arten näher, die bisher wenig Kontakt mit Menschen hatten, steigt die Wahrscheinlichkeit, uns mit neuen gefährlichen Erregern zu infizieren (184).

Abbildung 18: Vasco Núñez de Balboa tötet Indigene in Panama mit Kriegshunden als Strafe für angebliche Sodomie (Druck aus dem 17. Jhd.)

Fledermäuse

Abbildung 19: Größere Mausschwanzfledermaus
(Rhinopoma microphyllum) von A. Müller

Obwohl wir anderen Säugetierordnungen sehr viel mehr „übergelaufene" Virenarten verdanken, letztlich haben nur 2 % aller Pathogene Fledertiere als Ur-Wirte, stammen die gefährlichsten Zoonosen von Fledermäusen (185; 174). Neben Influenza, Tollwut und Ebola-Erregern bilden sie das Reservoir für das SARS und das MERS Virus. Die kleinen Flatterer haben per se einen zweifelhaften Ruf und inspirierten zu Teufels- und Vampirmythen. Trotz Batman sind die – eigentlich harmlosen – Säugetiere keine Sympathieträger. Schon ihre dämmerig-nächtliche Lebensweise macht sie verdächtig, gar nicht zu reden von den Ernährungsgewohnheiten lateinamerikanischer Vampirfledermäuse, die das Blut anderer Tiere trinken. Auf der anderen Seite spielen die hellhörigen Flugkünstler weltweit in Ökosystemen eine Schlüsselrolle. In unseren Breiten helfen die Insektenfresser nicht nur den Bauern bei der Schädlingsbekämpfung. Vielleicht findet die eine oder der andere die Fledertiere ja anziehender bei dem Gedanken, dass *eine* Fledermaus in *einer* Nacht bis zu 4 000 Mücken vertilgen kann (186; 187). In wärmeren Zonen sind Fledermäuse und ihre Verwandten, die Flughunde, als Bestäuber und Samenverbreiter unterwegs, auch für Nutzpflanzen wie Guave, Mango, Kakao, Banane und Pfirsich (188).

Wahr ist aber auch, Fledermäuse sind Virenreservoire, ohne selbst unter der hohen Erregerlast zu leiden. Forscher rätseln noch, woher diese Toleranz für Erreger kommt, die für andere Organismen hoch virulent sind (185). Zwei Indizien brachten Evolutionsbiologen auf eine heiße Spur: zum einem scheinen Fledermäuse vor allem mit Viren gut leben zu können, bei Pilzen und Bakterien sind die Abwehrerfolge eher mäßig. Zum anderen spielt für die Immunität eine Rolle, ob sich das Pathogen innerhalb oder aber außerhalb der Zellen vermehrt. Fledermauszellen sind Hochleistungskraftwerke, die während des Fluges besonders viel Energie produzieren müssen, dadurch erhöht sich die Körpertemperatur der Tiere häufig über 40 °C. Der Vorgang ähnelt Fieber, der Standardantwort des Körpers auf Infektionen. Mit der erhöhten Temperatur soll den Eindringlingen eingeheizt werden, da viele Organismen am besten bei ca. 37 °C funktionieren. Erwünschter Nebeneffekt: Bei höheren Temperaturen beschleunigt sich der Stoffwechsel und die Abwehrprozesse des Wirtsorganismus. So viel metabolische Hyperaktivität hat allerdings ihren Preis, in der Zelle werden durch die Turbo-Energiegewinnung besonders viele aggressive Sauerstoffverbindungen freigesetzt, die zu Tumorbildung oder Zelltod führen, was das Leben eines Organismus verkürzt. Nicht so bei Fledermäusen, die ziemlich langlebig für ihre Körpergröße sind. Offensichtlich kann ihr Stoffwechsel die Selbstzerstörung der Zellen verhindern und nebenbei Tumorbildung und andere entgleiste Zellprozesse ausbremsen, auch solche, die durch Viren ausgelöst werden. So können Fledertiere ihre Pathogene kontrollieren. Die im Englischen griffig „*flight-as-fever*" genannte Hypothese erklärt elegant, wie die Flugfähigkeit der Fledermäuse ihre Abwehrkräfte gesteigert hat, so dass sie mit einer höheren Virenlast als anderen Säuger leben können. Um die bessere Immunabwehr ihrer flatterhaften Wirte zu kontern, wurden die Pathogene infektiöser, ein möglicher Grund für die auffällig hohe Virulenz von Fledermausviren (185). Von Natur aus haben Menschen und Fledermäuse nicht viel Kontakt, schon deshalb, weil Fledermäuse eher nacht- und wir (eigentlich) tagaktiv sind. Auch unsere Lebensräume berühren sich kaum, denn wenn die Fledertiere nicht in der Luft sind, ziehen sie sich in Höhlen oder andere dunkle Winkel zurück. Keine Fledermausart, außer den Vampiren, beißt Menschen oder andere Tiere unter natürlichen Bedingungen. Erst wenn Menschen in das Habitat der Fledermäuse eindringen, kommen sie in Kontakt mit Fleder- oder anderen Wildtieren, die deren Lebensraum teilen und als Zwischenwirte für Fledermausviren fungieren. Umgekehrt erobern sich Fledermäuse als Kulturfolger neuen Lebensraum in unseren Siedlungen. Wie viele andere Tierarten finden sie im vielfältigen (sub)urbanen Umfeld mehr Nahrung als in den Agrarwüsten der Industrielandwirtschaft. Da die Flattermänner sich für ihre Ruhe- und Brutzeiten dunkle abgelegene Ecken wie Baumhöhlen, Kirchtürme oder Dachböden suchen, bemerken wir unsere Mitbewohner kaum. Das macht das Zusammenleben mit den Nachtschwärmern ungefährlich, solange man bei Kontakt Abstand hält und bei Berührungen mit toten Tieren oder Kot Handschuhe anzieht. Ohnehin gilt es als unwahrscheinlich, dass *SARS-CoV-2* direkt von Fledermäusen auf Menschen übergesprungen ist und schon gar nicht von den europäischen Arten (189). Zudem ernähren sich unsere heimischen Fledermäuse von Insekten, nicht Früchten, und sie saugen auch kein Blut.

Ein hoher Preis für billiges Fleisch

Willkommen auf Riems, einer idyllischen Ostseeinsel mit Caspar-David-Friedrich Ambiente, gepaart mit dem militärischen Flair einer Hochsicherheitsanlage. Vorsicht ist geboten, denn hier forscht man an ansteckenden und tödlichen Viruskrankheiten bei Haustieren, auch solchen die das Zeug zur Zoonose haben (172). Das Besondere ist, dass die Erreger direkt am lebenden Tier untersucht werden, das einzige Forschungsinstitut dieser Art in Europa und eines von nur Dreien auf der ganzen Welt. Für den großen Aufwand gibt es einen guten Grund, schließlich stammt mehr als die Hälfte unserer Top-Infektionen von domestizierten Tierarten (5). Kein schöner Gedanke für ein Land wie Deutschland, das zu den führenden Fleischproduzenten der Welt gehört und in dem alleine im letzten Jahr 760 Millionen Tiere geschlachtet wurden (190). Bei Landwirten und Epidemiologen geht die Angst vor Seuchen im und aus dem Tierstall um. Um Schaden für Gesundheit und Wirtschaft abzuwehren, erforscht das Friedrich-Loeffler-Institut darum auf Riems Infektionskrankheiten bei landwirtschaftlichen Nutztieren (191). Seuchenfahnder warnen, dass bestimmte Haltungsformen, wie zum Beispiel die Massentierhaltung, die Ausbreitung von Zoonosen begünstigen (192). Für pathogene Mikroben gibt es nichts Schöneres als tausende von hochgezüchteten Wirten mit genetischer Einheitsausstattung. Noch besser für die spezialisierten Ausbeuter, wenn ihre Wirte dichtgedrängt in Industrieställen stehen. Über die wanderlustigen Zuchtnerze haben wir schon gesprochen, in der Lebensmittelproduktion treffen wir auf alte Bekannte wie Tuberkulose, Samonellosen, Influenza oder Clamydieninfektionen als allgegenwärtige Bedrohung (193). Dazu kommen allerlei neue Pathogene, hauptsächlich Viren. Ein eher schlechtes Beispiel sind Schweinezucht und -mastbetriebe. Schweine sind bei Influenzaerregern sehr beliebt als Mischgefäß für Virentypen aus unterschiedlichen Wirten. Wenn dann auch noch, wie zum Beispiel in Südchina, Schweine und Geflügel in einem Betrieb gehalten werden, ist das ein Spiel mit dem Feuer (170). Nicht ganz zufällig trat die Vogelgrippe, an der 1997 erstmalig 18 Menschen starben, zuerst in Honkong auf. Der Schuldige war Influenzastamm Typ H5N1, ein dynamischer Grippeerreger, der die Fähigkeit entwickelte, von Geflügel auf Menschen und Schweine überzuspringen. In den großen Geflügelfarmen breitete der neu entstandene Virus sich rasend schnell aus, Wildvögel dienten als Virenshuttle. Mit Hilfe der reisefreudigen Zugvögel konnte der Virus alle Kontinente erobern und ist heute vielerorts endemisch. Millionen von Vögeln starben schon an dem Pathogen und auch mehrere hundert Menschen. Zum Glück kommt es selten zur humanen Ansteckung und es ist nicht sicher, ob eine zwischenmenschliche Transmission möglich ist, eine wichtige Eigenschaft für den Sprung zum Epidemieauslöser (5). Auf der Minusseite hat die Vogelgrippe für Menschen eine Letalität von bis zu 60%, ein Grund für drastische Maßnahmen, um eine Pandemie zu verhindern (194). Es zeigte sich, dass viele Großbetriebe zu nachlässig mit den Hygienemaßnahmen waren und so dem Virus Tür und Tor öffneten. Der Kollateralschaden des Grippekampfes ist gewaltig, denn in befallenen Betrieben müssen alle Vögel gekeult werden, was viele Menschen um Einkommen und Nahrung bringt (171). Eine weitere Gefahrenquelle sind Tierkörperreste, die zu Tiermehl verarbeitet werden. Diese Proteinbombe verfüttern industrielle Landwirte an ihr Mastvieh. Manch einer wird sich noch erinnern, durch die unappetitliche Praxis konnte sich der Rinderwahn (BSE) bei Wiederkäuern ausbreiten. 140 Menschen infizierten sich anschließend durch den Genuss des Fleisches befallener Rinder (170). Die EU verbot daraufhin 1994 die Verfütterung von Tiermehl aus den Körpern von Wiederkäuern. Seit 2013 darf in Europa zumindest wieder Tiermehl von Nicht-Wiederkäuer verwendet werden, um den Anteil von Soja im Tierfutter zu verringern. Das eigentliche Problem ist, dass in großen landwirtschaftlichen Betrieben mit Intensivhaltung die Tiere nicht alleine durch regional produziertes Futter ernährt werden können. Stattdessen muss proteinreiche Power-nahrung her, die den Masterfolg beschleunigt.

Nachdem viele Länder Fleisch für den Export produzieren, reisen Lebensmittel um die ganze Welt. Unser Weiderindfleisch kommt aus Irland oder Argentinien und Lamm auch mal aus Neuseeland. Die größten Fleischexporteure sind Amerika, Brasilien und Australien, Deutschland nimmt immerhin den sechsten Platz ein. Gleichzeitig gehören wir auch zu den größten Fleischkonsumenten der Welt (195). Mit den tierischen Nahrungsmitteln werden auch Seuchen wie die Afrikanische Schweinepest ausgetauscht, die in den letzten 13 Jahren Schweinehalter auf der ganzen Welt ruiniert hat (196). Zum Friedrich-Loeffler Institut gehört aus diesem Grunde auch ein Fachinstitut für Internationale Tiergesundheit/One Health. Ziel der hier durchgeführten Forschungsarbeiten ist es, international mit anderen Gesundheitsbehörden zusammenzuarbeiten, um Seuchen auf der ganzen Welt zu bekämpfen und eine Ausbreitung bis nach Deutschland zu verhindern (191).

Kaum beachtet entwickeln sich die gigantischen Jauchegruben der Großbetriebe zu Mückenkinderstuben. Damit fördert die industrielle Landwirtschaft die stetig wachsenden Mückenpopulationen in unseren Breiten. Mücken aber dienen vielen neuen und alten Pathogenen als Vehikel, unter anderem der Malaria (197).

Leider ist Ansteckung nicht das einzige Ungemach, das uns die industrielle Tierhaltung bereitet. Um zu verhindern, dass sich in ihren Ställen Infektionen ausbreiten, verabreichen Viehbauern mit großen Beständen ihren Tieren freizügig Antibiotika. Als Reaktion darauf hat sich bei den Darmbakterien von Nutztieren ein Gen für antibiotikaabbauende Enzyme entwickelt. Der Forschungsverbund *Resistenzen bei Tier und Mensch (RESET)* fand 2010, je nach untersuchter Art, im Darm von 70–100% der getesteten Tiere Bakterien mit dem Gen für die fatalen Enzyme. Wer zum ersten Teil des Buches zurückblättert, kann dort nachlesen, dass Bakterien kurze DNA-Stücke vervielfältigen und in handlicher Ringform an andere Mikroben weitergeben, auch an fremde Arten. Auf diese Weise breiten sich für sie nützliche Eigenschaften schnell unter den Mikroorganismen aus. Bei 4 % der Menschen finden sich ebenfalls entsprechend gepimpte Mikroben, sie haben die Bakterien mit den antibiotikazersetzenden Enzymen vermutlich mit der Nahrung aufgenommen und damit ungewollt Resistenzen erworben (198; 199; 200). Bei ihnen können viele Antibiotika bei Darm oder Harnwegsinfekten nicht mehr eingesetzt werden, da sie abgebaut werden. Immer mehr Pathogene erwerben Resistenzen gegen antimikrobielle Mittel, eine rapide Zunahme bakterieller Abwehrstrategien, die mit der übermäßigen Verwendung von Antibiotika bei Tieren (und Menschen) zusammenhängt (198; 193). Die Bundesregierung hat reagiert: seit 2011 ist der Antibiotikaeinsatz in Tierbeständen meldepflichtig. Als Folge der Kontrolle verschreiben Tierärzte heute zwei Drittel weniger Antibiotika für Nutztiere (201), mit einem entsprechenden Rückgang neuer Resistenzen bei tierischen Keimen. Eine Ausnahme bilden Geflügelbestände, hier steigt seit 2015 die Menge verwendeter antimikrobieller Arzneien wieder an, auch die von sogenannten Reserveantibiotika (201). Diese dürfen nur eingesetzt werden, wenn Menschen lebensbedrohlich an resistenten Pathogenen erkranken, um ihre Wirksamkeit zu erhalten (202). Trotzdem werden in der Geflügelmast nach wie vor regelmäßig Reserveantibiotika verabreicht (203). Es war daher nur konsequent, wenn auch nicht sehr weitsichtig, als das EU-Parlament September 2021 beschloss, die Lebensretter in der Tiermast weiter zuzulassen (204). Bedenklich, denn es werden kaum neue Antibiotika entwickelt. Weltweit haben Pharmaunternehmen die kostenintensive und risikoreiche Suche nach neuen antimikrobiellen Substanzen aufgegeben. Der zu erwartende Gewinn ist einfach zu gering, schließlich würde ein neues Antibiotikum so sparsam wie möglich eingesetzt, um seine Wirkung zu erhalten. Die Konsequenzen der marktwirtschaftlichen Logik sind bedrohlich: weltweit sterben jedes Jahr etwa 700 000 Menschen an resistenten Keimen (205; 206). Zu den abwehrstarken Pathogenen gehören auch Spitzenreiter unter den Seuchenerregern wie *Mykobakterien* (TBC und Lepra) und *Plasmodien* (Malaria) (207). 2020 initiierten Pharmakonzerne ein gemeinsames Forschungsprogramm zur Neuentwicklung der lebensrettenden Arzneien. Das wird nicht reichen, auch Regierungen müssen in die Antibiotikaforschung viel Geld investieren und noch strengere Regelungen zu deren Verabreichung treffen, um die Bildung neuer Resistenzen zu verlangsamen. Durch internationale Zusammenarbeit können Kosten geteilt und die Forschung effektiver werden, die Pharmariesen machen es vor. Die WHO erklärt die Antibiotika-Krise zu einer der größten Gefahren für die menschliche Gesundheit und das im Corona-Jahr 2021! (208; 209). Es besteht die Gefahr, dass wir eine unserer wirksamsten Waffen gegen Infektionskrankheiten zu verlieren.

Klimawandel

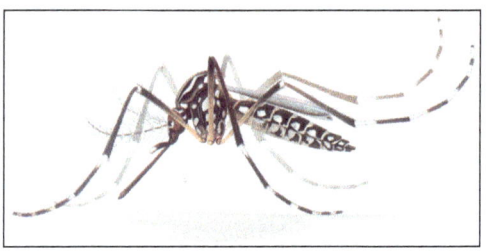

Abbildung 20: Farbdruck des Gelbfiebers oder Dengue Mosquitos Aedes aegypti (Damals Stegomyia fasciata, heute auch Stegomyia aegypti) von 1905.

„Wenn du nicht zu sagen hast, rede über das Wetter", lautet ein britischer Ratschlag. Inzwischen taugt das Thema nicht mehr für Smalltalk, denn bei Gesprächen über das Wetter erhitzen sich die Gemüter schneller als unser Planet. Das gilt auch für widersprüchliche Prognosen zu den Folgen des Klimawandels für das menschliche Wohlbefinden. Dass der globale Klimawandel Gesundheit und Leben von Millionen von Menschen auf der ganzen Welt gefährdet, darüber sind sich aber alle einig. Wir alle spüren die direkten Bedrohungen für unser Wohlergehen durch vermehrte Extremwetterlagen: die deutsche Hochwasserkatastrophe 2021 hat mehr als 180 Menschen das Leben gekostet. Hurrikan Katrina, der 2005 New Orleans zerstörte, forderte1 800 Todesopfer. Immer häufiger gibt es dürrebedingte Ernteausfälle wie aktuell in Madagaskar, durch die drohende Hungersnot könnten bis zu einer halben Million Kinder verhungern (210). Über indirekte Gefahren wird dagegen munter gestritten, die Zusammenhänge sind einfach zu kompliziert. Als gesichert gelten Vorhersagen, dass durch die vielen Dürren und Unwetter mehr Menschen hungern müssen und durch ihre geschwächte Widerstandskraft

152

dann anfälliger für Infektionen wie HIV und TBC sind. Mehr Überflutungen machen es für Menschen in Entwicklungs- und Schwellenländern außerdem noch schwerer, an sauberes „sicheres" Trinkwasser zu gelangen. Zum Beispiel, weil während eines Hochwassers Latrinen überschwemmt werden und Wasserquellen verunreinigen. Die Folge ist eine Zunahme an Typhus, Cholera und anderen Durchfallerkrankungen (138; 211). Außerdem bietet stehendes Wasser Mücken mehr Brutplätze und befeuert damit zusätzlich die Ausbreitung von Seuchen, die die Plagegeister als Vektoren nutzen (211). Beunruhigend sind Anzeichen, dass sich die Verbreitungsmuster von Arten verschieben, auch die von Pathogenen (212; 213). Andererseits haben Experten die ökologischen Auswirkungen der globalen Erwärmung noch lange nicht verstanden, fest steht dagegen, andere Entwicklungen beeinflussen das Seuchengeschehen sehr viel stärker. Typisch für die gelehrten Kontroversen sind Theorien zu den obengenannten vektorabhängigen Infektionen, die Zwischenwirte wie Insekten oder Zecken benötigen. Viele dieser Krankheiten sind durch ihre sechs- und achtbeinigen Shuttles besonderes abhängig von Umweltbedingungen. Auch in unseren gemäßigten Zonen werden Hitzewellen häufiger und heftiger. Schlecht für die Wälder, gut für allerlei wärmeangepasste Organismen, wie zum Beispiel Mücken. Tropische Arten der nervigen Insekten könnten sich nun auch in gemäßigten Zonen etablieren, fürchten Epidemiologen. Hier möchte ich gerne an Sherlock Holmes' Warnung vor dem ach so trügerisch Offensichtlichem erinnern. Weil der Lebenszyklus vektorabhängiger Pathogene so komplex ist, sollten Epidemiologen es sich nicht zu einfach machen, mahnen Ökologen. Neben der Temperatur entscheiden eben auch andere Umwelteinflüsse, das Wirtsverhalten, lokale Gesundheitssysteme und soziökonomische Faktoren über die Ausbreitung einer Krankheit. Zur Veranschaulichung hier ein paar Beispiele:

- Es waren Menschen, die seinerzeit zusammen mit afrikanischen Sklaven auch *Anopheles* und *Aedes*-Mücken und mit ihnen als blinde Passagiere Malaria- und Gelbfiebererreger in die neue Welt brachten, das Klima war auf beiden Seiten des Atlantiks ähnlich.

- In der Krim (1944–45) und der Türkei (2002) kam es zu einem Anstieg von Viruserkrankungen, die von Zecken übertragen werden. In beiden Fällen war der Grund für die Zeckenzunahme nicht ein Temperaturanstieg, sondern kriegerische Handlungen in den umkämpften Regionen. Während der Kampfhandlungen wurden die Felder nicht bewirtschaftet und es konnte sich Wildleben ausbreiten, das den Menschen nicht unbedingt wohlgesonnen war. Den zurückkehrenden Bauern erging es wie ihren Urahnen, sie setzten sich in der verwilderten Landschaft allerlei unbekömmlichen Pathogenen aus.

- Ein ähnliches Muster können wir in dem Europa der 1990er erkennen. Nach dem Zusammenbruch des Ostblocks verarmten viele Menschen und streiften vermehrt auf Nahrungssuche durch die Wälder. Das Gestrüpp wimmelte von Zecken, die mit allerlei Viren infiziert waren. Als Folge konnten sich von Zecken übertragene Virusinfektionen von Osteuropa aus nach Westen ausbreiten, und zwar ungehindert, da der eiserne Vorhang gefallen war. Die Erwärmung des politischen und des globalen Klimas trugen gemeinsam zur Zeckenexpansion bei (213), ebenso übrigens wie unsere immer dichtere Rehpopulation. Rehe sind die reinsten Zeckenschleudern, die in unseren Wirtschaftswäldern für eine regelrechten Zeckenboom sorgen (187).

- Etwa anders sieht es bei Malaria aus. Für die Anophelesmücke muss es nicht nur warm, sondern auch feucht genug sein. In stehenden Gewässern gedeihen die Mücken dann prächtig und mit ihnen die perfiden Plasmodien. Innerhalb Afrikas lassen sich Zusammenhänge zwischen Temperaturanstieg, Regenfall-Mustern und Malariaepidemien nachweisen. Der Trend wird aber überlagert durch menschliche Migration und Aktivitätsmustern wie die saisonale Feldarbeit, die Malariaopfer mehr exponiert. Prävention durch Aufklärung, Impfung, die Austrocknung von Mückenbrutplätzen oder das gute alte Moskitonetz können den Malariavormarsch bremsen. Resistenzen von Mücken und Plasmodien gegen Insektizide oder Medikamente wie Chloroquin erlauben dagegen dem Sumpffieber, Terrain (rück-)zuerobern (214).

Was heißt das für uns Bewohner gemäßigter Zonen? Insekten und andere Krabbeltiere wie Zecken sind für mehr als 130 menschliche Infektionen verantwortlich (212). Unter den Seuchen-Vektoren sind die weltweit 3 500 Mückenarten am gefährlichsten. Von den 51 europäischen Stechmückenarten sind 4 Neuzugänge. Diese „Invasion der Stechmücken", wie es einige Biologen schlagzeilentauglich formulieren, wird durch Handel, Tourismus und die moderne Landwirtschaft ausgelöst. Wie stark die globale Erwärmung zur Moskito-Migration beiträgt, ist unklar. Einerseits liefern Überschwemmungen und steigende Temperaturen immer mehr schöne, lauwarme Tümpel und Pfützen, in denen die Larven besonders schnell heranwachsen können (215). Andererseits sind vielen Mücken, wie der Tigermücke *Aedes aegypti,* unsere Winter immer noch zu kalt. Das hat uns bisher vor Gelbfieber- und anderen exotischen Epidemien, einschließlich des Zika-Fiebers, bewahrt. Das wird sich ändern, denn die asiatische Cousine (*A. albopictus)* der ägyptischen Tigermücke ist flexibler und hat sich im Raum Freiburg schon breitgemacht, eine weitere Verwandte *A. vexans* ist in Deutschland noch verbreiteter und wurde als Rheinschnake praktisch eingebürgert. Der Zika-Virus wurde auch in anderen Tigermücken nachgewiesen, also geht die WHO davon aus, dass sich der Virus via Aedesmücken über die ganze Welt ausbreiten wird (216). Auch das Gelbfieber könnte sich vektormäßig auf hiesige Tigermücken umorientieren, wird aber zurzeit in der EU als seltene Krankheit eingestuft, die wenigen Fälle, die auftreten, werden von Reisenden eingeschleppt (217). Malaria war aus Europa nie ganz verschwunden, gilt aber ebenfalls als seltene Infektion, die fast immer eingeschleppt wird. Trotzdem bereitet die europäische Seuchenbehörde *ECDC* Abwehrstrategien gegen eine mögliche Ausbreitung vor (218). Dazu gehört die engmaschige Überwachung von Einwanderern und von Neuinfektionen, die innerhalb Europas stattfinden, also durch lokale „kompetente" Vektor-Mücken übertragen werden (219). Malaria, Gelbfieber, Zika, lange als Tropenkrankheiten in weite Ferne verbannt, drohen vielleicht bald auch (wieder) bei uns, wenn wir an lauen Sommerabenden das verhasste Sirren hören. Das ist kein Grund zur Panik, Vorsicht kann aber nicht schaden.

Auch im hohen Norden braut sich etwas zusammen, denn in den Tundren Sibiriens und Nordamerikas gibt es dank warmer Sommer ebenfalls mehr Mücken. In der gar nicht mehr so eiszeitlichen Landschaft ist es Tularämie, die von Schnaken immer häufiger übertragen wird und nach Süden vordringt. Noch sind vor allem Tiere betroffen, aber statistische Modelle lassen Schlimmes für die Bewohner nördlicher Breiten ahnen (220). Damit nicht genug, tauen die Permafrostböden und geben nicht nur Methan und Mammut-Mumien frei, sondern auch allerlei Organismen, die noch quicklebendig sind. In den unterirdischen „chill area" können Mikroorganismen sehr lange überleben und sammeln sich an. Wissenschaftler wie Professor Settele vom Helmholtz Institut warnen vor Pathogenen wie dem Milzbranderreger, der in Sporenform Jahrzehnte überdauern kann. Und tatsächlich, 2015 infizierten sich im sibirischen Yamal Rentiere und ihre Hirten an *B. anthracis* Sporen. Ein Jahr später schlug der Milzbranderreger in Yakutien ein zweites Mal zu. Diesmal waren es Paläontologen, die während einer Ausgrabung infiziert wurden (221; 222). So wie sich Menschen neuen Erregern aussetzen, wenn sie ihr Umfeld verändern, kann umgekehrt auch ein sich wandelndes Ökosystem den Menschen in Kontakt mit katastrophalen Keimen bringen.

Das große Sterben

Massenhaftes Artensterben ist nichts Neues, dass weiß jedes Kind. Überraschend viele Grundschüler kennen schon das Drama um Meteoriteneinschlag und Dinozid. Jedes Jugendbuchregal enthält farbenprächtige Bildbände, z. B. zu Tyrannosaurus Rex und Triceratops. Die kreidezeitliche Variante der fabelhaften Drachen und ihr mystisch-katastrophaler Untergang beflügelt auch im 21. Jahrhundert die Fantasie der Menschen. Warum regen wir uns also über den aktuellen Spezies-Schwund so auf, wenn es in den letzten 2,3 Milliarden Jahren schon fünf Mal ein Reboot irdischen Lebens gab? Das Entscheidende ist, dass auf natürliche Massenvernichtung kein Neu*start*, sondern eine Neu*ausrichtung* folgte. Einige überlebende Arten wanderten in komfortablere Biotope ab, andere passten sich an Veränderungen an und viele neuentstandene Arten füllten entstandene Lücken im Ökosystem. Als Ergebnis kam es zu einer Verschiebung des Artenspektrums und neuer Vielfalt. Dafür brauchte es Zeit, Platz, Ressourcen und ausreichend genetische Variabilität der überlebenden Organismen. Unser menschengemachtes Artenmassaker verspricht mindestens so spektakulär zu werden wie das große Sauriersterben. Noch ist nicht klar, für welche Spezies genügend geeignete Biotope übrigbleiben und wie vielen Arten Zeit bleibt, aus zerstörten Ökosystemen in lebensfreundlichere Gefilde auszuweichen, ganz abgesehen von dem Wie und Wohin. Welche Organismen spielen als Kulturfolger nach den Regeln des Anthropozäns? Wie vielen Arten bleibt ein Genpool, der groß genug ist für die Anpassung an die Matrix des Wandels? Evolutionsbiologen versuchen in vergangen Diversitäts-Debakeln Muster zu erkennen, die uns auf das Kommende vorbereiten. Diesmal könnte die Verarmung des Artenspektrums andauern, vermuten sie. Statt neuer Diversität werden wenige Arten unsere Umwelt dominieren, weil sie besser als andere lernen, vom und mit dem Menschen zu leben.

Ein gutes Beispiel sind die europäischen Wildschweine, die sich, dank mildem Klima und üppigen Maisanbau, sauwohl bei uns fühlen und explosiv vermehren. Lange wurde die hohe Schwarzkitteldichte nur halbherzig angegangen. Die meisten schüttelten nur den Kopf über Wildschweine in Nachbars Garten oder amüsierten sich bei Anekdoten über randalierende Keiler im Friseurgeschäft (223). Seit 2020 hat sich die Lage allerdings geändert, weil das Borstenvieh zur Existenzbedrohung für die deutsche Schweinefleisch-Branche wurde. Was ist geschehen? Im September orteten Behörden den ersten mit Afrikanischer Schweinepest (ASP) verseuchten Wildschweinkadaver im Kreis Spree-Neiße. Von Osteuropa kommend, wanderte die für Schweine tödliche Pest zusammen mit der Wutz in Deutschland ein. Wenn ASP-Erreger in Schweineställe gelangen, kommt es dort zum Totalschaden, denn für Schweine verläuft ASP fast immer tödlich und ohnehin müssen in befallenen Betrieben alle Tiere getötet werden. Der wichtigste Exportpartner China schloss prompt seine Grenzen für deutsches Schweinefleisch, obwohl die fernöstliche Schweinemast durch die Seuche bereits zusammengebrochen war (224). Jetzt ist also Schluss mit lustig. Da die Jäger mit ihrem Latein am Ende sind und auch Wölfe das Problem nicht in den Griff bekommen, greifen die Behörden zu robusten Maßnahmen. Drohnen und Suchhunde suchen nach infizierten oder verendeten Tieren und Jäger dezimieren die überdichten Bestände mittels des verpönten, aber effektiven Saufangs, bei dem ganze Gruppen des Schwarzwilds mit Futter in Fallen gelockt und dort erschossen werden. Um zu verhindern, dass weitere infizierte Tiere aus Polen einwandern, wird an der Grenze ein Zaun errichtet (225).

Gewissermaßen unterschwellig hat die Umstrukturierung schon begonnen und droht, das Fundament unseres Lebens auszuhöhlen. Die Rede ist vom Ökosystem Boden, bestehend aus Organismen, die buchstäblich unter unserer Wahrnehmungsgrenze leben. In einem Gramm Erde lassen sich 1 000 verschiedenen Mikrobenarten finden, viele davon noch nicht erforscht. Dieser Lebensreichtum wird möglich durch Nährstoffe, die zusammen mit dem Wasser von oben in das Erdreich eindringen. Bevor es soweit ist, muss ein Heer von Destruenten, auf Deutsch Zerstörer, überirdisch ihre Mission erfüllen. Hinter dem martialischen Sprech verbergen sich alle Prozesse der Zersetzung, Verwesung und Fäulnis, die Kadaver, Fallobst und sonstige organischen Reste in kleinere Nährbausteine recyceln. Die Gärtner unter uns nennen das Kompostieren. Was die Oberschicht nicht braucht, wird in Form von Fäkalien wieder ausgeschieden und kommt den Bodenmikroben zugute. Freilich geraten bei dem Verwesungsprozess auch unangenehme Zeitgenossen in den Boden wie Milzbranderreger, Salmonellen und andere Darmbakterien. Im Erdreich geht die Wiederverarbeitung weiter, angefangen bei Bakterien und Pilzen bis hin zu Regenwürmern sorgt ein komplexes Nahrungsnetz im Untergrund dafür, dass Stoffkreisläufe funktionieren. Die Underdogs helfen Pflanzen bei der Abwehr von Krankheitserregern, und sie ermöglichen es ihnen, Nährstoffe aus dem Boden aufzunehmen (226). Manchmal verbündet sich die Flora regelrecht mit Bakterien, die in Wurzelzellen einwandern und dort in sogenannten Wurzelknöllchen leben. Als Miete binden sie Stickstoff aus dem Bodenreich und führen es ihrer Pflanze zu. Denn Stickstoff ist für alle Organismen überlebenswichtig, aber nur schwer zu bekommen, und wird so zum wachstumslimitierenden Faktor (187). Nebenbei bilden die Bodenbewohner neuen Humus und binden Schadstoffe, Treibhausgase und Pestizide (226). Die Landwirtschaft stört diesen ausgefeilten Kreislauf. Zunächst einmal fördert die Bearbeitung des Bodens die Erosion. Ein nackter Acker ist den Elementen ausgesetzt, bei Regen wird Erde weggespült, insbesondere in Hanglagen. Deutsche Äcker verlieren jedes Jahr 2 mm fruchtbare Humuserde. So schnell können die Winzlinge im Untergrund gar keine neue Krume bilden (227). Monokulturen entziehen dann den Böden einseitig Nährstoffe und die anschließende Ernte tut das erst recht. Alles nicht so schlimm, schließlich gibt es ja Kunstdünger, könnte man meinen. Leider ist die einseitige Anreicherung des Erdreichs mit Dünger ungefähr so gesund für die subterrane Lebensgemeinschaft (*Holobiont* genannt) wie Fast Food für uns. Mikroben, die sich auf schnelle Verwertung des Überangebots spezialisiert haben, können andere langsamer wachsende Konkurrenten verdrängen, die Vielfalt dünnt aus. Auch Pestizide tragen zur Artenverarmung bei, aus dem dichten Gewebe interagierender Lebewesen werden grob gestrickte, löchrige Netze mit eingeschränkter Funktionsfähigkeit (228). Die Fruchtbarkeit sinkt, die Humusbildung ebenso. Pathogene im Bodenreich wie *Mycobacterium* und *Bacillus* haben weniger Konkurrenten und Fressfeinde, als Folge steigt ihr Anteil am Holobiont. Der Vergleich der Untergrundgesellschaft mit einem Netz kann ruhig bildlich verstanden werden. Engmaschige, organische Netzwerke geben dem Boden Struktur, wichtig für seine Aufgabe als natürlicher Wasserfilter. Bei einem verarmten Holobiont kann die Erde auch nicht mehr so effektiv Pathogene, wie zum Beispiel Salmonellen in Fäkalien, aus dem Sickerwasser zurückhalten, mehr Keime gelangen in das Grundwasser. Werden Böden intensiv genutzt, kommt es zu vermehrter Staubbildung, weil die ungeschützte Erde in Trockenzeiten durch Wind vertragen wird. So verschlimmern Hitzewellen nicht nur die Bodenerosion, sondern verschärfen auch die Feinstaubproblematik. Tatsächlich verursacht die Landwirtschaft hierzulande nämlich fast die Hälfte des gefürchteten Feinstaubs (229). Die Minipartikel schädigen unsere Atemwege, dringen in den Blutkreislauf ein und machen anfälliger für Infektionen. Außerdem enthält der Staub neben Schwermetallen auch Stickstoffverbindungen aus getrockneter Gülle, die von den Landwirten zwecks Entsorgung überreichlich auf ihren Feldern verteilt wird. Dem stinkenden Überfluss verdanken wir etliche Erreger in unserer Luft, viele davon antibiotikaresistent (230; 231). Womit wir, nach dem tiefgründigen Exkurs, wieder bei dem Thema Seuchen wären. Denen nützt die Bodenzerstörung auch indirekt. Nur 1 % der im Boden lebenden Mikroorganismen wurden bisher kultiviert. Wie im Regenwald droht uns ein ganzes Universum an Lebensformen unbemerkt verloren zu gehen. Schade, denn auch die Tiefenbewohner haben viele für uns nützliche Eigenschaften, die wir gut brauchen könnten. Erst kürzlich haben Forscher ein Bodenbakterium gefunden, dass eine antibiotische Substanz produziert, die *M. tuberculosis* abtötet (230).

Am Bodenmodell lässt sich gut studieren, was uns erwartet. Dazu kommt die evolutive Wendigkeit von Pathogenen. Diese reagieren wie alle Parasiten auf Klimaänderung und ökologische Turbulenzen mit einer Zunahme an Vielfalt, um neue Gebiete und Wirte zu kolonisieren. Manchmal wird die Umorientierung notwendig, da alte Wirte und Ressourcen verschwinden. Oft breiten sich Organismen aber einfach aus, weil sie es jetzt können. Ein Beispiel sind die unternehmenslustigen Insekten und ihre morbide Fracht, die wir im Kapitel Klimawandel kennengelernt haben. Besonders in den polarnahen Zonen ermöglichen steigende Temperauren die Besiedlung bisher lebensfeindlicher Biotope. Als Folge der parasitären Dynamik werden zu unseren traditionellen Seuchenerregern neue hinzukommen, die sich mangels Alternativen zunehmend auf Menschen fokussieren. Diese These erklärt eingängig die alarmierende Zunahme an EIDs, die uns in den letzten Jahrzehnten das Leben schwermachen (232; 139). Wenn sich das Naturkaleidoskop, von uns kräftig durchgeschüttelt, zu einer neuen Wirklichkeit zusammensetzt, könnte dies weniger bunt und ziemlich ungemütlich für uns sein.

Migration

Weltweit sind 82,4 Millionen Menschen auf der Flucht, 272 Millionen Menschen leben in Staaten, in denen sie nicht geboren wurden (233; 234). In Deutschland sind es 17% (13,7 Millionen) der Einwohner. Jeder zehnte Europäer ist aus anderen Regionen zugewandert. Die Geschichte zeigt, wie sehr Migration die Ausbreitung von Seuchen fördert, oft mit verheerenden Folgen und Millionen von Toten. Weil viele Einwanderer nach Deutschland und Europa aus Ländern mit ungenügender Gesundheitsversorgung kommen, eine lange Flucht durchleiden und hier oft in Gemeinschaftsunterkünften wohnen, geht im Abendland die Angst vor eingeschleppten Seuchen um. Die EU-Staaten überwachen Migranten deshalb infektionsepidemiologisch, um durch Prävention und frühe Diagnose Epidemien zu verhindern. Für ein effektives Seuchen-Frühwarnsystem ist es wichtig, die Risiken für einzelne Bevölkerungsgruppen möglichst passgenau abzuschätzen. Zu diesem Zweck analysierte eine Gruppe von Forschern des Robert-Koch-Instituts für den Zeitraum von 2002–2013 für fünf Infektionskrankheiten, wie hoch der Anteil von Migranten unter den Infizierten ist. Es handelte sich um die meldepflichtigen Infektionen TBC, HIV, Syphilis, Malaria und Hepatitis A. Bei TBC, HIV und Syphilis war der Anteil der Migranten unter den Gemeldeten überproportional hoch (jeweils 46%, 30% und 13%). Die Studie zeigte aber, dass für eine wirksame Routine-Surveillance der Migrationshintergrund alleine zu kurz greift. Zusätzliche Informationen wie Geburtsland, Aufenthaltsdauer, Alter, Geschlecht, Ethnie und sozialer Status wären nötig, um vulnerable Gruppen zu identifizieren und kultursensibel und mehrsprachig präventiv zu betreuen. An dieser Stelle ein kurzer Einschub zur Wortwahl der Epidemiologen. Auch in deutscher Fachliteratur wird gerne die englische Vokabel „Surveillance" benutzt, weil den Deutschen bei dem Wort „Überwachung" unbehaglich zumute ist, insbesondere wenn es um Menschen geht. Das ungute Gefühl ist berechtigt, schließlich geht es um delikate und intime Informationen, die Infizierte für den guten Zweck Infektionsschutz preisgeben. Menschen mit Geschlechtskrankheiten sollen Auskunft geben über Geschlechtspartner, Sexualität und Ort und Zeitpunkt ihrer Ansteckung. Wieder einmal gilt es, die Erfassung sensibler Daten gegen den Nutzen für den Einzelnen und die Gemeinschaft abzuwägen. Zum Beispiel hilft die Frage nach dem Herkunftsland, solche Patienten zu erkennen, die möglicherweise an einem multiresistenten Keim erkrankt sind. Es hat sich gezeigt, dass der Anteil von Infizierten mit resistenten Tuberkuloseformen unter den Zuwanderern aus den ehemaligen Ländern der Sowjetunion besonders hoch ist. Hilfreich wäre es auch, wenn die Länder der EU ihre Datenerfassung vereinheitlichen, um gewonnene Informationen besser vergleichen zu können (235).

Globalisierung

Migration ist nur eine Facette globaler Mobilität. Tourismus, Geschäftsreisen und Gütertransporte sind eine weitere. Prä-Corona reisten jährlich über 4 Milliarden Passagiere per Flugzeug (236), rund 30 Millionen Menschen kreuzten per Schiff durch Weltmeere und Flüsse und über 90 % aller Güter werden nach wie vor auf dem Seeweg gehandelt (237; 238). Immer mehr Menschen legen in immer kürzerer Zeit immer größere Entfernungen zurück und beschleunigen damit auch die geografische Ausbreitung von Seuchen. Aber ganz so einfach ist es (wieder einmal) nicht, neben dem Wieviel spielen auch das Woher und Wohin eine Rolle. Wir wissen, dass Länder mit schlechter Gesundheitsversorgung der Dauerattacke durch Infektionskrankheiten schlechter standhalten als Industriestaaten. Reisen zwischen Ländern mit funktionierenden Gesundheitssystemen wirken sich also weniger auf die globale Plagenlage aus als solche zwischen und aus Staaten mit schwacher Infektionskontrolle. Eine kanadische Gruppe machte sich daran, abzuschätzen, wie groß die globalen Auswirkungen von Flugreisen auf das Infektionsgeschehen tatsächlich sind. Für ihre Studie ordneten die Forscher 178 Staaten nach ihrer Fragilität (Fragile State Index, FSI). Der Begriff steht für die Widerstandskraft eines Landes gegen destabilisierende Einflüsse. Ein fragiler Staat hat keine Kontrolle über sein Territorium, weshalb öffentliche Institutionen ihre Aufgaben nur schlecht oder gar nicht erfüllen können (239). In die nationale Resilienz gegen Chaos fließen soziale, wirtschaftliche und andere Faktoren ein, die auch als Gradmesser für den allgemeinen Gesundheitszustand der Bürger taugen. Die sortierten Staaten verglichen die Reisemediziner mit weltweiten Flugdaten von 2010–2019. Ihr Ergebnis: Weil die Vernetzung der Welt in der letzten Dekade dramatisch zunahm, werden Milliarden von Menschen neuen und alten Pathogenen ausgesetzt, ohne dass die medizinischen Kapazitäten dem Reiseboom entsprechend mitwuchsen. Bei den nicht-wirklich-stabilen Ländern haben die Flugreisen enorm zugenommen. 2/3 der Flugpassagiere kommen aus oder reisen in Länder mit ungenügender Seuchenkontorolle. Die vereinfachte Annahme ist, dass Reisende als „Vektoren" für Seuchen fungieren. Steigende Passagierzahlen erhöhen somit den Importdruck durch eingeschleppte Seuchen, denen die Einwohner ausgesetzt sind. Für ärmere und angeschlagene Staaten ist diese Entwicklung am gefährlichsten, da ihnen die Mittel zur effizienten Seuchenüberwachung und -behandlung fehlen. Aber auch gut ausgestattete Länder sind nicht sicher vor Epidemien. *SARS-CoV-2* verdanken wir die Lektion, dass EIDs auch für Industrieländer ein Riesenproblem sind, weil es zunächst keine Möglichkeit gibt, sie zu bekämpfen. Besonders tückisch aus epidemiologischer Sicht sind hoch ansteckende Atemwegserkrankungen, deren Ausbreitung schwer zu kontrollieren ist. Es reicht nicht, mögliche Weltseuchenkandidaten frühzeitig aufzuspüren, um die nächste Pandemie zu verhindern. Zusätzlich brauchen wir eine effektive Seuchen-Surveillance des Gespinsts internationaler Verbindungen zwischen Ländern und Kontinenten (240). Die Ausbreitung eines Pathogens mit globalen Ambitionen muss gezielt an Knotenpunkten unterbrochen und bekannte Schwachstellen verstärkt kontrolliert werden. Vor allem muss die Abwehrreaktion sehr schnell erfolgen, wenn man mit dem Erreger mithalten will.

Urbanisierung

Eigentlich ist ja schon alles gesagt, je höher die Menschdichte, desto besser für die Erreger. Sobald sich Menschen in größeren Siedlungen zusammentaten, tauchten die ersten Seuchen auf. Epidemien zählen einfach zu unseren sozialen Unkosten und es brauchte lange, bis Menschen ihr Verhalten an die neue Bedrohungslage anpassten. Vor 5 000 Jahren war die Landwirtschaft in ihren Entstehungsregionen so produktiv, dass der Ertrag Gruppen von 10 000 und mehr Menschen dauerhaft ernährte. Erste Städte entstanden von Kleinasien bis China. Vorbildliche öffentliche Hygiene bewahrte das antike Rom vor vielen Seuchen, doch das vergaßen die Europäer leider wieder. Ab dem zehnten Jahrhundert führten Bevölkerungsexplosion und Verstädterung in Europa direkt ins finsterte Mittelalter. Ohne ausreichende Kanalisation und Abfallentsorgung entwickelten sich Städte zu einem fruchtbaren Nährboden für Infektionen aller Art. Erst im 19. Jahrhundert besann man sich auf antikes Know-How und investierte wieder in städtische Sauberkeit. Leider haben viele Kommunen diesen Idealzustand noch nicht erreicht, im Gegenteil. In den letzten fünfzig Jahren hat sich die Urbanisierung der Welt rasant beschleunigt und heute leben mehr als die Hälfte aller Menschen in der Stadt. Seit einiger Zeit sprechen die Vereinten Nationen von Megacitys und meinen damit Metropolen mit mehr als 10 Millionen Einwohnern. Viele dieser gigantischen Siedlungen liegen in den ärmsten Ländern der Welt und wachsen exponentiell an. Die städtische Infrastruktur kommt da nicht nach, auch weil oft die Mittel zum Ausbau fehlen. Noch stärker schwellen Kleinstädte mit weniger als 500 000 Einwohnern an, die an der Schnittstelle zwischen Land und urbanen Zonen liegen. Solche Provinzzentren sind personal- und ressourcenmäßig sogar noch schlechter aufgestellt als Großstädte, um die Infrastruktur an den Bedarf anzupassen, Stadtplanung Fehlanzeige.

Während im 19. Jhd. Menschen in die Stadt zogen, weil sie hier mehr Erwerbsmöglichkeiten hatten, sieht das in vielen modernen Boomtowns ganz anders aus. Besonders Länder südlich der Sahara haben hohe Geburtenraten und alleine dadurch steigt die Zahl der Stadtbewohner stetig an, ohne dass mehr Arbeitsplätze geschaffen werden. Dazu kommen viele Landbewohner, die vor Armut oder Gewalt in vermeintlich sichere Metropolen fliehen, wo sie aber kein Auskommen finden. Als Folge der verstädterten Armut lebt mittlerweile fast eineinhalb Milliarden Menschen in Slums ohne Strom, sauberes Wasser und sonstiger Grundversorgung. In den Elendssiedlungen sind sie neben anderen Übeln ansteckenden Infektionen ausgeliefert, die in der Enge prächtig gedeihen. Dass viele große Slums in den warmen Seuchenhotspots der Welt liegen, macht die Sache nicht besser. Von Surveillance keine Spur, Niemand weiß, wie viele Bewohner in Städten wie Delhi (11–16 Mio), Rio de Janeiro (~13 Mio) oder Lagos (~15 Mio) wirklich leben und die Gesundheitsversorgung ist dürftig. Kurz, es herrschen Verhältnisse wie in Europa und Amerika vor 200 Jahren, 40 % der Menschen in Entwicklungsländern sterben unter solchen Bedingungen an Infektionskrankheiten (179). Weil es in vielen Slums keinen Zugang zu sauberem Wasser gibt, stirbt 1/3 der Kleinkinder durch die ständigen Durchfall-Erkrankungen (241). Die hohe Konzentration an Menschen begünstigt alte Bekannte wie Malaria, Masern oder Tuberkulose und ist für neue Seuchen ein mögliches Sprungbrett für die globale Verbreitung (242).

Eine Frage des (Lebens-)Stils

Durch Verstädterung, Handel und globale Wanderlust bieten wir Re-Emerging und Emerging Diseases viel Angriffsfläche und wiederholen etablierte Muster. Auch Kriege kennen wir als traditionelle Seuchentreiber. Mit trauriger Konstanz belegen globale Statistiken, dass Jahr für Jahr etwa 30 Kriege und bewaffnete Konflikte gleichzeitig ausgefochten werden. Selbst in gut entwickelte Staaten kann durch einen eskalierenden Konflikt die öffentliche Gesundheit erodieren, ein Beispiel sind die Auseinandersetzungen auf dem Balkan in den neunziger Jahren. Die gesundheitlichen Folgen fehlender Staatsfürsorge und Seuchenkontrolle in den Kriegsschauplätzen dieser Welt spüren wir alle, das haben die Untersuchungen zur Seuchenausbreitung durch Migration und Reiseverkehr gezeigt.

Dass Hunger Menschen empfänglicher für Infektionen macht, ist auch nichts Neues. Im 19. Jhd. sank in Europa und Amerika, auch durch bessere Ernährung, die Anfälligkeit für Epidemien. Da machte es Hoffnung, dass dank internationaler Bemühungen und steigender Erträge in der Landwirtschaft die Zahl chronisch unterernährter Menschen bis 2014 stetig sank. Schon träumte die Weltgemeinschaft davon, bis 2030 den Hunger endgültig zu besiegen, leider nimmt aber seitdem die Zahl Hungernder wieder zu. 2020 litten weltweit 690 Millionen Menschen unter Mangelernährung (243). Covid-19 verschlimmerte die Situation für viele, die sowieso unter Umweltzerstörung, Krieg und Klimawandel litten. Auch der Lebensmittelhandel spielt eine ungute Rolle. Zum einen treibt die steigende Nachfrage aufsteigender Industrienationen die Preise von Grundnahrungsmitteln in die Höhe, zum anderen die Verwendung von Getreide wie Mais als Biokraftstoff. Dazu kommt, dass insbesondere in Agrarstaaten Bauern bevorzugt sogenannte *„Cash Crops"* anbauen, also Nahrungsmittel, die sich gegen Bargeld an internationale Händler verkaufen lassen. Kaffee, Kakao, Zucker oder Reis haben aber keinen oder nur einen sehr einseitigen Nährwert. Für Kleinbauern, die sich und ihre Familien von den Erträgen ihres Landes ernähren, verschlechtert sich darum die Ernährungssituation (244). Geschätzte 3 Milliarden Menschen können sich keine gesunde Ernährung leisten, mit fatalen Folgen für ihr Immunsystem (243).

Die Wirkung humaner Lebensführung auf Infektionskrankheiten ist oft erst auf dem zweiten Blick zu erkennen.

Der Corona-Schock 2020 hat uns bewusstgemacht, wie wertvoll eine starke Wirtschaft, ein solides Gesundheitssystem und gute Infrastruktur für die staatliche Resilienz gegen Epidemien sind. Darüber hinaus kamen sozial stabile Gesellschaften besser durch die Krise als reiche, aber polarisierte Länder wie die USA. Ein Land, das nicht gemeinsam agieren kann, mit Bürgern, die Lasten nicht gemeinsam tragen wollen, leidet stärker unter den Auswirkungen einer Seuche als solidarische Völker (239). Es scheint, dass selbst wohlsituierte Nationen durch die zunehmende Fragmentierung ihrer Gesellschaften wieder anfälliger für Epidemien werden. Auch auf globaler Ebene fördert mangelnde Solidarität die Ausbreitung und damit Mutationen von Erregern. Während der Corona-Pandemie zeigt sich, wie stark Länder mit ungenügender medizinischer Versorgung das Pandemiegeschehen beeinflussen. Nationale Impfkampagnen alleine können *SARS-CoV-2* nicht kontrollieren. Erst wenn der Virus weltweit ausgebremst wird, können wir das Wettrennen gegen den wandelbaren Erreger gewinnen.

Dass unsere Tierställe Einfallpforten für Infektionen aller Art sind, habe ich schon angesprochen. Auch bei der Verarbeitung und dem Verkauf von Lebensmitteln bieten sich für unternehmungslustige Keime viele Invasionschancen. Zum Beispiel kam es im Sommer 2020 zu einem Corona-Ausbruch bei dem Fleischverarbeiter Tönnies mit 1 000 infizierten Mitarbeitern. Zunächst hatte man die grenzwertigen Quartiere der Angestellten im Visier, doch dann entpuppte sich die kühlende Lüftung in den Schlachthallen als Seuchenquirl, der infektiöse Aerosole optimal verteilte (245). Auch andere Schlachthöfe meldeten Corona-Ausbrüche und Arbeitsminister Hubertus Heil (SPD) bezeichnete die – nicht nur hygienisch – fragwürdigen Lebens- und Arbeitsbedingungen in der Fleischbranche als „organisierte Verantwortungslosigkeit" (246). Durch die moderne zentralisierte Lebensmittelverarbeitung, weltumspannende Logistik und den Verkauf über große Ketten führt jede Hygiene-Panne bei den Konsumenten zu massenhaften Lebensmittelvergiftungen, zum Beispiel durch Salmonellen (244). Berüchtigt sind EHEC-Infektionen. Die finstere Variante des harmlosen Darmbakteriums *Escherichia Coli* wird durch mit Fäkalien verseuchte Lebensmittel oder nicht genügend erhitztes Fleisch übertragen und verursacht Durchfall, schlimmstenfalls mit tödlichen Folgen. Seit 1982 infizierten sich in den USA immer wieder Kunden von Fast-Food-Ketten an nicht durchgebratenen Hamburgern. Es handelte sich um größere Ausbrüche, die oft mehrere Filialen einer Kette betrafen (247; 248). In Japan erkrankten fast zehntausend Schulkinder an EHEC, nachdem sie kontaminierte Rettich-Sprossen aßen. Manche werden sich an den letzten großen EHEC-Ausbruch in Deutschland von 2011 erinnern, bei dem sich 3 800 Menschen über importierte Bocksklee-Sprossen mit dem wildgewordenen *E. Coli*-Erreger infizierten. Der Lebensmittelskandal forderte 53 Todesopfer. Die in der industriellen Landwirtschaft weit verbreitete Praxis, Gülle nach der Keimung auf die Felder zu verteilen, wird für die Kontamination von Gemüse und Sprossen verantwortlich gemacht. Unter Rindern haben Herden in amerikanischen Mastbetrieben einen besonders hohen Anteil von mit *EHEC* infizierten Tieren (249).

Abbildung 21: Bettlerin ihr Kind stillend von
Marquard Wocher 1. Januar 1780

Das Stillen von Babys kam im 19. Jhd. aus der Mode, dafür sorgten die Hersteller von Ersatzprodukten auf Tiermilchbasis durch
gezielte Fehlinformation junger Mütter. Nach wenigen Jahrzehnten stellten deutsche Ärzte fest, dass um 1900 herum 20 %
der Babys noch vor dem ersten Lebensjahr starben, angesichts
der geringeren Kindersterblichkeit in Nachbarländern eine nationale Blamage! In einem Bericht der Medizinalabteilung des

preußischen Ministeriums der geistlichen Unterrichts- und Medizinal-Angelegenheiten von 1905 hieß es:

„Die Sterblichkeit der lediglich mit Tiermilch ernährten Säuglinge war mithin 6 mal so groß, die der mit Tier- und Muttermilch Ernährten 5 mal so groß als diejenige der Kinder mit reiner Brusternährung." (250).

Muttermilch als natürlicher Gesundheitsschutz, der das Immunsystem Neugeborener boostet, lässt sich eben nicht so leicht imitieren. Das ist nicht alles, bis in das Kleinkindalter hängt das Gedeihen eines Babys vielerorts davon ab, wie lange es gestillt wird. Bei schwieriger Ernährungslage und unhygienischen Verhältnissen kann die Mutter die Überlebenschancen ihres Kindes durch langes Stillen erhöhen, weil sie dem Kleinen viele Durchfallerkrankungen erspart. Durch ihr stärkeres Immunsystem sind ältere Kinder später besser vor Infektionen geschützt, die Kindersterblichkeit sinkt. Stillen bewährt sich seit Jahrtausenden als natürliche Waffe gegen frühkindliche Infektionen, das förderten Ausgrabungen auf historischen Friedhöfen zutage. Die legendär hohe Kindersterblichkeit früherer Epochen setzte meist erst mit dem Abstillen ein, wenn die Kinder zwei bis drei Jahre alt waren. Auch bei traditionellen Völkern werden Kinder darum jahrelang gestillt. Während der Industrialisierung fütterten vor allem ärmere berufstätige Mütter notgedrungen ihre Babys mit Ersatznahrung, da sie keine Zeit zum Stillen hatten. Seit dem Zweiten Weltkrieg wurde Säuglingsnahrung zwar optimiert, dennoch besteht in den Slums wuchernder Städte noch immer ein Zusammenhang zwischen Kindersterblichkeit und Ersatznahrung. Wieder sind es arme Frauen mit langen Arbeitstagen, die aus Zeitnot und Unwissenheit zur bequemen Flaschenmilch wechseln. Weil sie die Milch aber mit kontaminiertem Wasser ansetzten und selten Kühlmöglichkeiten hatten, nehmen die Durchfallinfektionen bei ihren Babys zu. Die World Health Assembly erarbeitete 1981 Richtlinien, die den Konzernen untersagten, durch irreführende Werbung den Eindruck zu erwecken, dass kommerzielle Erstlingsmilch gesünder sei als Muttermilch (251). Die sachliche Debatte um Vor- und Nachteile des Stillens wird überlagert von feministischen Grabenkämpfen zwischen den Anhängerinnen „natürlicher" selbstbewusster Mutterschaft, Verteidigerinnen der weiblichen Selbstbestimmung und Vorkämpfern für eine weitgehende Arbeitsteilung zwischen den Eltern gleich von Geburt an. Die „Stillfrage" wurde zur „Stilfrage" (250). Dazu kommen wirtschaftliche Argumente, nicht nur von der Milchbranche. Nicht jeder Arbeitgeber und jede Kinderkrippe konnte oder wollte Ruhezeiten und -räume für Stillpausen einräumen. In Deutschland stehen heute aber nach dem Mutterschutzgesetz jeder Frau Stillpausen gesetzlich zu.

Nicht nur in Entwicklungsländern sind Magen-Darm-Infektionen wieder auf dem Vormarsch. In westlichen Gesellschaften hat sich in den letzten Jahrzehnten der Familienalltag stark verändert. Die Großfamilie mit generationenübergreifendem Betreuungs- und Pflege-Sharing funktioniert nur noch selten. Alle Altersgruppen und beide Geschlechter sind berufstätig oder in Ausbildung. Oft leben Generationen nicht mehr am selben Ort, was die Unterstützung durch die eigene Familie zusätzlich erschwert. Staatliche, kirchliche und private Fürsorge füllt die entstandenen sozialen Lücken. Ein weiteres Problemfeld sind vulnerable Gruppen wie Kleinkinder oder pflegebedürftige Senioren, die einen Gutteil ihres Lebens gemeinsam und in hoher Dichte in Kinderkrippen, Kitas oder Pflegeheimen verbringen (244). Die Folgen kennen wir nicht erst seit Corona. Eltern sind froh, wenn ihr Sprössling nur Kopfläuse vom Kindergarten mit heimbringt. Alle Jahre wieder zwingen Ausbrüche von Noroviren-Infektionen Behörden dazu, Schulen und Kitas zu schließen, auch Seniorenheime werden heimgesucht. Insbesondere über Gemeinschafts-WCs, geteiltes Spielzeug und Ähnliches wird der durchschlagende Erreger weitergegeben. Der hochansteckende Brechdurchfall breitet sich vor allem im Winter rasend aus und ist manchmal nur durch Totalschließung der betroffenen Einrichtung zu stoppen (252). In Senioren- und Pflegeheimen leben viele Bewohner mit geschwächter Konstitution, die ihr Essen aus Großküchen beziehen. Das sind ebenfalls ideale Bedingungen für ansteckende Erreger (244).

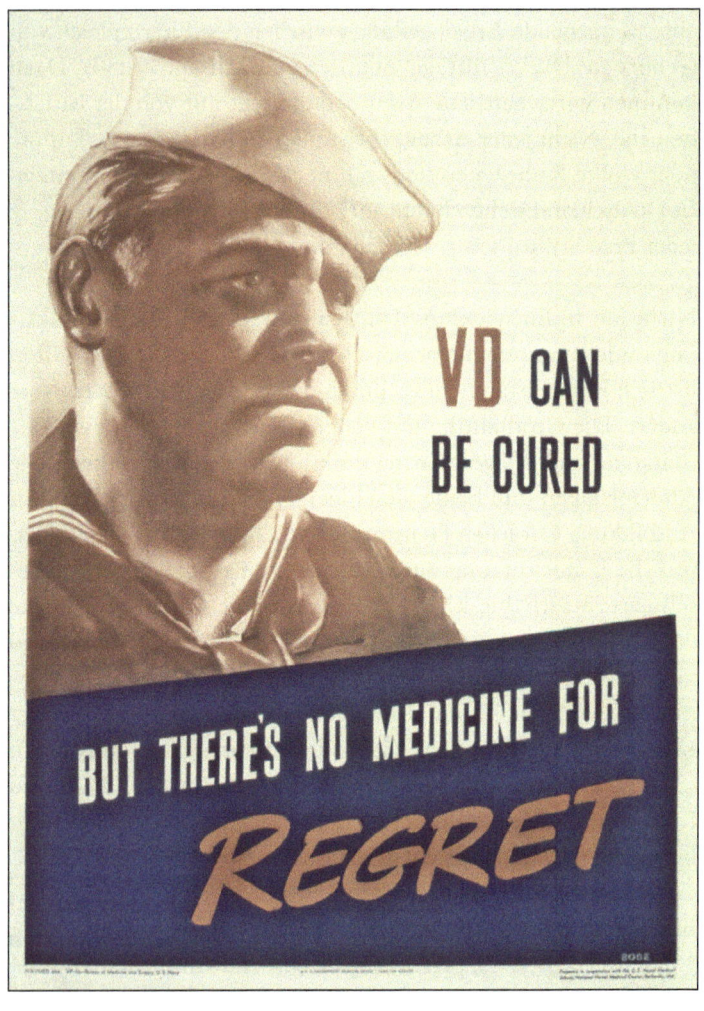

Abbildung 22: Ein Poster des amerikanischen Kriegsministeriums von 1941–1945, das vor Geschlechtskrankheiten Veneral Diseases (VD) warnt

Schon ganz frühe Dokumente erwähnen Geschlechtskrankheiten (3; 253) und mindestens ebenso alt ist die Stigmatisierung Infizierter wegen des peinlichen Ansteckungswegs. Das hielt freilich berühmte Liebesabenteurer, wie Katharina die Große oder Casanova, nie vom riskanten Liebesspiel mit wechselnden Partnern ab (254). Von dem galanten Spielerjunkie Casanova weiß man, was bei vielen anderen vermutet wird, dass sie sich dabei mit Syphilis infizierten. Diskretion schützte den Ruf von Ikonen wie Charles Baudelaire, Ludwig van Beethoven, Frederic Chopin, Heinrich Heine, Friedrich Nietzsche oder Oscar Wilde, aber interessante Gerüchte halten sich. Nachdem Lusttöter wie Tripper und Syphilis durch wirksame Therapien ihren Schrecken verloren, trat eine gewisse Sorglosigkeit ein, aber erst dank Pille und 68er-Bewegung kam es zur sexuellen Revolution, die eine „Umerziehung des sexuell verneinenden Menschen im Auge hatte" (255). Sex mutierte zum Politikum und der sexuelle Kulturkampf wurde ausgerufen. Dazu inspirierte der Arzt und Psychiater Wilhelm Reich, der schon vierzig Jahre zuvor einen Zusammenhang zwischen unterdrückter Sexualität und Faschismus herstellte (255). Außerdem diente Promiskuität als anarchischer Protest gegen die muffige Moral der Nachkriegsjahre, allerdings zunächst nur für Heterosexuelle. Von Frauen wurde willige Selbstbestimmung erwartet, nebenbei trugen sie die Hauptlast der Verhütung, die all die befreite Liebe ermöglichte (255). Zeitgleich erlitt die Kaste der Sexworker große Einkommenseinbußen, weil die Preise für kommerzielle erotische Dienste erodierten. Ab den1980ern war wieder Schluss mit der sexuellen Unbeschwertheit, AIDS trat auf den Plan und dazu noch erste Resistenzen bei einigen Erregern wie *Gonokokkus* (Tripper). Aus freier Liebe wurde *„safer sex"* und das Kondom kam wieder in Mode, zur Freude der Kautschukbauern. Zunächst konnte das neue Risikobewusstsein AIDS und andere Geschlechtskrankheiten gut ausbremsen, doch je besser *HIV* zu behandeln war, desto lockerer wurden die sexuellen Umgangsformen wieder. Als Folge nehmen seit 30 Jahren sexuell übertragene Infektionen (STIs) wieder zu. Alleine in Deutschland erkranken jährlich 8 000 Menschen an Syphilis und etwa 3 900 an *HIV* (256). Hauptbetroffen sind homosexuelle Männer, die jüngere urbane Bevölkerung und Prostituierte (257). In der Bundesrepublik existieren viele Test- und Therapieangebote, ebenso wie Angebote zur Kostenübernahme, ärmere Staaten haben da ganz andere Probleme. Viele Befallene haben dort keinen Zugang zu Medikamenten und im Falle von Syphilis oder *HIV* infizieren Schwangere häufig ihre Babys. Weiter fehlen Testmöglichkeiten und der Zugang zu Kondomen sowie Aufklärung über das Tabuthema sicherer Geschlechtsverkehr. Die WHO schätzt, dass sich weltweit jeden Tag eine Million Menschen mit einer Geschlechtskrankheit infizieren (258). Auch die Neuinfektionen mit unheilbarem *HIV* steigen immer weiter an. An der viral verursachten Immunschwäche sterben jedes Jahr irgendwo zwischen ein und zwei Millionen Menschen, so genau weiß das keiner (147).

Das dreckige Dutzend

Abbildung 23: Symbol für Biogefahren

Die schlechte Nachricht zuerst: Interessierte Kreisen kennen rund 200 waffenfähige Erreger und Toxine,12 davon gelten als gut geeignet für die biologische Kriegsführung. Insider tauften die kriegsdienlichen organischen Kampfmittel das „Dreckiges Dutzend". Sieben der Biowaffen sind Bakterien, drei Viren, der Rest Toxine. Bakterien sind leichter herzustellen, weshalb sie pragmatische Kriegswissenschaftler den dynamischen, aber aufwendigeren Viren lange vorzogen (259). Die Top-Twelve von Militär und Terroristen bestechen durch Eigenschaften wie leichte Verbreitung, am liebsten durch Aerosole. Ferner sollte der Erreger möglichst ansteckend sein und hochwirksam (260). Erwünscht sind Organismen, die sich in großen Mengen produzieren lassen, gut lagerbar sind und komfortabel in Transport und Anwendung. Milzbrand-Endosporen beispielsweise können pulverisiert und gefriergetrocknet werden (261). Andere Terror-Keime sind alte Bekannte wie Pest, Tularämie, oder Pocken. Von mindestens 10 Staaten ist bekannt, dass sie an Biowaffen forschen und über Vehikel verfügen, diese im großen Maßstab zu verbreiten.

Ich habe schon erwähnt, dass mindestens zwei Staaten Kulturen des Pockenerregers *O. variolae* hüten. Ob aber die USA und Russland tatsächlich die einzigen sind, die über das gefleckte Monster verfügen, bezweifeln Experten. Ein Argument gegen die Vernichtung der letzten bekannten Pockenkulturen ist die Angst vor einer Rückkehr der Blattern und dem plötzlichen Bedarf an Pockenimpfstoff. Sicherheitshalber hat das Robert-Koch-Institut deshalb schon mal 80 Millionen Impfdosen Pockenvakzin eingelagert. Eine Mutation von Affenpocken, Kuhpocken oder anderen Pockenviren könnte aus harmlosen Varianten wieder tödliche Pathogene machen. Ein weiteres Alptraumszenario wäre, wenn alte Pockenleichen eine Epidemie auslösen würden, etwa bei Ausgrabungen oder wenn tauende Permafrostböden sie freigäben (260). Dazu kommt die Angst davor, dass Pocken-Erreger als biologische Waffe verwendet werden könnten, weil die meisten Menschen inzwischen keinen Impfschutz mehr gegen die Blattern haben. Auch dass Pocken-Viren durch einen Laborunfall entkommen, wird befürchtet.

Kein ganz abwegiger Gedanke, das zeigt ein Zwischenfall vor mehr als 40 Jahren auf einer sowjetischen Militärbasis. 1979 entwich aus einem Forschungslabor nahe Jekaterinburg der Milzbrand-Erreger *B. anthracis*. Infolge des lange vertuschten Unfalls starben mindestens 68 Menschen am Milzbrandsporen, die fein zermahlen problemlos eingeatmet wurden. Die Instant-Endosporen entwichen über eine Lüftungsanlage. Reflexartig leugnete das sowjetische Militär den Vorfall, auch gegenüber den lokalen Behörden in Jekaterinburg. Das eiserne Schweigen kostete einige infizierte Anwohner ihr Leben, denn die ahnungslosen Ärzte konnten die rätselhaften Symptome nicht gezielt behandeln (261). Das Debakel war extrem peinlich für die UdSSR, weil sie gemeinsam mit 182 anderen Nationen 1972 eine Biowaffenkonvention unterschrieben hatte. In dem 1975 ratifizierten Abkommen verpflichteten sich die Staaten, keine biologischen Waffen zu entwickeln, herzustellen oder zu lagern. Leider ist die Konvention löchrig wie ein Schweizer Käse. Die Übereinkunft verbietet lediglich die Forschung an offensiven organischen Waffen, Bio-Verteidigung ist erlaubt, obwohl sie sich auch für den offensiven Einsatz eignet. Auf die Überwachung der wachsweichen Regeln konnte sich die Weltgemeinschaft auch nicht einigen, hauptsächlich, weil die Vereinigten Staaten dem nicht zustimmten. Schließlich forschen die USA selber an B-Waffen und nahmen nach dem Weltkrieg sogar diskret japanische Experten für biologische Kriegsführung in ihre Dienste (262). In der Nachkriegszeit sammelten Mikrobiologen Erfahrungen mit der Erregerverbreitung, indem sie in der New Yorker U-Bahn und anderen öffentlichen Orten vermeintlich harmlose Organismen ausbrachten. Dadurch konnten sie Verteilungstechniken für die organische Fracht optimieren und auch Vektoren wie Mücken oder Vögel ausprobieren (263). Für Tests mit schädlichen Erregern mussten Freiwillige, wie zum Beispiel Sträflinge oder Kriegsdienstverweigerer aus der religiösen Minderheit der Adventisten, herhalten (264; 265). Die bekannt gewordenen Menschenversuche dürften nur die Spitze des Eisbergs der wirklich durchgeführten Tests sein, befürchten Pessimisten. Durch Indiskretionen wurde bekannt, dass es auch in amerikanischen Forschungslaboren Unfälle und andere Missgeschicke gab (266).

Als Folge der Sicherheitslücken haben die USA ebenfalls zweischneidige Erfahrungen mit dem Milzbrand-Erreger. Während des zweiten Weltkriegs produzierte sie Milzbrand-Bomben, um sie über deutschen Städten abzuwerfen. Glücklicherweise war der Krieg gewonnen, bevor die Geschosse einsatzfähig waren. 2001 wurden die Amerikaner dann selber die ersten Opfer der neuen Bedrohung durch Bioterrorismus. Nur wenige Tage nach 9/11 erschütterten 5 sogenannte „Anthrax-Briefe" die Vereinigten Staaten. Rund 23 Menschen infizierten sich, als sie Briefe öffneten, die *B. anthracis* Sporen enthielten. Fünf der Opfer starben und Einsatzkräfte mussten noch für lange Zeit Backpulver- oder Puderzuckerbomben von Trittbrettfahrern entschärfen. Das heikle an der Sache war, dass die Sporen aus dem Biowaffenlager der USA in Fort Detrick stammten. Der Täter soll ein Mitarbeiter der staatlichen Forschungsanlage gewesen sein, der sich 2008 eine Woche vor seiner Beschuldigung umbrachte. In einer Rede, die er 2003 vor dem UN-Sicherheitsrat hielt, bezog sich der amerikanische Außenminister auf die infamen Anthrax Briefe. Colin Powell behauptete, im Irak würden Milzbranderreger als biologische Waffe in riesigen Mengen hergestellt. Als Showeinlage zückte er eine Ampulle, die angeblich Milzbrandsporen enthielt. Damit wollte er für einen Angriff auf den Irak werben. Sein Statement stellte sich als wahr heraus, in Irak wurden neben anderen biologischen Agenzien auch 8 500 l des Milzbranderregers gefunden. Offiziell wurden die irakischen Biowaffen vernichtet (260). *B. anthracis* hat noch mehr strategische Vorteile. Bringt man die Sporen großflächig in den Boden ein, kann die lokale Bevölkerung das Areal lange Zeit nicht ohne Gefahr für Leib und Leben bearbeiten. Dieses Szenario der „verbrannten Erde" ist ein typisches Planspiel zu biologischen Attacken. Viele biologische Waffen zielen darauf, gegnerisches Territorium mit Pflanzen- und Nutztierseuchen zu kontaminieren, um die Lebensmittelversorgung des Feindes zu gefährden.

Während des zweiten Weltkrieges experimentierte Japans Kaiserliche Armee mit „Pestbomben", die Geschosse enthielten mit Pest infizierten Flöhen, die über chinesischen Städten abgeworfen wurden und Pestepidemien auslösten (267). Pest ist zwar behandelbar und es gibt einen halbwegs wirksamen Impfstoff gegen die Plage, aber wegen des hohen Ansteckungspotentials und historischen Panikfaktors gehört *Y. pestis* zu dem schrecklichen Dutzend.

Neben bewährten Klassikern haben B-Waffen-Experten auch Newcomer wie Ebola im Auge, vorzugsweise kombiniert mit einem exklusiven Impfstoff, mit dem Kriegsparteien die eigene Bevölkerung schützen können. Die Biotechnik hat in den letzten Jahrzehnten gewaltige Fortschritte gemacht und viele Mechanismen krankmachender Prozesse entschlüsselt. Zusammen mit der Gentechnik lieferte sie damit Militärmedizinern zusätzliche Munition für Vernichtungsfeldzüge. Um herkömmliche Mikroben strategisch aufzuwerten, konstruieren Genetiker mit sogenannten *„gain of function"* (GoF) Techniken hochwirksame Pathogene mit neuen tödlichen Eigenschaften. Das menschliche Gentuning verhilft Bakterien auch zu neuen Resistenzen. In Kombination mit passgenau entwickelten Antibiotika verschaffen die perfektionierten Erreger den Verwendern einen ungeheuren Vorteil. Nur zu gerne wollen Armeebiologen auch die Stabilität von Mikroben gegenüber der Umwelt verbessern und Antigendomänen so verändern, dass sie auch das Immunsystem resistenter Opfer austricksen (259). Und da geht noch mehr: in Südafrika ließ das Apartheitsregime seit 1982 unter dem Decknamen Projekt Coast in unterirdischen Laboren an ethnischen Biowaffen forschen. Das Ziel war, Infektionen zu schaffen, die bestimmte Volksgruppen härter trafen als andere. Weiße Forscher bastelten an Keimen, die unfruchtbar machten und gezielt durch separate Trinkwassersysteme in Townships an die Frau gebracht werden sollten. Für Cholera, Gelbfieber, Typhus und Co. gab es ähnliche Pläne, um Widerstandsnester aufzulösen (268; 269). Der Leiter des Projekts mit dem Spitznamen „Dr. Death" berichtet von Erregern deutscher Provenienz, die angeblich nur dunkelhäutige Menschen infizierten. An diesem Punkt ist es höchste Zeit für einen Realitätscheck. Denn Experten bezweifeln, dass ethnische Biowaffen, wie sie Dr. Death und andere erträumen, funktionieren. Wohl ist es möglich, Bevölkerungsgruppen gezielt zu infizieren, wenn man das Pathogen unter kontrollierten Bedingungen wie einem getrennten Trinkwassernetz verbreitet. Zweifellos sind Populationen, die auf einen neuen Erreger treffen, empfänglicher als Ethnien, die schon länger mit der Infektion leben. Das wussten schon Militärgouverneur Amherst und andere Neo-Europäer, die Amerindianer gezielt verseuchten. Zum Glück lässt sich aber bisher kein Mikroorganismus designen, der ausschließlich eine Zielgruppe befällt. Denn der Begriff Rasse ist ein kulturelles Konstrukt ohne genetische Grundlage, weil die ganze Menschheit genetisch sehr homogen ist. Die DNA der heute lebenden Menschen stimmt zu 99,9 % überein. Deshalb lässt sich auch keine Population aufgrund ihres Genpools scharf von anderen Völkern abgrenzen, die Übergänge sind fließend und oft ist die Variation innerhalb einer Gruppe beträchtlich, auch wenn unsere Art insgesamt ziemlich einheitlich daherkommt (270). Lediglich körperliche Merkmale wie Pigmentierung oder Proportionen und Größe variieren, da sie stark von Umwelteinflüssen abhängen.

Das ist keine Entwarnung, denn mittlerweile haben Genetiker über 80 % des menschlichen Genoms entschlüsselt. Wohl verteilen sich bekannte Eigenschaften fließend über die gesamte Menschheit, aber es gibt regional winzige Variationen in der humanen Gensequenz, die wie Leuchtfeuer Träger für pathogene Eigenschaften anziehen könnten. Solche unfreundlichen Moleküle könnten durch einen Vektor eingeschleust werden und so gebaut sein, dass sie Markersequenzen im Wirtsgenom erkennen. Schlimmstenfalls könnte eine Gruppe zunächst mit ebenfalls eingeschleusten Zielsequenzen markiert werden, um sie für maßgeschneiderte, komplementäre Toxine oder Pathogene angreifbar zu machen. Neuen Techniken in Infektionsschutz, Gentherapie und Krebsbehandlung könnten für solche Zwecke pervertiert werden. Versuche in dieser Richtung zeitigten aber, soweit bekannt, eher dürftige Ergebnisse. Stattdessen entwickelten eingeschleuste Gene gelegentlich eine überraschende Eigendynamik (259).

Das Institut für Virologie in Wuhan ist eines der führenden Forschungslabore für Designer-Mikroben und möglicher Ursprungsort von *SAS-CoV-2*. Forschungsprojekte in der chinesischen Viren-Werkstatt wurde bis 2017 von der amerikanischen Gesundheitsbehörde National Institut of Health co-finanziert. Die Spezialität der High-Tech-Instituts mit Hochsicherheitslaboren sind potentielle EIDs wie der *Coronavirus*. Die Leiterin Dr. Shi sammelt Proben in Fledermaushöhlen und kombiniert in ihrem Institut verschiedene Viren genetisch. Offizielles Ziel ihrer Forschung ist, durch die Veränderung von Viren mehr über deren Übertragbarkeit zu erfahren. So hofft man, potentielle Pandemie-Pathogene frühzeitig aufzuspüren und vorsorglich passende Impfstoff-Prototypen zu entwickeln (271). Dafür manipulierte Dr. Shi *Coronaviren* so, dass sie auch Menschen infizieren können. Soviel steht fest, ab hier beginnen schwammige Vermutungen (272). Seit Mai 2021 lässt Präsident Biden untersuchen, ob es sich bei *SARS-CoV-2* nicht doch um ein Frankenstein-Virus handelt, der durch ein *„lab-leak"* aus dem Sicherheitstrakt in Wuhan entwischt ist. Als Reaktion auf die amerikanischen Spekulationen beschuldigt die chinesische Seite die USA, der eigentliche Verursacher der Pandemie zu sein (273). Vor allem in sozialen Netzwerken wird von chinesischen Quellen angedeutet, dass ein Zusammenhang zwischen der Pandemie und einer vorrübergehenden Schließung Fort Detricks besteht. Die US-amerikanische Biowaffenschmiede ging im Sommer 2019 in eine Zwangspause, weil es Probleme mit der Abwasserreinigung gab (274). Es ist ganz klar, dass nicht nur Techniken, die zur Heilung gedacht sind, zweckentfremdet werden. Auch hochkarätige Experten stellen ihr Können, aus ganz unterschiedlichen Gründen, in den Dienst der schlechten Sache. Darum fürchten Geheimdienste, dass auch Terroristen und Paramilitärs in der Lage sind, biologische Waffen herzustellen. Die Furcht ist berechtigt, die USA haben schließlich schon zwei Bioanschläge erdulden müssen. 17 Jahre vor den Attacken durch Anthrax Briefe kontaminierte eine indische Kultgruppe 1984 aus Rache für eine vereitelte Wahlmanipulation in zehn Restaurants die Salatbars mit Salmonellen (275). Natürliche Waffen können oft einfach hergestellt werden, mit der Verteilung ist das aber so eine Sache. Den meisten Terrororganisationen fehlen hoffentlich die nötigen technischen Mittel für einen Großanschlag. Die Anthrax Briefe haben andererseits gezeigt, wie man schon mit „low-tech"-Bioangriffen eine ganze Nation in Panik versetzen kann. Terroristen schätzen biologische Kampfstoffe wegen ihrer großen psychischen Wirkung als nützliche und billige Werkzeuge, um ein Land wirtschaftlich und politisch zu destabilisieren (262).

TEIL 5

Die Geißel der Menschheit

Krankheit, Katastrophe oder Katalysator?

Der schlimmste Feind

„Ich bringe den Tod, durch meinen Atem verkümmern kleine Kinder wie Frühlingsblumen im späten Schnee. Ich schaffe Verwüstung, auch die schönste Frau wird hässlicher als der Tod, wenn sie mich erblickt. Männern aber bringe ich schlimmeres als den Tod, ihre Kinder verderben und ihre Frauen werden entstellt. Die stärksten Krieger gehen vor mir in die Knie und keiner der mich schaut bleibt unberührt" (76).
(traditionelle Überlieferung der Kiowas über die Pocken)

Durch alle Epochen beschreiben Chronisten drastisch, wie Epidemien Geschichte machen. Seuchen entscheiden über Kriege und zerstören Imperien, Plagen vernichten Stämme, Kulturen und manchmal ganze Völker. Infektionskrankheiten gehören zu den brutalsten Kräften, die unsere Evolution formt, denn seit prähistorischen Zeiten fordern ansteckende Krankheiten einen hohen Tribut vom geselligen *Homo sapiens*. Leben Völker mit einer Infektion lange genug, entwickeln sie Abwehrkräfte und die Seuche wird zur tödlichen Verbündeten. Ein Beispiel sind die malariagestählten Bantu-Stämme, die sich in Afrika gegen ihre anfälligeren Nachbarn durchsetzen konnten (19). Auch die neuzeitlich-europäischen Eroberer profitierten zunächst von mitgebrachten Infektionskrankheiten, gegen die sie selbst längst immun waren (75). Den Preis zahlten Populationen, die, durch Krankheit angeschlagen, keinen Widerstand leisten konnten oder einfach ausstarben. Das Abendland wurde nicht weniger von Seuchen geprägt als andere Kulturkreise. Schon in der Steinzeit wanderten indoeuropäische Nomadenvölker nach einer Pestwelle in Europa ein und bildeten das Substrat für die europäischen Kulturen (46). Das Ganze wiederholte sich mit der Völkerwanderung, als wieder Stämme aus dem Osten in Europa einsickerten. Zwischen 250 und 350 n. Chr. sollen es über eine Million Menschen gewesen sein, Franken, Goten, Vandalen und andere Völker drangen in großen und kleinen Verbänden in Mitteleuropa ein. Wie in der Steinzeit hatten Seuchen die Ansässigen gebeutelt und sie konnten die vordringenden Völker nicht abwehren. Wir alle kennen aus dem Geschichtsunterricht das Resultat: der epische Zusammenbruch des Römischen Reiches. Nicht immer verlief die soziale Umformung Europas kriegerisch, oft wurden die Neuankömmlinge freundlich empfangen und das verwaiste Land friedlich aufgeteilt. Schließlich brauchten die Alteingesessenen dringend Bauern um die Felder zu bearbeiteten, gleichzeitig litt die Kampfeskraft der „Barbaren" unter den Seuchen (25).

Manchmal war es umgekehrt und Einheimische wurden durch Pathogene vor fremder Eroberung geschützt. So befanden sich viele der letzten „weißen", soll heißen noch nicht europäisch besetzten Gebiete, in den Tropen. Schwülfeuchtes Klima und verhängnisvolle Krankheiten dämpften lange imperiale Gelüste (76). In Haiti forderte die Gelbsucht einen hohen Tribut von den europäischen Plantagenbesitzern und verhalf damit den importierten Sklaven zur Unabhängigkeit (75). Fest steht, Völkermord durch Infektionskrankheiten ist eine Nebenwirkung menschlicher Mobilität.

Heute schützt Brasilien die Rechte seiner 420 indigenen Völker und ihrer Territorien. Durch illegale Eindringlinge kommt es trotzdem immer wieder zu heftigen Epidemien, durch die abgeschieden lebende Gruppen von Amerindianern bis zu 15 % ihrer Gemeinschaften an Infektionskrankheiten verlieren. Noch immer gilt, endet die Isolierung, beginnt die Dezimierung (76). Weltbekannt ist das Schicksal der Yanomami, die ein Fünftel ihrer Einwohner an Seuchen verloren, die 65 000 illegale Goldsuchern einschleppten. Als Goldschürfer 1993 mit einem schockierenden Massaker ein Yanomami-Dorf auslöschten, folgte endlich die Ausweisung der Goldgräber aus dem Territorium des indigenen Volkes (276). Seit dem Regierungsantritt von Präsident Bolsonaro sind die Illegalen wieder da. Rund 20 000 Bergleute roden

den Regenwald und vergiften Flüsse mit Quecksilber, nebenbei haben sie tausende einheimischer Frauen mit Geschlechtskrankheiten infiziert (277). 2017 kam es auch wieder zu Massakern an den Einheimischen (278). *SARS-CoV-2* kann sich dank der Landräuber unter den Indigenen schnell verbreiten, verstärkt durch den lässigen Umgang der Verwaltung mit der Seuche und den Rechten der Ureinwohner. Isoliert lebende indigene Gemeinschaften sind nicht nur anfälliger für Infektionskrankheiten, sie haben außerdem kaum Zugang zu Ärzten und Krankenhäusern, was die Opferzahlen zusätzlich erhöht. In Brasilien liegt die Sterblichkeitsrate nach einer COVID-19 Infektion bei Ureinwohnern 58% höher als bei dem Rest der ohnehin gebeutelten Brasilianer (279). Die zwei größten – und am besten vernetzten – Volksgruppen der Regenwaldbewohner drängen die brasilianische Regierung, die Goldsucher wieder auszuweisen. Um mehr Druck zu machen, haben sie die Kampagne #MinersOutCovidOut gestartet. Der Kampf gegen den alten Feind Seuche geht viral (280).

Die Geschichte hat leider noch dunklere Facetten. Die Ursachen von Krankheiten waren lange nicht bekannt, aber Menschen wussten sehr wohl um die Ansteckungsgefahr und nutzen die unheimliche Waffe Infektion gezielt zu ihrem Vorteil. Biologische Kriegsführung ist vermutlich so alt wie die Menschheit, doch Forschern fällt es schwer, aus der historischen Distanz zwischen „natürlichen" Epidemien und biologischen Angriffen zu unterscheiden, ganz zu schweigen von der Gefahr, überlieferten Fake News aufzusitzen, die den Gegner verunglimpften. Dennoch finden sich schon in der Frühgeschichte einige Beispiele für den strategischen Einsatz von Infektionen. In der Bronzezeit sandten die Hetiter mit Tularämie infizierte Widder ins Feindesland, um die gegnerischen Arzawans zu schwächen, bei denen die Seuche dann auch prompt ausbrach. Tularämie ist eine Zoonose, die wegen der pestähnlichen Symptome auch verniedlichend Hasenpest genannt wird. 1000 Jahre später sollen die wilden Reiterkrieger der Skythen ihre Pfeilspitzen erst in

Schlangengift, dann in Kot und schließlich in verwesende Leichen getunkt haben. Die ekligen Projektile könnten neben Gift den Tetanuserreger *Chlostridium tetani* und weitere Keime übertragen haben. Sogar wahlweise mit Pest-Erregern oder anderen Pathogenen kontaminierte Geschosse tauchen in Kriegsberichten späterer Epochen immer wieder auf (281). Eine bewährte Kriegstaktik war, Kadaver in gegnerische Brunnen zu werfen. Schon vor 2 000 Jahren verseuchten Kriegsheere der Römer, Griechen und Perser auf diese Weise das Trinkwasser ihrer Gegner. Auch Barbarossa kannte die Kriegslist und wandte sie 1155 in Italien an (263). Die Chroniken erzählen von dem findigen Heerführer der Mongolen, der 1346 Pestleichen in die Krimstadt Kaffa schleuderte und damit den Schwarzen Tod über Europa brachte. In kommenden Jahrhunderten wurden bei Belagerungen immer mal wieder Seuchenopfer als biologische Bomben eingesetzt (281). In Amerika schreckten manche Europäer nicht davor zurück, gelegentlich dem Niedergang indianischer Nationen nachzuhelfen und besonders unfreundlich gesinnte Stämme mit Pocken-Erregern oder anderen Pathogenen zu infizieren (75). Das gleiche Bild im Amazonasbecken, auch in Südamerika war es lange koloniale Strategie, indigene Völker mit Masern und Pocken zu infizieren, um den illegalen Landraub voranzutreiben (280). Während des Unabhängigkeitskrieges versuchten die Briten, mit Pocken infizierte Sklaven auf amerikanische Farmen zu schmuggeln. Ihre eigenen Truppen hatten sie umsichtig bereits inokuliert, um sie vor dem Erreger zu schützen. Vorsorglich tat es ihnen George Washington auf der gegnerischen Seite 1777 nach (44). 1797 während eines Italienfeldzuges fluteten französische Truppen die Ebene um Mantua, um die Ausbreitung der Malaria zu fördern. Während des Amerikanischen Bürgerkrieges (1861–1865) verkauften Konföderierte die Kleidung von Pocken- und Gelbfieberpatienten in den Norden, mit der perfiden Strategie wollten sie die besser ausgerüsteten Yankees schwächen (281).

Ende des 19. Jhd. begann das goldene Zeitalter der biologischen Kriegsführung, da man nun die Ursache von Krankheiten kannte und Infektionen effizienter verbreiten konnte (281). Während des ersten Weltkrieges begann Deutschland, mit Erregern als Waffe zu experimentieren, man beschränkte sich allerdings „nur" auf Tierseuchen. Aufgeschreckt begannen nun auch andere Staaten mit der Forschung an kriegsgeeigneten Pathogenen, inklusive Menschenversuchen. Letztlich setzte nur die japanische Regierung während des zweiten Weltkrieges nachweislich Biowaffen ein. 1941 infizierten japanische Truppen in China Trinkwasser mit Typhus- oder Milzbrand-Erregern, was Tausenden das Leben kostete. Auch Erreger der Pest, Cholera und weiterer Durchfallerkrankungen wurden von den Japanern strategisch eingesetzt. Pessimisten schätzen, dass bis zu 270 000 Menschen japanischen Attacken und Versuchen zum Opfer fielen (267; 260). Es wird vermutet, ist jedoch umstritten, dass die Sowjetunion 1943 deutsche Truppen mit Tularämie infizierte. (282; 283).

Apokalyptische Reiter

Abbildung 24: Die Apokalyptischen Reiter (1497/1498) von A. Dürer

Als Folge der europäischen Eroberung schrumpften indigene Populationen auf schier unfassbare Weise. Die Tatsächlichkeit eines Bevölkerungsschwundes von 90% und mehr liegt jenseits unserer Vorstellungskraft. Welchen Anteil hatten Infektionskrankheiten an den surreal hohen Opferzahlen? Fest steht, Seuchen schaden einer Gesellschaft nicht ausschließlich durch die Infektion vieler Menschen mit einer ansteckenden Krankheit. Sie stehen im Verdacht, das römische Imperium und das chinesische Kaiserreich zu Fall gebracht zu haben, ebenso wie die großen Reiche Mittel- und Südamerikas. Das biblische Erzählbild von vier apokalyptischen Reitern (Off. 6, 1–8), spiegelt die dynamischen Wechselwirkungen während einer Plage anschaulich wider. Die Reiter bringen durch Krieg, Bürgerkrieg, Hunger und Teuerung gemeinsam mit Tod und Seuchen Unheil über die Menschen (4). Die Eroberung der neuen Welt ist ein gutes Beispiel für das üble Zusammenwirken multipler Faktoren während einer Epidemie. Viele Amerindianer starben im Kampf mit den europäischen Eindringlingen, gegen deren Schusswaffen sie keine Chance hatten. Dazu kamen bereits erste fatale Epidemien, die mindestens ebenso viele Tote forderten. Besonderes in Vielvölkerstaaten wie den Azteken- oder Inkareichen brach Chaos aus, nachdem die zentrale Staatsgewalt von den Spaniern ausgehebelt wurde. Stämme rebellierten und kämpften in Blutfehden gegeneinander. Die Eroberer befeuerten das Geschehen noch, indem sie verbündete Völker Stellvertreterkriege ausfechten ließen. Auch innerhalb der Stämme herrschte oft Anarchie, da es kein staatliches Gewaltmonopol mehr gab, dafür aber Hunger und Not. Die aufflammende Gewalt in den fragil gewordenen Gesellschaften forderte ebenfalls viele Menschenleben. Mittels Vertreibung, Entrechtung und Ausbeutung der Präkolumbianer verstetigten die Europäer den Abwärtstrend. Die schwer bewaffneten Reiter symbolisieren diese Gewaltspirale. Durch die grassierenden Infektionskrankheiten verlor jede Gemeinschaft, jede Familie Angehörige. In früheren Gesellschaften gab es aber einfach zu wenige Ressourcen für ein soziales Netz, das unversorgte Alte, Witwen und Waisen in großen Mengen auffangen konnte. Überlebende mussten hungern, ihr Gesundheitszustand verschlechterte sich. Arbeitskräfte wurden knapp, Felder nicht bestellt, die resultierende Nahrungsknappheit und Verteuerung der Lebensmittel ist durch den Reiter mit der Waagschale symbolisiert. Durch die Hungersnöte wurden noch mehr Menschen für Krankheiten anfällig. Besonders in schriftlosen Gemeinschaften spielten die Ältesten eine wichtige Rolle als Erfahrungsträger, die mit ihrem Wissen in Krisen überlebenswichtig waren. Kam es zu einer Hungersnot, waren es oft Greisinnen, die wussten, von welchen Wurzeln und Wildpflanzen man sich alternativ ernähren konnte. Senioren, das erleben wir ja gerade in der aktuellen Pandemie gehören aber oft zu den verwundbarsten Mitgliedern einer Gemeinschaft. Sie sind die Ersten, die an einer neuen Infektionskrankheit sterben. Mit ihnen verlor ein Clan medizinische und spirituelle Fachkräfte, die er in der Katastrophe dringend gebraucht hätte (8). Aus Angst vor Ansteckung und Gewalt, kommt es zu Migrationsbewegungen, die nicht nur die Infektionen verbreiten, sondern Menschen zusätzlichen Gefahren aussetzen. Der Fluchtstress verschlechtert den allgemeinen Gesundheitszustand noch mehr. Zunehmend kommt es zu Co-Infektionen, wie zum Beispiel durch die allgegenwärtige Tuberkulose. In Kriegs- und Flüchtlingslagern breiten sich gefürchtete Darmkrankheiten wie Typhus und Cholera aus. Die engen unhygienischen Verhältnisse sind ohnehin ideal für die noch effektivere Weitergabe sämtlicher Infektionen. Der vierte skelettartige Reiter steht für die immer schneller anbrandenden Seuchenwellen und die vielen Toten. Kein Wunder, dass viele Menschen in dem Teufelskreis sich gegenseitig verstärkender Katastrophen keinen Ausweg mehr sahen und in Endzeitstimmung gerieten.

Noch etwas: Dem aufmerksamen Leser fällt vielleicht auf, dass der dritte Reiter besonderes reich und vornehm gekleidet ist. Dies entspricht dem biblischen Text, der ausdrücklich erwähnt, dass nur Grundnahrungsmittel wie Getreide, nicht aber Luxusgüter wie Öl und Wein sich verteuern. Auch in früheren Epidemien litten vor allem die Armen unter den Auswirkungen, andere bereicherten sich.

Heulen und Zähneklappern

Oder, wie es im Fachjargon heißt, Depression und Angststörung folgen jeder Katastrophe, dazu gesellen sich posttraumatische Belastungsstörungen (PTBS), Rauschmittelkonsum und eine heftige Zunahme an häuslicher Gewalt. Solche Reaktionen auf Krisen sind nach Naturkatastrophen oder Terroranschlägen wie 9/11 gut dokumentiert. Auch während Infektionskrankheiten werden die typischen Stressreaktionen beobachtet, man weiß aber wenig darüber, wie sich die Dauerkrise Seuche mit all ihren Begleiterscheinungen auf den Einzelnen auswirken (284).

Am schlimmsten leiden natürlich die Erkrankten. Die Aktivierung des Immunsystems während einer Infektion kann schwere Depressionen oder Schizophrenie auslösen. Dazu kommen Delirium, Stimmungsschwankungen, paranoide Syndrome, Halluzinationen und weitere kognitive Ausfälle (285). Neben diesen unspezifischen Reaktionen, die mit einer Überreaktion des Immunsystems zusammenhängen, schädigen manche Erreger das Nervensystem. *Sars-CoV-2* zum Beispiel kann den Geruchs- und Geschmackssinn ausschalten und in seltenen Fällen auch andere Nervenzellen angreifen. Gefürchtet ist Long-Covid, wenn Patienten auch Monate nach einer Erkrankung noch Erschöpfungszustände und Konzentrationsprobleme haben (286). Der Syphilis-Erreger *T. pallidum* zerstört in der Endphase das zentrale Nervensystem, was zur Demenz führt. Auch *M. leprae* verändert das Nervensystem, dadurch verlieren Infizierte den Tastsinn und bemerken Verletzungen nicht.

Aus Furcht vor einer Ansteckung werden Kranke gemieden oder sogar ausgegrenzt. Zusätzlich zu Angst, Unglück und Schmerzen belasten dann auch noch sozialen Folgen wie zum Beispiel Einsamkeit die Psyche des Patienten. Besonders schlimm ist das für

Opfer mit langsam verlaufenden Infektionen, die dauerhaft ihr soziales Netz verlieren. HIV-Infizierte leiden noch immer unter einer Stigmatisierung, die typisch ist für Geschlechtskrankheiten. Auch bei Syphilis und Tripper liegt der Kurzschluss zwischen Seuche und Sünde nahe, die zum moralischen Blackout führt. Statt mit Empathie reagieren Gesunde oft mit Vorurteilen (287). Das war schon so, als der experimentierfreudige Arzt John Hunter 1767 Ziel der Häme skandalsüchtiger Zeitgenossen wurde, als er sich angeblich selbst mit zwei Geschlechtskrankheiten infizierte (86). Keine Infektion hatte so brutale soziale Konsequenzen für ihre Opfer wie die Hansenkrankheit. Leprakranke erfuhren, solange die Krankheit unheilbar war, neben körperlichen Schmerzen nicht nur Ablehnung, sondern wurden regelrecht verteufelt, entrechtet und ausgestoßen.

Krankheiten wie die Pocken hinterlassen bleibende Schäden. Für viele Menschen war es ein schwerer Schlag, wenn sie durch Pockennarben entstellt wurden. Wir hörten von der Habsburger Kaiserin Maria-Theresia, die alle Spiegel verhängte, oder ihren Töchtern, die Heirat und weltlichem Leben entsagten, nachdem ihr kaiserlicher Teint für immer ruiniert war (44). Manche Pockenopfer überlebten zwar, waren aber taub oder blind geworden, was anfälliger machte für psychische Störungen wie Paranoia (288; 289).

Es ist der Albtraum jeder Schwangeren, auf ihr Ungeborenes eine fatale Krankheit wie etwa AIDS zu übertragen. Bei Infektionen wie Syphilis oder dem Zika-Fieber führt eine Ansteckung zur lebenslangen geistigen Behinderung des Kindes, da diese Erreger das Nervensystem des Fötus schädigen. Neben den Kindern leiden auch ihre Mütter. Schuldgefühle, Angstzustände, Müdigkeit und Sorgen um die Zukunft ihres Kindes setzten den Betroffenen schwer zu. Das zeigen Studien an brasilianischen Müttern, die sich während der Schwangerschaft mit dem Zika-Virus infizierten. Ihre Babys wurden dann mit dem *Congenitalem Zika Syndrom (CZS)* geboren, einer schweren geistigen Behinderung.

Bei den Opfern des *CZS* in Brasilien handelt es sich vorwiegend um Kinder von Müttern aus der Unterschicht. Viele Schwangere wurden weder auf die Gefahr einer Infektion hingewiesen, noch erhalten sie und ihre Kinder ausreichende Unterstützung und Förderung nach der Geburt (290).

Psychologie und Sozialwissenschaften haben sich bisher wenig mit den seelischen Kollateralschäden von Masseninfektionen bei Nichtinfizierten auseinandergesetzt (106). Ein Grund mag sein, dass lediglich die Spanische Grippe als letzte große Pandemie von der jungen Wissenschaft Psychologie „in situ" studiert werden konnte. Ein weiterer Grund ist, dass Seuchen in westlichen Gesellschaften vielen als ein überwundenes Übel galten. In aller Fairness: wir haben gesehen wie schwer Erreger und Krankheitsspuren in vergangen Epochen aufzuspüren sind. Psychische Folgen lassen sich, wenn man historische Quellen liest, nur aus Anekdoten erahnen und erlauben viel Raum für Interpretation. Der antike Korrespondent Thucydides berichtet, wie sich Angst und Verzweiflung während der Attischen Seuche *(430–426 v. Chr.)* ausbreiteten. Die Menschen stumpften ab und moralische und irdische Gesetze galten nicht mehr, in der übervölkerten Stadt war jeder sich selbst der Nächste, während Tausende starben. Die Antoninische Plage *(165–190 n. Chr.)* entfachte dagegen eine neue Spiritualität, die dem aufstrebenden Christentum zusätzlichen Schub verlieh. Auch der Schwarze Tod, der ab 1347 Europa heimsuchte, löste tiefe Religiosität aus. Mangels vernünftiger Erklärungen für die Katastrophe, ganz zu schweigen von wirksamen Heilmitteln, suchten die Menschen Hilfe und Trost bei den Heiligen und der Jungfrau Maria. Die Beulenpest wurden ganz traditionell als Strafe für Sünden interpretiert, weshalb viele versuchten, die eigene Schuld mit exzessiven Bußübungen zu tilgen. Ganz groß in Mode kamen Flagellanten, die sich zwecks spiritueller Selbstoptimierung mit Peitschen geißelten. Die rituelle Selbstverstümmelung wurde zur masochistischen Massenbewegung, in Umzügen zogen Flagellanten von Stadt zu Stadt. Leider vermutete man die Sünder aber auch bei Minderheiten oder Außenseitern, mit schrecklichen Folgen für die jeweilige soziale Gruppe. Das war nicht nur in Europa so, in Kairo verbat der Sultan allen Frauen, sich öffentlich zu zeigen. Die bigotte Ausgangsperre wurde damit begründet, dass Frauen Männer zur Sünde verleiten und somit die Infektionszahlen hochtrieben (106). Das europaweit geteilte Trauma Schwarzer Tod befeuerte die Künste, durch sie wird das Grauen greifbar und geht heute noch unter die Haut. Eine der eindringlichsten Berichte über das große Sterben findet sich in Giovanni Boccaccios ikonischer Novellensammlung *Dekamerone*. Der toskanische Dichter beschreibt die erste Pestwelle, die 1348 seiner Heimat Florenz Tod und Verderben brachte, mit schmerzhafter Detailtreue. Damals starben zwei Drittel der Bewohner des Stadtstaats mit entsprechenden Begleiterscheinungen.

> *„Und fast alle hatten nur ein grausames Ziel vor Augen: die Kranken und ihre Sachen zu meiden und zu fliehen."*

Während einige Bürger sich isolierten und um eine gesunde Lebensweise bemühten, versuchten es andere mit Verdrängung. Das Beste sei, über die Gefahr „zu lachen und zu spotten" und „jeglicher Begierde, wo es nur möglich sei, zu genügen." Ordnungskräfte und Beamte waren geflohen oder gestorben, die Stadt verfiel in Anarchie. Niemand kümmerte sich mehr um Nachbarn, Freunde oder Verwandte.

> *„Und fast unglaublich ist, Väter und Mütter scheuten sich, zu ihren Kindern zu gehen und sie zu pflegen, als ob sie nicht die ihren gewesen wären." (291)*

In jener düsteren Epoche entsteht das Motiv des Totentanzes in Bildern und religiösen Schriften. Zu dem grausigen Tanz versammeln sich allegorische Gruppen von Papst, Kaiser, König, Kind und so weiter oder einfach grinsende Skelette. Die gruselig-grotesken Bilder sollten an die Allmacht des Todes erinnern, vor der alle Menschen gleich sind. Aus Lust an der Vergänglichkeit wurden die Szenen im schauerlichen Umfeld eines Friedhofs gerne nachgespielt. Der Tod wird zum Helden, der alle Menschen gleichmacht, keiner soll zu sehr an irdischen Freuden hängen. Moderiert wurden die morbiden Spektakel von Geistlichen, die in Predigten mahnten, sich auf das Jüngste Gericht vorzubereiten (292).

Abbildung 25: Totentanz von Guyot Marchant, Paris, 1485

Todessehnsucht war voll im Trend, denn das hier und jetzt schien wenig verlockend. Jeder musste um geliebte Menschen trauern. Die Pest holte vorzugsweise geschwächte Alte und Kranke, überliefertes Wissen wurde so ausgelöscht (8), die Gemeinschaften verloren aber mit den Ältesten auch Autoritäten und Mediatorinnen, die das Miteinander in den mittelalterlichen Kommunen regelten. Der fehlende Einfluss älterer Familienmitglieder ließ Konflikte und Ängste eskalieren. Seuchenwellen hinterließen resistente Überlebende, wenn sie verebbten. Waren neue empfängliche Opfer nachgewachsen, kam die Plage wieder und holte sich neben den vulnerablen Alten auch viele Kinder, deren Widerstandskräfte dem Erreger nicht gewachsen waren. Eine hohe emotionale Belastung für Eltern, die zwar selber überlebten, aber nach jeder neuen Seuchenwelle wieder Kinder begraben mussten. Die Traumatisierung der seuchengebeutelten Feudalgesellschaften wirkt bis heute nach. Auch nach siebenhundert Jahren gilt das Mittelalter als düster, brutal und lebensfeindlich. Zwar hatte die Epoche auch helle Seiten, doch alles wurde überschattet von der Pest und anderen Seuchen, die sich im Spätmittelalter mehrten, das Entsetzen über den schwarzen Tod steckt uns bis heute in den Gliedern (106).

Die laufende Pandemie führt uns täglich vor Augen, wie sich Seuchen auf die Gemütslage auswirken. Nach einem Jahr Covid-19 begannen sich die Praxen der Psychologen mit Opfern der Plage zu füllen, Seuchen schaden der Seele nicht weniger als dem Körper. Durch die Interaktion der vier apokalyptischen Reiter verschlechtern sich die Lebensumstände und auch die Gesunden stehen unter Stress. Freiwillige oder erzwungene Isolation, um Ansteckung zu vermeiden, belastet die Menschen und die Wirtschaft zusätzlich. Besonders Vulnerable vereinsamten während ihrer monatelangen Isolierung, die Krankenhäuser berichten von mehr Suizidversuchen unter den Älteren (293). Auch bei den Jüngsten nehmen im Jahr zwei der Pandemie Depressionen zu, neben Freunden fehlten im Lockdown Schulalltag und Freizeitaktivitäten, fielen Struktur und Erfolgserlebnisse weg (294). 2020 konnten zeitweise 90 % aller Kinder nicht zur Schule gehen (167). In einer Metastudie, die die Daten von 80 000 Minderjährigen aus 29 Studien zusammenführt, spiegelt sich ein unheilvoller Trend. Weltweit zeigen rund ein Viertel der untersuchten Kinder und Jugendlichen Depressionen, jedes fünfte Kind kämpft mit Angststörungen. Die Symptome verstärken sich, je länger die Pandemie-Situation andauert. Mädchen sind stärker betroffen als Jungen und mit dem zunehmenden Alter steigt die Anfälligkeit von Jugendlichen für Depressionen. Im Vergleich zu vorpandemischen Schätzungen hat sich die Zahl von psychischen Störungen betroffener Heranwachsender verdoppelt (295). Noch schlimmer sieht es bei Studenten und Studentinnen aus, wo sich zu Vereinsamung und Strukturlosigkeit noch Zukunftsängste gesellen. 2021 fand eine Heidelberger Studie bei drei Vierteln der befragten Studierenden Anzeichen für eine psychische Erkrankung, bei 41 % wurden gar schwere Depressionen vermutet. In chinesischen und amerikanischen Studien beklagte mehr als die Hälfte des akademischen Nachwuchses Angstzustände und Depressionen (296). Viele Familien kämpften auf sich gestellt mit Homeoffice, Homeschooling und Kinderbetreuung. Dazu kommen berufliche und finanzielle Probleme. Besonders in beengten Verhältnissen implodieren die aufgestauten Gefühle und werden zur Gefahr für die Wehrlosen. Aktuelle Statistiken sprechen eine deutliche Sprache: Wie befürchtet, nahm die häusliche Gewalt gegen Kinder und Frauen 2020 deutlich zu, weltweit um das Fünffache (297; 298; 299). Für etwa 10 Millionen Mädchen kommt es wohl noch schlimmer, weil sie wegen der Pandemie in frühe Ehen gezwungen werden (167). Wer hätte gedacht, wie irritierend es ist, wenn Tagesablauf und Freizeitgewohnheiten über viele Monate unterbrochen werden. Was harmlos klingt, hat gewichtige Folgen: Während Lockdown und Ausgangsbeschränkungen litten viele Menschen unter gähnender Langweile. Das große Nichts führt zu Reizbarkeit und innerer Unruhe, die mangels Freizeitangeboten nicht abgearbeitet werden konnten (300). Monotonie und innere Leere bekämpften viele Deutsche stattdessen durch Essen. Die Bundesbürger sind im Schnitt während der Krise 5,6 kg schwerer geworden (301). Manchmal bewirkten Isolation und Strukturlosigkeit genau das Gegenteil. Vor allem bei jungen Frauen und Mädchen haben Essprobleme wie Magersucht zugenommen, insbesondere wenn sie schon zuvor Essstörungen hatten (302). Nicht überraschend, denn Patienten mit psychischen Vorerkrankungen leiden besonders unter Stress und Vereinsamung. Von einem Tsunami an psychischen Störungen oder gar einer Selbstmordwelle kann aber zumindest in Deutschland bisher keine Rede sein. Laut statistischem Bundesamt haben sich im Jahr 2020 knapp 2 % mehr Menschen das Leben genommen als im Jahr zuvor (303). Die Telefonseelsorge erhält seit dem ersten Lockdown mehr Hilferufe, allerdings ist der Anteil der suizidalen Gespräche nicht gestiegen (293). Zugenommen hat in Deutschland dagegen der Konsum von Alkohol und anderer Suchtmittel. Dies ist bedenklich, denn schon vor Covid-19 waren die Deutschen im internationalen Vergleich Vieltrinker (304). Trotz Säkularisierung ist auch in dieser Pandemie die Religion ein wichtiger Seelenanker für viele Bürger. Der Evangelische Rundfunk (ERF Medien) bekam im vergangenen Jahr deutlich mehr Rückmeldungen (305). Viele der seelischen Beschwerden, die wir während der Pandemie entwickeln, werden sich erst langfristig zeigen, warnen Experten, und die WHO verlangt, dass die mentale Gesundheit bei der Pandemiebekämpfung mehr berücksichtigt werden muss (284; 306).

In Italien gab es während des Lockdowns herzerwärmende Gemeinschaftsaktionen wie Balkonchöre und solidarisches Klatschen. Leider wurden aber auch „Privilegierte" stigmatisiert, weil sie ihre Wohnungen zwecks Hundespaziergang verlassen durften. Nachbarn feindeten sie von ihrem Balkonwachposten aus an (307). Die Toleranz gegen Andersdenkende sinkt, Misstrauen und Verdächtigungen spalten gestresste Gesellschaften. In Amerika wurden Masken zum politischen Statement. Maskenträger gelten teils als „neunmalkluge Demokraten", Maskenverweigerer als „rücksichtslose Republikaner" (307).

Zum Seelischen kommt der hohe materielle Schaden, weil die Weltwirtschaft gerade die schwerste Depression seit dem zweiten Weltkrieg durchlebt. Durch die globale Krise sind bis zu 125 Millionen Menschen in bitterste Armut abgerutscht, die noch vor zwei Jahren Auskommen und Nahrung hatten (167).

Wenn so viele Menschen aus dem seelischen Gleichgewicht geraten, wirkt sich das auf die ganze Bevölkerung aus. Je tödlicher die Seuche, je höher die Ansteckungsgefahr, desto mehr steigern sich Ängste zur Panik mit furchtbaren Folgen für einzelne Gruppen in der Gesellschaft. Damit sind wir beim Thema des folgenden Kapitels.

Wunderliche Erzählungen

Um es gleich vorwegzunehmen, Pogrome gab es schon vor dem Schwarzen Tod. Das böse Wort stammt aus dem Russischen und bedeutet so viel wie Verwüstung oder Krawall, beschreibt also die Folgen ungezügelter Massenaggression. Die ersten Übergriffe gegen Minderheiten begannen in Europa mit den Kreuzzügen 150 Jahre vor der Pest-Pandemie. Zum „Aufwärmen" ermordeten Teilnehmer der Kreuzzüge 1096 europäische Juden, bevor sie in das Heilige Land zogen. Gelegentlich entlud sich der Zorn der ach so Rechtschaffenen auch gegen Leprakranke, die wie die Juden aus der christlichen Gemeinde ausgeschlossen waren. Aus Versatzstücken der Bibel wurden krude Narrative gezimmert, um die Gewalt gegen Außenseiter zu rechtfertigen. Juden galten als „Gottesmörder", Leprakranke waren sichtbar mit Gottes Zorn geschlagen. Dazu kamen Anschuldigungen wie Hostienfrevel, Ritualmord und Brunnenvergiftung, inspiriert von dem Buch der Offenbarung (4). Als die große Plage Europa erreichte, schwollen lokale Massaker zur europaweiten Judenverfolgung. Juden schienen besonders geeignet für die Rolle als antichristlicher Bösewicht. Durch Kleidung, Sitten und ihren Glauben unterschieden sie sich von der Mehrheit. Besonders ihre Körperhygiene war deutlich besser als die ihrer christlichen Nachbarn, denn ihre Religion gebot regelmäßiges Baden. Als Folge der heidnischen Reinlichkeit litten sie weniger unter Flöhen und Läusen als ihre Mitbürger, was die Pestübertragung verzögerte. Weil sie deshalb zunächst weniger Pestopfer beklagten, waren jüdische Familien ihren Nachbarn suspekt. Auch traditionelle religiöse Ressentiments flammten wieder auf, die Verschwörungssaga von der Brunnenvergiftung wurde angepasst. Nun sollten Juden Brunnwasser verseucht haben, um so Christen mit Pest zu infizieren, denn Juden – so das gängige Narrativ – wollten die ganze Christenheit auslöschen (308). Arzt war ein Beruf, den Juden auch in dieser Epoche zunehmender Marginalisierung ausüben durften. Leider arbeiteten sie als Mediziner mit Pulvern und Kräutern, ein vermeintliches Indiz für die Verseuchungstheorie. Dass Ärzte noch dazu meist gut betucht waren, fand die Unterschicht besonders befremdlich. Für wohlhabende Bürger waren Juden Konkurrenten in Handel und Handwerk oder gar Gläubiger, die man gerne loswerden wollte, daher nahmen viele den Ruf des Mobs nach Strafaktionen an jüdischen Mitbürgern breitwillig auf. Die Regierenden waren in einer Zwickmühle, denn ihre jüdischen Untertanen waren wichtige Leistungsträger, die noch dazu für den erlauchten Schutz durch ihren Landesfürsten gut bezahlten. Andererseits konnte man sich den Besitz ermordeter oder vertriebener Juden aneignen. Insgesamt war der Obrigkeit bei dem tobenden Wutbürgertum mulmig zumute, denn sie sah die öffentliche Ordnung gefährdet. Da ihre eigene Autorität aber durch die Megakrise Schwarzer Tod angeknackst war, opferten sie die ungeliebten Außenseiter, um den öffentlichen Zorn zu besänftigen. Kleriker waren ebenfalls zwiegespalten zwischen christlicher Duldung der Andersgläubigen und hysterischen Antijudaismus. Im Großen und Ganzen missbilligte die Kirche Pogrome, Papst Clemens VI. verbot sie mit zwei Edikten, denn dem Heiligen Vater war aufgefallen, dass auch Juden an der Pest starben. Leider hatte auch die Glaubwürdigkeit der Kirche unter der laufenden Katastrophe gelitten, denn sie konnte wenig gegen das große Sterben ausrichten. Der ziemlich entschiedene Protest der katholischen Kirche gegen die Massenübergriffe spricht gegen eine rein christliche Motivation der Pogrome. Furcht vor der ungeheuerlichen Plage führte zur Radikalisierung der Massen (308). Schon Gerüchte über das grauenvolle Sterben reichten für Panik und Anarchie, auch in Regionen, die noch gar keine Pestfälle hatten (113). Jede mittelalterliche Stadt war ein Mikrokosmos, mit jeweils ganz unterschiedlichen sozialen Gemengelagen. Deshalb reagierte jede Kommune anders, auch wenn einzelne Städte versuchten, durch Botschaften Nachbarorte aufzuwiegeln. Juden wurden verbrannt und gefoltert, aus der Stadt gejagt oder zwangskonvertiert. Einzelne Bürgermeister und Stadträte wie in Straßburg und Köln, ebenso wie einige Landesherren, wollten oder konnten dem Wahnsinn Einhalt gebieten. Trotzdem wurden tausende von Juden zwischen 1348 und 1353 getötet.

Nach der grausamen Dezimierung der Juden ging die Krise weiter. Wegen des Bevölkerungsschwunds während der ersten Pestwellen fehlte es an Bauern, Arbeitern und Handwerkern. Das führte zu Nahrungsverknappung und Teuerung, die Wirtschaft lag am Boden. Den Menschen ging es schlecht und schlechter, die Seuchen häuften sich. Durch eine Klimaabkühlung wurde alles noch schlimmer, immer wieder gab es Missernten und Hungersnöte. Die apokalyptischen Reiter galoppierten durch Europa. Viele kanalisierten Leid und Unsicherheit, indem sie sich neue Sündenböcke suchten. Ab dem 15. Jahrhundert begann im großen Stil die Verfolgung von Hexen und Hexern. Der abergläubische Rufmord hat nachfolgende Generationen zu immer neuen Verschwörungstheorien inspiriert. Hexenverfolgungen seien ein Kulturkampf gegen keltisch-germanische Religionen gewesen oder ein Versuch, die Geburtenkontrolle zu unterbinden. Viele halten die Pogrome für das Werk der katholischen Inquisition und Hexenverfolgungen gelten allgemein als Ausdruck mittelalterlicher Frauenfeindlichkeit. Wie schon erwähnt, begann die große Zeit der Hexenhatz erst nach dem Mittelalter, als Europa schon lange christianisiert war. Tatsächlich waren drei Viertel der Angeklagten weiblich, dasselbe gilt allerdings auch für die Denunziantinnen. Die katholische Kirche hat den Strafbestand der Häresie geschaffen und ihre misogyne Rhetorik hat zum sexualisierten Hexenklischee beigetragen. Damit hat sie den grausamen Pogromen den Boden bereitet. Einzelne Geistliche waren fanatische Hexenjäger, andere wetterten dagegen. Wie schon bei den Judenmassakern waren der Obrigkeit, auch der kirchlichen, die Gewaltexzesse nicht geheuer. Der Bischof von Bozen ließ den Unruhestifter und Frauenhasser Heinrich „Institoris" Kramer 1485 aus Innsbruck werfen, als der Dominikaner zwei Frauen den Prozess machen wollte. Auch die spanisch-staatliche

Inquisition verbat Hexenprozesse. Der kirchlichen Inquisition waren die eher volkstümlichen Hexenjagden zu emotional und unwissenschaftlich. Frauen, besonders alleinstehende, waren im 15. Jahrhundert praktisch rechtlos. Waren sie dann noch erfahren in Kräuterkunde und Geburtshilfe, machte sie dies verdächtig. Somit wurden sie zu idealen Ersatzopfern, nachdem Juden und Leprakranke rar wurden. Neben den Standardanschuldigungen wie „Buhlschaft mit dem Teufel" und Kindesmord spielten Wetter- und Schadenszauber eine große Rolle. Die Hexerei sollte verregnete Sommer und verdorbenen Ernten erklären, ebenso die häufigen Krankheiten der Menschen und ihres Nutzviehs. Die Europäer lebten in Agrargesellschaften, das meiste produzierten sie für den eigenen Bedarf. Viehseuchen waren für sie daher ebenso fatal wie menschliche. Anders als bei der aktuellen Bedrohung durch die Afrikanische Schweinpest drohte den Bauern damals neben dem wirtschaftlichen Ruin der Hungertod. Viele wähnten sich in ihrer Verzweiflung im Kampf gegen das übermächtig Böse, da war die Ermordung der Teufelsbrut in Gestalt der missliebigen Nachbarin quasi Selbstverteidigung. Praktisch war auch, dass Denunzianten einen Teil des Besitzes der „Hexen" erhielten. Insgesamt fielen in Europa mindestens 40 000 Menschen dem Hexenwahn zum Opfer, die letzte europäische Hexe wurde im 18. Jhd. hingerichtet (309). Besonders in den Alpen und anderen landwirtschaftlichen Marginalregionen flackerten die Massenverfolgungen immer wieder auf, hier wurden die Menschen am härtesten von der kleinen Eiszeit und all ihren Auswirkungen getroffen.

Die politische Seuche Cholera zeigt, dass auch Gutsituierte Verschwörungstheorien spinnen können. Oft versuchen Entscheider aus wirtschaftlichen Gründen, Cholera-Ausbrüche zu vertuschen (112; 117). Gerne wurde von der indischen oder orientalischen Cholera gesprochen, um die Schuldfrage sozusagen auszulagern und nebenbei xenophobe Ängste zu bedienen. Ähnlich agierte Donald Trump, der *SARS-COV-2* zum chinesischen Virus erklärte (117). Die englischen Kolonialherren verklärten ihre Imperialpolitik in Indien zu einem Kampf gegen die Cholera, also praktisch einen Akt der Barmherzigkeit (117). Auch andere nutzten die Weltseuche, um Politik zu machen. Der Gemeinplatz von den „liederlichen Armen", die durch ihren Lebenswandel Elend und Krankheit verschulden, machte es Behörden leicht, mit den Epidemien gleichzeitig deren vermeintliche Verursacher zu bekämpfen (100; 113). Statt Trinkwasseraufbereitung gab es Überwachung, statt sozialem Wohnungsbau entstanden Arbeitshäuser und statt eines Kanalsystems hagelte es Moralpredigten. Wissenschaftler, Wohlfahrtsverbände und Sozialpolitiker mussten lange kämpfen, bis hygienische statt erzieherische Maßnahmen ergriffen wurden. Da wundert es nicht, dass die so Verunglimpften ihrerseits den Eliten misstrauten. Unter den Arbeitern ging das Gerücht um, sie sollten durch die Cholera ausgemerzt werden. Weil Armenviertel so viel schwerer von Choleraepidemien betroffen waren als die großbürgerlichen Quartiere, glaubten viele Berichten über eine geplante Vergiftung der Arbeiterklasse (110). Die Seuche kam aus dem Osten und so begannen die ersten Cholera-Aufstände in Russland. Eilig angeordnete Straßensperren sollten die Ausbreitung der Pandemie verhindern, doch wer ausreichend zahlte, wurde durchgewinkt. Das verdarb die Volksstimmung. Misstrauen machte sich breit, man verdächtigte ausgerechnet Ärzte, das Essen zu vergiften und so die Krankheit zu verbreiten. Als die Mediziner rieten, die Hände mit Essig zu desinfizieren, wurde dies ebenfalls als Giftanschlag missverstanden. Es begann zu brodeln, in Petersburg wurden besonders ausländische „polenfreundliche" Ärzte verdächtigt. Aufgebrachte Massen stürmten ein Krankenhaus und töteten einen Arzt. Patienten wurden vom Mob „befreit" (310). 1831 brandete die erste Cholera-Pandemie aus Russland kommend in Königsberg/Kaliningrad an. Die Königsberger Polizei sperrte daraufhin vorsichtshalber ebenfalls den gesamten Verkehr, Kranke wurden isoliert und Tote schnell begraben. Das Volk verdächtigte prompt die Ärzte dunkler Machenschaften. Im Kleinbürgertum machte sich eine eher negative Grundstimmung gegen Obrigkeit und Wissenschaft breit, die in dem Gerücht gipfelte, der bekannte Astronom Friedrich Wilhelm Bessel hätte mittels „silberner Kugeln" die Seuche in die Stadt gebracht. Die „Kugeln" entpuppten sich als Raketensignale, aber das interessierte keinen Wutbürger. Es kam zu Tumulten mit mehreren Toten (311). Heinrich Heine musste Ähnliches erleben, als die Cholera ein Jahr später Paris erreichte. Aus Sorglosigkeit wurden Panik und Schock über den lieblosen Umgang mit den vielen Toten, Verschwörungstheorien schossen wie Pilze aus dem Boden.

„Je wunderlicher die Erzählungen wurden, desto begieriger wurden sie von dem Volke aufgegriffen.", schreibt der Dichter In seinem Buch „Französische Zustände". Er analysiert minutiös die Verwandlung seiner „Stadt der Freiheit" in ein Leichenhaus, über das er nur noch weinen kann (312).

Mit alternativen Fakten versuchte die Regierung von Simbabwe 2008, von eigenen Versäumnissen abzulenken, als eine Cholera-Epidemie ausbrach. Weil die Menschen unsauberes Wasser tranken und nicht medizinisch versorgt werden konnten, starben in der maroden Diktatur Tausende an einer Krankheit, die mittlerweile weltweit nur noch eine Letalität von 1 % hat. Der greise Präsident Mugabe bezeichnete die Epidemie als neo-koloniale Attacke (313). Sein Informationsminister legte gleich nach. Die Briten hätten vor ihrem Abzug Cholera-Erreger in den Boden es Landes „gepflanzt". Die Seuche wäre eine „Völkermord-Attacke der Briten auf die Simbabwer." Der Westen wolle mit der Epidemie eine militärische Invasion vorbereiten (314).

Schon vor Corona gab es Seuchen-Leugner, darunter auch Promis wie den Nobelpreisträger Kary Mullis. Der geniale Eigenbrötler war Mitentwickler der PCR-Technik, die zum Nachweis von Viren wie HIV oder SARS-CoV eingesetzt wird. Das hinderte den exzentrischen Forscher nicht daran, zu bezweifeln, dass AIDS durch HIV verursacht wird. Diese Theorie war Wasser auf den Mühlen von Südafrikas Präsident Mbeki, ebenfalls ein AIDS Leugner. Der Präsident ließ die anschwellende AIDS-

Welle in seinem Land zunächst mit einer Gemüsediät bekämpfen, bis er durch Klagen gezwungen wurde, antivirale Medikamente an HIV-Positive auszugeben. Bis zu 300 000 Menschen wurden in Südafrika Opfer seiner wissenschaftsbefreiten Politik. (61)

COVID-19 gibt ebenfalls Verschwörungsmythen Aufschwung, Konspirationslegenden gedeihen auch in unserer Wissensgesellschaft. Es zeigt sich: Ein Zuviel an Information ist ebenso fatal wie Unwissenheit. Je größer die Krise, desto stärker der Drang, sich Wohlfühlwahrheiten zu basteln, die der eigenen Befindlichkeit entsprechen (315). Im soliden Grund berechtigter Kritik und kluger Bedenken, wurzeln wild wuchernde Verschwörungsfantasien, die in den bekannten Denkmustern Blüten treiben. Da gibt es „Die" und „Uns", man hat ein Feindbild und sieht sich in der Opferrolle. Der moderne säkulare Bürger hält Seuchen nicht mehr für Gottes Strafe für (anderer Leute) Sünden. Stattdessen gelten Entscheider als unfähig und korrupt. Geblieben ist der Hang innerhalb der eigenen Bevölkerung, Minderheiten und sozial Schwache zu attackieren. Unter neuen Coronavorzeichen werden alte Probleme wie fehlende Sprachkenntnisse, Bildungsferne und beengte Wohnverhältnisse als gemeinschaftsschädigend, weil infektionsfördernd wahrgenommen (104). Wie gehabt wird gleichzeitig gerne die Schuld nach Außen verlagert. Ein Beispiel sind die xenophoben Angriffe, denen Menschen asiatischer Herkunft im letztem Jahr ausgesetzt waren, siehe auch #JeNeSuisPasUnVirus (307). Neben wirtschaftlichen und politischen Rivalen bieten sich in unserer globalen Gesellschaft internationale Konzerne als Feindbilder an. Die Vergangenheit hat gezeigt, dass fast Jeder bei diesem Spiel mitmacht. Geglaubt wird die gefühlte Wahrheit (315). Gerüchten um die Herkunft des *SARS-CoV-2*, die von der Trump-Administration schon vor einem Jahr in Umlauf gebracht wurden, galten als chinafeindliche Propaganda. Der damalige Präsident behauptete, das Virus sei aus einem chinesischen Labor entwischt. Als Präsident Biden am Mai 2021 denselben Verdacht äußerte, wurde die Vermutung sogar in liberal-demokratischen Kreisen salonfähig (316). Fast zeit-

gleich berichten französische und deutsche Influencer von ge-
heimnisvollen E-Mails, die anregten, für „ein riesiges Budget"
gegen den Impfstoff Biontech/Pfizer Stimmung zu machen. Die
Meinungsmacher sollten den Eindruck erwecken, die Todesrate
nach Biontech/Pfizer-Impfungen sei dreimal höher als bei anderen Impfstoffen (317).

Alternative Fakten mehren sich bei jeder Krise, doch Seuchen
fördern sie besonders. Das liegt daran, dass die Gefahr unsichtbar ist. Jeder kennt Abbildungen von *SARS-CoV-2*, aber sehen
können wir das Virus nicht. Auch die Übertragungswege sind
bekannt, doch niemand spürt, wann er sich ansteckt, jeder Krat-
zer schmerzt mehr. Kranke leiden isoliert und sterben einsam.
Nur wenn wie in Indien das Gesundheitssystem zusammenbricht,
sehen wir die Realität hinter den Statistiken. Unsere Intuition
hilft uns nicht im Umgang mit einer Bedrohung, die unsere Sinne nicht wahrnehmen. Unser gesunder Menschenverstand wird
von der komplexen Krise in die Irre geführt, Infektionskrankheiten bleiben auch in unseren wissenschaftlichen Zeiten eine
unfassbare Bedrohung.

Infektionen und Innovationen

Kein Zweifel, Infektionskrankheiten bringen unendliches Leid und sind eine der größten Bedrohungen für das Überleben der Menschheit. Letzteres klingt maßlos übertrieben, doch die Genetik lehrt uns, dass Homo sapiens schon mehrfach am Rande des Aussterbens stand. Nur kleine Gruppen unserer Vorfahren überlebten, weshalb unsere genetische Vielfalt ziemlich gering ist, ganz gleich, wie sehr wir uns äußerlich unterscheiden. Geringe Variabilität ist eine Einladung an hoch spezialisierte Pathogene, die mit nur wenigen Mutationen unser Abwehrsystem überrumpeln und sich in den humanen Monokulturen zügig verbreiten können. Weil wir immer dichter zusammen leben und immer mobiler werden, bieten wir ideale Voraussetzungen, damit aus Infektionen Seuchen werden (318). Doch, so makaber es klingt, Seuchen bringen Menschen auch voran, beschleunigen Veränderungen, ermöglichen Fortschritt und inspirieren Künstler. Die erste Pestwelle vor 5 000 Jahren löste Migrationen in ganz Eurasien aus. Mit den Menschen wanderten auch Technologien, Haustiere und Nutzpflanzen wie die Hirse von Ost nach West. Die Landwirtschaft konnte sich weiterentwickeln, die Erträge stiegen. Dies war wiederum Auslöser für große soziale, kulturelle und landwirtschaftliche Umbrüche, die parallel zur Ausbreitung des Hirseanbaus in Europa stattfanden (319). Während des Schwarzen Todes (1347–1353), starben mindestens 25 Millionen Menschen in Europa, mit schrecklichen Konsequenzen für die Überlebenden. Der darauffolgende Mangel an Handwerkern und Bauern erhöhte den Wert der Arbeitskraft (320), die Löhne stiegen und auch für Frauen eröffneten sich neue Möglichkeiten, ihren Lebensunterhalt zu verdienen. In England wurde das Unwesen des Leibeigentums beendet und Gilden und Zünfte, bisher darauf erpicht, Konkurrenz fernzuhalten, mussten sich öffnen. Mediziner waren bis dahin eine elitäre Gruppe, die nur den Studierten offenstand. Aus schierer Personalnot öffnete sich nach der ersten Pestwelle der gelehrte Berufstand Anwärtern aller Schichten, um im Kampf gegen die Seuche zu bestehen. Das kultige Berufsbild Dr. Schnabels entstand, der mit Maske und Schutzkleidung zum Inbegriff des Pestdoktors geriet. Ironischerweise verkörpert der wackere Arzt wegen seiner bizarren Maske heute selber die Pest.

Abbildung 26: Dr. Schnabel 1656

Andere Veränderungen waren noch viel gravierender. Die vielen Epidemien, die seit dem 12. Jhd. in Europa wüteten, brachten die mittelalterliche Ständegesellschaft mit ihrem religiös geprägten Weltbild ins Wanken. Zusammen mit klimatischen und kulturellen Faktoren forcierte sie den neuzeitlichen Wandel zur Wissensgesellschaft. Aus Angst vor Infektionen entstanden zahlreiche Häuser speziell für die Isolation und Behandlung von ansteckenden Seuchen wie der Pest. So manches Krankenhaus entstand später aus einem Pesthaus, als mit Abklingen der großen Pestwellen keine isolierten Hospitäler mehr gebraucht wurden (321).

Es bedurfte mehrerer Cholerawellen, bis Hygieniker Kanalisation und Trinkwasseraufbereitung bei den Stadtvätern durchsetzen konnten (61; 115). Industriestaaten mit explodierenden Bevölkerungen investierten aus Angst vor Epidemien in verbesserte Gesundheitsvorsorge, auch für die Armen (322). Wohlfahrtsverbände kämpften lange für menschenwürdige und gesunde Wohnstätten für Kleinstverdiener. Eine der Vorkämpferinnen für bekömmliche Behausungen für die Armen war die Engländerin Octavia Hill (1838–1912). Schon ihr Großvater, der Arzt Thomas Southwood Smith, demonstrierte, dass Typhus-Ausbrüche mit unsauberen Lebensbedingungen zusammenhingen. Seine soziale und schöngeistige Enkelin finanzierte und renovierte Arbeiterwohnungen, versah sie mit sanitären „Extras" wie Wasser in jedem Stockwerk und Abflusssystemen (323). Denn sie war überzeugt, dass „die geistige Erhebung einer großen Volksklasse zu einem guten Teil von sanitären Reformen abhänge" (324).

Ganz modern, sah sie den Zusammenhang zwischen körperlicher und seelischer Gesundheit, weshalb sie immer auf ästhetische Grünflächen im Umfeld ihrer sozialen Wohnungsprojekte achtete. Für sie waren der Kampf gegen Armut und der Kampf gegen das Hässliche ein und dasselbe, das alles für bezahlbare Mieten, erzieherische Tipps der Vermieterin mit inbegriffen. Die Sozialreformerin stellte nur weibliche Mitarbeiterinnen ein, die mit dem nötigen sozialen Fingerspitzengefühl die Mieten einsammelten (323). Weil sich die die sogenannten Armenviertel als Seuchenbrutstätten erwiesen, fingen auch andere an, in gesunden Wohnraum zu investieren. Es entstanden werkseigene Arbeitersiedlungen und ab 1918 in Deutschland auch staatlicher sozialer Wohnungsbau. Die Arbeiter selbst schlossen sich zu Wohngenossenschaften zusammen, um ihren Elendsquartieren zu entkommen. Auch für die neue Wissenschaft der Mikrobiologie gab es staatliche Unterstützung, versprach sie doch endlich wirksame Waffen gegen Infektionskrankheiten zu liefern. Nicht nur im Städtebau, sondern auch in der Medizin und bei der Lebensmittelhygiene sorgten die neuen Erkenntnisse für bahnbrechende Reformen. Die Forschung an Krankheitsursachen wurde besonders in Frankreich und Deutschland zur nationalen Chefsache, dank der Forschergenies Louis Pasteur (1822–1895) und Robert Koch (1843–1910). Die Angst vor Infektionskrankheiten wie den Pocken verhalf auch neuen Methoden wie Inokulation oder Impfung zum schnellen Durchbruch. Die allgegenwärtigen Seuchen befeuerten Künstler, die Schrecken ihrer Zeit kreativ zu verarbeiten. Boccaccios Novellensammlung „Decamerone" inspirierte nachfolgende Literaten ebenso wie die Werke seines Freundes Petrarch oder die kirchenkritischen Canterbury Tales von Chaucer. Sie alle lassen uns in den Zeitgeist an der Grenze zwischen Mittelalter und Neuzeit eintauchen, in der die Plage Altes in Frage stellte und neue Kunstströmungen ermöglicht. Wir haben schon gesehen, wie TBC, Syphilis und Cholera fünfhundert Jahre später Thomas Mann, Verdi oder Puccini zu großen Werken inspirierten. Nicht umsonst wird die literarische Epoche, die auch Thomas Mann um 1900 prägte, als „Dekadenz" bezeichnet (123; 325; 326). Die Bewegung verstand sich als Protestbewegung gegen bürgerliche Langweile und kultivierte die amoralische Lust am Untergang, vorzugsweise durch Tabukrankheiten wie Syphilis. Autoren wie Rilke, Schnitzler oder Baudelaire verbanden ihre Todessehnsucht mit Erotik und genialem Wahn.

TEIL 6

Der ewige Kampf

von Voodoo bis Monte Carlo

Weltweit findet man bei frühen Kulturen dieselben Verhaltensmuster im Umgang mit der damals neuen Gefahr Seuche. Masseninfektionen erschienen den ersten Bauern zwar als ein unheimlicher Fluch, als Pragmatiker erkannten sie aber schnell, dass sie Epidemien durch Sauberkeit in Schach halten konnten. Schon in prähistorischen Zeiten bekämpfte die Menschen Seuchen darum zweigleisig durch Reinigungsrituale und Schutzmagie (327). Frühe Schriften erzählen bereits von der Isolation Kranker zum Schutz der Gemeinschaft, denn auch die Gefahr durch Ansteckung hatte sich schnell herumgesprochen (3). Sehr viel älter dürften die Wurzeln der Heilkunst sein, schon Menschenaffen verwenden Heilpflanzen zur Selbstmedikation (328). Die Pflege Kranker ist dagegen typisch menschlich (329).

Die Tochter des Gottes

*Abbildung 27: Statue der Hygieia,
römische Kopie circa 130–160 nach einem
griechischen Original um 360 v. Chr.*

Heute reduzieren wir Hygiene auf die AHA Regeln und Sauberkeit, nicht so die alten Griechen. Die Hellenen verstanden
unter Hygiene die Kunst, gesund zu Leben. Neben Reinlich-

keit gehören Achtsamkeit, Ernährungsbewusstsein, Fitness und Work-Life-Balance in den Kompetenzbereich der antiken Göttin Hygieia, Tochter des Arztgottes Asklepios (322). In dieser Beziehung waren sich antike Ärzte mit ihren Zeitgenossen am Indus einig, die in der ayurvedischen Tradition ebenfalls zu Mäßigung und Gleichgewicht in allen Bereichen des Lebens als bester Gesundheitsvorsorge rieten (327). Wir merken, bereits in der Antike war das eigene Wohlergehen Einstellungssache, Ausgeglichenheit und Disziplin galten als ebenso wichtig für den Gesundheitsschutz wie äußere Faktoren. Schon frühe Schriften wie das Alte Testament zeigen aber, dass darüber hinaus Hygiene in alten Gesellschaften oberste Chefsache war. Weltweit findet sich bei vielen Religionen die Unterteilung in „rein" und „unrein". Immer ist nicht nur – aber auch – körperliche Sauberkeit gemeint. Befremdlich pedantisch, befasst sich das Gesetzeswerk der Juden mit Reinheitsvorschriften, die nicht nur die Seele gesund halten sollten. Lange Passagen warnen vor Körperflüssigkeiten aller Art die, wir wissen es heute, Krankheiten übertragen können. Auch Fäkalien und Aas sind unrein und müssen gemieden werden. Gesundheitsvorsorge war ein fester Bestandteil der Religion, immer wieder wird darum im Alten Testament mit Seuchen gedroht, wenn göttliche Gesetze missachtet werden. Leider hat das spätere Generationen dazu verleitet, Krankheit als Strafe für Fehlverhalten zu deuten. Durch tradierte Riten erhielten die Menschen ein *„behavioural immune system"*, also eine durch Verhaltensweisen gestärkte Abwehr. Ein Beispiel sind die religiös verordneten Bäder, die mittelalterliche Juden besser vor grassierenden Seuchen schützten als christliche Sudelei. Aus Unkenntnis der Infektionsursachen schießen die biblischen Gesundheitswächter allerdings manchmal über das Ziel hinaus. Schon die Berührung einer menstruierenden Frau verunreinigte den Frommen bis zum Abend. Manchmal vermischten die priesterlichen Hygieniker auch Natur und Kultur. Zum Beispiel beim blutigen Geschäft der Niederkunft, die eine Frau besonders unrein machte. Dank patriarchalischer Voreingenommenheit mussten junge Mütter nach der Geburt einer Tochter doppelt so lange im Haus bleiben wie nach der Geburt eines Sohnes (3).

Schon vor 4500 Jahren finden wir in der unfassbar frühen Metropole Mohenjo Daro ein getrenntes Trink- und Brauchwassernetz. Die gute Idee ist also nicht wirklich neu. Später griffen sie Roms Stadtplaner wieder auf. Deren Organisationstalent zeigte sich auch bei der staatlichen Gesundheitsvorsorge: neben einem getrennten Trink- und Abwassersystem legten Römer die Sümpfe trocken, die schon damals als Seuchenbrutstätten verrufen waren. Berühmt sind die Lateiner auch für ihre öffentlichen Bäder, die Jedermann zur Verfügung standen (330). Die Badeoasen waren geheizt und mit weiteren Annehmlichkeiten wie Sportsälen, Leseräumen und einer aufwendigen Innenausstattung versehen. Man sollte sich eher Freizeitcenter mit Sozialfunktion vorstellen als bloße Zweckeinrichtungen. Kein Wunder, dass die Wellnesstempel ein wichtiger Teil des römischen Lebensstils waren (331). Auch wenn solche Gemeinschaftseinrichtungen, ebenso wie die öffentlichen Toiletten der Lateiner, ein beliebter Umschlagplatz für Magen-Darm-Erreger aller Art waren, stehen sie für bahnbrechende staatliche Gesundheitsvorsorge. Nach dem Zerfall des Römischen Reiches sollte es 1 700 Jahre dauern, bis Staaten wieder diesen hohen öffentlichen Hygienestandard erreichten.

Abbildung 28: Zentralhalle (Basilica thermarum) in Carnuntum

Im Mittelalter konnten sich lange nur die Eliten ein prestige-
trächtiges Warmbad im gemauerten Becken leisten (332). Eine
Ausnahme waren jüdischen Bäder, Mikwe genannt, die der ri-
tuellen Reinigung dienten. In Speyer wurde solch ein Tauchbad
um 1120 erbaut und 2021 zum UNESCO Weltkulturerbe erklärt
(333). Der Rest des Volkes badete eben kalt oder al fresco, wenn
überhaupt. Erst im Spätmittelalter kamen wieder öffentliche Bäder auf. Die darin beschäftigten Bademeister „Bader" boten allerlei Zusatzservices wie chirurgische Eingriffe oder eine Rasur
an. Selbst in Dörfern kamen gemeinsame Badestuben in Mode,
die nicht nur der Sauberkeit, sondern auch allerlei anderen Ver-
gnügungen dienten. Als sich die Seuchen mehrten, war mit solch
sinnlicher Körperlust aber wieder Schluss. Badestuben kamen als
Seuchenherde in Verruf und wurden geschlossen. Dazu mag auch
die eher prüde Attitude der Reformation beigetragen haben, die
Nacktheit als unmoralisch missbilligte (332).

Mit der Aufklärung wurde der Schutz der eigenen Gesundheit
zum Akt mündiger Selbstbestimmung. Der französische Arzt und
Philosoph Constantin Francois Volney verkündete 1793, dass die

erste Form des Eigentums der eigenen Körper sei. Das Verständnis von Prävention als Akt der Selbstkontrolle mündete in bildungsbürgerlicher Missbilligung des schmuddeligen Lebensstils der Armen. Damit luden die Elenden Krankheiten geradezu ein, zum Schaden der Allgemeinheit, meinten gesundheitsbewusste Moralisten. Schließlich lebten die Menschen seit dem 19. Jhd. in solcher Dichte zusammen, dass man den ungesunden Ausdünstungen der verseuchten Masse nicht entgehen konnte. Dass nicht jeder den Luxus selbstbestimmter Lebensführung hatte, den die sauberen Zehntausend anstrebten, wurde verdrängt. Die Diskussion, ist noch immer unbehaglich aktuell, nicht nur in Coronazeiten, wie Debatten um Übergewicht und Diabetes als Folgen des „ungesunden" Lebensstils der Unterschicht zeigen (334; 335). Vor 200 Jahren führten Choleraepidemien und Urbanisierung dazu, dass die individuelle Gesundheitsvorsorge durch öffentliche Hygiene ergänzt wurde. Eine rundum gute Sache, könnte man meinen, die uns sauberes Trinkwasser und Abfallentsorgung bescherte, strenge Bauvorschriften und die Trennung von Wohn- und Industrievierteln. Dazu kamen Volksbäder, die nicht dem Sport, sondern der Sauberkeit gewidmet waren. In den Prachtbauten, die ab 1870 in vielen deutschen Städten entstanden, sollten sich auch die waschen können, die nicht über den Luxus fließenden und warmen Wassers verfügten (332).

Abbildung 29: Müllersches Volksbad in München

Trotz all dieser Errungenschaften gilt auch für die Hygiene selber das Motto: Mäßigung in allen Dingen. Wie staatliche Prävention aus dem Ruder laufen kann, zeigen die fürchterlichen Verirrungen von Eugenik und Rassenhygiene, den hässlichen Schwestern der öffentlichen Gesundheitsvorsorge. Viele Staaten behielten sich vor, im Interesse der „Volksgesundheit" über Leben und Sexualität Einzelner zu bestimmen (322). Nicht erst seit der Covid-19-Pandemie fühlen sich auch heute Menschen durch staatliche Fürsorge entmündigt. Politiker, Philosophen, Ethiker und Juristen ringen darum, den Konflikt zwischen Selbstbestimmung und Schutz der Allgemeinheit aufzulösen.

Ab dem 18. Jahrhundert wurde der Kampf gegen Infektionen effektiver, die besseren Heilungserfolge gaben Medizinern mehr Autorität. Trotzdem setzten sich selbst innerhalb der heilenden Zunft neue Methoden nur mühsam durch, wie der Geburtshelfer und Chirurg Ignaz Phillip Semmelweis (1818–1865) zu seinem Leidwesen feststellte. Seine bahnbrechenden Einsichten über den Ursprung des Kindbettfiebers wurden von uneinsichtigen Kollegen buchstäblich totgeschwiegen. Deprimiert und verbittert muss-

te er ertragen, das Tausende starben, weil Ärzte aus Prinzip seine Forderung, Hände und Geräte zu desinfizieren, nicht folgten.

Abbildung 30: Dr. Ignaz Phillip Semmelweis
Von Eugen Doby (1834–1907)

Die Biographie des begnadeten Geburtshelfers Semmelweis hat
Drehbuchpotential, mit einer Handlung, die in der Blütezeit der
Donaumonarchie spielt. Seine Karriere beginnt der junge Arzt
aus Budapest im kaiserlichen Wien, das gerade eine goldene medizinische Ära durchlebte. Als Assistenzarzt arbeitet er an der ge-
burtshilflichen Abteilung im Allgemeinen Krankenhaus. Zu jener Zeit begaben sich nur die Ärmeren in den Massenbetrieb der
öffentlichen Kliniken, wer es sich leisten konnte, entband zuhause, was das geringe Prestige der Geburtsabteilungen erklärt.
Lange Zeit galten Entbindungen ohnehin als reine Frauensache,

unter der Würde professioneller Ärzte. Kreissäle lagen darum oft in den Schmuddelecken der Hospitäler. Neben der von Medizinern geleiteten Abteilung gab es am Allgemeinen Krankenhaus auch eine die von Hebammen geführt wurde. Semmelweis fiel auf, dass bei Hebammen-Entbindungen die Sterblichkeit deutlich unter der bis zu 30-prozentigen Todesrate der Ärzte-Abteilung lag. Durch systematische Beobachtung, statistische Auswertung und Obduktionen kam er dem Grund auf die Spur: Hebammen sezierten Verstorbene nicht, daher konnten sie weniger infiziertes Material übertragen, folglich erkrankten Patientinnen und Babys seltener am gefürchteten Kindbettfieber. Der Arzt erkannte auch, dass Kindbettfieber keine eigenständige Krankheit, sondern eine Form der Blutvergiftung war. Nachdem Dr. Semmelweis Händewaschen und Desinfektion mit Chlorkalk in seiner Abteilung einführte, sank die Sterblichkeit auf unter 1 %, ein klarer Beleg für seine Vermutung. Der Arzt machte seine Theorie publik und sich selber unbeliebt. Einige Kollegen waren sofort überzeugt, die meisten reagierten unterkühlt, sein genervter Vorgesetzter nannte ihn einen „wilden Ungarn" und entließ ihn. Semmelweis ließ sich nicht unterkriegen, verzweifelte aber zunehmend an der Borniertheit vieler Mediziner. Sein Ton wurde aggressiver, er beschimpfte Uneinsichtige als Mörder, was viele Koryphäen brüskierte. Das Ende war dramatisch. Semmelweis starb nach psychischen Problemen in einer Nervenheilanstalt, ausgerechnet an – Blutvergiftung, weil ihm Pfleger mehrere Knochenbrüche verpassten, die nicht versorgt wurden (336). Erst posthum wurde Ignaz Semmelweis als „Retter der Mütter" geehrt, nachdem andere seinen Kampf weiterführten und schließlich gewannen. Der Arzt Sir Joseph Lister (1827–1912) konnte Jahrzehnte später Desinfektion und Krankenhaushygiene durchsetzen. Zu diesem Zeitpunkt waren die Erkenntnisse Louis Pasteurs über Mikroorganismen bereits bekannt und anerkannt, die Logik leuchtete der Fachwelt endlich ein (337).

Schon Kinder lernen, sich regelmäßig oder zumindest ab und zu die Hände zu waschen. Desinfektion und Maske kannte bis vor kurzem aber nur die Fachwelt, zumindest in Europa. Um sich vor der Ansteckung mit *SARS-CoV-2* zu schützen, tragen wir nun alle einen Mundschutz und waschen uns die Hände gründlicher als je zuvor. Für die einen eine lästige Übung, die Haut und Geduld strapaziert, für die anderen ein beruhigendes Ritual zur Abwehr von Corona. Noch ist umstritten, wie sehr Händewaschen vor Corona oder anderen Atemwegsinfektionen schützt, sicher ist aber, dass wir dadurch seltener erkranken, gut für unser Wohlbefinden und wichtig, wenn das Gesundheitssystem überlastet ist. Spezielle Schutzeffekte der verbesserten Handhygiene werden dadurch verschleiert, dass schon vor Corona Händewaschen weitverbreitet war, zumindest dort, wo es sauberes, fließendes Wasser gibt (338). Auch an Atemmasken scheiden sich die Geister, denn mag der mechanische Schutz durch feine Filter auch noch so groß sein, er nutzt nur bei korrekt getragener Maske. Noch gibt es zu wenig Studien zu den zusätzlichen Schutzeffekten durch die verschiedenen Maskentypen (338). Auch hier lässt sich ein Vorher-Nachher oder besser Mit-Ohne-Effekt deshalb schwer erkennen, weil im seuchengebeutelten Asien viele Menschen schon seit längerem Masken an Bahnhöfen, Flughäfen etc. tragen. Das European Center for Disease Control and Prevention (ECDC) spricht sich gegen FFP2- und für OP-Masken aus, da sie dank höherem Tragekomforts konsequenter benutzt werden (339). Immerhin belegen die Zahlen klar, dass die pandemiebedingten Maßnahmen insgesamt zu einem Rückgang an Infektionen geführt haben, vor allem Homeschooling, Homeoffice und Testungen drücken die Zahl der Corona-Ausbrüche (340). Erste Studien zeigen auch, dass zumindest in Kliniken während des vergangenen Jahres die im Krankenhaus erworbenen Infektionen zurückgegangen sind. Die Wissenschaftler führen das auf verschärfte Hygienemaßnahmen einschließlich mehr Schutzkleidung in den Hospitälern zurück (341).

Heiler und Heilige

Das Konzept von Krankheit als Ausnahmezustand des Körpers ist älter als die Menschheit und ebenso alt sind die Versuche, den Normalzustand wiederherzustellen. Wie gehabt, soll nun keine vollständige Auflistung weltweiter Heilungspraktiken folgen, stattdessen möchte ich anhand von Beispielen globale Trends und Entwicklungen in der Heilungskultur darstellen.

Immer wieder beobachten Primatologen einzelne Schimpansen und Gorillas, die Pflanzenteile wohldosiert zu sich nehmen. Die Tiere essen sich weder an den meist unappetitlichen Gewächsen satt, noch interessieren sich andere Gruppenmitglieder für die Kräuter. Manchmal schälen Menschenaffen sogar Teile einer Pflanze ab und verzehren nur ihr Mark. Viele Kräuter schmecken ausgesprochen bitter, was auf einen hohen Gehalt an bioaktiven Substanzen in der Pflanze deutet. Dass Schimpansen das Gestrüpp als Delikatesse vernaschen, erscheint unwahrscheinlich. Forscher spekulierten, dass die Affen mit den Pflanzen ihre Leiden behandeln. Chemischen Analysen bestätigten diesen Verdacht, in vielen Gewächsen fanden sich pharmazeutisch wirkende Substanzen, es sind Heilpflanzen. Schimpansen in Uganda verzehren zum Beispiel Blätter des Mahagonigewächs *Trichilia rubescens*, die Wirkstoffe gegen *P. falciparum,* den Malariaerreger enthalten. Doch das reicht nicht, erst wenn die Primaten die Blätter gemeinsam mit Erde zu sich nehmen, entfaltet die Pflanze ihre volle Wirkung. Die bioaktiven Substanzen binden an Erdkrümel und die Verfügbarkeit der heilenden Gifte erhöht sich dramatisch (342; 343). Paläologen fanden im Zahnschmelz von Neandertalern Spuren von Kamille und Schafgarbe. Ob die Steinzeitler nun ihr Fleisch aus geschmacklichen oder medizinischen Gründen mit den anti-mikrobisch wirkenden Kräutern mischten, ist schwer zu klären. Möglicherweise begannen viele Gewürze ihre kulinarische Karriere als Verdauungshelfer oder Prophylaxe gegen mit der Nahrung aufgenommene Keime (344).

Von Anfang an sammelten Menschen also Heilwissen und gaben es von Generation zu Generation weiter. Heiler und Heilerin dürfte eine der ersten spezialisierten Berufe in steinzeitlichen Familienclans gewesen sein. Bis heute hüten traditionelle Völker uralte Kenntnisse über Behandlungsmethoden und Arzneipflanzen ihrer Heimat. Pharmafirmen zapfen dieses Wissen gerne an, dabei läuft ihnen aber, besonders in den Regenwäldern, die Zeit davon. Wir wissen, viele tropische Pflanzen sterben aus, bevor ihr Potential für die globale Nutzung entdeckt werden kann. Da trifft es sich gut, dass viele der überlebenden Traditionellen in genau diesen Ökosystemen zuhause sind, allen voran die südamerikanischen „Wächter des Waldes". Statt blind in den grünen Artenhotspots nach Arzneien zu suchen schicken Konzerne sogenannte Ethnopharmakologen zu den Indigenen. Die völkerkundlichen Apotheker sammeln altes Heilwissen und identifizieren mit Hilfe der Einheimischen Heilpflanzen (345). Die Idee ist nicht neu, schon vor 500 Jahren übernahmen jesuitische Pharmazeuten von den Inkas den Fiebersenker Chinin und entwickelten ihn zum Malariamedikament weiter (87; 88). Wie schon die Inkas, haben auch die modernen Ureinwohner wenig von der Vermarktung ihres Wissens, Kritiker sprechen deshalb von Biopiraterie (345). Der Siegeszug des Inka-Hausmittels Chinin ist nur der spektakulärste Fall von amerindianschen Heilmitteln, die vom Rest der Welt übernommen wurden, es gab noch viel mehr. So brauten amerikanische Ureinwohner zum Beispiel ein Brechmittel namens Ipecac, dass heute von Giftkliniken auf der ganzen Welt verwendet wird. Damit nicht genug, dient Ipecac auch als Heilmittel für die Amöbenruhr, einer Durchfallerkrankung, die bei Kleinkindern häufig tödlich verläuft. Erreger der Ruhr ist ein Einzeller, der wie bei so vielen Durchfallerkrankungen mit verunreinigtem Wasser aufgenommen wird. Aber so hochentwickelt die Heilkunst im prä-kolumbianischem Amerika auch war, gegen die importierten europäischen Seuchen half sie nicht (88). Mit den Medizinmännern und -frauen verschwand auch ihre pharmazeutische Expertise, wenn die Europäer sie nicht sicherstellten, bevor sie die Wissensträger ausmerzten. Insbesondere Heiltraditionen gehen in schriftlosen Kulturen schnell verloren, denn sie werden oft von Spezialisten gehütet und nur an wenige Berufene weitergegeben. Heute ist deshalb das medizinische Knowhow, welches australische Aborigines über 40 000 Jahre lang in ihren Lebensraum ansammelten, nur wenigen bekannt. Man weiß immerhin, dass Heilkundige neben Buschmedizin mit Heilgesängen arbeiten. Bis heute spielt in der Kultur der Aborigines die mündliche Überlieferung eine Schlüsselrolle, jede Generation erweitert die „Traumerzählungen" um eigene Erfahrungen. Die gute Nachricht ist, dass trotz Zwangsintegration traditionelle Heilkunst in Australien überlebt hat und praktiziert wird, manchmal sogar Seite an Seite mit westlicher Medizin. Wie andere Kulturen unterschieden auch die ersten Australier zwischen natürlichen und übernatürlichen Krankheitsursachen. Ihr Gesundheitskonzept ist holistisch, neben der emotionalen Ausgeglichenheit sind ihnen die Verbundenheit mit ihrem Land, den Ahnen und der Gemeinschaft wichtig (346). Wissenschaftliche Studien zeigten, dass einige der traditionellen australischen Heilpflanzen antimikrobielle Wirkung haben, auch gegen multiresistente Bakterien (347).

Ganz anders ist die Situation in Afrika, denn nirgends ist Volksmedizin so lebendig wie im schwarzen Kontinent. Noch immer werden hier 80% der Menschen von traditionellen afrikanischen Heilpraktikern, Hebammen, Knochensetzern, Kräuterkundigen, Hexen und so weiter betreut. Westliche Medizin ist für die meisten unerreichbar, unbezahlbar und manchmal inakzeptabel. Daher setzt die WHO ganz pragmatisch auf die Stärkung traditioneller afrikanischer Medizin (TAM) und ermutigt afrikanische Länder, sie zu institutionalisieren. Davon erhofft sich die Gesundheitsbehörde eine bessere Überwachung der Heilerbranche und die Erforschung ihrer Methoden und Arzneien. Denn über das Heilwissen im Afrika südlich der Sahara weiß die Fachwelt kaum etwas (348). Das liegt vor allem an fehlenden schriftlichen Quellen, ein Problem, das in vielen Regionen bis heute besteht. Wenig hilfreich war auch die Arroganz der Kolonialherren, die lokale Medizin als Aberglauben abtaten. Die europäische Geringschätzung für überlieferte Heiltraditionen hat sich auf die afrikanischen Eliten übertragen, von denen viele in Europa ausgebildet und von westlicher Denkungsart geprägt wurden. So nahmen auch nach der Unabhängigkeit viele Regierungen der ersten Genration lokales Heilwissen nicht ernst. Es gab wenige Anstrengungen, regionale Praktiken und Arzneien wissenschaftlich zu untersuchen. Tatsache ist, nur wenn die WHO und die Regierungen gewachsene Gesundheitsstrukturen einbinden, können sie die medizinische Grundversorgung für die gesamte Bevölkerung Afrikas gewährleisten (349). Neuerdings wächst zudem das Interesse der Wirtschaft an afrikanischer Volksmedizin. Auch in Afrika schwärmen die Ethnopharmakologen aus, um vielversprechende Kräuter für große Pharmafirmen zu sammeln. Von dem Kuchen würden afrikanische Länder auch gerne ein Stück abhaben, insbesondere, da in Industrieländern das Interesse (und der Markt) für Naturheilkunde wächst (348). Die sehr vitale traditionelle Medizin Afrikas kennt nicht nur bewährte Therapien für die Ur-Plage Malaria und die damit zusammenhängende Sichelzellenanämie (350), sie stellt sich auch neuen Herausforderungen wie HIV. Damit erweitert sie das Arsenal verfügbarer Waffen gegen Erreger, die ständig neue Resistenzen entwickeln. Doch es gibt auch Schattenseiten, denn neben Arzneien und Therapien, deren Wirkung verstanden und bewiesen wurde, gibt es auch solche, die gar nicht oder sogar schädlich wirken. Dazu kommen okkulte Heilpraktiken, die bestenfalls interessant, schlimmstenfalls verstörend sind. Horrorfilm-Fans kennen den Voodoo-Kult, eine christianisierte Mischreligion, die in ursprünglichen westafrikanischen Glaubensvorstellungen wurzelt. Der von Hollywood thematisierte Schadenszauber macht nur einen kleinen Teil der Religion aus, die weltweit 60 Millionen Anhänger hat, doch sind auch die Heilungsrituale zum Teil sehr drastisch (351). Und das ist nicht das Schlimmste: Wie mittelalterliche Europäer glauben viele Afrikaner, dass Krankheiten wie AIDS von Hexen verursacht werden. Zwischen 1960 und 2000 wurden in Afrika etwa 40 000 Menschen wegen angeblicher Hexerei ermordet (352).

Mit den ersten schriftlichen Zeugnissen scheinen wir uns auf sicherem Boden zu bewegen. Statt Indizien haben wir nun Zeugen, die uns von Diagnosen, Therapien und Medikamenten früherer Epochen berichten. Aber Vorsicht ist geboten, denn je älter die Zeugnisse, desto unvollständiger das Bild. Vieles ist verloren gegangen, noch mehr wurde nie geschrieben. Schließlich konnte sich vor allem die männliche Elite wie Über-Arzt Hippokrates schriftlich verewigen (353). Von der alltäglichen Volksmedizin, oft von Frauen ausgeübt, erfahren wir nur indirekt (3). Ob offizielle und traditionelle Heilkunde nun konkurrierten oder sich ergänzten, beide waren eng mit religiös-mystischen Vorstellungen verbunden. Schon bei den Sumerern, deren Schrift als die älteste gilt, gab es Ärzte. Dies beweist ein Siegel, das die letzten 5 000 Jahre überdauert hat, außerdem erwähnen die Urschriften auch Medikamente. Von den Babyloniern wissen wir mehr, die Hochkultur am Euphrat vermischte philosophische, religiöse und medizinische Theorien, ein universaler Trend. Die Ägypter hinterließen uns einen 3 500 Jahre altes medizinisches Rezeptbuch, das Ebers-Papyrus (354). Bei den Griechen gehörte zum Besuch eines Gesundheitszentrums, dem sogenannten Asklepion, auch eine Theateraufführung. Seine Therapie erfuhr der Patient anschließend während eines Traums vom göttlichen Arzt Asklepios höchstpersönlich. Für den Heilschlaf – Inkubation genannt – legte er sich auf eine Liege, die im griechischen als Kline bezeichnet wird. Sie ahnen es schon, unser Wort Klinik leitet sich von dem Begriff ab. Die Priester-Ärzte des Heiligtums verstanden sich aber ebenso auf praktische medizinische Techniken wie Wundversorgung, Medikation und Chirurgie (355). Der große Hippokrates (460–370 v. Chr.) vereinigte ägyptische und mesopotamische Medizintraditionen mit griechischer Naturphilosophie zur hippokratischen Reform. Von nun an basierte Heilkunde auf Vernunft und Logik und wurde durch die Beobachtung des Krankheitsverlaufs ergänzt. Statt bei den Göttern suchte der antike Mediziner Krankheitsursachen in der Natur (30).

In den frühen vedischen Kulturen Indiens (1700–800 v. Chr.), waren Heiler Magier, die mit Zaubersprüchen Krankheiten kurierten. Ab dem 6. Jhd. V. Chr. entwickelte sich im Milieu von Asketen und später buddhistischen Mönche eine auf Erfahrung basierende Heiltradition. Wie Jahrhunderte später abendländisch-christliche Orden widmeten sich auch buddhistischen Mönche der Krankenpflege, erwarben dabei solides Heilwissen und sorgten nebenbei für die Verbreitung des Buddhismus. Aus den rational-empirischen Heilpraktiken entwickelte sich die Ayurveda-Medizin, die in den Werken *Caraka, Bhela* und *Sushruta* in den Jahrhunderten um Christi Geburt niedergeschrieben wurde. In diesen Schriften finden sich auch die ältesten seriösen Beschreibungen von Pockeninfektionen (356). In der „Sushruta Samihta" werden 600 v. Chr. bereits Lepratherapien vorgeschlagen (14). Ayurvedischen Medizin hat einen ausgeklügelten ganzheitlichen Ansatz, der auf der Beobachtung von Symptomen und der Wirkung von Behandlungsmethoden und Ernährung basiert (327). Europäer assoziieren mit dem Trendbegriff eher Wellness, denn das Konzept von Ayurveda unterscheidet sich stark von unserer Schulmedizin, die nach beweisbaren Ursachen von Krankheiten und der nachweislichen Wirkung von Kuren sucht. In der Antike sah das anders aus, Forscher vermuten einen gelehrten Austausch zwischen indischen und griechischen Ärzten. Insbesondere Hippokrates' Lehre von der Balance der Körpersäfte (Humorallehre) erinnert verdächtig an das ayurvedische Konzept von den drei ausgeglichenen Lebensenergien. Hippokrates erwähnt außerdem in seinen Werken das indische Heilgewürz Pfeffer (357).

Für frühe Chinesen war Medizin Ahnensache, dafür kommunizierten sie ab 1300 vor Chr. mit ihren Vorfahren mittels Knochenorakeln, den ältesten chinesischen Schriftzeugnissen. Die Ahnen wurden durch sogenannte Wu-Zauberer befragt, um die als Dämonen verstandenen Krankheiten zu vertreiben. Dafür benutzte man Magie, aber auch Techniken wie Akupunktur. Mit zunehmender Organisation des Staates wurde Heilkunde ein Teil der Staatsreligion und Krankheiten als Strafe angesehen. Für die Heilung von Gebrechen bedurfte es Reue und Sühne. Wie bei anderen frühen Kulturen gab es parallel zu magisch-religiösen Ritualen überliefertes praktisches Wissen über Heilkräuter, Symptome und Therapien, das den mystischen Urkaisern Shennong und Huangdi zugeschrieben wird, die vor fast 6 000 Jahren gelebt haben sollen. Der möglicherweise fiktive Charakter „Heiler He" bestand, angeblich um 541 v. Chr., ganz im Sinne Hippokrates' auf natürlichen anstelle okkulter Ursachen von Krankheiten, berichtet die Erzählung *Der Kommentar des Zuo* (358). Vor 2 500 Jahren finden sich in chinesischen Quellen erste Hinweise auf Leprasymptome (14). Das Malariamedikament Artemisinin aus dem Einjährigen Beifuß (*Artemisia Annua*) gehört zu den traditionellen Heilmitteln, die schon seit Jahrtausenden verwendet werden (131; 359). Vor 2 000 Jahren entstanden dann in China die weltweit ältesten klinischen Abhandlungen. Ähnlich wie ihre Kollegen in Indien und Griechenland sahen chinesische Medizinphilosophen in einem harmonischen Gleichgewicht der Strömungen und Wandlungen im Organismus die Grundlage der Gesundheit (358). Auch chinesische Medizin basiert auf empirischen Erkenntnissen, ergänzt sie aber durch Entsprechungsmedizin. Das bedeutet, zwischen rational nicht verbundenen Phänomenen vermuten chinesische Ärzte symbolische Zusammenhänge. Zur Erläuterung hier ein Beispiel: Tiger und Bären sind in der chinesischen Kultur Symboltiere für Kraft. Deshalb sind deren Körperteile als Stärkungsmittel begehrt. Einige traditionellen Heilmittel sind Hoffnungsträger, zum Beispiel für die Krebsforschung (360). Andererseits wird die Traditionelle Chinesische Medizin (TCM) von vielen Seiten heftig kritisiert. Nicht nur fachlich, weil sich Zusammenhang und Wirkung nicht nachweisen lassen, sondern auch ethisch. Denn in der TCM werden noch immer und immer mehr Körperteile von bedrohten Arten wie Tigern oder Nashörnern verwendet, was

Artenschützer auf die Barrikaden bringt. Ungewollter Nebeneffekt sind einige der neuen Seuchen einschließlich COVID-19, die vermutlich auf den exotischen Tiermärkten, die auch chinesische Apotheken beliefern, entstanden sind. Traditionelle indische und chinesische Heilkunst hat die Medizin in ganz Asien geprägt. Nicht nur in den Mutterländern Indien und China werden traditionelle Behandlungsmethoden rechtlich anerkannt, sondern auch in Japan, Korea und Thailand. Ein Beleg für die hohe Akzeptanz der traditionellen Medizin im asiatischen Raum, die auch damit zusammenhängt, dass sie als Bestandteil der eigenen Kultur gesehen wird.

Im Mittelalter verortete man in Europa Krankheitsursachen in die Sterne, auch Wunderheilungen waren sehr beliebt. Vor allem Klöster kannten sich aber gut in der praktischen Heilkunst aus, schließlich galten die vielen Mirakel als Beleg für Gottes Fürsorge für die Kranken (361). Religiöse Orden sahen sich deshalb zur Krankenpflege verpflichtet und erfüllten damit eine wichtige soziale Funktion. Mit Hilfe antiker medizinischer Werke, von den Klöstern gesammelt und gehütet, verbesserten Mönche und Nonnen ihre medizinische Kompetenz und synthetisierten sie mit lokalen Heiltraditionen. Das Ergebnis sind zahlreiche Kräuterbücher in Klosterbibliotheken, die neben den lateinischen auch umgangssprachlichen Bezeichnungen für Heilpflanzen angeben (361). Ein Star der frommen Heilerkaste war die Powerfrau Hildegard von Bingen (1098–1179). Das mittelalterliche Multitalent rockte die katholische Kirche, provozierte ihre männlichen Vorgesetzten und war rückblickend wohl eine geniale Selbstpromoterin. Die hochgebildete Äbtissin verfasste heil- und kräuterkundliche Werke, in denen sie Behandlungsmethoden anwenderfreundlich nach Symptomen systematisierte. Da die Pflege Kranker eine der Hauptaufgaben religiöser Orden war, verfügte sie über reichlich medizinische Kompetenz. Um sich vor dem Vorwurf der Häresie zu schützen, verpackte sie ihre Einsichten als himmlische Visionen. Trotz des Hildegard-Hypes der letzten Jahrzehnte ist sie umstritten, sind doch manche ihrer Therapien aus heutiger Sicht fragwürdig bis wirkungslos. Die Heilige war eben fest verwurzelt in dem mystischen Weltbild ihrer Zeit und ohnehin war ihr die spirituelle Gesundheit wichtiger als die körperliche. Andererseits lernen wir in Hildegards Werken viel über Heilmethoden und das Krankheitsbild des Hochmittelalters. Historiker schätzen die Visionärin, da sie zum Glück nicht wählerisch ist, was ihre Quellen betrifft und uns wertvolle Einblicke in die Volksmedizin gibt (362).

Abbildung 31: Hildegard von Bingen, die eine Vision empfängt, die sie ihrem Schreiber diktiert und dabei auf ein Wachstablett zeichnet

235

Denn natürlich gab es auch außerhalb der Klostermauern Hebammen, Kräuterkundige, Knochensetzer, Barbiere, Aderlasser etc., deren Wirken im historischen Dunkel liegt, da sie ihr Wissen nur mündlich weitergaben (362). Auch Laienärzte praktizierten, die oft mehr oder weniger formelle Ausbildungs-Etappen im islamischen Raum durchlaufen hatten (361). Nicht ganz zufällig waren viele von ihnen jüdischer Herkunft, ihre praxisorientierte Ausbildung und ihr enormes Allgemeinwissen, auch über antike und arabische Quellen, macht den kosmopolitischen jüdischen Arzt zum Erfolgsmodell (363).

Zeitgleich waren Ärzte und Ärztinnen im islamisch-arabischen Raum sehr viel progressiver. Anders als in Europa waren im östlichen Mittelmeerraum die Schriften antiker Naturphilosophen und Ärzte weit verbreitet. Historiker sprechen darum auch von graeco-arabischer Medizin. In den geistigen Zentren des Morgenlandes wurden die antiken Werke gelesen und weiterentwickelt. Anstelle europäischer Stagnation erblühten im weltoffenen Orient die Wissenschaften, gedüngt von multiethnischen Einflüssen. Von Indien bis zum spanischen Andalusien konnten sich Gelehrte aller Religionen auf Arabisch austauschen und gemeinsam neue Ideen entwickeln. Die Medizin stand im Mittelpunkt der mittelalterlichen arabisch-islamischen Zivilisation. Der Prophet selber gilt als Heilkundiger und sagte:

„Es gibt keine Krankheit, die Gott, der Allmächtige, schuf, gegen die ER nicht auch ein Heilmittel geschaffen hat."

Das war ein Ansporn für muslimische Mediziner, nach Kuren für jede nur erdenkliche Krankheit zu suchen, mit dem Segen des Propheten. Zu den traditionellen arabischen Therapien kam bald das (Heil-)Wissen anderer Kulturen, nachdem Gelehrte griechische, jüdische, persische und indische Schriften ins Arabische übersetzten. Um die Texte besser nutzen zu können, systematisierten die Scholaren den Wissensschatz aus aller Herren Länder in Enzyklopädien und Kompendien. So machten sie es für ihren gesamten Kulturkreis verfügbar und verständlich. Dieses gesammelte Wissen erweiterten arabische Mediziner um die Beschreibung des Immunsystems und erste Grundlagen der Mikrobiologie. Die Medizinerlegenden Rhazes (865–925) und Avicenna (980–1037) trennten Pharmazie von der Medizin und führten andererseits fächerübergreifendes Wissen aus Chemie, Medizin, Botanik und so weiter zusammen, um neue Therapien zu entwickeln. Arabische Ärzte entwickelten auch neue chirurgische Instrumente, speziell für den weiblichen Organismus. Arabische Pharmazeuten entdeckten neue Heilkräuter, so wie Jaber Ibn Hayan (gestorben zwischen 806 und 816), der aus Pflanzen Substanzen für die Lokal- und Allgemeinanästhesie extrahierte.

Via Andalusien und Italien kam das antike Wissen wieder nach Europa, inklusive arabischer Weiterentwicklungen (354). Die süditalienische Hafenstadt Salerno, Drehscheibe aller Mittelmeerkulturen, entwickelte sich ab der der ersten Jahrtausendwende zur medizinischen Top-Location in Europa. Das hatte Tradition, schon in der Antike galt die „Civitas Hippocratia" als Kurort, zu der Kranke und Gelehrte pilgerten. Arabische Schriften wurden ins Lateinische (rück)übersetzt und es entstand eine europäische Proto-Universität. Hier liegen die Wurzeln des professionellen Medizinstudiums mit festem Lehrplan und schriftlichen Quellen. Dank der weltlichen Schulen von Salerno und später Montpellier gab es ab dem 11. Jhd. neben gelehrten Klostermedizinern immer mehr akademisch ausgebildete Laienärzte. So gar nicht zu unserem Mittelalterbild passt, dass auch Frauen Medizin studieren, ausüben und lehren durften. Einige Ärztinnen verfassten Lehrbücher, die sich hauptsächlich, aber nicht nur, mit Frauenleiden beschäftigten. Der Grund für die patriarchalische Offenheit war, dass es als unschicklich für Männer galt, weibliche Patientinnen zu behandeln (364). Das Klischee des rationalen Medicus, als Gegenspieler der weisen Frau, entstand. Statt magischer Sprüche und Talisman gab es nun Hippokrates und Galen. Profi-Heiler punkteten mit Latein und fachlicher Arroganz, das beeindruckte wohlhabende Patienten. Freilich hielt sich bei den weniger Betuchten noch lange die folkloristische Medizin des frühen Mittelalters (365). Ab dem 12. Jhd. kam es in Europa zu einer Bevölkerungsexplosion, die Städte begannen wieder zu wachsen und mit ihnen nahmen Wohlstand und Spezialisierung zu. Aus Kloster- und Domschulen sowie Lernzentren à la Salerno entstanden echte Universitäten. Mit dem wiederentdeckten griechisch-lateinischen Wissen kam auch der Trend zur Rationalität. Professionelle Medizin war nun auch jenseits der Klöster zu haben, wenn auch nicht umsonst. Auch religiöse Missbilligung konnte die Kommerzialisierung der Heilkunst nicht aufhalten, Gilden und Akademiker sicherten medizinische Standards. Wie wir gesehen haben, verschlechterten sich die Lebensbedingungen seit dem Spätmittelalter ständig, die Lebenserwartung war gering, die Seuchen nahmen zu, der Bedarf an Ärzten stieg und stieg. Dass auch die alte Volksmedizin noch immer sehr lebendig war, bewiesen Paracelsus (1493–1551) und seine Anhänger, die scholastischer Medizin eine Mischung aus volkstümlichen Heilungstraditionen, Alchemie und okkulten Praktiken entgegensetzten. Lange beschränkten sich akademische Mediziner darauf, antikes und arabisches Wissen zu erlernen und anzuwenden, Fortschritt – Fehlanzeige. Endlich wurde ein lange geltendes Tabu gebrochen, als ab dem 13. Jhd. neben Schweinen auch menschliche Körper zu Lehrzwecken seziert wurden, zunächst allerdings nur zur Veranschaulichung (fehlerhafter) alter Texte, Details waren Nebensache. Das Universalgenie Leonardo da Vinci (1452–1519) zeichnete sezierte Leichen realitätsnah, nutzte die Abbildungen aber sicherheitshalber nur privat. Andreas Vesalius (1514–1564), kein Freund theorielastiger Medizin, führte öffentliche Sektionen an Menschen durch und gab anatomische bebilderte Schriften heraus. Vesalius gilt als Begründer der morphologischen Medizin, der das antik-arabische Wissen über den menschlichen Körper korrigierte und vertiefte. Auch in der Heilpflanzenkunde tat sich nun was. Scholaren bemühten sich, umfassende und einheitliche botanischen Werke zu verfassen, denn wie die Krankheiten hatten auch Arzneipflanzen viele umgangssprachliche Namen, was zu fatalen

Verwechslungen führen konnte. Um die Kenntnis über Heilkräuter zu erweitern, wurden außerdem botanische Gärten gegründet. Sehr viel länger hielten sich antike Vorstellungen über die menschliche Physiologie, die traditionell mit philosophischen Konzepten und Astronomie vermischt wurden. Gelehrte glaubten, dass Krankheit das Resultat eines Ungleichgewichts der Körpersäfte oder himmlischer Einflüsse war. Symptomgruppen erhielten deshalb zwar Namen wie Influenza, doch niemand suchte nach einem eigenständigen Auslöser der Beschwerden, abgesehen vielleicht von ungesunder Luft. Neben der Theorie spielte immer die Praxis eine große Rolle, Diagnose, Therapie und Arzneien gehörten in jedes medizinische Werk. Tauchten dann allerdings „neue" Seuchen wie die Pest auf, gerieten die Mediziner in Verlegenheit und versuchten, beobachtete Symptome an überlieferte Texte anzupassen. Als mit der Syphilis noch eine unbekannte Infektion Europa heimsuchte, entstand im 15. Jhd. das Konzept spezifischer Krankheiten mit definierten Ursachen. Girolamo Fracastoro (1478–1553), Syphilisexperte mit Hang zur Poesie, sprach, inspiriert durch antike Konzepte, von „Krankheitssamen". Neben lateinischen erschienen nun auch umgangssprachliche Bücher, essentiell für die Verbreitung medizinischen Fachwissens in nichtakademischen Kreisen. Dieser Trend verstärkte sich nach der Erfindung des Buchdrucks. William Harvey (1578–1657) widerlegte mit seiner Beschreibung des Blutkreislaufs den Klassiker Galen. Die Kritik an überlieferten Quellen nahm zu, die altehrwürdigen Theorien von Hippokrates, Aristoteles und Galen wurden entzaubert (361). Ab dem 17. Jhd. dominierten akademisch ausgebildete Ärzte den Heilungsmarkt. Sie organisierten sich in Interessenverbänden sogenannten „*Collegia medica*", und drängten medizinische „Handwerker" wie Zahnzieher, Barbiere und Hebammen aus dem lukrativen Gewerbe. Neben genauer Beobachtung der Symptome gewannen auch Experimente an Bedeutung. Ein Beispiel dafür ist der risikofreudige Arzt John Hunter (1728–1793) mit seinem missglückten Versuch, Syphilis und Gonorrhoe zu unterscheiden. Die Professionalisierung der Heilkunst und deren wissenschaftliche

Methodik führten zu Durchbrüchen wie Impfung und verbesserter Hygiene, schon bevor man die kausalen Zusammenhänge erkannte. Ende des 19. Jhds. beginnt in Europa und Amerika dank der Mikrobiologie eine neue Ära. Pasteur und Koch identifizierten Mikroorganismen als Auslöser von Infektionskrankheiten und konnten das auch belegen. Dies war ein Meilenstein im Kampf gegen Seuchen, da Ärzte nun deren Verursacher direkt attackieren konnten. Das Ansehen von Medizinern nahm enorm zu, und die öffentliche Wahrnehmung von Krankheit fokussierte sich auf deren unmittelbare Verursacher. Auf der Minusseite delegierten die Menschen in westlichen Gesellschaften die Gesundheitsvorsorge zunehmend an die hoch geschätzten Spezialisten, zu Lasten der Eigenverantwortung. Sir Alexander Flemming (1881–1955) verdanken wir einen weiteren Quantensprung im Kampf gegen Infektionen: Der Arzt und Bakteriologe verdankte einem glücklichen Zufall und seiner genauen Beobachtungsgabe einen Nobelpreis.1928 bemerkte er, dass eine seiner Bakterienkulturen von dem Schimmelpilz Penicillium überwuchert wurde, der offensichtlich das Wachstum der Mikroben hemmen konnte. Es bedurfte noch 14 Jahre und viel Arbeit von einer Menge Wissenschaftlern, bis dann mitten im zweiten Weltkrieg das erste Antibiotikum Penizillin eingesetzt wurde (366). Ab der zweiten Hälfte des 20. Jahrhunderts entstand eine spezialisierte und kommerzialisierte Schul- und Apparatemedizin (322). Diese hochtechnisierte Gesundheitswissenschaft verdrängt überall auf der Welt lokale Heiltraditionen. Heutzutage nehmen dank effizienter medizinischer Versorgung und guter öffentlicher Hygiene die Menschen in reichen Gesellschaften Infektionskrankheiten kaum mehr als Bedrohung wahr. Die Folge sind weniger Lehrangebote zu Infektionskrankheiten und geschrumpfte Mittel für die Forschung (170). Laien entwickelten eine gewisse laissez-faire-Mentalität, wenn es um Impfungen, geschützten Geschlechtsverkehr und Vorsorgeuntersuchungen geht. Nicht zum ersten Mal in der Medizingeschichte kommt es seit einigen Jahrzehnten zur Rückbesinnung auf die traditionelle Naturheilkunde. Es wäre falsch, in überlieferter

Heilkunst nur eine *Alternative* zur Schulmedizin zu sehen. Experten sprechen lieber von *komplementärer* Medizin, deren ganzheitliche Konzepte und empirisches Wissen die Mainstreammedizin ergänzt und bereichert. Freilich, für ein Zusammenwirken komplementärer und konventioneller Medizin auf Augenhöhe müssen traditionelle Methoden und Arzneien fair und wissenschaftlich auf ihre Wirkung untersucht werden (367). Bei den Heilmitteln klappt das ganz gut, dank wirtschaftlicher Interessen (345). Für die Untersuchung überlieferter Methoden gibt es dagegen chronisch zu wenige Mittel (348; 367).

Die Dame mit der Lampe

Seit sie begannen, kranke Mitglieder ihrer Gruppe zu pflegen, konnten auch schon unsere vormenschlichen Ahnen Krankheitsverläufe beeinflussen. Das war eine (r)evolutionäre Innovation, die den Zweibeinern unerhörte Vorteile verschaffte. Gleichzeitig profitierten aber auch die Erreger von dem engeren Kontakt zwischen Kranken und Gesunden, weil der die Ansteckung und Spezialisierung auf Menschenartige erleichterte. Wie kam es dazu? Bei unseren nächsten Verwandten ist Kinderpflege noch reine Weibchensache. Dies ist problematisch, denn als Folge steigender Intelligenz wurde die Kindheit immer länger, das Investment der Mütter immer höher, der Abstand zwischen den Geburten immer länger. Ein fataler Trend, durch den bei zusätzlichem Selektionsdruck das Aussterben droht, wie bei unseren Vettern, den Schimpansen. Der evolutionäre Drang nach möglichst vielen überlebensfähigen Nachkommen brachte Eltern dazu, enger zu kooperieren, auch Väter beteiligten sich nun an der Kinderhege und -pflege. Monogame Paarbindungen entwickelten sich, verbunden mit der immer besseren Fähigkeit, sich in andere hineinzuversetzen und deren Empfindungen wahrzunehmen. Nicht so einfach, wie es klingt, das Gehirn musste aufrüsten, neuronale Netzwerke anlegen, um Gesichtsausdruck und Symptome wahrzunehmen und zu deuten. Eine raue Stimme konnte auf eine Erkältung deuten, gerötete Haut auf einen Ausschlag. Die erhöhte Achtsamkeit füreinander führte dazu, dass Vormenschen erkannten, wenn ein Familienmitglied krank war. Das machte ihr Leben komplizierter, aber sicher auch schöner, und gut für unsere geistige Entwicklung war es auch, da es unseren Ahnen ganz neue Möglichkeiten eröffnete. Die erhöhte Feinfühligkeit war außerdem überlebenswichtig, wie artenübergreifende Studien zeigen, weil mehr Sozialleben mit mehr übertragbaren

Krankheiten einhergeht, was wiederum bessere Strategien zur Seuchenbegrenzung erfordert. Das gilt schon seit der Morgendämmerung der Menschheit, lange vor der Sesshaftigkeit. Die Erschließung neuer Lebensräume, die Vermischung mit anderen Menschenarten und erste Eingriffe in ihre Umwelt setzten Menschen immer neuen Keimen aus und veränderten ihre Abwehrkräfte. Theoretische Modelle zeigen, dass selbst wenig effektive Pflege Epidemien ausbremst und Infektionsausbrüche abmildert (329). Paläoanthropologisch belegt ist der Beginn von Fürsorge nicht, auch wenn sich schon an bis zu 600 000 Jahre alten Knochen von *Homo heidelbergensis* Spuren überstandener Krankheiten und verheilter Verletzungen finden (368). Für Evolutionsbiologen steht fest, unterm Strich muss sich die Sorge um kranke Verwandter gelohnt haben, trotz des erhöhten Ansteckungsrisikos und des zeitlichen Aufwandes, gar nicht zu reden von der geteilten Nahrung. Weil aber dank der Pflege mehr Angehörige überlebten, konnte sich Fürsorge im menschlichen Verhaltens-Repertoire etablieren (329). Mit jeder Generation wurde die Pflege-Kompetenz größer, schließlich war sie so effektiv und damit die Fitnessvorteile so groß, dass auch die Pflege Nicht-Verwandter Evolutions-Credits einbrachte. Gut für die frühen Bauern, in deren Clans erfahrene Pflegerinnen sich nun auch um Kranke in anderen Familien kümmerten und so verhinderten, dass die sprunghaft angestiegenen Epidemien ganze Siedlungen auslöschten. Denn Studien belegen, durch Pflege werden Infektionen effektiver kontrolliert als durch die Absonderung Kranker, sofern es sich um häufige, aber nicht allzu tödliche Seuchen handelt (369). Die moderne Unterscheidung zwischen Heilen und Pflegen gab es nicht, Krankheitsbehandlung, Geburtshilfe sowie Kinder- und Altenpflege fielen vermutlich alle in den Kompetenzbereich von Frauen (370). Eine naheliegende Annahme, schließlich ist Pflegeverhalten im Kontext der Mutter-Kind-Beziehung entstanden. Forscher gehen auch davon aus, dass Frauen einander schon früh bei der Geburt unterstützten, die prähistorischen Wurzeln des Hebammenstandes. Mit zunehmender Spezialisierung wurde auch die Heilkunst professionalisiert. Wer die Kranken in den ersten Hochkulturen pflegte, lesen wir in den frühen Schriften zwar nicht, wohl aber von konkreten Pflegeanweisungen. Ägyptische Ärzte hatten immerhin Verbinder, Masseure und Kosmetiker als Gehilfen. Darüber hinaus waren die Tempel des Imotheb öffentliche Gesundheitszentren, in denen Tempelfrauen die Ärzte pflegerisch unterstützen. Die meisten Kranken wurden aber weiter in ihrem häuslichen und familiären Umfeld gepflegt und sie dürfen mal raten, vom wem. In Indien gab es ab dem 6. Jhd. v. Chr. in Ansiedlungen und an Wegen Stationen, in denen Kranke und Hinfällige betreut wurden. Das Wirken des Gautama Buddha (vermutlich 563–483 v. Chr.) führte zum großen Umdenken im Umgang mit Kranken und dem Pflegeverhalten. Die indische Medizinphilosophie sieht Arzt, Heilmittel, Pfleger und den Kranken als gleichwichtige Faktoren für eine erfolgreiche Heilbehandlung. In den „Vier Wahrheiten des Buddha" heißt es:

„Der Pflegende sei voller Hingebung an den Kranken, unterrichtet und geschickt in seiner Arbeit. Er sei klug und rein an Körper und Geist."

In keiner anderen alten Kultur findet man so eine hohe Wertschätzung für die Pflege. Aus dem frühen China jedenfalls ist wenig über das fernöstliche Pflegewesen bekannt, außer dass es im 6. Jhd. n. Chr. bereits Krankenhäuser gegeben haben soll (370).

Homer (8./7. Jhd. v. Chr.) gibt spärliche Einblicke in griechisch-antike Pflegetraditionen, wenn er in seinem Ur-Epos *Ilias* die Pflege Verwundeter während des Trojanischen Krieges erwähnt. Ähnlich wie die Ägypter versorgten auch die Griechen Kranke in Kultstätten, den schon erwähnten Asklepions, die aber eher ambulante Stationen als Kliniken waren (371). Die ausschließlich männlichen Pfleger waren den Ärzten als Schüler untergeordnet. Krankenpflege war Teil der Medizinausbildung, Frauen durften in Hellas nur zuhause pflegen.

Für ihre Streit- und Arbeitskräfte – sprich Sklaven – hatten die Römer Valetudinarien genannte Krankenhäuser. Staatlich gepflegt wurden aber nur systemrelevante Kranke mit Heilungsaussichten. Der Rest musste sich je nach Finanzlage mit staatlichen oder privaten Ärzten begnügen, die ambulant oder per Hausbesuch praktizierten (371). Die Pfleger waren, zumindest beim Militär, Sanitätsgefreite, manche von ihnen Spezialisten, wie etwa die Marsi, die für die Behandlung von Schlangen- und Skorpionbissen zuständig waren (372).

Der islamische Kulturkreis kannte bereits Krankenpflegerinnen, denn Sieche durften eigentlich nur von Mitgliedern des eigenen Geschlechts behandelt werden. In diesem Kontext machte die berühmte Rufaidah Al-Aslamia um 620 nach Chr. Karriere als erste professionelle Krankenschwester der Welt. Die energische Ärztin war eine frühe Unterstützerin des Propheten Mohameds, die von ihrem Vater das Arzthandwerk erlernte. Die Arzt-Pflegerin errichtete während der Feldzüge mobile Lazarettzelte und versorgte die Verwundeten. Sie lehrte auch ihre Begleiterinnen kompetente Krankenpflege und institutionalisierte damit die tätige Nächstenliebe. Zu ihren Schülerinnen zählten auch Khadija und Aisha, zwei Frauen des Propheten. Der Prophet selber hielt große Stücke auf die beherzte Sanitäterin, die er nach Schlachten wie eine Kriegerin belohnte. In Friedenszeiten bot die Gesundheitsmanagerin den Gläubigen Medizin-to-go, indem sie Lazarett-Zelte in Moscheen errichtete. Diese Taktik inspirierte moderne Gebetshäuser, während der Covid-19 Pandemie temporäre Behandlungs- und Impfzentren auf ihrem Gelände einzurichten. Darüber hinaus packte Rufaidah auch soziale Probleme im Umfeld von Krankheiten an und engagierte sich für Waisenkinder (373).

In Damaskus entstand zwischen 706 und 707 n. Chr. zum ersten Mal eine dauerhafte Pflegestätte, die unserer modernen Vorstellungen von einem Krankenhaus entspricht. Im 9. Jhd. hatte dann schon jede größere Stadt im islamischen Raum eine Klinik. Die

Häuser dienten zunächst der Isolation ansteckender Patienten, doch bald entwickelten sie sich zu Heilanstalten mit spezialisierten Abteilungen einschließlich Psychiatrien. Neben der Krankenpflege und Seuchenkontrolle dienten diese Institute auch als Forschungs- und Ausbildungsstätten.

Wie Buddha sensibilisierte auch Jesus Christus seine Anhänger für die Bedürfnisse der Hilflosen.

„Was ihr für den geringsten meiner Brüder getan habt, das habt ihr mir getan. (Mt 25,40)" (4)

Mit dieser Aussage stellte er die Sorge für den Nächsten in den Mittelpunkt christlichen Wirkens und die Krankenpflege nahm richtig Fahrt auf. Im griechisch geprägten oströmischen Reich entstanden Krankenhäuser mit männlichen Pflegern. Andererseits erwähnt schon die Bibel die Diakonin Phoebe, die 55 n. Chr. nach Rom reiste. Sie sollte zum Rollenmodell für pflegende Schwesternschaften werden, die in den nächsten Jahrhunderten gegründet werden. Ab dem 4. Jhd. entstanden in Europa Raststätten für Reisende und Bedürftige. Das Schlagwort Karitas umschreibt die christliche Motivation für die weltoffene Gastfreundschaft. Insbesondere Benediktiner verpflichtete ihre Ordensregel, Pilgern, Armen und Kranken einen warmen Platz zu bieten und sie zu (ver-)pflegen. Für diese Einrichtungen etablierte sich neben dem griechischen Wort Xenodochium für Gasthaus der Begriff Hospital nach dem lateinischen *hospitium* für Herberge. Das Aufkommen eines regelrechten Pilgertourismus bewirkte, dass das soziale Unterkunftsnetz in Richtung Heiliges Land erweitert wurde, denn die frommen Heilsucher wurden zum Wirtschaftsfaktor, auf den sich eine ganze Branche spezialisierte. Ein gutes Beispiel ist das schon bekannte Hospital der armenischen Lazarus-Brüder, die ab dem 4. Jahrhundert in Jerusalem Leprakranke versorgten. Pilgerinnen hatten ebenfalls ihr eigenes Hospital, das Maria Magdalena geweiht war und in dem nur Pflegerinnen und Ärztinnen arbeiteten. Ein weiteres Hospital in Jerusalem war Johannes dem Täufer gewidmet, es wurde 1099 zum Stammhaus des protestantischen Johanniter- und des katholischen Malteserordens, die beide bis heute in der Krankenpflege tätig sind (374). Der Gründer des Ordens, der Benediktinermönch Gerard, war ein menschenfreundliches Organisationstalent, der ein ganzes Netzwerk von Hospitälern entlang der Pilgerrouten aufbaute. Er vereinigte die Hospitäler in Jerusalem in einem losen Verbund zum Johanniterorden. Alle Häuser hatten neben einer sozialen immer auch eine medizinische Funktion und standen ausdrücklich allen Nationen offen. Der ursprünglich gemeinsame Schutzraum für Reisende und Hilfsbedürftige wurde im Laufe der Jahrhunderte immer mehr zum reinen Krankenhaus. Freilich unterschieden sich mittelalterliche Spitäler stark von unseren hochtechnisierten Bettenburgen. Stellen Sie sich dichtbelegte Schlafsäle in langen Hallen mit hohen Decken vor, die möglichst luftig sein sollten, um den gefürchteten Miasmen keine Chance zu geben (375). Ironischerweise gediehen die wahren Krankheitsverursacher unter solchen Bedingungen gut, denn anders als im islamischen Raum wurden Kranke und Krankheiten nicht voneinander getrennt, sondern nur nach Geschlechtern sortiert. Stattdessen litten die Patienten unter qualvoller Enge und mussten oft ihr Bett teilen (376; 377). Immerhin hatte der Johanniterorden heidnisch-orientalisches Knowhow übernommen und achtete streng auf Hygiene und gesunde Ernährung in seinen Häusern. Weil sie in Jerusalem in engen Kontakt mit der islamischen Medizinlehre gekommen waren, sorgten die Ordensbrüder und -schwestern dafür, dass ein wenig modernes Heilwissen aus der Levante nach Europa einsickerte. Die Vertreibung der pflegenden Kreuzfahrer aus dem Heiligen Land bedeutete nicht das Ende für ihren Orden, der sich als Schutzwall gegen den Islam neu erfand. Im Exil auf Zypern, Rhodos und Malta errichtete der pflegende Zweig der Johanniter derweil immer neue Hospitäler. „La Sacra Infermaria" in Valetta war seinerzeit das größte Krankenhaus der Welt. Die Ordensärzte waren neben der Behandlung der Patienten auch für die kämpfenden Ritter verantwortlich. Außerdem stellten die Mediziner Sanitätsregeln auf, um die lokale Bevölkerung vor Seuchen zu schützen. Wie andere Hafenstädte auch kontrollierten der Orden an seinen Stützpunkten mit einer Gesundheitspolizei einlaufende Schiffe, um Epidemien zu vermeiden. Früher als andere begannen die Johanniter, jetzt im katholischen Zweig Malteser genannt, ab 1582 in ihren Häusern Patienten nach Gebrechen getrennt unterzubringen und diejenigen mit ansteckenden Krankheiten zu isolieren. Zur selben Zeit drängelten sich im berühmten Hôtel-Dieu de Paris noch immer bis zu 12 Kranke in einem Bett.

Abbildung 32: Hôtel-Dieu de Paris
Detail aus einem Stich c. 1500

Während viele oft von der Bürgerschaft finanzierte städtische Hospitäler ihre Liebesdienste auf die „eigenen" Notleidenden beschränkten, standen Ordenshospize offen für Jedermann, -frau und jedes Kind. Ja, sie erweiterten ihr Angebot auch um Altenpflege und Psychiatrie, ungewöhnlich in einer Zeit, in der Geisteskranke oft ins Gefängnis geworfen wurden. Die fortschrittlichen Ritter nahmen damit eine Schlüsselrolle im europäischen Gesundheitswesen ein (378). Eine Vormachtstellung, die noch verstärkt wurde, als sich die Klöster mit ihrem altbacken-mittelalterlichen Krankendienst ab dem 12. Jhd. aus dem Pflegewesen zurückzogen. Eine neue Generation von streng spirituell geprägten Mönchen und Nonnen fühlten sich durch die jammernden Kranken in ihrem klösterlichen Frieden gestört. Stattdessen wurden die Hospitäler ausgelagert und von religiösen Laienpflegeorden wie dem Drittorden oder den Beginen betrieben, was zusammen mit städtischen und privat gestifteten Kliniken die Krankenpflege verbürgerlichte. Ab dem 16. Jhd. bedurfte es neben Nächstenliebe zunehmend auch fachlicher Kompetenz, um als Pflegerin zu arbeiten. Erste Schwesternorden erhielten eine medizinische Grundausbildung und entsprechende Lehrbücher erschienen. Die mehr oder weniger offen ausgesprochene Grundannahmen waren:

a.   Pflege ist Frauensache und

b.   Pflegerinnen haben männlich-ärztlichen Anordnungen zu folgen.

Nicht von ungefähr wurde professionelles Pflegepersonal lange mit dem Sammelbegriff Krankenschwester etikettiert. Viele Kriege und die immer wissenschaftlichere Medizin erhöhten die Ansprüche an das Pflegefach noch mehr. Während christliche Schwesternschaften traditionell respektiert wurden, hatten Laienpflegerinnen – im Deutschen Wärterinnen genannt – einen schlechten Ruf. Oft waren es wenig gebildete Frauen, die aus Not diesen Beruf ergriffen. Schriftsteller wie Charles Dickens dichteten ihnen Trunksucht an (379). Der prüde Zeitgeist störte sich an der unschicklich-intimen Pflege von männlichen Patienten durch Krankenwärterinnen, ein beliebtes Thema zotiger Anekdoten, die den Pflegerinnen sexuelle Freizügigkeit unterstellten (380; 114). Dieses anrüchige Image änderte sich durch eine junge Frau, die für ihre Landsleute zur Quasi-Hei-

ligen wurde. Ihr Name war Florence Nightingale (1820–1910).
Sie gilt als Mutter der modernen Krankenpflege. Ihre Biografie
erinnert verblüffend an den Lebenslauf von Rufaidah Al-Aslamia der 1 200 Jahre älteren Ur-Krankenschwester. Beide Frau-
en waren aus gutem Hause mit besten Verbindungen zu den
Mächtigen ihrer Zeit. In Florences Elternhaus gingen die führenden Politiker Englands ein und aus, ebenso wie wohlhabende Familien mit viel Einfluss. Rufaidahs Stamm gehörten
zu den ersten Unterstützern Mohameds. Sowohl Rufaidah als
auch Florence wurden von ihren Vätern unterrichtet, die eine
in Medizin, die andere in Italienisch, Latein, Griechisch, Phi-
losophie und Mathematik. Beiden verhalf ein Krieg zum beruflichen Durchbruch, bei Rufaidah war es Mohameds Glau-
benskampagne, Florence wurde durch den Krimkrieg (1854–56)
zur Ikone der Pflegezunft. Bei ihrer Ankunft in einem Militärhospital in der Nähe Istanbuls fand sie verheerende sanitäre
Bedingungen vor. Man weiß nicht, was man mehr bewundern
soll, ihr Projektmanagement, mit dem sie das marode Gebäu-
de zu einem funktionsfähigen Krankenhaus umwandelte oder
ihr Durchsetzungsvermögen im Umgang mit chauvinistischen
Offizieren und Ärzten. Bis dahin bestand Plan A der Herren
darin, Missstände zu vertuschen, um die eigene Karriere zu
retten. Auch die Leitung ihres zusammengewürfelten Hau-
fens von Pflegerinnen war eine Herausforderung. Von irischen
Nonnen bis zu ungelernten Laienpflegerinnen zweifelhaften
Rufs war jeder nur erdenkliche Typus vertreten. Kompetenz
und Erfahrung der Damen variierte so stark wie ihre Lebensführung. Dazu kam eine gewisse Widerborstigkeit der katholischen Schwestern, die sich nur ungern einer Protestantin füg-
ten. Zum Glück hatte Florence Nightingale die Unterstützung
der englischen Regierung, in deren Auftrag sie arbeite, und
ausreichend finanzielle Mittel, um ihren Willen durchzusetzen. Neben baulichen Maßnahmen sorgte sie für ausreichende
Verpflegung der Kranken und die Ausstattung der Klinik. Vor
allem schulte sie ihr buntscheckiges Team in den modernsten
Hygiene- und Pflegestandards, und so wird hier im improvi-

sierten Militärkrankenhaus von Scutari die formale Ausbildung zur Krankenschwester aus der Wiege gehoben. Die Zahlen sprechen für sich, ein Jahr nach ihrer Ankunft war die Sterblichkeit im Militärhospital von 42% auf 2% gesunken. Dank Zeitungsberichten sprach sich ihr Erfolg auch in England herum. Mit einer schwärmerischen Beschreibung Nightingales, die nachts durch die langen Krankensäle patrouillierte, um über ihre Patienten zu wachen, setzte ihr ein Reporter der Times ein unsterbliches Denkmal (380).

Abbildung 33: Miss Nightingale, in dem Hospital, von Scutari.

Das Bild wurde von anderen aufgegriffen und ausgeschmückt, Schließlich inspirierte es den amerikanischen Dichter Henry Wadsworth Longfellow zu seinem Gedicht „Santa Filomena", mit dem er Florence als Lichtgestalt verewigte.

> *Lo! in that house of misery*
> *A lady with a lamp I see*
> *Pass through the glimmering gloom,*
> *And flit from room to room. (381)*

251

Die trunksüchtige, liederliche Pflegerin hatte ausgedient, dank der englischen Nachtigall avancierten Krankenschwestern zu Engeln der Kranken und Elenden.

Doch ihr Ruhm war der leidenschaftlichen Krankenschwester egal, sie war viel mehr an der Modernisierung des rückständigen militärischen Gesundheitssystems interessiert, das in ihren Augen den Tod von 9 000 Soldaten an der Krim verschuldet hatte. Immerhin verlieh ihre Popularität der Reformerin das nötige Ansehen, um auch an höchster Stelle gehört zu werden. Nicht ganz passend zum Bild der sanften Sanitäterin war Florence auch eine kühle Rechnerin, die mit neumodischen Statistiken ihre Argumente belegte. Zum besseren Verständnis präsentierte sie ihre Daten optisch aufbereitet als „Hahnenkamm", um auch mathematisch unbedarfte Entscheider zu überzeugen. Die von ihr entworfenen Diagramme zeigen deutlich, dass sehr viel mehr Soldaten an Infektionskrankheiten wie Cholera oder Typhus starben als an Kampfverletzungen (380), ein klarer Beweis für die unhygienischen Verhältnisse in Lazaretten und Lagern.

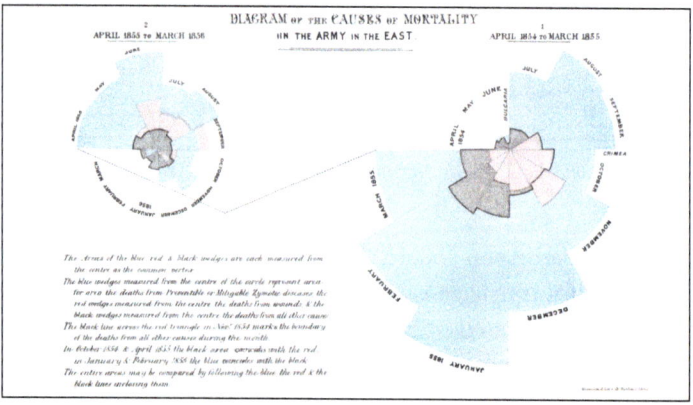

Abbildung 34: Polar-Area- oder Hahnenkamm-diagramm, mit dessen
Hilfe Nightingale die Todesursachen während des Krimkrieges darstellt:
blau: an Infektionskrankheiten Verstorbene
rot: an Verwundungen Verstorbene
schwarz: andere Todesursachen Erstellt: 1. Januar 1858

Das Selbstverständnis des Berufsstandes änderte sich, Fachwissen gewann immer mehr an Bedeutung und wurde entkoppelt von religiösen Inhalten. Dank Florence Nightingale entstanden auch anderswo weltliche Krankenpflegeschulen wie die des Roten Kreuzes und des Roten Halbmondes. In Deutschland dominierten religiöse Schwesternschaften mit sehr unterschiedlichen Pflegestandards noch länger den Berufsstand. Es fehlte eine Vorkämpferin wie Florence Nightingale, der Pflegeberufe im angelsächsischen Kulturraum ihr hohes Ansehen und ihre Autonomie vom Arztberuf verdanken. In Deutschland erfolgten die Reformen im 19. Jhd. dagegen von oben, durch die Ärzte. Ein Nachteil, denn die Mediziner wollten zwar fähige Assistentinnen, aber bitte keine Konkurrenz am Krankenbett. Krankenschwestern sollten …

„dem Arzte als Diener, als unselbständige Hilfspersonen zur Seite stehen[d]"

Wie es in einem Urteil des Reichsgerichts von 1898 heißt.

Die Folgen dieser gesetzlich verankerten untergeordneten Stellung der Pflegenden spüren wir aktuell stärker denn je: Während in England und Amerika Krankenpflege ein attraktiver Studiengang und Forschungszweig ist, haben wir in Deutschland den Pflegenotstand. Anders als die Ärzteschaft sind Pfleger nicht durch eine eigene Kammer vertreten. Sie beklagen die geringe Anerkennung ihres Berufs durch die Gesellschaft, die schlechte Bezahlung und eine wenig akademische Ausbildung, sowie schlechte Aufstiegschancen, verbunden mit der Weisungsgebundenheit gegenüber den Ärzten. Schon seit den1980ern erkannten die Verantwortlichen das Problem und die drohende Versorgungslücke im Gesundheitswesen aufgrund eines unattraktiven Berufsbildes. Die deutsche Politik versucht seitdem, mit pflegewissenschaftlichen Studiengängen gegenzusteuern, bisher ohne großen Erfolg. Denn unter anderem fehlt noch immer eine klare Definition eines eigenen Verantwortungsbereiches der Pflege und eine bessere Vergütung (114).

Auf dem Land und in kleineren Kommunen dienten Hospitäler noch bis in das 19. Jhd. als kombinierte Siechen- Alten- und Armenhäuser. In den Metropolen entstanden dagegen im 18. Jahrhundert Pflegeinstitute, die sich mehr und mehr auf heilbare Krankheiten spezialisierten. Ausgenommen waren gefürchtete und ansteckende Infektionen wie Pest, Hansenkrankheit und TBC, für die es immer noch isoliert gelegene Anstalten gab. Eines dieser Pesthäuser, nördlich von Berlin gelegen, wurde 1727 umfunktioniert zum Militärlazarett und zur Ausbildungsstätte für Militärärzte. Der preußische König persönlich gab dem Haus seinen Namen: Charité. Das Ausbildungslazarett entwickelte sich in den nächsten 200 Jahren nicht nur zum besten europäischen, sondern auch zum fünftbesten Krankenhaus der Welt (382). Doch das dauerte eine Weile, erst 1828 wurde Deutschlands berühmtestes Hospital auch zur Universitätsklinik. An der Charité wurde und wird Medizingeschichte geschrieben. Forscher ersten Kalibers wie Paul Virchow, Robert Koch und Emil v. Behring arbeiteten in dem Weltklasse-Institut. Emil v. Behring verdiente sich den Titel „Retter der Kinder", weil er ein Antiserum gegen die Diphterie entwickelte, einer Infektion, an der vor allem Kleinkinder starben. Weniger rühmlich war die Verwicklung führender Köpfe der Charité in die Rassenideologie und die verbrecherischen Experimente der Nationalsozialisten und des DDR-Regimes. Der öffentliche Sender ARD produzierte über die Aufs und Abs der sagenhaften Klinik eine eigene Serie (383) und per Podcast meldet sich der Corona-Spezialist der Charité, Christian Drosten, zu Wort, um über die Corona-Pandemie zu informieren (384). Eine weitere Kliniklegende ist das Allgemeine Krankenhaus (AKH) von Kaiser Josef II., 1784 in Wien gegründet, das Standards für ganz Europa setzte. Der Megabau mit idyllischen Grünflächen hatte nicht zufällig eine Vorgeschichte als Armenhaus (385). Die Wohlsituierten zogen es vor, sich im privaten Ambiente pflegen zu lassen, öffentliche Fürsorge war auch in Großstädten noch immer eine Sozialleistung. Daraus resultierte der in Krankenhäusern übliche Kasernenhofton, den die „Armen Leute" erdulden mussten. Wer der strengen Hausordnung nicht folgte wurde bestraft. Neben „Liegenbleiben im Bett" „Absonderung von Anderen" oder „Verkürzung der Diät" drohte schlimmstenfalls die vorzeitige Entlassung. Ärztlichen Anordnungen war unbedingt Folge zu leisten, was nicht selten zu Machtmissbrauch führte, doch das gehört in ein späteres Kapitel (386). Erst nach Fortschritten in der Mikrobiologie, Narkose, Hygiene und auf anderen Gebieten wurden Krankenhäuser auch für anspruchsvollere Patienten zur ersten Wahl. Der unglückliche Ignaz Semmelweis war nur einer von vielen Koryphäen, die am AKH forschten, Karl Landsteiner entdeckte hier die Blutgruppen, die Nobelpreisträger Bárány und Wagner-Jauregg arbeiteten ebenfalls im Hause. Letzterer ist uns im Kapitel Syphilis begegnet, gegen die Infektion kämpfte er, indem er Patienten mit Malaria „gegeninfizierte".

Zwar liegt die Krankenhausdichte in Deutschland über dem europäischen Schnitt, doch sie sinkt seit Jahren, das gleiche gilt für die Bettenzahl (387; 388). Im selben Zeitraum verringerte sich hierzulande der Anteil öffentlicher zugunsten privater Kliniken, ebenso wie die durchschnittliche Verweilzeit der Patienten. Letzteres wird mit der Umstellung der Abrechnung von Aufenthaltsdauer auf Fallpauschalen begründet (389). Immerhin werden seit zehn Jahren mehr Pflegekräfte eingestellt und die Investitionen in Krankenhäuser wieder erhöht. Die Coronakrise zeigte, wie entscheidend ausreichende Betten- und Pflegekapazitäten für ein erfolgreiches Seuchenmanagement sind, das hat zumindest kurzfristig zum weiteren Ausbau der Pflegeplätze geführt. Vor der Krise gab es 22 000 Intensivbetten mit Beatmungsmöglichkeit, die regulär zu 70–80 % belegt waren. Innerhalb eines Jahres wurde die Kapazität auf 28 000 Betten hochgefahren, da es ab November 2020 regionale Engpässe im Intensivbereich gab. Auch Reservekapazitäten von bis zu 12 000 Beatmungsplätzen können nun innerhalb einer Woche geschaffen werden (390). Andererseits hat die Coronakrise offensichtlich die Pflegenden zermürbt. Im vergangenen Jahr haben über 9 000 Pfleger und Pflegerinnen in Krankenhäusern und in Seniorenheimen gekündigt. Auch deshalb drohte die vierte Welle, die seit Herbst 2021 über Deutschland rollte, unser Gesundheitssystem zu überfordern (391).

Lady Marys Triumph

Schon in frühen Überlieferungen begegnen uns Infektionskrankheiten als allgegenwärtige Bedrohung, ein ständiger Albdruck, der (fast) ohne erkennbare Regeln zuschlug. Sehr schnell verstanden Menschen aber, dass einmal Genesene oft immun waren. Schon 430 v. Chr. wurden bei Pockenepidemien Überlebende herangezogen, andere Patienten zu pflegen (14; 52; 392).

Im 10. Jhd. n. Chr. gingen chinesische Ärzte noch einen Schritt weiter, sie begannen, das Immunsystem von nicht pocken-resistenten Patienten mittels sogenannter Inokulation zu stimulieren (392). Wurde ein Infizierter von einer weniger virulenten Variante des Pockenvirus befallen, war also der Verlauf der Krankheit milder, blieben kaum Narben zurück. Diesen Pockennarben *„light"* wurden mit einer Lanzette (einem winzigen Messerchen) Material entnommen und bei Gesunden unter die Haut eingeführt. Der so Inokulierte hatte dann ebenfalls einen milden Verlauf, das war jedenfalls die Theorie. Ganz gefahrlos war die künstliche Immunisierung freilich nicht, denn der Erreger war anders als bei einer Impfung zwar eine milde Variante, aber trotzdem virulent. 2–3% der Patienten starben nach einer Inokulation. Immunisierte waren zudem ansteckend und konnten eine Pockenepidemie auslösen (52). Trotz der Risiken verbreitete sich die Methode in Asien und Afrika. Vielleicht entstand sie sogar mehrfach unabhängig voneinander. Tscherkessische Händler brachten sie 1670 ins Osmanische Reich. Kaukasierinnen galten den Frauenkennern am Bosporus als besonders begehrenswert. Für die Mädchen in der Provinz östlich des Schwarzen Meeres war ein Harems-Casting das Ticket in die Welt der Schönen und Reichen, weshalb weitsichtige Eltern ihre Töchter bereits als Kleinkinder an wenig auffälligen Stellen inokulierten. So wollten sie verhindern, dass eine Blatterninfektion ihre Töchter entstellte (52; 393).

Als das Osmanische Reich seine Expansionsgelüste aufgab und sich die Beziehungen zu Europa entspannten, gelangten Berichte über die Inokulation in das Abendland. Die Immunisierung, auch als Variolation bekannt (nach *Orthopoxvirus variolae*), wurde zum Megatrend. Die Influencerin Lady Mary Worley Montague sorgte für Akzeptanz. Die Ex-Schönheit wurde als junge Frau ein Pockenopfer und war wild entschlossen, ihren eigenen Kindern solches Leid zu ersparen. Als Diplomatengattin kam sie 1717 nach Istanbul und erfuhr von der Inokulation, die sie sogleich an ihrem fünfjährigen Sohn ausführen ließ. Wieder zurück in London, wurde auch ihre kleine Tochter inokuliert. Das Ganze organisierte Lady Mary 1721 als Schauveranstaltung mit königlichen Ärzten als Zeugen. Beeindruckt bot der englische König nun sechs Verbrechern an, sich „freiwillig" inokulieren zu lassen, um royale Gunst zu erlangen. Auch die kriminellen Versuchskaninchen überlebten und erwiesen sich als immun. Zur selben Zeit hatte man auch in Amerika mit der Variolation gute Ergebnisse erzielt. Diese Erfahrungen trugen dazu bei, die Technik in Europa zu etablieren. Dass schon 1722 gleich zwei Töchter des Prince of Wales inokuliert wurden, zeigt, was für ein Albtraum die Krankheit für die Menschen jener Zeit war. Die Habsburger Kaiserin Maria-Theresia ließ ihre Familie ebenfalls inokulieren, nachdem sie selbst samt Kindern und Enkeln erkrankt war. Eine ihrer Töchter starb wenige Tage vor der Vermählung an Pocken, nicht ohne vorher den 11-jährigen Mozart angesteckt zu haben, der auf ihrer Hochzeit musizieren sollte. Zwei weitere Prinzessinnen flohen ins Kloster, nachdem die Krankheit ihre Aussicht auf eine glanzvolle Ehe zunichtemachte. Wen wundert da, dass die Kaiserin sich für die Wundermethode Variolation entschied, um ihre verbleibenden Kinder zu retten. Parallel zur Inokulation wusste die englische Volksmedizin, dass Infektionen mit Kuhpocken (*Orthopoxvirus bovis*) vor den Blattern schützte. Anders als Pocken springen Kuhpocken auf andere Säugetiere über, verlaufen bei Menschen aber sehr milde. 1796 begann der englische Landarzt Edward Jenner, Patienten mit Kuhpocken anstelle menschlicher Pocken zu infizieren, mit Erfolg! Die so Infizierten waren vor einer Pockeninfektion geschützt. Voilá, der erste Impfstoff war gefunden, dessen Name Vakzin sich von dem lateinischen Wort „vacca" für Kuh ableitete. Mit der ersten Impfung traten auch gleich die ersten Impfgegner auf den Plan. Der umtriebige Hobbyforscher Jenner erhielt viel Gegenwind und war das Lieblingsmotiv der Karikaturisten.

Abbildung 35: Karikatur die die Pocken Vakzination verspottet

Vielen missfiel die Idee, mit tierischen Keimen geimpft zu werden, anderen war nicht geheuer, dass die Ursache der Krankheit noch immer noch im Dunkeln lag (44; 52). Es gab auch ökonomische, soziale und religiöse Bedenken. Manche Ärzte fürchteten um ihr Einkommen, falls die unkomplizierte Impfung die medizinisch anspruchsvollere Inokulation verdrängte. Der Ökonom Malthus hatte zeitgleich in seinem bahnbrechenden Essay vor den Gefahren der Überbevölkerung gewarnt. Einige Zeitgenossen befürchteten nun, dass Impfungen die „segensreiche" Verminderung der Armen durch Krankheiten verhindern könnten. Sozialreformer kämpften für die Verbesserung der beengten, unhygienischen Lebensverhältnisse der sozial Schwachen. Sie klagten, dass durch Impfungen der Druck, solche Seuchenherde auszumisten, wegfallen würde. Manch religiöser Vordenker sahen in den Pocken Gottes Werkzeug, in der Schutzimpfung dagegen den Ausdruck menschlichen Hochmuts, der sich über Gottes Willen erhob. Die meisten Geistlichen einschließlich des Papstes forderten ihre Schäfchen allerdings auf, sich vakzinieren zu lassen oder impften gleich selber. Als in der zweiten Hälfte des 19. Jhd. die Rufe nach einer Pflichtvakzination aufkamen, empfanden das manche als Bedrohung ihrer Entscheidungsfreiheit (44). Weil die Vorteile der Impfung aber so offensichtlich waren, konnten weder spitze Federn noch intellektuelles Kopfschütteln den Siegeszug der Vakzination aufhalten. Jenners Erfolge überzeugten die meisten, die Angst vor dem gefleckten Tod war größer als alle Bedenken. In wenigen Jahren wurde die Impfung in ganz Europa und Amerika eingeführt. Neben der Impfskepsis kämpften Impfprotagonisten auch mit technischen Problemen. Die Impfstoffe mussten gekühlt werden, weshalb sie in den Tropen lange nicht eingesetzt werden konnten. In den 1960ern wurde dann eine zweigablige Spritze entwickelt, die das Impfen vereinfachte und sicherstellte, dass auch von Laien ausreichend Impfstoff verabreicht wurde (44; 394).

Das gefleckte Monster

Die Idee, eine Seuche auszurotten, erschien vermessen und undurchführbar. Als ein japanischer Delegierter 1926 beim Völkerbund eine internationale Zusammenarbeit bei der Ausmerzung der Pocken einforderte, rügte ein Schweizer Kollege: „Pocken haben keinen Platz in einer politischen Veranstaltung." Die Infektionskrankheit galt vielen als eine Naturgewalt, vor der man sich lediglich schützen konnte, sie ganz aus der Welt zu schaffen galt als unmöglich (44). 1948 nahm die WHO die weltweite Gesundheit in die Hand und noch immer galt die Vision als „impractical", was im Deutschen sowohl impraktikabel als auch unpraktisch heißen kann, da ja zu dieser Zeit der hitzeempfindliche Pockenimpfstoff in wärmeren Ländern kaum eingesetzt werden konnte. Vielen Ländern fehlten schlicht die Kühlmöglichkeiten, zumindest in abgelegenen Gebieten. Nach dem zweiten Weltkrieg konnten die Vakzine dann auch gefriergetrocknet werden. Nun waren den Impfmissionaren keine Grenzen mehr gesetzt (394). Stoßtrupps drangen in die entlegensten Ecken der Erde vor. 1966 erklärten mehrere Großmächte einschließlich den USA und der UDSSR den Pocken gemeinsam den Krieg. Um zu zeigen, wie ernst es ihnen mit dieser unerhörten Ankündigung war, gaben sie sich einen Zeitplan: Innerhalb der nächsten 10 Jahre sollten die Pocken Geschichte sei. Zu diesem Zeitpunkt wütete die Seuche noch immer in 44 Ländern, während die reicheren Staaten sie dank flächendeckender Impfungen ihrer Bevölkerung bereits ausgemerzt hatten. Skeptiker sahen das Hauptproblem nun in den lausigen Gesundheitssystemen vieler Entwicklungsländer. Insbesondere in Afrika leisteten die Gesundheitsbehörden Heldenarbeit. Oft mussten sie improvisieren und sammelten dabei wertvolle Erfahrungen. So kam es in Nigeria zu Engpässen in der Impfstofflieferung. Der verantwortliche Arzt Dr. William Foege sah sich gezwungen, zu priorisieren.

Er konzentrierte sich auf Hotspots des Seuchengeschehens. Die Überraschung: Es gelang ihm mit seiner Strategie, die Seuche in Nigeria zu besiegen. Dass dafür nicht die gesamte Bevölkerung durchgeimpft werden musste, war eine wichtige Erkenntnis. Freilich war eine effektive Überwachung nötig, damit Pockenausbrüche frühzeitig erkannt werden konnten (394). Neben logistischen Problemen rangen die Impfkolonnen auch mit lokalen Traditionen: In Afghanistan verhandelten sie mit den lokalen Warlords darüber, an welcher religiös korrekten Körperregion Afghaninnen geimpft werden durften, in Westafrika mussten sie sich mit den Priestern eines regionalen Pockenkults einigen, die sich um ihre Einkünfte gebracht sahen (44; 394). In politisch instabilen Regionen ähnelten die Impfkampagnen dagegen Abenteuerfilmen à la Indiana Jones, inklusive Geiselnahmen. 1977 war es dann soweit, fast pünktlich schienen die Pocken besiegt. Da schlug das bösartige Virus ein letztes Mal zu: Es entwich in Birmingham ausgerechnet aus dem Labor von Professor Hedson, einem weltbekannten Pockenexperten. Über die Lüftung infizierte der Virus eine Laborassistentin, die an der Infektion starb. Der Forscher brachte sich anschließend um und wurde so zum letzten Pockenopfer der Welt (14; 44).

Auf der Spur der Seuche

Zu der Heimsuchung Krankheit gesellte sich seit der Jungsteinzeit die steigende Ansteckungsgefahr durch Erreger, die sich auf
Homo sapiens spezialisierten. Ohne die kausalen Zusammenhänge zu verstehen, schützten sich archaische Gesellschaften vor
der Existenzbedrohung, so gut es ging, ja manchmal nutzten sie
sie sogar zu ihrem Vorteil (281). Schon vor den großen Pest-,
Pocken- und Gelbfieberwellen der Neuzeit begannen Kommunen, Buch zu führen über Erkrankte. München beauftragte ab
1318 den Stadtarzt, zwecks Seuchenbekämpfung jeden Haushalt
in der Stadt zu überwachen und im Falle einer Erkrankung das
betroffene Haus zu desinfizieren. Ihm zur Seite standen seit dem
schwarzen Tod Hebammen, deren Aufgabe es war, Pestbeulen
aufzuschneiden. Nebenbei sammelten die handfesten Seuchen-
kriegerinnen an vorderster Front Informationen über infizierte
Hausstände (395). Andere europäische Großstädte führten seit der
Neuzeit ebenfalls Buch, die Londoner Bills of Mortality liefern
ab 1532 Sterbestatistiken ab, 1629 einschließlich der mutmaßli-
chen Todesursache (1). Durch systematische Beobachtung und
Experimente gelang es Anfang des 19. Jhds., Übertragungswege
von Infektionen zu finden, noch bevor Mikrobiologen die Erreger selber identifizierten. Als Klassiker gilt das Werk des Arztes
John Snow (1813–1858), „Mode of Communication of Cholera", in der er darlegte, dass Cholera sich über mit Fäkalien verunreinigtes Wasser verbreitete und nicht über Miasmen (116). Den
schlagenden Beweis lieferte er 1854 während eines Choleraaus-
bruchs in London. Durch die urbane räumliche Analyse des Infektionsgeschehens in dem betroffenen Viertel konnte Dr. Snow
die Pumpe des Übels lokalisieren, von der die erkrankten Bewohner ihr Wasser bezogen (396). Die von ihm verwendete Technik
ging als *„mapping"* in die Seuchengeschichte ein.

*Abbildung 36: Karte von Dr. John Snow mit den
Anhäufungen der Todesfälle bei der Cholera-Epidemie 1854*

Es war die erste wissenschaftliche Rekonstruktion einer Infekti-
onskette. Schon Dr. Snow wusste, dass auch andere Seuchen wie
Typhus über das Trinkwasser übertragen werden (116). Fünfzig
Jahre später war es für Stadthygieniker wie den New Yorker Arzt
Dr. Soper schon Routine, bei Cholera- und Typhusausbrüchen
das Trinkwasser zu prüfen (118). Doch Keime, das erkannten
Ärzte schon Anfang des 19. Jhds., verbreiten sich nicht nur über
das Wasser. Auch durch direkten Kontakt mit kontaminiertem
Material und Oberflächen, Lebensmittel oder durch ungereinig-
te Hände können Pathogene übertragen werfen. Nicht nur ei-
gensinnige Köchinnen wie die Salmonellen-Ausscheiderin Mary
Mallon, auch viele Mediziner wollten diese unbequeme Wahrheit lange nicht wahrhaben, bis die Start-Up-Wissenschaft Mikrobiologie sie mit Fakten konfrontierte, die sie einfach nicht
ignorieren konnten. Am unberechenbarsten, das weiß die moderne Epidemiologie, sind Infektionen der Atemwege, die sich

über Aerosole und Tröpfchen mit der Luft ausbreiten. Wir alle haben erfahren müssen, wie schwer der Einzelne sich vor Ansteckung mit *SARS-CoV-2* schützen kann. Unabhängig vom Übertragungsweg, je schneller Infektionsketten zu Patienten 0 zurückverfolgt werden, desto besser kann man Epidemien kontrollieren, eine Erkenntnis aus dem Feldzug gegen die Pocken. Der WHO-Veteran Dr. Foege impfte Nigeria pockenfrei, indem er sich auf Hotspots konzentrierte (394). Eine Strategie, die nur funktionierte, weil neu aufflammende Infektionsherde schnell gelöscht wurden, bevor sich das Infektionsgeschehen zum Flächenbrand entwickelte. Ein Negativbeispiel ist die westafrikanische Ebola-Pandemie von 2013, weil das Fieber damals erst nach Monaten als Ebola identifiziert wurde. Das hatte fatale Folgen, denn der Erreger konnte sich bis in die großen Städte ausbreiten und kostete über 11 000 Menschen das Leben (150).

Auch soziale Medien können genutzt werden um „Epidemic Intelligence (EI)" zu sammeln. Das Netz könnte als Frühwarnsystem fungieren, die Ausmaße eines Ausbruchs sichtbar machen und helfen, Infektionswege zu rekonstruieren. Informatiker haben analysiert, welche Spuren der EHEC Ausbruch, der 2011 Deutschland erschütterte, in Twitter hinterließ, und wie man die Daten zur Bekämpfung zukünftiger Epidemien verwenden kann (397).

Während der Corona-Pandemie nutzen viele Staaten digitale Technik, um dem Corona-Erreger auf der Spur zu bleiben, eine Methode, die „Tracing" genannt wird. Der Preis für die digitale Hilfe sind unsere privaten Daten, was nicht nur Datenschützern sauer aufstößt. Neben Bewegungsdaten werden in Staaten wie Südkorea auch Körpertemperatur, Symptome und Kreditkarteninformationen zentral erfasst. Die gesammelten Daten werden dann mit Bildern von Überwachungskameras abgeglichen. So können Einwohner effektiv über die Ansteckungsgefahr informiert und Quarantänemaßnahmen überwacht werden. Zumindest in den ersten beiden Wellen blieben so in Südkorea bei moderaten Infektionszahlen viele Einrichtungen offen, Lebensalltag und Wirtschaft litten weniger unter Einschränkungen als in europäischen Ländern, (398). Bürger, so scheint es, müssen wählen zwischen Freiheit und Datenschutz, wenn man sie wählen lässt … In vielen Ländern Asiens ist die Benutzung einer Corona Warn-App obligatorisch. Zu der digitalen Kontrolle gehört aber auch die engmaschige analoge Testung, schließlich kann auch die beste App nur vor den Infektionen warnen, die rechtzeitig erkannt werden.

Ausgrenzung und Abschottung

Es hat sich herumgesprochen: der Begriff Quarantäne leitet sich von dem italienischen Wort „quarantino" für 40 ab. Mit dem schwarzen Tod bürgerte es sich in Europa ein, Reisende mindestens einen Monat warten zu lassen, bevor sie eine Siedlung betreten durften. Besonders Hafen- und Handelsstädte wie Venedig oder Marseille versuchten so, der Seuche Herr zu werden.

Natürlich trennten Menschen nicht erst seit dem Mittelalter Gesunde von potentiell Infizierten. Es gab seit der Frühzeit Isolationsstrategien, um Ansteckung zu verhindern. Zum Wohl der Gemeinschaft beschränkten sich Autoritäten keineswegs nur auf Einreiseverbote, sondern ergriffen härtere Maßnahmen. An dieser Stelle lohnt es sich, wieder einmal in der Bibel zu blättern, wo sich im 3. Buch Mose präzise Anweisungen finden, wie Priester mit Aussätzigen zu verfahren haben. Kranke zwangsisolierten sich – nach der Inspektion durch einen Gottesmann – für sieben Tage, um wieder zu genesen. Trat in dieser Zeit keine Besserung ein, mussten sie als Unreine ihre Gemeinschaft verlassen (4). Der unbarmherzige Pragmatismus solcher Aussonderungen ist schauerlich, eine Folge der Hilflosigkeit archaischer Gesellschaften gegenüber Epidemien. Gleichwohl änderte sich auch in den nächsten Jahrtausenden wenig an der Maxime: je schlimmer die Krankheit, desto drastischer die Abwehrmaßnahmen. Das grausamste Beispiel dafür ist die Hansenkrankheit, die trotz mäßiger Ansteckungsgefahr aus ihren Opfern lebende Tote machte und das bis in die Gegenwart (137). Schon im 4. Jhd. n. Chr. pflegte der Lazarusorden Leprakranke, dafür mussten die frommen Mönche ihr Hospital freilich außerhalb der Stadtmauern von Jerusalem bauen. Als 700 Jahre später die Kreuzritter kamen, infizierten sich auch Gotteskrieger mit der Hansenkrankheit, das Ende ihres alten Lebens, aber nicht ihrer Karriere. Als Leprakranke wechselten Templer, Johanniter und ihre Kameraden aus anderen Orden zu den Rittern des Heiligen Lazarus, wo sie eine eigene militärische Einheit bildeten. Mangels Zukunftsaussichten wurden die Todgesagten zu gefürchteten Elitetruppe, die ohne Helm in den Kampf zog und den Gegner durch ihre entstellten Gesichter demoralisierte (399). Mit entwürdigenden Ritualen entledigten sich derweil in Europa mittelalterliche Kommunen ihrer Leprakranken und zwangen sie in das soziale Abseits mit ihresgleichen. Neben Pestdoktor Schnabel verkörpern Lepraklappern, mit denen tamquam mortuus Gesunde vor allzu großer Nähe warnen mussten, die düstere europäische Seuchengeschichte.

Abbildung 37: Lepraklapper

Auch die Pest führte zu moralischen Entgleisungen gegen die Opfer der Plage. Wie 1374 In Mailand, als Visconte Bernabó von Reggio befahl, jeden Pestkranken aus der Stadt zu bringen und auf den umliegenden Feldern sich selbst zu überlassen (400). Anderen Infizierten erging es noch schlimmer: manchmal wurden Pestkranke in ihren Häusern einfach eingemauert, oft wurden verpestete Wohnstätten gekennzeichnet, verbunden mit striktem Hausarrest für alle Bewohner (401). Zum Glück waren Isolationsaktionen nicht immer so grausam. Der Rat von Ragusa etablierte 1377 vor der Stadt ein Isolationsareal auf einer vorgelagerten Insel. Hier musste jeder Reisende aus Pestregionen zunächst 30 Tage leben. Auch Kranke aus der Stadt wurden dorthin gebracht, im Gegenzug sorgte die Stadt für Nahrung (400). Warum die erzwungene Auszeit von 30 auf 40 Tage gestreckt wurde, ist unklar. Vielleicht mischte wieder einmal Hippokrates mit, der ehrwürdige Arzt postulierte, die „kritische" – soll heißen infektiöse – Phase einer Krankheit dauere 40 Tage (402). Wahrscheinlicher sind aber religiöse Motive, schließlich haben 40 Tage in der Bibel eine große symbolische Bedeutung. Auch Venedig, die große Rivalin von Ragusa, zog nach: Das Kloster Santa Maria di Nazareth, ebenfalls auf einer Insel gelegen, wurde zur Auffangstation für Reisende im Wartemodus. Die Krankenpfleger des Klosters gehörten zur Bruderschaft Sankt Lazarus, die sich schon bei der Betreuung Leprakranker bewährte. Die Insel, nur wenige Meter vom Lido entfernt, heißt heute Lazaretto vecchio. Andere Hafenstädte nahmen sich die Isolationsstrategie der Handelsmetropolen zum Vorbild und richteten ebenfalls „lazarettos" genannte Quarantänebereiche ein, als Folge avancierte der Begriff Lazarett endgültig zum Synonym für Krankenhaus (402). Auch in – oder besser vor – Binnenstädten wurden Pestkrankenhäuser eingerichtet. In der Salzhochburg München lag das sogenannte Brechhaus (abgeleitet von dem Wort Gebrechen) südlich der Stadtmauern an der Isar. Logistisch durchdacht lag gleich daneben der Pestfriedhof, denn nicht ganz zu Unrecht fürchtete man auch die Ansteckung durch Pestleichen (395). Quarantäne erwies sich auch in den folgenden Jahrhunderten als der einzige effektive Seuchenschutz, daher wurde das System ausgeweitet und auf andere Plagen wie die Pocken oder Gelbfieber angewandt. Auch die überregionale Zusammenarbeit klappte: Schiffe erhielten von Hafenstädten, in denen gerade keine Epidemie wütete, Freischeine. Mit dem Zertifikat konnten diese in ihren nächsten Hafen ohne Quarantäneauflagen einfahren (402).

Abbildung 38: Gesundheitspass (fede di sanità), der dem
Träger erlaubt, sich trotz Quarantäne und anderer pestbedingter
Reisebeschränkungen frei zu bewegen.

Übersetzung: „Wir, die Gesundheitsbeamten von Montecchio
sind Zeugen, das folgende Person mit all ihren Besitztümern
dieses Land, das durch Gottes Gnade frei ist von allem Verdacht
böser Ansteckung, verläßt um nach _____; zu gehen,
Name____, Alter____; Größe____, Haarfarbe____, Montecchio, 22. Monat? 1611&1612" (übers. aus dem Englischem Von
E. Brandt). Von einem unbekanntem Autor

Um Isolationsmaßnahmen durchzusetzen, entstanden ab dem 17.
Jhd. eigene Behörden. In Venedig durchsuchten Seuchenfahnder
während einer Epidemie alle Haushalte und ließen Erkrankte in
außerhalb gelegene Pesthäuser bringen. Auch in Amerika kannte
man zu diesem Zeitpunkt schon die Wunderwaffe Quarantäne.
Boston zwang allen Schiffen eine Wartezeit auf, bevor die Stadt
die Hafeneinfahrt erlaubte. New York ließ Reisende aus Epide-
mieregionen erst in die Stadt, nachdem sie von Gesundheitsbeamten inspiziert wurden. In Russland war man noch konsequen-

ter, Ausländern war es während Pestepidemien bei Todesstrafe untersagt, Moskau zu betreten. Auch in London hätte man gerne permanente Einreiseverbote für Ausländer verhängt, das ließ sich jedoch nicht durchsetzen und so beschränkte man sich auf eine Wartezeit von 40 bis 80 Tagen, bevor man Schiffe in den Hafen ließ. Die behördliche Willkür bei Isolationsmaßnahmen, verbunden mit mangelnder Aufklärung der Bevölkerung, machte Quarantänevorschriften unpopulär. Dies umso mehr, als Autoritäten nicht selten den Gesundheitsschutz missbrauchten, um ihre Untertanen zu überwachen. Besonders dreist war die „Desinfektion" von Korrespondenz als Vorwand, um nach politischen Aufrührern und Spionen zu suchen (402). Noch invasiver waren Hausrazzien auf der Suche nach Seuchenbrutstätten, wie sie seit dem Mittelalter in Städten durchgeführt wurden. Während sich die venezianische Task Force nur für den Gesundheitszustand der Bürger interessierte, erfassten die preußischen Inspektoren des 19. Jhds. auch Familiengröße, Einkommen, Lebensführung und die Sittlichkeit der Bewohner (100). Oft konzentrierten sich die Maßnahmen auf bestimmte Bevölkerungsgruppen wie Arbeiter oder ethnische Minderheiten. All das schürte Unmut, der gelegentlich zu Aufständen wie in Königsberg oder St. Petersburg führte (310; 311; 402). Bei der Tuberkulose ging man humaner vor. Zwar wurden Kranke ebenfalls in speziellen Anstalten, Sanatorien genannt, konzentriert, um Infektionsketten zu unterbrechen, doch stand ihr Wohlergehen dabei im Vordergrund. TBC-Sanatorien muten eher wie Wellnesshotels in ländlich reizvollem Umfeld an. In den Wohlfühlinstituten therapierten Mediziner ihre Patienten mit allen damals bekannten Mitteln. Die staatliche Fürsorge erstreckte sich sogar auf besonders gefährdete, weil arme, Bevölkerungsgruppen, die präventiv in solche Anstalten kamen, um ihre Abwehrkräfte gegen die Schwindsucht zu stärken (402). Der Pferdefuß war die erhöhte Ansteckungsgefahr in Sanatorien bei gleichzeitig mäßigen Heilungserfolgen. Doch es geht auch anders: vielleicht erinnert sich der eine oder die andere Leserin noch an das englische Dörfchen Eyeam, das sich 1656, während einer Pestepidemie, selbst isolierte, um Nachbargemeinden nicht zu gefährden (26). Der Fall taugt nicht nur zum Studium des Infektionsgeschehens, sondern auch als Muster für erfolgreiches Quarantänemanagement. Die Entscheidung wurde von der 800-Seelen-Kommune im Konsens getroffen, jeder kannte die Gefahr, keiner entzog sich den Auflagen, selbst der Pfarrer, Initiator der Selbstisolation, verlor während der Krise seine Frau. Die umliegenden Gemeinden unterstützten das Dorf mit Lebensmittellieferungen. Aufklärung, Transparenz, allgemeingültige Regeln, Mitbestimmung und Solidarität sind notwendig, wenn demokratische Bürger Isolationsmaßnahmen akzeptieren sollen. Aber nur aus den Fehlern der Vergangenheit zu lernen, reicht nicht, Gesundheitsbehörden müssen sich in der globalisierten Welt neuen Herausforderungen stellen. Gleich zu Beginn des neuen Jahrtausends haben SARS, MERS, sowie die Vogel- und Schweinegrippe der globalisierten Welt gezeigt, wie schnell ein Erreger sich ausbreiten kann. Wieder stolpern wir über das fehlende Risikobewusstsein westlicher Gesellschaften, die dank hocheffizienter Medizin Seuchen nicht mehr auf dem Schirm haben. Selbst die Verantwortlichen schienen fast vergessen zu haben, wie gefährlich Epidemien sind. Seit in den Achtzigern des letzten Jahrhunderts die AIDS-Pandemie ausbrach, führte das, gemeinsam mit zunehmenden Antibiotika-Resistenzen vieler Bakterien, zum Umdenken. Als Folge rüsten die Nationen wieder auf, Gesetze wie das deutsche Seuchenschutzgesetz wurden zum Infektionsschutzgesetz aktualisiert, Institutionen zur Seuchenbekämpfung reorganisiert oder neu gegründet. (402). Seit der SARS- Pandemie 2003 hat Amerika abgebaute Quarantänestationen wiederbelebt und Quarantäneregelungen überarbeitet. Das Wort Quarantäne stammt aus einer Zeit starrer Schutzmaßnahmen gegen eine unverstandene Gefahr. Heutzutage besteht Isolation aus ganzen Maßnahmenbündeln, die von Einreisesperren und Selbstisolation über Homeoffice und Homeschooling bis zu einem allgemeinen Lockdown reichen. Alle sind wirkungsvolle Waffen im Kampf gegen Infektionskrankheiten, aber eben auch grobe Instrumente, mit immensen wirtschaftlichen und sozialen Kollateralschäden. Der

Blick auf die Seuchengeschichte macht klar, wo die Grenzen und Gefahren bei der Umsetzung von Quarantänemaßnahmen liegen (402). Daher muss Isolation immer kontext-bezogen eingesetzt werden. Experten müssen je nach Erreger abwägen, ob Alternativen wie z.B. Impfungen oder die Massenausgabe von Medikamenten nicht effektiver sind. Auch die starre 40-Tage-Regel hat längst ausgedient. Moderne Epidemiologen kennen die Inkubationszeiten von Erregern und passen die Dauer der Quarantäne daran an (403).

Wenn aus dem Spiel Ernst wird

Auch die Älteren kennen das ikonische Computerspiel SimCity, das seit 1989 für Furore sorgt. Die Spieler können eigene Städte bauen und entwickeln, und der Clou dabei sind Optionen, die Architektur und Straßenbau mit Algorithmen für Verkehrsfluss, Umwelt, Kriminalität und Bildung koppeln, die in die Stadtentwicklung mit einbezogen werden. Die einen loben die preisgekrönte Simulation für ihre pädagogische Wirkung, die anderen nennen sie eine „Stadtplanung für Größenwahnsinnige". Doch selbst Kritiker bescheinigen dem Spiel, dass es die Fähigkeit trainiert, komplexe Phänomene vorauszusehen und unerwartete Entwicklungen durchzuspielen, bis man das bestmögliche Ergebnis erreicht (404). Genau deshalb lieben Forscher aus vielen Fachbereichen die Idee und nutzen sie für ihre Fragestellungen. Egal ob für Öko- oder Verkehrsleitsysteme, alle brauchen für ihre Vorhersagen Versuche, die aus praktischen und ethischen Gründen nicht real durchführbar sind. Dies gilt natürlich auch für die Epidemiologie, die neben Vorgaben durch lokale Rahmendbedingungen auch noch auf spezifische Erregereigenschaften wie Reproduktionsrate, Übertragungsweg und Inkubationszeit zugeschnittene Strategien benötigt und das im Ernstfall bitte möglichst schnell. Dafür haben Epidemiologen das Programm EpiSims entwickelt, in das Daten aus Verkehrssimulationen und demografischen Erhebungen einfließen (403). So zeigte Epi-Sims, dass im Kontext eines fiktiven Pockenausbruchs in einer amerikanischen Stadt der Verkehrsfluss sehr viel leichter unterbrochen werden kann als die Infektionsketten. Legt man die wichtigsten Verkehrsknotenpunkte lahm, steht das öffentliche Leben still. Multiplikatoren und Superspreader zu isolieren, ist eine viel größere Herausforderung, bei der ökologische Studien über Räuber-Beute-Szenarien oder invasive Arten wertvollen Input liefern. Im Idealfall sind Simulationen für Politiker wertvolle Hilfsmittel, um schnell und gezielt die Erregerausbreitung zu unterbrechen und den Schaden für die Gesellschaft zu minimieren (403). Mathematische Modelle versuchen dagegen, aus den Daten historischer Seuchen Muster in der Dynamik des Ausbreitungsprozesses zu erkennen und so den Erreger besser zu verstehen (405). Damit liefern sie für Simulationen wichtige Informationen über Ansteckung und Virulenz. Bei neuen Seuchen, den „Emerging Diseases", sind genau solche Statistiken über Erreger und Krankheitsverlauf allerdings dürftig, die resultierenden Prognosen ungenau. In solchen Fällen hilft ein mathematischer Kniff, verspielt Monte-Carlo-Methode genannt. Mit einer großen Zahl von Zufallsexperimenten versuchen Stochastiker herauszufinden, wie Interaktionen zwischen Individuen in einer Population definierte Eigenschaften des Einzelnen ändern können. Zum besseren Verständnis hier ein praktisches Beispiel: Für eine Modell-Krankheit wird die Transmissionswahrscheinlichkeit bei der Begegnung eines infektiösen mit einem empfänglichen Menschen auf 0,15 festgelegt. Während der Simulation generiert der Rechner eine zufällige Zahl, ist die kleiner oder gleich 0,15, wird das zweite Individuum ebenfalls infektiös. Während der ganzen Simulation wird der Anteil der Infizierten registriert und fließt in die nächste Zufallsrunde ein. Je öfter man das virtuelle Experiment wiederholt, desto näher liegt, gemäß dem Gesetz der großen Zahlen, die resultierende Infektionsrate bei dem realen Wert. So wie man eine Münze nur oft genug werfen muss, um auf ein 50:50-Verhältnis zwischen Kopf und Zahl zu kommen. Monte-Carlo-Simulationen werden auch genutzt, um die kritische Populationsgröße für Infektionen wie Masern zu ermitteln, ab der sie zur rein menschlichen Seuche mutieren können. Andere Wissenschaftler interessiert, wie stark die Ausbreitung einer Infektion von der Jahreszeit abhängt (406).

Prognosen anhand von Modellen haben bis vor kurzem in der Seuchenbekämpfung keine Rolle gespielt, weil sie Datenmengen generieren, die manuell nicht zu bewerkstelligen sind. Erst als 1945 der erste elektronische Rechner seine Arbeit aufnahm, eröffneten sich der wissenschaftlichen Welt völlig neue Möglichkeiten zur Datenverarbeitung (407). Der aufmerksame Leser hat bei der Beschreibung von EpiSims wohl schon den Haken bei der digitalen Aufrüstung bemerkt: Die Qualität einer Prognose hängt von dem Dateninput ab, und zwar nicht nur über den Erreger, sondern auch über die Individuen in der befallenen Population sowie die Methode, Vergleichbarkeit und Qualität der Datenerfassung. Neben (anonymisierten) biografischen Informationen über Alter, Bildung und Gesundheitszustand geben (anonymisierte) Bewegungsdaten, der Beruf, das Einkommen, soziale Interaktionen, die Mobilität, Kreditkartennutzung und natürlich der Wohnort wichtige Hinweise darauf, wie wahrscheinlich sich ein Individuum ansteckt. Wieder einmal kollidiert das Recht des Einzelnen auf Privatsphäre mit dem bestmöglichen Schutz für die Gemeinschaft.

Irrwege

Wir alle sind Nachfahren der Überlebenden von Pest, Pocken und anderen Plagen, besser noch, wir verfügen heute über so effektive Waffen gegen alte und neue Seuchen wie nie zuvor, auch wenn so manche Erkenntnis ziemlich lange brauchte, um sich durchzusetzen. Das zeigt die lange Geschichte der Inokulation: als eine hochgestellte Promoterin die Pocken-Immunisierung Europäern und Amerikanern endlich schmackhaft machte, kannte man anderswo die Technik schon seit Jahrhunderten. Ein anderes gutes Beispiel für die Innovationsresilienz der Gesundheitsbranche ist der tragische Kampf von Ignaz Semmelweis für mehr Hygiene im Krankenhaus. Trotz guter Belege bedurfte es mehrerer Jahrzehnte, bis alle Mediziner Hygieneregeln akzeptierten. Florence Nightingale und 50 Jahre später Sir Arthur Conan Doyle haderten mit einer verkrusteten Militärhierarchie, die Reformideen aus Prinzip ablehnte, besonders, wenn sie von Außenseitern kamen. Als Folge des Corpsgeistes starben noch im zweiten Weltkrieg mehr Soldaten an Infektionen als an Kampfverletzungen.

Manchmal waren Ärzte einfach auf dem Holzweg, was zu den absonderlichsten Maßnahmen führte. Miasmen gehören zu den klassischen medizinischen Irrtümern, aus Angst vor den vermeintlich verderblichen Gerüchen trugen die Pestdoktoren ihre Vogelmasken, in deren Schnabel sie duftende Kräutersäckchen steckten. Immerhin senkte die Schutzkleidung tatsächlich die Ansteckungsgefahr, wenn auch nicht so, wie die Ärzte vermuteten. Zu anderen Zeiten war die Angst vor den üblen Gerüchen regelrecht gesundheitsschädlich. Etwa im choleragplagten London, wo stinkende Fäkalien ungefiltert in die Themse gespült wurden, um die Luft zu reinigen. Auch die antike These von den Körpersäften, die durch Maßnahmen wie Aderlass oder Schröpfen ins Gleichgewicht gebracht werden sollten, hielt sich über tausende von Jahren. Die Methode gehörte zum Standardrepertoire jedes Arztes bis weit in die Neuzeit. Gegen das allgegenwärtige gefleckte Monster Pocken haben Menschen aller Kulturen unzählige Kuren ausprobiert, um die schreckliche Infektion zu besiegen. Von Palmöl bis zu Pferdeäpfeln reicht die Liste der angeblich heilsamen Salben gegen die gefürchteten Pusteln. Weltweit wurde mit roter Farbe gegen die Blattern gekämpft. Die indische Pockengöttin ist rot gekleidet, ebenso wie der afrikanische Pockengott Shapona. Kranke Kinder wurden in Japan rot angezogen, sie erhielten rotes Spielzeug und Ärzte verhängten die Fenster von Pockenpatienten mit roten Stoffen, das sollte den Pockenteufel vertreiben. Das resultierende rosarote Ambiente verbinden wir heute eher mit Bordellen, doch in Asien galt es bis zuletzt als wirksames Mittel gegen eine Pockeninfektion. Auch im osmanischen Reich hüllten Eltern inokulierte Kinder in rote Lumpen oder zumindest umhängten sie das Bettchen damit. Der Legende nach liebte der Pocken-Schutzengel die scharlachrote Farbe. Bis zum 12. Jhd. hatte sich die Wunderkraft der roten Farbe auch bis Europa herumgesprochen. Der arabisch-andalusische Arzt Averroes (eigentlich Ibn Ruschd 1126–1198) erklärte die heilsame Wirkung der „warmen" Farbe Rot: sie ziehe die verderblichen Säfte der Infektion aus dem Körper. Die Farbwahl ist nicht ganz zufällig, wahrscheinlich wurde der Gelehrte durch indische oder chinesische Schriften inspiriert. Jedenfalls begeisterten sich nun auch die Europäer für die rote Therapie. Der englische Medicus Gilbertus Anglicus (1180–1250) empfahl, die Pocken mit roten Kultgegenständen zu behandeln oder rote Getränke einzunehmen. Auch die in Asien beliebte Methode, Patienten in rote Stoffe zu wickeln, war populär. Bedenklich nur, dass Rot auch mit Satan und Sünde assoziiert wurde, bei allzu großen Heilungserfolgen kamen da schnell unschöne Gerüchte auf. Bis in das 19. Jhd. hielt sich die rote Therapie und wurde von dem Nobelpreisträger Niels Finsen (1860–1904) sogar noch in das naturwissenschaftliche 20. Jahrhundert gerettet. Der eminente Hautarzt, hatte erfolgreich eine Lichttherapie für die von *M. tuberculosis* verursachte Hautkrankheit Lupus vulgaris entwickelt (Achtung, anders als bei der als Königskrankheit bekannten Skrofulose befallen die Erreger hier nicht die Lymphknoten, sondern die Hautzellen). Finsen bestrahlte Pockenkranke mit Rotlicht und meinte, eine bessere Heilung durch seine „Erythrotherapie" zu beobachten. Die wissenschaftlich geadelte Rotbehandlung konnte seine Kollegen nicht wirklich überzeugen, weil Patienten in eigens geschaffenen roten Zimmern auch nicht schneller gesundeten, aber die Methode hatte bis in die 1930er ihre Anhänger (44).

Ein besonders dunkles Kapitel der Seuchengeschichte sind fahrlässige oder gar verbrecherische Versuche an Menschen im Dienste der Infektionsforschung. Schon öfter haben wir von Dr. John Hunter (1728–1793) gehört der durch einem (Selbst-) Versuch Tripper von Syphilis abgrenzen wollte. Die Unsitte, Menschen als Versuchsobjekte zu missbrauchen, war weit verbreitet, frei nach dem Motto „Der Zweck heiligt die Mittel". Im Sinne dieser Zweckethik infizierte der englische König 1721 Sträflinge mit Pocken, um die schützende Wirkung Lady Marys Inokulation zu testen. Um mehr über Verlauf und Behandlung von Geschlechtskrankheiten zu erfahren, inokulierten seit den 1940ern amerikanische Forscher Insassen im berüchtigten amerikanischen Zuchthaus Sing-Sing und im Terre-Haute-Gefängnis in Indiana mit Syphilis und Gonorrhoe. Immerhin wurden die Sträflinge gefragt und stimmten den Versuchen gegen Vergünstigungen zu. Die Mediziner Arning (1855–1936) und Mouritz (1861–1943) fühlten sich im Recht, als sie an polynesischem „Menschenmaterial" ihre Experimente zur Lepraübertragung durchführten (86). Schließlich hatte ihr Paradepatient, der zum Tod verurteile Keanu, einer Infektion mit Lepra zugestimmt. Ärzte behandelten sozial schwächere Patienten wie ihr Eigentum oder zumindest wie Unmündige, was auch an deren geringer Bildung lag. Eine Reihe von fragwürdigen Experimenten an ahnungslosen Kranken und Kindern wurden im 19. Jhd. von einer zunehmend kritischen Öffentlichkeit heiß diskutiert (386). Skandalös war seinerzeit ein Versuch von Dr. Georg Hübner, als er 1852 interessehalber 12 Säuglinge mit der Lymphe eines 13. Babys mit angeborener Syphilis impfte. Als der bayerische Arzt damit eine kleine Syphilis-Epidemie auslöste, kam es zum Prozess. Der wissensdurstige Mediziner war sich keines Unrechts bewusst, entrüstet verteidigte er sich damit, dass auch der große Edward Jenner seinerzeit sein ungetestetes Vakzin als erstes an einem Kind ausprobierte, welches er anschließend mit Pocken infizierte (408). In der Sache, wenn schon nicht moralisch, hatte Dr. Hübner Recht. Viele wissenschaftliche Pioniere haben leichtsinnig, fahrlässig oder menschenverachtend Patienten mit un- oder wenig getesteten Seren oder Medikamenten behandelt. Ein übles Gemenge aus Wissendurst, Ehrgeiz, und Ruhmsucht brachte sie dazu, die ethische rote Linie zu überschreiten. Dennoch gingen viele von ihnen als Helden in die Medizingeschichte ein. Rechtfertigt also der Erfolg, wenn schon nicht der Zweck, alle Mittel? Urteilen Sie selbst: 1885 impfte Louis Pasteur (1822–1895) einen Neunjährigen mit einem Impfstoff gegen Tollwut, der sich noch in der Entwicklungsphase befand. Zu seiner Entschuldigung handelte es sich um einen Notfall, das Kind war von einem (vermutlich) tollwütigen Hund gebissen worden und die Mutter flehte den Forscher an, ihrem Sohn den grausamen Tollwut-Tod mit der gefährlichen Impfung zu ersparen. Allerdings ließ Pasteur einige Tagen nach der Immunisierung weitere Injektionen mit hochvirulentem Material durchführen, um die Schutzwirkung seiner Tollwutimpfung zu belegen (409; 410). Auch Pasteurs Gegenspieler Robert Koch war kein lupenreiner Menschenfreund. Im Auftrag des Kaiserreichs forschte er in Ostafrika an Behandlungsmethoden für die Schlafkrankheit. Die Kolonialregierung hoffte, die Arbeitskraft ihrer afrikanischen Untertanen zu steigern, indem sie die tückische Krankheit bekämpfte. Daher durfte Robert Koch (1843–1910) an den Einheimischen Experimente durchführen, die in Deutschland unakzeptabel waren. Zwar infizierte der Nobelpreisträger niemanden absichtlich mit der Krankheit, aber er behandelte Infizierte mit unausgereiften Medikamenten, um die richtige Dosierung zu ermitteln. Viele seiner Patienten litten dadurch unter großen Schmerzen oder erblindeten sogar (411).

Um die Wirksamkeit seines Präparats Salversan gegen Syphilis zu belegen, verabreicht der Mediziner Paul Ehrlich (1854–1915) seine neu entwickelte Arznei an Syphilis-Kranke der Heil- und Pflegeanstalt in Uchtspringe.

„Über sie hatte man absolute Verfügungsgewalt, sie waren im Rahmen des Experiments kontrollierbar und ihr Tod erschien gesellschaftlich vertretbar", schreibt der Medizinhistoriker Axel C. Hüntelmann (412).

Wir alle denken bei dem bösen Wort Menschenversuche aber wohl zuerst an die entsetzlichen Experimente in den Konzentrationslagern der Nationalsozialisten. Bei der Suche nach einer Kur für Malaria, Typhus, Tuberkulose, Gelbfieber und andere Infektionen infizierten Ärzte über 1 000 Gefangene und testeten anschließend potentielle Impfstoffe und Medikamente. Diese Versuche schädigten viele Menschen schwer oder brachten sie sogar um (413; 414). Im Sommer 1947 fielen die Urteile gegen die medizinischen Handlanger des Nationalsozialismus. Die Richter erkannten aber, dass die ungeheuerlichen Experimente der Nazi-Ärzte nur die Spitze des Eisbergs waren. Tatsächlich machten Ärzte und Ärztinnen auf der ganzen Welt medizinische Versuche am Menschen, gleichzeitig fehlten verbindliche ethische Regeln für diesen problematischen Forschungsbereich. In der Urteilsverkündung formulierten die Juristen darum mit dem Nürnberger Kodex internationale medizinethische Richtlinien (415).

Der Nürnberger Kodex 1947
1. Die freiwillige Zustimmung der Versuchsperson ist unbedingt erforderlich. Das heißt, dass die betreffende Person im juristischen Sinne fähig sein muss, ihre Einwilligung zu geben; dass sie in der Lage sein muss, unbeeinflusst durch Gewalt, Betrug, List, Druck, Vortäuschung oder irgendeine an-

dere Form der Überredung oder des Zwanges, von ihrem Urteilsvermögen Gebrauch zu machen; dass sie das betreffende Gebiet in seinen Einzelheiten hinreichend kennen und verstehen muss, um eine verständige und informierte Entscheidung treffen zu können. Diese letzte Bedingung macht es notwendig, dass der Versuchsperson vor der Einholung ihrer Zustimmung das Wesen, die Länge und der Zweck des Versuches klargemacht werden; sowie die Methode und die Mittel, welche angewendet werden sollen, alle Unannehmlichkeiten und Gefahren, welche mit Fug zu erwarten sind, und die Folgen für ihre Gesundheit oder ihre Person, welche sich aus der Teilnahme ergeben mögen. Die Pflicht und Verantwortlichkeit, den Wert der Zustimmung festzustellen, obliegt jedem, der den Versuch anordnet, leitet oder ihn durchführt. Dies ist eine persönliche Pflicht und Verantwortlichkeit, welche nicht straflos an andere weitergegeben werden kann.

2. Der Versuch muss so gestaltet sein, dass fruchtbare Ergebnisse für das Wohl der Gesellschaft zu erwarten sind, welche nicht durch andere Forschungsmittel oder Methoden zu erlangen sind. Er darf seiner Natur nach nicht willkürlich oder überflüssig sein.

3. Der Versuch ist so zu planen und auf Ergebnissen von Tierversuchen und naturkundlichem Wissen über die Krankheit oder das Forschungsproblem aufzubauen, dass die zu erwartenden Ergebnisse die Durchführung des Versuchs rechtfertigen werden.

4. Der Versuch ist so auszuführen, dass alles unnötige körperliche und seelische Leiden und Schädigungen vermieden werden.

5. Kein Versuch darf durchgeführt werden, wenn von vornherein mit Fug angenommen werden kann, dass es zum Tod oder einem dauernden Schaden führen wird, höchstens jene Versuche ausgenommen, bei welchen der Versuchsleiter gleichzeitig als Versuchsperson dient.

6. Die Gefährdung darf niemals über jene Grenzen hinausgehen, die durch die humanitäre Bedeutung des zu lösenden Problems vorgegeben sind.

7. Es ist für ausreichende Vorbereitung und geeignete Vorrichtungen Sorge zu tragen, um die Versuchsperson auch vor der geringsten Möglichkeit von Verletzung, bleibendem Schaden oder Tod zu schützen.
8. Der Versuch darf nur von wissenschaftlich qualifizierten Personen durchgeführt werden. Größte Geschicklichkeit und Vorsicht sind auf allen Stufen des Versuchs von denjenigen zu verlangen, die den Versuch leiten oder durchführen.
9. Während des Versuches muss der Versuchsperson freigestellt bleiben, den Versuch zu beenden, wenn sie körperlich oder psychisch einen Punkt erreicht hat, an dem ihr seine Fortsetzung unmöglich erscheint.
10. Im Verlauf des Versuchs muss der Versuchsleiter jederzeit darauf vorbereitet sein, den Versuch abzubrechen, wenn er auf Grund des von ihm verlangten guten Glaubens, seiner besonderen Erfahrung und seines sorgfältigen Urteils vermuten muss, dass eine Fortsetzung des Versuches eine Verletzung, eine bleibende Schädigung oder den Tod der Versuchsperson zur Folge haben könnte (475).

Auch beim deutschen Bündnispartner Japan wurden während des zweiten Weltkrieges für die Entwicklung biologischer Waffen Menschenversuche mit Pest, Milzbrand, Cholera und anderen Seuchen durchgeführt, Sektionen am lebenden Patienten inklusive. Historiker vermuten, dass mindestens 300 000 Menschen für die perfide Forschung geopfert wurden. Diese grauenhafte Bilanz erklärt sich durch „Freilandversuche" genannte Bio-Bombardierungen von chinesischen Städten mit Pesterregern (267).

1946–48, noch während die Prozesse gegen Nazi-Ärzte in Nürnberg liefen, infizierten amerikanische Wissenschaftler in Guatemala über 1 000 Prostituierte, Soldaten, Sträflinge sowie psychisch Kranke geplant mit Syphilis und anderen Geschlechtskrankheiten, um mehr über deren Übertragung und die Wirksamkeit von Prophylaxe-Maßnahmen zu erfahren. Die unfreiwilligen Probanden waren 10 (!) bis 72 Jahre alt (416).

Das geflügelte Wort vom „bösen Blut" erhielt in Tuskegee/Alabama eine neue unheilvolle Bedeutung. 1932 wurde im Umland der Provinzstadt eine Studie über „unbehandelte Syphilis des männlichen Negers [sic]" begonnen. Alle Probanden waren afroamerikanische Landarbeiter, damals häufig Analphabeten, deren Naivität und Gutgläubigkeit sie zu idealen Kandidaten für das staatliche Projekt des Public Health Service (PHS) machte. Gegen freie Behandlung, warme Mahlzeiten und den Zuschuss von 50 US$ zur Beerdigung gaben 399 Männer ihre Gesundheit und (ohne es zu ahnen) ihr Leben in die Hände von Medizinern, für die sie bloße Versuchsobjekte waren. Den Patienten wurde gesagt, sie hätten „böses Blut", eine umgangssprachliche Umschreibung für verschiedene Krankheiten, auch Syphilis. Die venerische Seuche war damals schon – wenn auch mit heftigen Nebenwirkungen – heilbar, doch statt Medikamenten erhielten die Infizierten nur bunt gefärbte Schmerzmittel, wenn sie zur obligatorischen Blutabnahme vorsprachen. Niemand informierte die Patienten darüber, dass sie beim Geschlechtsverkehr die Gesundheit ihrer Frauen und dabei gezeugter Kinder gefährdeten. Sie hatten keine Ahnung, wie gefährlich ihre Krankheit war, oder dass sie an einem Forschungsprojekt teilnahmen, das in Wahrheit die Überlegenheits-Legende von Neo-Europäern untermauern sollte. Syphilis verlaufe bei Afroamerikanern anders als bei Euroamerikanern, behaupteten manche Mediziner. Laut den rassistischen Vordenkern im PHS galt die schwarze Minderheit zudem aufgrund ihres angeblich ungezügelten Sexuallebens als besonders empfänglich für Geschlechtskrankheiten. Pseudodarwinisten unterstellten Afroamerikanern außerdem eine niedrige Intelligenz, weshalb sie die unangenehme Therapie gegen ihre Infektion ohnehin nicht durchhalten würden. Folglich sei es vertretbar, die Heilung gleich ganz zu verweigern. Überhaupt sei das Projekt eher eine Studie natürlicher Abläufe, als ein Experiment, so die kreative Rationale. Manch einer hoffte gar, dass …

[Syphilis] zusammen mit der Tuberkulose das Ende des Negerproblems [sic] sein wird. Krankheit wird erreichen, was Menschen nicht tun können (417).

Selbst als 15 Jahre später Syphilis erfolgreich mit Penicillin behandelt werden konnte, verweigerten die Ärzte ihren Patienten das rettende Medikament und blockierten, wenn möglich, den Zugang zu einer wirkungsvollen Therapie. Unglaubliche 40 Jahre lang wurde die Studie fortgeführt. Der PHS und dessen Nachfolger, die Centers for Disease Control (CDC), förderten den unmenschlichen Versuch bis zum Schluss, mit der Begründung, der Schaden sei eh nicht mehr gutzumachen, warum also nicht wenigstens Erkenntnisse über die Syphilis sammeln (418). Erst 1972 erfuhr die Öffentlichkeit durch einen Whistleblower von den Syphilis-Experimenten und das grausame Projekt wurde gestoppt. 1997 entschuldigte sich Präsident Bill Clinton im Namen des amerikanischen Staates bei den Opfern und ihren Angehörigen. Unter Präsident Barack Obama wurden den Familien 10 Mio US$ Entschädigung gezahlt (419). Anders als bei den Guatemala-Versuchen, deren wissenschaftliche Konzeption wirr und amateurhaft wirkt, erschreckt die Tuskegee-Studie durch die kaltblütige Konsequenz, mit der mehr als 400 Menschen aus einer ideologischen Motivation heraus unermessliches Leid zugefügt wurde. Die Folgen des Skandals dauern an, auch weil Afroamerikaner nach wie vor vom staatlichen Gesundheitssystem benachteiligt werden. Nicht überraschend misstrauen viele von ihnen weißen Medizinern und den staatlichen Gesundheitsbehörden. Das ist fatal, denn gerade die Black Community leidet besonders unter der Corona-Pandemie, hat aber gleichzeitig einen überdurchschnittlich hohen Anteil an Impfskeptikern (420).

1964 legte der Weltärzteverband (WMA) in der Helsinki Erklärung erneut ethische Grundsätze für Experimente mit Menschen fest. Die Erklärung hat nationale Regelungen zu menschlichen Versuchen weltweit geprägt. Seitdem gab es sieben Revisionen, zuletzt 2013. Die EU beruft sich auf die fünfte Revision von 2000. Die USA haben die letzten vier Revisionen nicht mehr anerkannt und beziehen sich in ihren nationalen Vorgaben für medizinische Forschung am Menschen auch nicht mehr auf die Erklärung von Helsinki. Warum die harsche Abkehr von dem „Eckpfeiler der biomedizinischen Forschungsethik" (421)? Der Grund waren Debatten um Studien in Drittweltländern, vor allem in Zusammenhang mit der Entwicklung von HIV-Medikamenten. Auslöser waren Studien zu einer Arznei, die die Übertragung des HIV von Schwangeren auf ihre Babys verhinderte. Zwar gab es schon ein Medikament – Zidovudine genannt –, doch das teure Medikament eignet sich nicht für Entwicklungsländer. Daher wurde vor Ort mit Placebo-Versuchen eine günstigere Alternative entwickelt. Bei Placebo-Versuchen werden die Probanden in zwei Gruppen geteilt. Gruppe A erhält das zu testende Medikament, Gruppe B eine unwirksame Ersatzsubstanz, ein sogenanntes Placebo. Der Vergleich von Gruppe A und B am Ende der Studie zeigt, wie stark die Wirkung des Medikaments oder des Impfstoffs ist. Der Löwenanteil der durchgeführten Versuchsreihen wurde von den USA finanziert, eine förderte die UNO. Das löste heftige Diskussionen aus. Ethiker kritisierten die Verabreichung von Placebos an 17 000 schwangere HIV-Infizierte, obwohl bereits ein wirksames Medikament zur Verfügung stand. Eine solche Praxis ist in Industrieländern und Schwellenländern nicht erlaubt. Die Rechtfertigung der Forschenden, die Frauen hätten ohnehin keinen Zugang zu wirksamen Medikamenten, erinnert unheilvoll an Tuskegee. Die vierte Revision der Helsinki- Erklärung verlangte folgerichtig, dass jedem Menschen die bestmögliche Therapie für seine Krankheit zusteht, unabhängig von den lokalen Gegebenheiten. Grundsätzlich wurde die Strategie großer Pharmakonzerne und so mancher staatlichen Institution. neue Medikamente preisgünstig in Drittweltländern mit eher lockeren Regelungen zu entwickeln, in Frage gestellt. Um sich Forschungsmöglichkeiten offen zu halten, ignorierte die US-Arzneimittelbehörde (FDA) deshalb neuere Revisionen der Helsinki- Erklärung. In unserer eng vernetzten Welt und angefeuert durch bedrohlich häufig neu auftretende Infektionskrankheiten werden wohl zukünftig noch mehr Studien in Entwicklungsländern stattfinden, um Zeit und Geld zu sparen (422; 423).

Nach der Pandemie ist vor der Pandemie?

Eine von der WHO beauftragte Expertenkommission erstellte im Mai 2021 ein Gutachten, das es in sich hat. Unter dem Slogan „COVID-19: Make it the last Pandemic" (also etwa: COVID-19 soll die letzte Pandemie sein) vergaben die Fachleute eine glatte Schulnote 6 für den Umgang der Entscheider mit der Corona-Krise. Trotz vieler Alarmzeichen waren Regierungen und die WHO schlecht auf eine Pandemie vorbereitet. Die Warnung der Weltgesundheitsorganisation vor der neuartigen Infektionskrankheit kam zu spät, und viele Regierungen verbummelten die aggressive Eindämmung der Seuche. Autoritäten handelten im Schildkrötentempo, während sich der Erreger in Flugreisegeschwindigkeit ausbreitete. Globale Koordination fehlte, ebenso das Geld für Schutzkleidung, Heilmittel und Impfstoffe im Kampf gegen den Virus. Es kommt noch schlimmer: das jetzige System sei ungeeignet, die nächste Pandemie zu verhindern, warnten die Gutachter (167).

Bis 2020 hielt die internationale Gemeinschaft Seuchen für eher mittelgefährlich im Vergleich zu Krieg, Terrorismus, nuklearen Katastrophen oder Wirtschaftskrisen. Indes ahnten Experten spätestens seit *SARS-CoV-1*, da braut sich was zusammen. Damals entging die Welt nur um knapp dem epidemischen GAU, weil die Ansteckungsgefahr durch den ersten SARS-Virus geringer war als durch den COVID-19-Erreger. Nach der Beinahe-Seuche gründete die EU aber immerhin die europäische Seuchenbehörde ECDC, um Europa besser gegen Epidemien zu wappnen. Auch die schleppende Reform internationaler Gesundheitsvorschriften nahm endlich Gestalt an. Das Regelwerk soll die globale Kontrolle grenzübergreifender Infektionen optimieren. Seit 2005 sind Staaten nun verpflichtet, bedenkliche Infektionen zu melden, Informationen auszutauschen und im Epidemie-Fall

Reisen und Handel auf das nötigste zu beschränken. Die Unabhängigkeit der WHO wurde im Gegenzug eingeschränkt, eigenständige Entscheidungen erschwert. Seitdem ging es Schlag auf Schlag, Schweinegrippe, MERS, Ebola und Zika inspirierten die EU und andere Staatengruppen zu weiteren Empfehlungen, Initiativen, Agenden und Berichten, zur Verbesserung der globalen Alarmbereitschaft. Leider wurde davon nur wenig realisiert, und nicht alle Staaten machen mit bei der Verstärkung der weltweiten Seuchen- Resilienz. Nebenbei war die Finanzierung der Pandemie-Vorsorge so scheckig wie das internationale Engagement. Der Corona-Stresstest entlarvte dann weitere Schwachstellen im globalen Schutzschild. Augenscheinlich überschätzten viele Länder ihre Widerstandskraft gegen Masseninfektionen. Vor allem in den USA zeigte sich, wie wichtig politische Entscheider und eine flächendeckende Gesundheitsversorgung für gutes Pandemie-Management sind.

Trotz Zusagen nehmen viele Staaten es mit der Transparenz nicht so genau. COVID-19 ist nicht die erste Epidemie, die uns China gerne verschwiegen hätte. Erst verschleierte das Reich der Mitte 2003 den Ausbruch der von *SARS-CoV-1* verursachten Infektion, dann erzwang die Volksrepublik sogar, dass der ungeliebte kleine Bruder Taiwan von SARS-Krisensitzungen ausgeladen wurde. Die Einbeziehung des vom Coronavirus arg gebeutelten Inselstaates in das Seuchenmanagement wäre für China der politischen Anerkennung Taiwans gleichgekommen. Als Folge der politischen Petitesse beklagte Taiwan die höchste Mortalität aller betroffenen Länder durch *SARS-CoV-1*. Die unglückliche Episode führt vor, wie stark die Pandemie-Kontrolle vom globalen Informationsfluss abhängt. Auch andere Nationen haben gelegentliche Ausbrüche diskret unter den Teppich gekehrt, vor allem, wenn sie von den eigenen Forschern ausgelöst wurden (261; 263). Die ärgerliche Verschwiegenheit diverser Regierungen kontert die WHO mit einem digitalen Gerüchte-Seismografen. Ein hocheffizientes Lauschprogramm sucht soziale Netzwerke nach Chats, Tweets oder Meldungen über ungewöhnliche Infektionen oder massenweise Erkrankungen ab. Stolpern die digitalen Pandemiejäger bei dem Netzgezwitscher über Auffälliges, können WHO-Experten betroffene Staaten darauf ansprechen. Nicht immer unterdrücken Regierungen aktiv Informationen über neue Seuchenherde. Länder mit einem schwachen Gesundheitssystem können vielmehr das Infektionsgeschehen nicht so engmaschig überwachen, wie sich das die WHO wünscht. Als *SARS-CoV-2* sich anschickte, die Welt zu erobern, durfte die WHO nicht unabhängig agieren. Weder kann die Weltgesundheitsbehörde ohne Absprache mit den Staaten eine epidemische Notlage ausrufen noch darf sie eigenständig Experten-Teams losschicken, um Infektionsbrandherde näher zu untersuchen. Wegen der – entsprechend hohen – Reaktionsschwelle für die Auslösung eines Seuchenalarms, kam die Warnung vor COVID-19 viel zu spät. Die WHO als Weltseuchenwächter muss in Zukunft unabhängig und vor allem schneller auf eine epidemische Katastrophe reagieren können.

Es hat sich auch jenseits der Ökologie herumgesprochen, in unserem irdischen System hängt alles mit allem zusammen. Auch die steigende Bedrohung durch neue und alte Seuchen ist eng verzahnt mit anderen globalen Baustellen wie dem Artensterben, dem Klimawandel und den ungleichen Lebensbedingungen der Menschen. Die Diskrepanz zwischen der lauwarmen globalen Pandemie-Abwehr und dem brandgefährlichen Gemenge aus expandierender Weltbevölkerung und angeschlagener Natur ist daher ausgesprochen ungesund. Um potentielle Gefahrenquellen für das globale Wohlbefinden früh zu orten, brauchen wir ein Monitorsystem, dass Infrastruktur, Umweltzerstörung und Tiergesundheit überwacht (167). Keine wirklich neue Erkenntnis, schon der große Hippokrates (460–370 v. Chr.) erkannte den Einfluss der Umwelt auf die Gesundheit (424). Das drohende neue Plagen-Zeitalter führte zur Rückbesinnung auf die antike Weisheit. Vor etwa 20 Jahren entstand deswegen die One Health Initiative, die für eine fachübergreifende Zusammenarbeit zwischen Medizinern, Veterinären und Umweltorganisationen im Dienste des Seuchenschutzes wirbt (425).

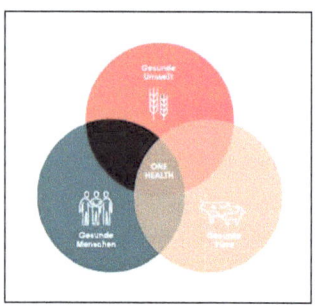

Abbildung 39: Schema des One-Health-Konzepts

Obendrein beschleunigt die moderne Mobilität die Reisegeschwindigkeit von Seuchen. Brauchte der Schwarze Tod im Mittelalter noch 13 Jahre, um sich von Wuhan nach Europa auszubreiten, hatte COVID-19 schon zwei Monate nach der ersten gesicherten Infektion Bayern erreicht (426). Trotzdem zögerten viele Länder, drastische (und teure) Maßnahmen gegen die Ausbreitung von SARS-CoV-2 zu ergreifen, weil nur wenig über die neue Epidemie bekannt war. Ihr Zaudern rächte sich. Im Januar 2020 wäre die Pandemie nach Ansicht der WHO noch zu verhindern gewesen, doch alle Warnungen verhallten, bis sich COVID-19 auf allen Kontinenten etabliert hatte.

Nur Südost-Asien hatte nach *SARS-CoV-1* und *MERS-Co-V* seine Lektion gelernt. Der Kampf gegen Masseninfektionen wird hier nicht alleine Gesundheitsbehörden überlassen, sondern die gesamte Regierung wird mit einbezogen und agiert koordiniert. Effektive Entscheidungsstrukturen haben sich während Epidemien bewährt, weil Verantwortliche ihre Abwehr-Strategien schnell an neue Erkenntnisse anpassen. Statt einfach auf Neuigkeiten von der WHO zu warten, erkauften sich asiatische Länder Zeit, indem sie selber Fakten sammelten, auch vor Ort in Wuhan. Hier erfuhren sie, welche Maßnahmen die Seuche eindämmten und griffen diese auf. Erfahrungen aus den früheren Epidemien flossen in Modelle, die nun an SARS-CoV-2 angepasst wurden. So konnten die Behörden maßgeschneidert auf den neuen Virus und dessen Übertragungswege eingehen. Sie profitierten von der Erfahrung, dass punktuelle Eingriffe wie zum Beispiel eine Maskenpflicht oder Schulschließungen weniger effektiv sind als umfassende Konzepte, die Verbote und Beschränkungen mit sozialer und wirtschaftlicher Unterstützung koppeln.

Die Pandemie-Chronik zeigt, dass falsches Timing bei den Gegenmaßnahmen ein Dauerproblem ist, das die Inzidenzen hochtreibt und den Schaden vergrößert. Ausgangsbeschränkungen kamen zu spät, Tracing-Programme wirkten nur bei konsequenter und früher Anwendung. Bei hohen Inzidenzen war der Nutzen der digitalen Infektionskontrolle nur noch gering. Halbherzige Impfkampagnen machten Populationen anfälliger für neue Mutationen. Verstolperte und unkoordinierte Gegenmaßnahmen führten zu überproportional hohen Opferzahlen wie in Amerika, Großbritannien oder Brasilien.

Fatal war die Missachtung oder schlimmer noch Ablehnung von wissenschaftlichen Erkenntnissen. Dadurch wurde Misstrauen gesät und der Kampf gegen das Pathogen unterminiert. In Ländern, deren politische Führung die Gefahr durch die Seuche leugnete, wurden keine verantwortlichen Strategien entwickelt, um die Ausbreitung von COVID-19 zu verhindern. Auffällig oft hatten solche Staaten schwache Gesundheitssysteme, die schon lange vor der Pandemie überfordert waren (167).

Es geht auch anders: weil das wirtschaftlich gebeutelte Griechenland ohnehin Probleme mit der öffentlichen Gesundheitsfürsorge hatte, mauserte es sich zum Vorreiter im Seuchenkampf. Die Hellenen riefen früh den Lockdown aus und opferten anders als Deutschland dafür auch ihren Karneval. Schulen wurden bereits vor dem ersten Todesfall geschlossen und die Ausgangs- und Versammlungsbeschränkungen waren extrem streng. Zumindest im ersten Corona-Jahr konnten die Griechen damit die Todesrate durch und mit Corona niedrig halten (427). Seit im Sommer 2021 wieder Touristen kommen, verpuffte allerdings die Disziplin und Griechenland wurde im August 2021 zum Hochrisikoland für Corona-Infektionen. Bis zum Oktober konnte die Regierung die explodierenden Inzidenzen durch konsequente Regeln wieder einfangen und stabilisieren, wenn auch auf hohem Niveau (428).

Außerdem sind noch die Engpässe bei medizinischem Personal und Material zu erwähnen. Fehlende Schutzkleidung, Ausrüstung und Test-Kits sowie mangelnde Pflegekapazitäten schubsten COVID-19 immer weiter in Richtung Pandemie. Nicht selten war guter Expertenrat schwer zu haben, mal ganz abgesehen von der Finanzierung der Anti-Corona-Maßnahmen. Zwar hatten viele Staaten 2009, anlässlich der Schweinegrippe, Vorräte an Masken, Handschuhen etc. angelegt, doch die eingelagerten Materialien waren längst aufgebraucht oder hatten ihr Verfallsdatum überschritten. Es fehlte ein System, das die zügige und gerechte sowie medizinisch sinnvolle Verteilung der vorhandenen Materialien und Arzneien regelte und durchsetzte, von denen am Anfang der Pandemie bis zu 40 % weniger hergestellt wurden, als die Länder benötigten (167). Auf dem globalen Markt machte sich Wildweststimmung breit. Die Preise stiegen mit der Nachfrage. Länder, in denen Schutzkleidung und Medizin produziert wurden, stoppten deren Ausfuhr, die reicheren Staaten überboten sich gegenseitig und hin und wieder „verschwanden" Artikel während des Transportes (429). Kenner der Gesundheitsszene waren von der Lieferkrise nicht überrascht. Schon lange sorgen sich Mediziner und Pharmazeutinnen, weil die Produktion von essentiellen Medikamenten und medizinischer Ausrüstung sich auf wenige Regionen in Asien konzentriert. Heute werden in Indien und China 90 % aller Antibiotika und in Indien 50 % aller Impfstoffe hergestellt (430; 431). Der Subkontinent hat damit von Deutschland den Titel „Apotheke der Welt" übernommen. Die daraus resultierenden Abhängigkeiten waren schon vor Corona gefährlich, jetzt fielen sie uns auf die Füße. In Afrika taten sich Länder zusammen, um mit ihrer vereinten Kaufkraft bei dem wilden Wettbieten um Gesundheitsartikel mithalten zu können. UN und WHO gelang es immerhin, ein Lieferketten-System zu schaffen, mit dem die Hälfte der essentiellen medizinischen Versorgungsgüter wirtschaftlich schwächere Länder erreichte (167). Not macht erfinderisch und so befeuerte Corona das Revival der nationalen Produktion von medizinischen Produkten. Ein deutscher Hersteller für Sportbekleidung erweiterte sein Sortiment um Alltagsmasken und Schutzkleidung (432). So manche Schneiderin stellte auf exklusive Maskendesigns um (433) und in mancher Fabrik liefen statt Autos Beatmungsgeräte vom Band (434).

Für die Gesundheitsbranche hatte der Mangel an Schutzkleidung schlimme Konsequenzen, da sich unnötig viele Helferinnen und Helfer ansteckten, weil sie das Wohl von Patienten über das eigene stellten, gelegentlich mit tödlichen Folgen. Neben den hohen Patientenzahlen überforderte der Dauerstress durch immer neue Infektionswellen sowohl das medizinische Personal als auch das ganze System. In Spanien waren die Intensivstationen zeitweise 200–300 % überbelegt. Eine derartige Überbelastung und -belegung schadet der allgemeinen Gesundheitsversorgung, vor allem fragmentierte und schlecht finanzierte Institutionen konnten andere Dienste nicht mehr leisten. Als Konsequenz forderte die Pandemie indirekte Opfer, beispielsweise chronisch Kranke wie HIV-Patienten, die ihre überlebenswichtigen Medikamente nicht mehr erhielten. In Ländern mit mittleren und niedrigen Einkommen verschlechterte sich also als Folge der geschrumpften medizinischen Kapazitäten der allgemeine Gesundheitszustand der Bevölkerung. Es zeigte sich, wie wichtig Pflegefachkräfte für den erfolgreichen Seuchenkampf sind. Gab es genügend Pflegekapazitäten oder konnten Staaten die Aufnahme und Behandlung von Schwerkranken schnell hochfahren, konnten sie sich gut gegen SARS-CoV-2 behaupten (167). China machte es vor, als es Anfang 2020 in zwei Wochen zwei Krankenhäuser in Wuhan errichtete. Das als TV-Spektakel inszenierte Großprojekt war sowohl Propaganda als auch Beleg dafür, welche Schlüsselrolle Krankenhäuser und medizinisches Personal in einer Pandemie spielen (435). Meist konzentriert sich die Berichterstattung auf Medizinerinnen und Pfleger in Krankenhäusern. Tatsächlich wird aber der größte Teil der Menschen von ambulanten Kräften medizinisch betreut. In vielen Regionen klärten lokale Gesundheitsdienste die Bürger über Corona auf und warben für Vertrauen zu den Maßnahmen. 60 % der Pflegekräfte sind weiblich, vor allem an der Front stellen sie die Mehrheit, nicht aber unter den Strategen der Pandemie-Abwehr, weshalb in vielen Planungsgremien die praxisnahe Expertise der Gesundheitsarbeiterinnen fehlt (167).

Erst mit dem Aufkommen der Delta-Variante in Indien rückte der Mangel an Sauerstoff in den Fokus der Industriestaaten. Die O_2-Knappheit führte im Subkontinent und später in Indonesien zu schrecklichen Szenen, in denen Ambulanzen und Privatautos von Klinik zu Klinik geschickt wurden, während in den Fahrzeugen die Patienten verzweifelt nach Luft rangen. Zwar produziert Indien Sauerstoff, doch fehlte es neben Gasflaschen an der nötigen Logistik, um das ganze Land zu versorgen (436). Fast die Hälfte der Gesundheitseinrichtungen in ressourcenärmeren Ländern hat zu wenig Sauerstoff, um alle Patienten ausreichend zu beatmen. Trotzdem gibt es noch immer keine internationale Organisationsstruktur, die eine bedarfsgerechte Verteilung des überlebenswichtigen Gases sichert. Das ist eine leichtsinnige logistische Lücke, schließlich richten Epidemiologen wegen der leichten Übertragbarkeit ihr Augenmerk besorgt auf Atemwegs-Erkrankungen als Top-Seuchenkandidaten.

Ein besonders trauriges Kapitel sind die hohen Todeszahlen durch und mit Corona in Senioren- und Pflegeheimen. Solche betreuten Wohngemeinschaften von besonders vulnerablen Menschen finden sich vornehmlich in wirtschaftsstarken Gesellschaften. Es wirft kein gutes Licht auf unseren Umgang mit Älteren und Hilfsbedürftigen, dass wir sie trotz unseres fortschrittlichen Gesundheitssystems so schlecht vor dem Pathogen schützen konnten.

Auch jenseits des Gesundheitswesens gibt es Menschen, die unentbehrlich für das allgemeine Wohlergehen sind. Schnell gab es ein neues Wort für Frontarbeiter wie Kassiererinnen, Essenauslieferer oder Ordnungskräfte, sie wurden systemrelevant. Viele waren Dienstleister mit kleinen Gehältern, die durch ihre beruflichen Kontakte mit vielen Menschen besonders infektionsgefährdet waren. Statistiken belegen, dass im Schnitt eher die Besserverdienenden sich in die Sicherheit des Homeoffice zurückziehen konnten. Wirtschaftlich besser Gestellte hatten mehr Möglichkeiten, sich zu schützen, und wurden von den Folgen der Seuche nicht so hart getroffen. Das gleiche Bild beim Ländervergleich, Staaten der ersten Welt erhandelten sich mehr Entscheidungsspielraum, leisteten sich mehr Zeit, und beschafften sich mehr Handlungsoptionen als der globale Rest. Wo solide ökonomische Verhältnisse herrschen, schützen soziale und wirtschaftliche Mechanismen die Menschen besser vor den Folgen der Pandemie, sind die Gesundheitssysteme robuster und Bürger, Regierungen und Wissenschaftler vertrauen sich … mehr oder weniger.

April 2020 schwante der WHO, dass selbst nach der Zulassung von wirkungsvollen Impfstoffen die Pandemie nicht so schnell vorbei sein wird. Um die Verteilung der Vakzine an alle Länder zu sichern, gründete die Weltgesundheitsorganisation zusammen mit anderen „Covid-19 Vaccines Global Access" (COVAX). Die Initiative will sicherstellen, dass auch ärmere Länder mindestens 2 Milliarden Impfdosen erhalten. Natürlich wissen alle Regierungen, dass die Durchimpfung der eigenen Bevölkerung alleine die Pandemie nicht beendet, eigentlich. Denn trotz wohlfeiler Rhetorik über Solidarität und Gerechtigkeit fehlt die effektive Verteilung von Vakzinen hin zu einkommensschwachen Staaten, während in der ersten Welt schon die dritte Dosis gespritzt wird. Es braucht Absprachen über Technologietransfer, die Nutzung von Lizenzen und den Ausbau von Herstellungskapazitäten, um die Impfstoffherstellung während Krisen schnell hochzufahren (167). Dafür müssen die Interessen aller Parteien, also auch die der innovativen und produzierenden Pharmaunternehmen und ihrer Standorte, berücksichtigt werden. Ein solcher Kompromiss braucht Zeit, könnte aber bei zukünftigen epidemischen Notlagen die schnelle gerechte Ausgabe von Impfdosen ermöglichen. Die effektive Verteilung von Impfstoffen, Medikamenten und medizinischem Material darf nicht noch einmal vom guten Willen reicher Geberländer abhängig sein (167). Derweil machen die vertrödelten Impfkampagnen Virologen höchst nervös. Zeit für einen kurzen Rückblick. Vor mehr als 200 Jahren löste die ersten Vakzine gegen Pocken bei *O. variolae* einen bunten Strauß von Mutationen aus, als Reaktion auf den erhöhten Selektionsdruck. Mikrobiologen nennen den raschen Umbau bedrängter Viren, mit denen sie der besseren Abwehr entgehen, „Escape Mutationen". Die Rechnung ist einfach: Je öfter ein Virus sich bei Neuinfektionen replizieren kann, desto mehr neue Mutationen gibt es. Darum fordern Mediziner die zügige Durchimpfung der Menschheit, um die Virenvermehrung zu verlangsamen. Nur so können wir das Wettrennen gegen *SARS-CoV-2* gewinnen (437). Klar, dass genetisch neu programmierten Erreger nicht vor Grenzen haltmachen, im Gegenteil. Weil infektiöser, sind mutierte Formen anderen Varianten überlegen, breiten sich schnell aus und mindern den Impfschutz. Als Folge sinkt die gerade mühsam errungene Resilienz der Gutsituierten wieder (438; 439). Der Kreis ist sogar noch teuflischer, denn Mutationen können nicht nur die Infektiosität erhöhen, sondern auch die Virulenz steigern. Auch hier hält die Seuchengeschichte warnende Beispiele bereit. Während die Spanische Grippe dank des Weltkriegs fast ungebremst über die Welt fegte, mutierte der Influenzavirus zum vielleicht tödlichsten Pathogen der Geschichte (57). Ein weiterer Grund, die laufende Pandemie so schnell wie möglich zu stoppen.

Nicht alles ist schiefgelaufen, trotz der langen Liste von Versäumtem und Verzögertem gab es auch Lob von den Seuchen-Experten: Die Forschung und Entwicklung von Impfstoffen und Arzneien gegen SARS-CoV-2 war unerhört schnell und produktiv. Die flotten wissenschaftlichen Durchbrüche kamen nicht von ungefähr, schon seit Jahrzehnten wird in die Forschung zur Pandemie-Vorsorge und -Therapie investiert. Eine ganze Genration von Wissenschaftlerinnen und Wissenschaftlern konnte im Kampf gegen AIDS und Ebola Erfahrungen ansammeln, die jetzt in die Entwicklung von wirksamen Heilmitteln und Vakzine einfloss (167). Dazu kamen Techniken aus der Krebsforschung, wie die – eigentlich gar nicht so neuen – m-RNA- Impfstoffe. Auch die Corona-Pille „Molnupivapir", die wirksam vor schweren Verläufen schützen soll, ist ein Quereinsteiger aus der Grippe-Forschung (296). Neben der Wirtschaft unterstützen Staaten und internationale Stiftungen die Anti-Pandemieforschung. Sie fördern die Heilmittel und Impfstoffentwicklung, sorgen für schnellen Datenaustausch und beschleunigte Zulassungsverfahren in Krisenzeiten. Dank wissenschaftlichem Know-how konnten Regierungen Anfangsfehler wettmachen, weil sie moderne Seuchenschutz-Methoden flexibel und koordiniert an die Lage anpassten.

Im neuen Millennium kämpfen Epidemiologen und Infektiologen auch mit digitalen Waffen. Modelle können die Ausbreitungsmuster von Epidemien vorhersagen, durch Tracing lassen sich Infektionsketten zurückverfolgen. Weil der globale Datenaustausch sogar noch schneller ist als die neue Generation von Pathogenen, verschafft uns das Informationszeitalter einen Vorsprung im Wettrennen gegen Pandemien.

Henry Fords Motto „Suche nicht nach Fehlern, suche nach Lösungen" haben sich auch die Gesundheitsexperten der Untersuchungskommission zu Herzen genommen. Unterm Strich fordern die Seuchenspezialisten starke internationale Führungsstrukturen, die im Falle einer neuen epidemiologischen Krise die Pandemie-Bereitschaft koordinieren. Nur so haben wir eine Chance, das nächste Plagen-Desaster zu verhindern. Die internationale Gemeinschaft sollte das Eisen schmieden, solange es heiß ist. Der Schock COVID-19 treibt die Staaten hoffentlich zu besseren Absprachen und mehr internationaler Zusammenarbeit. Durch die Pandemie ist überall das Geld knapp, dennoch müssen Regie-

rungen mehr in Programme zur Überwachung von Infektionskrankheiten investieren, wenn sie nicht zeitnah in die nächste
kostenintensive Seuchenkrise schlittern wollen. Weiterhin sollten die Staaten bereit sein, WHO-Experten vor Ort potentielle
Infektionsausbrüche recherchieren zu lassen und die Öffentlichkeit über ihre Erkenntnisse zu informieren. Schnelligkeit ist in
unserer vernetzten Welt entscheidend. Daher müssen Nationen
proaktiv reagieren, auch wenn das, wie im Falle der Schweinegrippe, zu teuren Fehlinvestitionen führt. Abzuwarten, bis wir
mehr Fakten kennen, sollten wir uns nicht noch einmal leisten.
Apropos Fakten, momentan ist es wenig verlockend für eine Regierung, die globale Aufmerksamkeit auf unheilvolle Epidemien
in ihrem Verantwortungsbereich zu lenken. Schnelle Gegenmaßnahmen, verbunden mit der frühzeitigen Warnung vor und Information über eine mögliche Pandemie, müssen von anderen
Ländern belohnt werden. Das sind ziemlich viele Hausaufgaben
für die internationale Staatengemeinschaft und die WHO. Süd-
ostasiatische Länder haben uns aber vorgemacht, wie man erfolgreich aus vergangenen Epidemien lernt. Voraussetzung für eine
ähnlich effektive Reform des grenzübergreifenden Infektions-
kampfes ist die Einsicht aller Beteiligten, dass man nur gemeinsam die nächste Pandemie verhindern kann. Bisher blockieren
widersprechende Interessen und die stark gesunkene Bereitschaft
zur multilateralen Zusammenarbeit eine Anpassung des globalen Gesundheitssystems an moderne Plagen. Andererseits dürften durch COVID-19 Infektionskrankheiten auf der Liste globaler Übel ziemlich weit nach oben gerutscht sein. Wissenschaft
und Technik liefern uns gute Waffen für den Kampf gegen Seuchen und Gesundheits-Experten zeigen uns, wie wir sie anwen-
den können. Wir müssen nur dazu bereit sein.

Liste der in diesem Buch erwähnten Infektionskrankheiten

Afrikanische Schweinepest (ASP)

Bei der Afrikanischen Schweinepest handelt es sich um eine reine Tierseuche, die 2007 in Afrika zum ersten Mal beschrieben wurde und sich seitdem global verbreitet. Ihr Erreger ist der *Asfivirus,* er befällt Schweine und Wildschweine und kann durch eine Zecke, durch direkten Kontakt oder kontaminierte Objekte übertragen werden. Nach einer Inkubationszeit von vier Tagen treten unspezifische Symptome wie Fieber, Appetitlosigkeit und Hautrötungen auf. Dazu kommen Schäden im Verdauungstrakt und den Atemwegen. Nach etwa einer Woche stirbt das infizierte Schwein. Die *ASP* ist für Menschen ungefährlich, richtet aber enormen wirtschaftlichen Schaden an.

AIDS (acquired immunodeficiency syndrome, erworbenes Immunschwächesyndrom)

Erreger ist das *Humane Immundefizienz Virus (HIV).* Nach einer kurzen fieberähnlichen Phase folgt eine rund zehnjährige Inkubationszeit. Der Patient ist schon HIV-positiv, hat aber keine Symptome. In dieser Zeit vermehren sich die Viren im Körper und kompromittieren allmählich das Immunsystem. Ist das Immunsystem zu sehr geschwächt, kann sich der Körper nicht mehr gegen – an sich harmlose – Mikroorganismen wehren. Zusätzlich können sich bösartige Tumore entwickeln. Jetzt wird die Diagnose AIDS gestellt, unbehandelt führt die Erkrankung zum Tod. AIDS wird durch Bluttransfusionen, Geschlechtsverkehr, aber auch durch verunreinigte Geräte wie Spritzen, Infusionsnadeln oder Messer übertragen. AIDS kann während der Schwangerschaft oder Geburt auch von der Mutter auf das Kind übertragen werden.

BSE (Bovine spongiforme Enzephalopathie, bei Rindern auftretende schwammartige Rückbildung von Gehirnsubstanz, Rinderwahn)
Der deutsche Name der unheimlichen Nervenkrankheit sagt schon alles. Ausgelöst wird die furchtbare Infektion von kleinen sperrig gefalteten Proteinen (Prionen), die mit der Nahrung aufgenommen werden und vom Darm die Nervenbahnen entlang zum Gehirn „wandern", welches sie buchstäblich durchlöchern. Noch immer ist vieles rund um BSE und nah verwandten Formen, wie der menschlichen Creutzfeldt-Jakob-Krankheit (CJD), rätselhaft. Angefangen bei den auslösenden Agentien, die nicht einmal Nukleinsäure enthalten, über genetische Komponenten bis zu spontanen Ausbrüchen.

Cholera
Wird von *Vibrio cholerae* ausgelöst. Die Bakterien sondern ein Gift ab, welches die Zellen der Darmschleimhaut veranlasst, explosionsartig Flüssigkeit in den Darm abzugeben, was zu (Brech-) Durchfall führt. Die so entstehende Dehydration ist unbehandelt lebensbedrohlich. Cholera wird über mit menschlichem Kot verunreinigtes Wasser oder Lebensmittel übertragen. Die Inkubationszeit beträgt zwei bis drei Tage.

Clamydien
Sind Bakterien, die zur Familie der *Clamydiecae* gehören. Infektionen werden als *Clamydiosen* bezeichnet. Zwar sind *Clamydien* Bakterien, können sich aber nur innerhalb ihrer Wirtszellen vermehren. Befallen werden Schleimhäute im Augen-, Atemwegs- und Genitalbereich. Eine Übertragung erfolgt beim Geschlechtsverkehr oder während Schwangerschaft und Geburt, zahlreiche Zoonosen sind bekannt, von der Katze bis zum Kaninchen, vom Schwein bis zum Schaf kann so ziemlich jedes Haustier Clamydien auf den Menschen übertragen. Clamydien können zu Fehlgeburten führen oder zu Lungen- und Bindehautentzündungen bei Neugeborenen, die in manchen Fällen sogar erblinden.

COVID-19 (coronavirus disease 2019, Koronaviruskrankheit 2019)
Wird von *severe acute respiratory syndrome coronavirus type 2 (SARS-CoV 2)* ausgelöst. Der Virus wird von Mensch zu Mensch übertragen. Die Inkubationszeit beträgt 2 bis 24 Tage. Bei vielen Menschen verläuft die Krankheit mild oder ganz ohne Symptome. Das ist gut für die Infizierten, erhöht aber das Ansteckungsrisiko für andere. Zu den Symptomen von Covid-19 gehören Husten, Fieber, Schnupfen, Gliederschmerzen, Hals- und Kopfschmerzen. Bei schweren Verläufen treten Atemnot und Entzündungen der Lunge auf, es kann langfristig zu Schäden am Lungengewebe, aber auch den Nieren und dem Nervensystem kommen. In Zusammenhang mit Covid-19 kommt es wegen der neurologischen Schäden zum Verlust des Geruchs- und Geschmacksinns, zu Kopf- und Muskelschmerzen, Konzentrationsproblemen sowie dauerhafter Erschöpfung (Long COVID). Dazu kommt in manchen Fällen Verwirrtheit.

Ebolafieber, Ebola virus disease (EVD)
Ebola ist ein Fluss in der zentralafrikanischen Republik Kongo. Im Ebola-Flusstal ereignete sich 1976 einer der ersten sicher erkannten Ebola-Ausbrüche. Die Infektionskrankheit wird durch das *Ebolavirus* verursacht. Nach einer Inkubationszeit von zwei bis drei Wochen treten grippeähnlichen Symptome und eine Vielzahl weiterer Störungen wie Durchfall oder Erbrechen auf. Ein, zwei Tage später kommt es erneut zu Fieber und Blutungen, blutigem Stuhl und Urin. Letztlich sterben unbehandelte Patienten an multiplem Organversagen. Durch die bis zu dreiwöchige Inkubationszeit kann das Virus weit verschleppt werden und sich entsprechend großflächig ausbreiten, aufgrund von Flugreisen mittlerweile auf der ganzen Welt. Die Ansteckung erfolgt von Mensch zu Mensch über Körperflüssigkeiten oder über verschmutzte Gegenstände aber auch durch den Verzehr von mit dem *Ebolavirus* befallenen Tieren. Die Mortalität liegt zwischen 25 % und 90 %, der Tod tritt nach etwa 10 Tagen ein. Es ist nicht geklärt, ob Genesene immun gegen den Ebolavirus sind.

Enterohämorrhagische Escherichia coli (EHEC)
E. Coli gehört zur Standardausstattung jedes Darms. Wird unser mikrobieller Kostgänger selber von Viren befallen, sogenannten Phagen, kann er dabei zusätzliche Gene erhalten, die für Toxine codieren. Mit denen wird aus unserem harmlosen Mitbewohner ein aggressives Pathogen. Das modifizierte Darmbakterium wurde 1982 als Lebensmittel-Pathogen klassifiziert. Als böser Bruder unserer mikrobiellen Mitesser löst EHEC Durchfall aus, der bei 10 % bis 20 % der Erkrankten auch blutig werden kann. Für 5 % bis 10 % kommt es sogar noch schlimmer mit dem gefürchteten HUS-Syndrom, einem unguten Zusammenspiel aus Anämie, Gerinnungsstörung (Thrombocytopenie) und Nierenversagen. Bis zu 2 % der Erkrankten sterben in der akuten Phase an der Infektion.

Gelbfieber
Wird vom *Gelbfiebervirus* ausgelöst, eines Verwandten des >*Zikavirus*. Wie dieses benötigt der Mikroorganismus Mücken als Zwischenwirte. Dem *Gelbfiebervirus* dienen die Mücken nicht nur als Shuttle zwischen zwei Menschen, ein Moskito-Weibchen, dass das Virus mit dem Blut eines Infizierten aufnimmt, kann den Erreger auch an ihr Gelege weitergeben, die ausgewachsenen Mücken können es dann ihrerseits auf Menschen übertragen. Nach einer Inkubationszeit von drei bis sechs Tagen treten grippeähnliche Symptome sowie Übelkeit und Erbrechen auf, die meistens nach wenigen Tagen wieder abklingen. Etwa 15 % der Infizierten haben einen erneuten Fieberanstieg und eine Leberentzündung, die zu Gelbsucht und Leberschädigung führt. Typische Symptome sind Unterleibsschmerzen, auch die Blutgerinnung ist herabgesetzt, es kommt zu Blutungen im ganzen Körper (Nase, Magen-Darmtrakt etc.). Der Stuhl ist blutig und Erbrochenes durch die Magensäure schwarz gefärbt. Vier von fünf Erkrankten überleben und sind dann lebenslang immun. Etwa 200 000 Menschen sterben jedes Jahr an Gelbfieber.

Gonorrhoe, Tripper

Gonorrhoe ist eine bakterielle Infektion, die von Gonokokken (*Neisseria gonorrhoeae*) hervorgerufen wird. Diese paarweise auftretenden kugelrunden Keime befallen die Schleimhäute von Harnweg und Geschlechtsorganen. Nach einer Inkubationszeit von zwei bis zehn Tagen entwickeln sich bei Männern juckenden Entzündungen der Harnröhre und der Nebenhoden und bei Frauen Entzündungen des Gebärmutterhalses und der Vaginalschleimhaut. Es kommt zu einem eitrigen Ausfluss (daher der Name Tripper von dem niederdeutschen *„druipen"* für Tropfen). Bei beiden Geschlechtern kann es zu Unfruchtbarkeit kommen. Gonorrhoe wird durch sexuellen Kontakt übertragen.

Influenza, echte Grippe

Influenza wird durch *Influenzaviren* ausgelöst, es ist eine Erkrankung der Atemwege. Die Symptome sind denen einer Erkältung ähnlich und es ist die häufigste virale Infektionskrankheit. Die Erkrankung beginnt mit plötzlichem dreitägigem Fieber, Muskelschmerzen und einer tiefen Erschöpfung, die in keinem Verhältnis zu den übrigen Symptomen steht. Etwa alle fünfzig Jahre verändern sich Influenza-Viren so stark, dass sie auch von influenzaerfahrenen Immunsystemen nicht erkannt werden und Pandemien auslösen können. Influenzapandemien treten plötzlich auf und viele Menschen infizieren sich. Vor allem Ältere und Patienten mit Lungen- und Herzproblemen haben schwerere Verläufe, was zu einer sprunghaft steigenden Krankenhausbelegung führt. Häufig kommen bei ihnen bakterielle Sekundärinfektionen hinzu. *Influenzaviren* werden von Mensch zu Mensch übertragen, aber immer wieder kommt es auch zur Übertragung neuer Subtypen von Tieren wie Schweinen (Schweinegrippe!) oder Vögeln (Vogelgrippe!). Die Übertragung erfolgt über Tröpfchen-, Kontakt- oder Schmierinfektion, die Inkubationszeit beträgt 24–48 Stunden. Normalerweise liegt die Mortalität bei 1%. Vor allem Kinder und Senioren sind anfällig für Influenzainfektionen. Wer es ganz genau wissen will, in Zusammenhang mit

Erregern (Viren und anderen) finden sich die Bezeichnungen H und N mit verschiedenen Zahlen. H bezieht sich auf das Oberflächenprotein *Hämagglutinin* und N auf *Neuramidase*. Hämagglutinin verklumpt rote Blutkörperchen. Neuramidase hilft, die Zellmembran abzubauen, wichtig, wenn kopierte Viren aus den Zellen „ausbrechen" wollen. Die verschiedenen Zahlen hinter den Buchstaben stehen für verschiedene Proteintypen.

Lepra, Aussatz, Lazaruskrankheit, Hansenkrankheit, Hansens Disease
Wird von *Mycobacterium leprae* ausgelöst. Haut, Schleimhäute, Nerven und Knochen werden durch die Krankheit geschädigt. An betroffenen Hautstellen fallen die Haare aus und die Haut kann keinen Schweiß mehr bilden. Die Nervenschädigungen führen zum Verlust des Gefühls für Kälte, Wärme und Schmerz. Dadurch bemerken Leprakranke nicht, wenn sie sich verletzen, und unbehandelte Wunden entzünden sich. Diese Sekundärinfektionen können zum Tod führen. Durch die Nervenschädigung kommt es auch zu Muskelrückbildungen und Lähmungen, befallene Nerven verdicken sich knotig. Es gibt mehrere Lepraformen: Die tuberkuloide (milderer Verlauf, gering ansteckend) und die lepromatöse (schwerer Verlauf, Zersetzung des Gesichts „Löwengesicht" und Deformation und Verlust der Extremitäten). Welche Form sich bei Befallenen entwickelt, hängt von deren Abwehrkräften ab, weshalb es auch Zwischenformen, sogenannte borderline Leprafälle gibt. Lepra hat eine mehrjährige Inkubationszeit. Heutzutage kommt Lepra hauptsächlich in den Tropen vor, dort erkranken bis zu 300 000. Menschen jährlich, Lepra ist die Hauptursache für infektionsbedingte Behinderungen. Die Ansteckung erfolgt durch eine Tröpfcheninfektion.

Malaria, Wechselfieber, Sumpffieber
Der Name Malaria leitet sich von dem italienischen mal'aria ab, was schlechte Luft bedeutet. Man glaubte, dass die schwül-feuchte Luft in Sümpfen Malaria auslöste, auch der Begriff Sumpffieber bezieht sich darauf. Der Name Wechselfieber beschreibt dagegen die wiederholten malariatypischen Fieberschübe, die bei Kindern

schnell zum Tode führen können. Dazu kommen Schüttelfrost, Beschwerden des Magen-Darm-Trakts und multiple Organschäden. Erreger ist der Einzeller Plasmodium. Es gibt fünf Plasmodienarten, die beim Menschen Malaria verursachen: *P. vivax, P. falciparum, P. ovale, P. malariae und P. knowlesi.* Die Inkubationszeit beträgt je nach Malariaerreger zwischen sieben und sechzig Tagen. Auch die Abstände zwischen den Fieberschüben variieren von Art zu Art. Als Teil seines Lebenszyklus und zur Übertragung benötigt Plasmodium als Zwischenwirtin die Weibchen der *Anopheles*-Mückenarten. Die von Art zu Art sehr unterschiedlichen Lebenszyklen und Verhaltensweisen der Mücken beeinflussen die Ausbreitungsdynamik der Krankheit.

Masern

Die Erreger von Masern gehören zur Gattung *Mobillivirus* und werden durch Tröpfcheninfektion übertragen, sie sind hochinfektiös. Hauptsächlich stecken sich Kinder in Populationen an, die schon länger Kontakt mit dem Virus hatten. Das liegt daran, dass einmal Infizierte oder Geimpfte eine lebenslange Immunität entwickeln. Je schlechter der Ernährungszustand der Opfer, desto schwerer der Krankheitsverlauf. Die Inkubationszeit beträgt 10 bis 15 Tage und zu den Symptomen gehören die Entzündung der Atemwegsschleimhaut, Fieber und ein Hautausschlag.

MERS (Middle East respiratory syndrome, Nahost-Atemwegssyndrom)

MERS wird von einem Coronavirus verursacht dem *MERS-CoV.* Wir kennen *MERS* seit 2012. Damals wurde es bei einem Patienten auf der Arabischen Halbinsel nachgewiesen. Die Inkubationszeit beträgt ein bis zwei Wochen. Vor allem bei Menschen mit Vorerkrankungen kann es zu Atemnot, Durchfall und Nierenversagen kommen. *MERS* ist eine Zoonose, bekannte Virenreservoire sind Fledermäuse und Dromedare, aber auch eine Übertragung von Mensch zu Mensch ist möglich. Etwa 35 % der registrierten MERS-Infizierten verstarben. Diese Zahl ist aber mit Vorsicht zu genießen, da nicht bekannt ist, wie viele Menschen nach einer Ansteckung Symptome entwickeln.

Milzbrand (Anthrhax)

Wird durch den Erreger *Bacillus anthracis* verursacht. Es handelt sich um eine Viehseuche, an der sich auch Menschen anstecken können, wenn sie den gefürchteten Milzbrandsporen (Endosporen) ausgesetzt sind. Diese Sporen sind eine Dauerform von *B. anthracis*, die sehr lange im Boden überdauern kann. Gelangen die Sporen in einen Organismus, verwandeln sie sich in stäbchenförmige Bakterien. Stirbt ein Huftier an Milzbrand, wandern die Pathogene in die Erde. Verendetes Hausvieh wurde lange einfach vergraben und die Keime warten unter Viehweiden weltweit bis heute auf ihr revival. Besonders auf Almwiesen kommt es in Deutschland dann auch mal zu Ausbrüchen. Die gute Nachricht ist: eine Übertragung des Erregers von Mensch zu Mensch findet nicht statt.

Infiziert sich ein Mensch äußerlich, so sterben unbehandelt etwa bis zu 20% der Erkrankten. Werden die Sporen mit der Nahrung aufgenommen, kommt es zu Darmmilzbrand, der mehr als die Hälfte der Infizierten das Leben kostet, wenn er nicht behandelt wird. Werden auch nur wenige Sporen eingeatmet, verläuft die Infektion ohne Behandlung fast immer tödlich.

Norovirus

Noroviren verursachen einen hochansteckenden Brechdurchfall, mit schwallartigem Erbrechen und Bauchschmerzen. Es handelt sich um die meist verbreitetste Magen-Darm-Infektion. Die Inkubationszeit beträgt 10 bis 50 Stunden und vor allem in den ersten 48 Stunden ist ein Infizierter hochansteckend. Meist klingt die Infektion nach wenigen Tagen wieder ab. Wie bei allen Durchfallerkrankungen kann die Infektion aber wegen des hohen Flüssigkeitsverlustes für Ältere und kleine Kinder gefährlich werden.

Pest

Wird von *Yersinia pestis* ausgelöst. Pest tritt in drei Formen auf, der Lungenpest, der Beulenpest und der Pestsepsis. Die Inkubationszeit liegt zwischen einigen Stunden und sieben Tagen. Bei der Pestsepsis gelangt der Pesterreger in die Blutbahn. Mit dem Blut verteilt er sich im ganzen Körper und verursacht Fieber, Schüttelfrost und Kopfschmerzen. Die Pestsepsis endet fast immer tödlich. Kommt es zur Infektion der Lymphknoten wie bei der Beulenpest, schwellen die Lymphknoten an. Bei der Lungenpest kommt es am Ende zum Bluthusten, mit dem der Erreger auf andere Menschen übertragen wird.

Pocken / Blattern
Wird von *Orthopoxvirus variolae (VARV)* verursacht. Die Infektionskrankheit überträgt sich über Aerosole oder durch kontakt von Mensch zu Mensch und ist hochansteckend. *VARV* hat kein Reservoir außerhalb des Menschen, allerdings sind unverheilte Pockenbläschen lange infektiös (man fand Pockenviren in den Bläschen eines nach 100 Jahren exhumierten Opfers) (14). Die Inkubationszeit beträgt 10 Tage, dann treten Fieber und Schüttelfrost auf, dazu kommen Muskel- und Kopfschmerzen. Einige Tage später zeigen sich die gefürchteten Pockenbläschen, der die Krankheit ihre Namen verdankt. Denn Pocken kommt vom englischen „Pocket", was so viel wie Beutel oder Blase bedeutet, daher auch der zweite Name Blattern. Wenn die Bläschen abheilen, kommt es zur Narbenbildung, komplizieren sekundäre Entzündungen die Abheilung, werden die Narben noch auffälliger. Bei schweren Verläufen kommt es neben hohem Fieber zu sekundären Infektionen, die zu Gehirnentzündungen, Blind- und Taubheit sowie Lungenentzündung führen können. Unbehandelt sterben ca. 30 % aller Erkrankten.

Salmonellosen
Salmonellen lösen Durchfall aus und können als Zoonosen verschiedene Arten einschließlich des Menschen infizieren. Übertragen werden Salmonellen entweder durch mit Fäkalien verunreinigtes Trinkwasser oder durch Lebensmittel (Fleisch, Eier, Milch etc.), die mit Kot verunreinigt wurden. Die Konzentration an Salmonellen im Trinkwasser gilt als Indikator für dessen Sauberkeit. Nach zwei bis drei Tagen Inkubationszeit kommt es

zu Brechdurchfall, der aber meist schon nach wenigen Stunden oder Tagen wieder abklingt. Kinder und Senioren müssen gelegentlich wegen des Flüssigkeitsverlustes behandelt werden. Eine Besonderheit sind Menschen, bei denen sich Salmonellen auch nach einer überstandenen Infektion eingenistet haben, sie scheiden den Erreger weiterhin aus und können andere anstecken.

Einige Salmonellenarten rufen ernstere Erkrankungen hervor, siehe dazu auch >*Typhus*

SARS (severe acute respiratory syndrome, schweres akutes Atemwegssyndrom)
Erreger der SARS-Pandemie 2002/2003 war das Coronavirus *severe acute respiratory syndrome coronavirus type 1 (SARS-CoV-1)*. 2002 brach die Epidemie in Südchina. aus. Dank Flugreisender gedieh die Krankheit in wenigen Wochen zur Pandemie. Die Inkubationszeit beträgt zwei bis zehn Tage, danach bekommen Infizierte hohes Fieber, Schüttelfrost und Hals-, Kopf- und Muskelschmerzen. In der zweiten Woche kommen Husten, Atemnot und gelegentlich Durchfall dazu. Oft kommt es zu einer schweren Pneumonie. Die Transmission erfolgt über Husten oder Niesen. Etwa 10% der Erkrankten sterben, bei den über Sechzigjährigen waren es fast die Hälfte. Da SARS-CoV-1 sich sofort auf die Lunge konzentriert, vermehren sich die Viren dort. Außerdem werden Patienten erst zu einem Zeitpunkt ansteckend, an dem sie sich bereits krank fühlen. Beides führt dazu, dass *SARS-CoV-1* weniger ansteckend ist als *SARS-CoV-2*. 2003 war die Pandemie eingedämmt und wurde 2004 offiziell von der WHO für beendet erklärt.

Schlafkrankheit
Wird durch *Trypanosoma brucei* ausgelöst. *Trypanosomen* sind Einzeller, sie können Menschen und Tiere nicht direkt infizieren, sondern werden von der Tsetse-Fliege übertragen, die sich von menschlichem und tierischem Blut ernährt. Zu Beginn der Inkubationszeit dringt der Erreger in die Hirnzellen ein, derweil es an

der Einstichstelle zu einer Schwellung (Trypanosomenschanker) kommen kann. Nach ein bis drei Wochen treten grippeähnliche Symptome, Lymphknotenschwellungen, Wasseransammlungen im Gewebe sowie Anämie und Blutplättchenmangel auf. Nach Abklingen dieser ersten Phase kann es je nach Erregerstamm einige Wochen, aber auch bis zu sechs Monaten dauern, bis in der zweiten Phase die ersten Nervenschädigungen sichtbar werden. Die Infizierten haben Koordinationsstörungen, sind verwirrt und reizbar, haben Krampfanfälle, sind teilnahmslos und erste Schlafstörungen treten auf. Neben einem Gewichtsverlust treten auch Parkinson-ähnliche Symptome auf.

In der Endphase, die Monate, aber auch Jahre dauern kann, verfallen die Patienten in ein Koma und sterben. Die Tsetse-Fliege kommt in Feucht- und Savannengebieten südlich der Sahara vor. Neben der Schlafkrankheit überträgt die Fliege noch andere Tryponasomen auf Tiere. Die Haltung von Tieren im ihrem Verbreitungsbereich wird dadurch sehr erschwert.

Syphilis, Franzosenkrankheit, Lustseuche, Lues oder Morbus Veneris
Erreger der Syphilis ist das Bakterium *Treponema pallidum pallidum (TPA).* Wie die blumige Umschreibung *Morbus Veneris (Krankheit der Venus)* schon sagt, ist Syphilis eine Geschlechtskrankheit. Nach drei bis vier Wochen Inkubationszeit beginnt die Frühphase der Syphilis mit einem Hautgeschwür (harter Schanker) an der Stelle, an der der Keim eingedrungen ist. Ein bis zwei Wochen später kommt es zu Lymphknotenschwellungen und eventuell Muskel- und Gelenkschmerzen. Die Geschwüre heilen auch unbehandelt ab.
Nach etwa zwei Monaten beginnt eine zweite Welle grippeartiger Symptome, es bildet sich ein Hautausschlag und manchmal fallen die Haare aus. Die Symptome klingen nach vier Monaten ab, kehren aber wieder. Bei manchen Patienten kommt es alternativ zum Stillstand der Krankheit. Bei anderen dauert es bis zu fünf Jahren, bis sich der Erreger im ganzen Körper ausgebreitet hat und innere Organe, Knochen und das Nervensystem schä-

digt. Jetzt sprechen Mediziner von der Spätphase der Syphilis. Bei besonders unglücklichen 20 % der Erkrankten greifen die Erreger nach 10 bis 20 Jahren das Zentralnervensystem an. Dies führt neben Erblindung, Taubheit und Lähmung auch zu Demenz. Vor dem großen Vergessen soll es zu einer Steigerung der geistigen Fähigkeiten kommen, die von Literaten wie Thomas Mann als Genialität, Hellsichtigkeit und „heilige" Enthemmung verherrlicht wurde. Die gepriesene Bewusstseinserweiterung und gesteigerte Libido in der Endphase wurden oft beschrieben, aber nie systematisch untersucht.

Bei der angeborenen Syphilis erfolgt die Ansteckung des Fötus über die Plazenta, wenn die Mutter an Syphilis erkrankt ist. Oft führt dies zu Fehl- oder Frühgeburten. Neben Hautschäden werden bei überlebenden Kindern auch Organe und Knochen geschädigt. Durch Einsinken des Nasenrückens, haben viele eine sogenannte Sattelnase.

Syphilis kommt als einzige >Treponematose weltweit vor.

Tollwut

Wird von dem *Rabiesvirus* ausgelöst. Es handelt sich um eine Zoonose, bei der sich Menschen bei Säugen oder Vögeln anstecken. In seltenen Fällen ist es auch zu einer zwischenmenschlichen Übertragung durch Organtransplantationen gekommen. Bei Infizierten wandern die Erreger von der Eintrittsstelle in das Zentralnervensystem, wo sie Gehirnentzündungen und Verhaltensänderungen wie Lähmungen, Angst, Verwirrtheit und vor allem erhöhte Aggressivität auslösen. Das dadurch verstärkte Beißverhalten ist wichtig für den Virus, der nach einem Biss mit dem Speichel übertragen wird. Dazu passt der verstärkte Speichelfluss als Ursache für den berüchtigten Schaum vor der Schnauze tollwutkranker Tiere. Durch eine Rachenlähmung kommt es zu Schluckbeschwerden und Sprachstörungen. Bekannt ist auch die seltsame Wasserangst (Hydrophobie), die Befallene entwickeln. Bricht die Infektion aus, verläuft sie nach 15 bis 90 Tagen tödlich, wenn sie nicht behandelt wird. Weltweit sterben jedes Jahr knapp 60 000 Menschen einen grausamen Tollwuttod.

Treponematosen

Sind Bakterien, die sich schon in der Vorzeit auf den Menschen spezialisierten.

Neben der Syphilis gibt es drei weitere Unterarten von T. pallidum, *Frambösie (T. pallidum pertenue), Pinta (T. pallidum carateum)* und *Bejel (T. pallidum endemica).* Alle drei werden durch unbelebte Keimträger (z. B. Schmierinfektionen) oder nicht-sexuellen Körperkontakt übertragen. Mit Ausnahme von Pinta, bei der die inneren Organe nicht geschädigt werden, zeigen alle Treponematosen ähnliche Symptome, die unterschiedlich stark ausgeprägt sind und sich abhängig vom Gesundheitszustand der Opfer oder Umweltbedingungen ändern können.

Pinta ist eine Hautkrankheit, sie verläuft nicht tödlich und kommt vor allem bei der ländlichen Bevölkerung Mittel- und Südamerikas vor.

Der Name *Frambösie oder Himbeerseuche/-pocken* bezieht sich auf himbeerähnliche Hautveränderungen zu Beginn der Krankheit. Nach fünf bis zehn Jahren kommt es zu gummiartigen Veränderungen der Knochen.

Bejel oder endemischen Syphilis kommt vor allem in heiß-trockenen Gebieten Afrikas und Kleinasiens vor. Es ist vor allem eine Kinderkrankheit, die mit Haut und Schleimhautschäden anfängt. Nach einem Latenzstadium kommt es erneut zu Haut- und dann auch zu Knochenschäden.

Tuberkulose/Weiße Pest/Schwindsucht/Weißer Tod

Tuberkulose wird von *Mycobacterium tuberculosis, oder Mycobacterium bovis* ausgelöst. Auch einige andere nah verwandte Mykobakterien rufen Tuberkulosesymptome hervor, weshalb man von einem *M. tuberculosis Komplex (MTBC)* spricht. Das Reservoir für *M. bovis* sind hauptsächlich Rinder, obwohl es auch von Kamelen ausgeschieden wird. Über die Nahrungsaufnahme, besonders Milch von infizierten Tieren, nimmt der Mensch über den Verdauungsweg die Keime auf.

M. tuberculosis selber ist ein obligates Pathogen, kann also nur direkt von Mensch zu Mensch übertragen werden. Die Transmission erfolgt über ausgehustete Tröpfchen, weshalb die Erreger üblicherweise über die Atemwege in den Körper gelangen und sich meist in der Lunge vermehren. 90% der Infizierten unterdrücken den Erreger erfolgreich. Bei ihnen bilden sich nach drei bis sechs Wochen Entzündungen, die von Blutabwehrzellen eingekapselt werden. Diese kleinen Knötchen heißen Tuberkel, vom lateinischen „tuberculum" für kleine Geschwulst. Die eingeschlossenen Keime können Jahrzehnte überdauern, ohne den Wirt zu schädigen oder ausgeschieden zu werden. Der Patient ist also nicht ansteckend. Man spricht von einer latenten (verborgenen) oder geschlossenen Primärinfektion. Etwa ein Viertel aller Menschen sind latent infiziert, über 10 Millionen infizieren sich jedes Jahr neu. Vor allem bei Menschen mit einem geschwächten oder unterdrückten Immunsystem, z.B. HIV-Positiven oder Menschen, die Immunsuppressiva nehmen, schreitet die Krankheit jedoch voran. Auch Kinder, Obdachlose, Unterernährte oder Suchtkranke sind gefährdet. Der Keim breitet sich im Körper aus und es treten Symptome wie Müdigkeit, Schwäche, Appetitlosigkeit und Fieber auf. Dadurch kommt es zu einer Gewichtabnahme, der die Krankheit den Namen Schwindsucht verdankt, auch ein leichtes Hüsteln ist typisch, es besteht Ansteckungsgefahr. Bei besonders geschwächten Kranken verteilt sich *M. tuberculosis* über den ganzen Körper und schädigt Organe und Knochen. Unbehandelt führt die Krankheit zum Tode.

Mindestens 10% der Infizierten, deren Immunsystem zunächst die Krankheit unterdrücken konnte, entwickeln später eine sekundäre Tuberkulose, die oben geschilderten Symptome treten auf, dazu kommt in der Endphase ein kräftiger Husten mit dem berüchtigten blutigen Auswurf. Auch diese Patienten sind jetzt ansteckend.

Eine Sonderform der Tuberkulose ist die Hauttuberkulose, früher als Skrofulose bezeichnet. Es handelt sich um eine Form der Tuberkulose, die sich im Kindesalter manifestiert mit chronischen Entzündungen der Haut, Lymphdrüsen, Schleimhaut und des Knochens.

Tularämie (Hasenpest)

Tularämie wird von dem Bakterium *Francisella tularensis* ausgelöst und ist eine aggressive Tierseuche, die Nagetiere befällt. Von infizierten Tieren kann die Infektion auch auf Menschen überspringen, es handelt sich also um eine Zoonose. Neben der direkten Ansteckung nutzt der Erreger auch Mücken und Zecken als Vektoren. Nach einer Inkubationszeit von einem bis zehn Tagen kommt es bei äußerlicher Infektion zu Geschwüren oder Knötchen an der Eintrittsstelle und schnell einsteigendem Fieber. Die Lymphknoten schwellen an. Wird *F. tularensis* mit der Luft oder Nahrung aufgenommen, ist der Krankheitsverlauf dramatischer mit Entzündungen, dem Anschwellen innerer Organe und Durchfall. Ohne Behandlung sterben 33 % aller Erkrankten.

Typhus, typhoides Fieber

Wird von mehreren Unterarten von *Salmonella Typhi* ausgelöst, die ausschließlich auf Menschen spezialisiert sind. Dem aufmerksamen Leser wird auffallen, dass hier auch der Artname großgeschrieben ist. Das ist kein Druckfehler, sondern eine systematische Spitzfindigkeit, denn Typhus wird von verschiedenen Subtypen hervorgerufen, die der Einfachheit halber unter dem Begriff Typhi zusammengefasst wurden. Wie einige andere Bakterien vermehrt sich *S. Typhi* in der Wirtszelle. Während der Inkubationszeit von rund drei Wochen dringen die Erreger in die Darmzellen ein und arbeiten sich zur Blutbahn vor. Nun kommt es zu Symptomen wie Mattigkeit, Verstopfung und Kopfschmerzen, das Fieber steigt stufenweise an. Ab der zweiten Woche hat der Patient hohes Fieber, begleitet von einem bunten Strauß an unspezifischen Symptomen, wie Abgeschlagenheit, Verstopfung *oder* Durchfall, verlangsamter Herzschlag, erhöhte *oder* erniedrigte Zahl an weißen Blutkörperchen, Hautausschlag und Bewusstseinsstörungen. Auch zu Schwellungen von Milz und Leber kann es in seltenen Fällen kommen. Bekannt ist die sogenannte „Typhuszunge", bei der sich auf der Zunge ein grau-weißlicher Belag bildet. Die Krankheit dauert mehrere Wochen und es kann es zu schweren Komplikationen kommen. Etwa 20% der Erkrankten sterben unbehandelt. Bei einigen Infizierten nisten sich die Erreger in der Gallenblase ein und der Träger scheidet die Keime auch nach der Genesung weiter aus.

Zika-Fieber

Wird von dem *Zikavirus (ZIKV)* hervorgerufen. Seinen Namen verdankt der Virus dem Zika-Wald in Uganda, hier wurde er 1947 zum ersten Mal beschrieben. Wie Plasmodium benötigt der Virus Mücken zur Übertragung zwischen Menschen, aber auch zwischen Tieren und Menschen. Im Falle des ZIKV sind Mücken der Gattung *Aedes* (z.B. Gelbfiebermücke, Tigermücke) die Zwischenwirte. Das Zikavirus kommt vor allem in den Tropen und Subtropen vor, wird aber gelegentlich in die gemäßigten Zonen verschleppt. Durch die Erderwärmung breiten sich zudem tropische Mückenarten auch in gemäßigteren Klimazonen aus. In Einzelfällen wurden *ZIKV* auch durch sexuellen Kontakt übertragen. Nach 2 bis 12 Tagen Inkubationszeit kommt es zu grippeähnlichen Symptomen, Gelenkschmerzen, Erbrechen, Bindehautentzündung und Hautausschlag. Der Krankheitsverlauf ist meist mild, die Symptome gehen nach einigen Tagen zurück, der Hautausschlag verschwindet nach einigen Wochen. Es besteht aber der Verdacht, dass ZIKV die Nerven angreifen kann. Insbesondere bei Föten deren Mutter vom Zikavirus infiziert wurde, kann das Hirn geschädigt werden. Die Kinder kommen mit einem Microcephalus (kleiner Kopf) zur Welt, häufig sind sie geistig behindert. Es dauert Wochen bis Monate nach der Ausheilung, bis das Virus den Körper verlässt, danach besteht lebenslange Immunität, auch eine Schwangerschaft ist unbedenklich.

Auch das Guillain-Barré Syndrom kann durch Zika-Fieber ausgelöst werden. Es handelt sich dabei um eine neurologische Erkrankung, die mit Lähmungserscheinungen und gestörter Sinneswahrnehmung einhergeht.

Literaturverzeichnis

1. Riely, J.C. *A Global Review of Life Expectancy.* Cambridge : Cambridge Universsity Press, 2001.

2. Sigl, GM. Die Entstehung der Bedeutung `Erkältungskrankheit' beim Wort Grippe. [book auth.] E. Schindler W., Untermann, J. Seebold. *Grippe, Kamm und Eulenspiegel. Festschrift für Elmar Seebold zum 65. Geburtstag.* Berlin : De Gruyter, 1999.

3. van Schaik, C., Michel, K. *Das Tagebuch der Menschheit.* Reinbeck bei Hamburg : Rowohlt Verlag, 2017.

4. Deutsche Bibelgesellschaft. *Stuttgarter Erklärungsbibel.* Stuttgart: Deutsche Bibelgesellschaft, 2007.

5. Wolfe et al. Origins of major human infectious diseases. *Nature.* 2007, Vols. 447 pp 279-283.

6. Holliday, R. Evolution of human longevity, population pressure and the origins of warfare. *Biogerontology.* 2005, Vols. 6:363-368.

7. Statistisches Bundesamt. Destatis. *Bevölkerung Sterbefälle und Lebenserwartung.* [Online] Statistisches Bundesamt. [Cited: 1 März 2021.] https://www.destatis.de/DE/Themen/Gesellschaft-Umwelt/Bevoelkerung/Sterbefaelle-Lebenserwartung/_inhalt.html.

8. Diamond, J. *Vermächtnis.* Frankfurt am Main : S. Fischer Verlag GmbH, 2012/2013.

9. Brüssow, H. Europe, the bull and the Minotaur: the biological legacy of a Neolithic love story. *Environmental Microbiology.* 2009, Vols. 11(11), 2778–2788.

10. Crawford, DH. Microbes jump species. *Deadly Companions.* Oxford : Oxford University Press, 2007.

11. Chisholm et al. Controlled fire use in early humans might have triggered the evolutionary emergence of tu-

berculosis. *Proceedings of the National Academy of Sciences –
PNAS.* 2016, Vols. Vol.113 (32), p.9051-9056.

12. Düx, A. et al. bioRxiv. [Online] 30 December 2019.
[Cited: 12 Februar 2021.] www.biorxiv.org/content/10.1
101/2019.12.29.889667v1.full.pdf.

13. Bennet, AJ., Paksey, AC., Ebinger A., Pfaff, F., Prie-
mer, G., Höper, D., Breithaupt, A., Heuser, E., Ulrich,
RG., Kuhn, JH., Bishop-Lilly, KA., Beer, M., Goldberg,
TL. Relatives of rubella virus in diverse mammals. *Nature.* 2020, Vol. Vol 586.

14. Aufderheide, Ac., Rodriguez-Martin, C. *The Cambridge Encyclopedia of Human Paleopathology.* Cambridge :
Cambridge University Press, 1998.

15. Diamond, J. *Guns, Germs and Steel.* London : Vin-
tage, 1998.

16. Stannard, D. Disease, Human Migration and History.
The Cambridge World History of Disease. Cambridge : Cambridge University Press, 1993.

17. Depetris-Chauvin, E., Weil, DN. Malaria And Early
African Development: Evidence From The Sickle Cell Trait.
The Economic Journal. 2018, Vols. 128 (May), 1207–1234.

18. Donoghue et al. Ancient DNA analysis e An establis-
hed technique in charting the evolution of tuberculosis and
leprosy. *Tuberculosis.* 2015, Vols. 95 p 140 – 144.

19. Webb jr., James L.A. *Humanity's Burden.* Cambridge :
Cambridge Universsity Press, 2009.

20. Koch, K. Immun gegen HIV: Gendefekt schütz vor
der Infektion. *Deutsches Ärtzteblatt.* (36) 93 1996, pp. A-
2176/B-1848/C-1740.

21. Galvani, A. P. and Slatkin, M. Evaluating plague and
Smallpox as historical selective pressures for the CCR5-
32 HIV-resistance allele. *Proc Natl Acad Sci U S A.* 9 Dec
2003, pp. 100(25): 15276–15279.

22. Wei, X., Nielsen, R. naure medicine. [Online] 3 June
2019. [Cited: 12 Februar 2021.] https://www.nature.com/
articles/s41591-019-0459-6.

23. Grön., K. Lepra in Literatur und Kunst Handbuch. der Haut- und Geschlechtskrankheiten. *Springer.com*. [Online] 1930. [Cited: 21 Februar 2021.] https://doi.org/10.1007/978-3-662-30560-7_2.

24. Annales Fuldenses Die Jahrbücher von Fulda und Xanten übersetzt von C. Rehdanz 1852. *classic.europeana.eu*. [Online] 06 05 2014. [Cited: 21 Februar 2021.] https://doi.org/10.1007/978-3-662-30560-7_2.

25. Reff, D.T. Disease and the Rise of Christianity in Europe 150–800 c.e. *Plague, Priests and Demons*. Cambridge : Cambridge Universitiy Press, 2009.

26. Scott, S., Duncan C.J. Plague at Eyeam 1655-56: a case study. [book auth.] S., Duncan CJ. Scott. *Biology of Plagues*. Cambridge : Cambridge University Press, 2001.

27. Watson, G. Coronavirus: What can the 'plague village' of Eyam teach us? *BBC NEWS*. [Online] BBC, 22 April 2020. [Cited: 29 Oktober 2021.] https://www.bbc.com/news/uk-england-derbyshire-51904810.

28. Kaiser, O. Vom offenbaren und verborgenen Gott. *Beihefte Zur Zeitschrift Für Die Alttestamentliche Wissenschaft Ser.* 2008, Vol. 392.

29. Geller, Markham J. Zur Rolle Der Antiken Astrologie in Der Vorbereitung Einer Säkularen Naturwissenschaft Und Medizin. *Sudhoffs Archiv*. 2011, Vols. 95(2), 158-169.

30. Yapijakis, C. Hippocrates of Kos, the Father of Clinical Medicine, and Asclepiades of Bithynia, the Father of Molecular Medicine. *in vivo*. 2009, Vols. Vol 23 pp. 507-514.

31. Kassel, K. *Medicine and Magic in Elizabethan London : Simon Forman: Astrologer, Alchemist, and Physician*. Oxford : Oxford University Press, 2005.

32. Ausstellung in der Archäologischen Staatssammlung München. Ötzi 2.0 Neues von der Eismumie. München : s.n., 2014.

33. Nerlich, AG., Rohrbach, H., Zink, A. Palöopathologie altägyptischer Mumien und Skelette. *Pathologe*. 2002, Vols. 23: 279-285.

34. Lagier, R. Bases anatomopathologiques du diagnostic d'infection squelettique en paléopathologie. *Bulletins et Mémoires de la Société d'anthropologie de Paris, Nouvelle Série.* 1998, Vols. Tome 10 fascicule 1-2,pp5-16.

35. Haensch S, Bianucci R, Signoli M, Rajerison M, Schultz M, et al. Distinct Clones of Yersinia pestis Caused the Black Death. *PLoS Pathogens.* Nora J. Besansky, 2010, Vol. Vol 6 Issue 10.

36. Galaway et al. Resurrection of the ancestral RH5 invasion ligand provides a molecular explanation for the origin of P. falciparum malaria in humans. [Online] 15 October 2019. [Cited: 1 März 2021.] https://doi.org/10.1371/journal.pbio.3000490.

37. Gagneux, S. Ecology and evolution of Mycobacterium tuberculosis. *Nature Reviews Microbiology.* 2018, Vols. Vol 16, 202-213.

38. WHO. Leprosy. *WHO.* [Online] WHO, 10 September 2019. [Cited: 2 Mai 2021.] https://www.who.int/news-room/fact-sheets/detail/leprosy.

39. Schuenemann et al. Genome-Wide Comparison of-MEdieval and Modern Mycobacterium leprae. *Science.* 2013, Vols. Vol. 341, No. 6142, p179- p183.

40. Robbins, G.et al. Ancient Skelettal Evidence for Leprosy in India (20000 B.C.). *PLoS ONE.* [Online] 27 May 2009. [Cited: 21 März 2021.] journals.plos.org/plosone/article?id=10.1371/journal.pone.0005669. doi.org/10.1371/journal.pone.0005669.

41. Köhler et al. Possible cases of leprosy from the Late Copper Age (3780-3650 cal BC) in Hungary. *PLoS ONE.* [Online] 12 October 2017. [Cited: 22 März 2021.]/journals.plos.org/plosone/article?id=10.1371/journal.pone.0185966. https://doi.org/10.1371/journal.pone.0185966.

42. Monot, et al.,. On the Origin of Leprosy. *Science.* 2013, Vols. Vol. 308, No. 5724 pp. 1040-1042.

43. Li, et al. On the origin of smallpox: Correlating variola phylogenics with historical smallpox records. *PNAS.* 2007, Vols. vol. 104, no. 40, 15787–15792.

44. Hopkins, D.R. *The Greatest Killer: Smallpox in History.* Chicago : University of Chicago Press, 2002.

45. Thèves, C., Crubézy, E., Biagini, P. History of Smallpox and its Spread in Human Populations. [book auth.] M., Didier, R. (Hrsg.) Drancourt. *Paleomicrobiology of Humans.* Washington : ASM Press, 2017.

46. Rasmussen, S. et al. Early divergent strains of Yersinia pestis in Eurasia 5,000 years ago. *Cell.* 2015, Vols. 183, 571–582.

47. Spyrou et al. Analysis of 3800-year-old Yersinia pestis genomes DOI: 10.1038/s41467-018-04550-9. *www.nature.com.* [Online] 2018. [Cited: 22 Februar 2021.] https://www.nature.com/articles/s41467-018-04550-9.pdf.

48. Pressemitteilung der Max-Plank-Instituts für Menschheitsgeschichte. Bislang ältetestes Genom für Beulenpest entschlüsselt. *Max-Plank-Institut für Menschheitsgeschichte.* [Online] 8 Juni 2018. [Cited: 2 Mai 2021.] https://www.shh.mpg.de/979280/oldest-bubonic-plaque.

49. Filser, H. Die erste Pandemie der Menschheitsgeschichte. *Spektrum.de.* [Online] 18 06 2020. [Cited: 21 Februar 2021.] https://www.spektrum.de/news/die-erste-pandemie-der-menschheitsgeschichte/1750058.

50. Flemming, R. (The Wrong Kind of) Gonorrhea in Antiquity. *The hidden Affliction.* Rochester : University of Rochester Press, 2019.

51. Nerlich AG, Schraut B, Dittrich S, et al. Plasmodium falciparum in Ancient Egypt. Emerging Infectious Diseases. *Emerging Infectious Diseases.* 2008, Vols. 14(8):1317-1319.

52. Riedel, S. Edward Jenner and the hisory of smallpox and vaccination. *Baylor University Medical Proceedings.* 2005, Vols. Vol 18-1.

53. Cunha, CB. Prolonged and perplexing fevers in antiquity: malaria and typhoid fever. *Infectious disease clinics of North America*. 2007, Vols. 21 (4), pp.857-866.

54. Papagrigorakis et al. DNA examination of ancient dental pulp incriminates typhoid fever as a probable cause of the Plague of Athens. *International Journal of Infectious Disease*. 2006, Vols. Vol 10 pp. 206-214.

55. Kousoulis, AA. Etymology Cholera. *Emerging infectious diseases*. 2012, Vols. Vol.18 (3), p.540-540.

56. Taubenberger et al. Initial Genetic Characterization of the 1918 "Spanish" Influenza Virus. *Science*. 1997, Vols. 275, No. 5307 pp. 1793-.

57. Potter, CW. A history of influenza. *Journal of Applied Microbiology*. 2001, Vols. 91, 572±579.

58. Devlin, RK. *What You need to know about the Flu*. Santa Barbara : ABC CIO, 2020. ISBN 9781440870088, 144087008X.

59. Matheson CD, Vernon KK, Lahti A, Fratpietro R, Spigelman M, Gibson S, et al. Molecular Exploration of the First-Century Tomb of the Shroud in Akeldama, Jerusalem. *PlLos ONE*. [Online] 16 December 2009. [Cited: 24 März 2021.]/journals.plos.org/plosone/article?id=10.1371/journal.pone.0008319. doi.org/10.1371/journal.pone.0008319.

60. Bassareo et al. Learning from the past in the COVID-19 era: rediscovery of quarantine, previous pandemics, origin of hospitals and national healthcare systems, and ethics in medicine. *Postgraduate medical journal*. 2020, Vols. 96:633-638.

61. Jacobsen, J. *Schatten des Todes*. Darmstadt/Mainz : Philipp von Zabern, 2012. ISBN 978-3-8053-4276-6.

62. Hollstein, S. Die Katastrophenepoche. *Spektrum.de*. [Online] 21. 10 2020. [Cited: 18. Februar 2021.] https://www.spektrum.de/news/die-katastrophenepoche/1768632.

63. Harbeck, M., Seifert, L., Hänsch, S., Wagner,DM., Birdsell, D., Parise, KL., Wiechmann, I., Grupe, G., Thomas, A., Keim, P., Zöller, L., Bramanti, B., Riehm, JL.,

Scholz, HC. Yersinia pestis DNA from Skeletal Remains from the 6th. *PLOS Pathogens.* [Online] 2 May 2013. [Cited: 18 Februar 2021.] https://journals.plos.org/plospathogens/article?id=10.1371/journal.ppat.1003349.

64. Huber, O. Pocken-Pandemie: Bereits Wikinger verbreiteten tödliche Viren. *BR 24 Wissen.* [Online] Bayerischer Rudfunk, 23 7 2020. [Cited: 16 Mai 2021.] https://www.br.de/nachrichten/wissen/pocken-pandemie-bereits-wikinger-verbreiteten-toedliche-viren,S5Y9hbM.

65. Wertheim, JO. Viral Evolution: Mummy Virus Challenges Presume History of Smallpox. *Current Biology Dispatches.* 2017, Vols. Vol 27, R103–R122,.

66. Min, A. Die Lepra. *Die Lepra im 11. – 15. Jahrhundert in Deutschland. Das Melaten zu Köln.* München : GRIN Verlag, 2014.

67. Regner, A. Die Krankheit des Lazarus. *Die PTA in der Apotheke.* [Online] Oktober 2015. [Cited: 27 März 2021.] www.diepta.de/news/praxis/welch-ein-name-die-krankheit-des-lazarus-535500/.

68. Barlow, F. The Kings Evil. *The English Historical Review.* 1980, Vols. 95, No. 374 pp. 3-27.

69. Grybowski et al. Leprosy: Social implications from antiquitiy to the present. *Clinics in Dermatology.* 2016, Vols. Vol 34, p 8-10.

70. Wernitz, R. Der lange Weg der Pest nach Rathenow. *Märkische Online Zeitung.* [Online] 27 März 2020. [Cited: 13 Mai 2021.] https://www.moz.de/lokales/rathenow/hubei-war-erster-krisenherd-der-lange-weg-der-pest-nach-rathenow-49382860.html.

71. Dean et al. PNAS. *Human ectoparasites and the spread of plague in Europe during the Second Pandemic.* [Online] 16 01 2018. [Cited: 25 Februar 2021.] https://www.pnas.org/content/115/6/1304. doi: 10.1073/pnas.1715640115).

72. Furuse et al. Origin of measles virus: divergence from rinderpest virus between the 11th and 12th centuries. *Virology Journal.* 2010, Vol. 7:52.

73. Wertheim et al. Purifying Selection Can Obscure the Ancient Age of Viral Lineages. *Molecular biology and evolution*. 2011, Vols. Vol.28 (12), p.3355–3365.

74. Hirsch, A. Influenza. *Handbook of Geographical and Historical Pathology*. London : New Sydenham Society, 1883.

75. Oldstone, M.B.A. *Viruses, Plagues, and History : Past,Present and Future*. Oxford : Oxford University Press USA OSO, 2020.

76. Crosby, A. Ills. [book auth.] A Crosby. *Ecological Imperialism*. Cambridge : Cambridge University Press, 2015.

77. Smith, Adam. An Inquiry into the Nature and Causes of the Wealth of Nations. *Metalibri*. [Online] 2007. [Cited: 6 März 2021.] http://www.ibiblio.org/ml/libri/s/SmithA_WealthNations_s.pdf.

78. Wüstemann, S. „Der Gestank verwesender Leichen verpestete weite Gebiete". *Welt.de*. [Online] Welt, 8 7 2019. [Cited: 19 März 2021.] www.welt.de/geschichte/article196420277/Pocken-Gestank-verwesender-Leichen-verpestete-weite-Gebiete.html.

79. Earle, R. *The Body of the Conquistador: Food, race and the Colonial Experience in Spanish America*. Cambridge : CambridgeUniversitiy Press, 2012. doi:10.1017/CBO9780511763359.

80. Conan Doyle, A. *The Boscombe Valley Mystery*. Tunbridge Wells : Solis Press, 2020. ISBN 10 1910146536.

81. Majander et al. *Ancient Bacterial Genomes Reveal a High Diversity of Treponema pallidum Strains in Early Modern Europe*. [Artikel] Amsterdam : Elsevier Inc, 2020. Vols. 30, 3788–3803. DOI:https://doi.org/10.1016/j.cub.2020.07.058.

82. Stirland, A. The origin of syphilis in Europe: Before or after 1493? *International journal of osteoarchaeology*. 1994, Vols. Vol.4 (1), p.53-54 [Peer Reviewed].

83. Livingstone, FB. On the Origin of Syphilis: An Alternative Hypothesis. *Current Anthropology*. 1991, Vols. Vol.32 (5), p.587-590.

84. v. Hutten, U. *eins teutschen Ritters von der wunderbarlich‾e artzney des holtz Guaiac‾u genant, und wie man die Frantzo-*

sen oder blatter⁻e heilen sol, zuo herrn Albrechte dem Churfürs-
~e Cardina~e vñ Ertzbischoff von Mentz ein Buch beschriben
durch d~e hochgelert~e herr. Strassburg : Grüninger, 1519.

85. Murley, R. Guilty of perpetrating the myth that John
Hunter. *World journal of surgery.* 1994, Vols. 18, 290.

86. Schirren, C. Versuche am Menschen in der Derma-
tologie vor 100 Jahren und heute. *Hautarzt.* 2001, Vols.
52 (6), p.537-541.

87. Conner, CD. The History of Quinine. *A People's History of Science: Miners, Midwives, and Low Mechanicks.* New
York : Bold Type Books, 2005.

88. Weatherford, J. *Indian Givers: How the Indians of the
Americas Transformed the World.* New York : Random House
Publishing Group, 1988.

89. Edwardes, E. J. *British Medical Journal.* 1902, Vols. Vol.2
(2166), p.27.

90. Duggan et al. 17th century Variola Virus Reveals the
Recent History of Smallpox. *Current Biology.* 2016, Vols.
Vol 26, page 3407-3412.

91. Conan Doyle, A. *The Adventure of the Beryl Coronet.*
Tunbridge Wells : Solis Press, 2020. ISBN-10 :1910146609.

92. Krause-Kyora, B. Ancient DNA study reveals HLA
susceptibility locus for leprosy in medieval Europeans.
Nature Communications. [Online] 1 May 2018. [Cited: 7
Mai 2021.] https://www.nature.com/articles/s41467-018-
03857-x. DOI: 10.1038/s41467-018-03857-x.

93. Mark, S. Early Human Migrations (ca. 13,000 Years Ago) or Postcontact Europeans for the Earliest Spread
of Mycobacterium leprae and Mycobacterium lepromatosis to the Americas. *Hindawi Interdisciplinary Perspectives
on Infectious Diseases.* 2017, Vols. Volume 2017, Article ID
6491606, 8 pages.

94. Han et al. A new Mycobacterium species causing dif-
fuse lepromatous leprosy. *American Journal of Clinica Pathology.* 2008, Vols. Vol 130 pp. 856-864.

95. Matsouka et al. Various genotypes of Mycobacteium leprae from Mexico reveal distinct geographic distribution. *Leprosy review.* 2009, Vols. Vol 80 pp.322-326.

96. Bassukas et al. Leprosy and the natural selection for psoriasis. *Medical Hypotheses.* 2012, Vols. 78, 183-190.

97. Manchester, K. Tuberculosis an Leprosy in Antiquitiy: An Interpretation. *Medical History.* 1984, Vols., Vol 28: pp. 162-173.

98. Donoghue et al. Co-infection of Mycobacterium tuberculosis and Mycobacterium leprae in human archaeological samples: a possible explanation for the historical decline of leprosy. *Proc. R. Soc. B.* 2005, Vols. Vol 272, pp. 389–394.

99. Herres, J. Cholera, Armut und eine „Zwangssteuer" 1830/32. Zur Sozialgeschichte Triers im Vormärz. *Kurtrierisches Jahrbuch 39.* Trier : Stadtbibibliothek Trier e.V. und Verein Kurtriersches Jahrbuch e.V., 1990.

100. Universität Trier Fachbereich III. Armut unter den Augen des jungen Marx: Die Trierer Armenliste von 1832. *Uni Trier.* [Online] Universität Trier, 2018. [Cited: 21 April 2021.] https://www.uni-trier.de/en/universitaet/fachbereiche-faecher/fachbereich-iii/faecher/geschichte/profil/fachgebiete/geschichtliche-landeskunde-1/unser-team/stephan-laux/abgeschlossene-projekte/armut-unter-den-augen-des-jungen-marx-die-trierer-armenliste-v.

101. Hodgson Burnett, F. *A Little Princess.* Boston : David R. Godine, 1992. ISBN 0-87923-784-8.

102. Praxis Vita. Bau des Panamakanals: Wie das Gelbfieber die Arbeiter dahinraffte. [Online] Praxis Vita, 27 4 2021. [Cited: 10 Oktober 2021.] https://www.praxisvita.de/bau-des-panamakanals-wie-das-gelbfieber-die-arbeiter-dahinraffte-7145.html.

103. Sutter, P.S. Nature's Agents or Agents of Empire?: Entomological Workers and Environmental Change. *Isis.* 2007, Vols. 98, No. 4, pp. 724-754, https://www.jstor.org/stable/10.1086/529265.

104. Heidel, C.-P. Seuchengeschichte. *bpb*. [Online] 10 12 2020. [Cited: 31 Mai 2021.] https://www.bpb.de/gesellschaft/umwelt/bioethik/315550/seuchengeschichte.

105. ZDF Mediathek. Grippe, Pest und Cholera – Die Geschichte der großen Seuchen. *ZDF History*. [Online] ZDF, 24 4 2021. [Cited: 4 6 2021.] https://www.zdf.de/dokumentation/zdf-history/grippe-pest-und-cholera-100.html.

106. Huremović, D. Brief History of Pandemics (Pandemics Throughout History). [book auth.] Huremović D. *Psychiatry of Pandemics*. Heidelberg : Springer-Verlag GmbH, 2019.

107. Verne, J. *In 80 Tagen um die Welt*. s.l. : idb, 2016. ISBN 9783960557555.

108. Stein, J. Schicke Schwindsucht. *Geschichte*. 2016, Vols. 7, p 12.

109. ABB MEASUREMENT & ANALYTICS. Recording and Control C1900 in pasteurization processes. *ABB.com/measurements*. [Online] ABB, 2018. [Cited: 17 April 2021.] https://library.e.abb.com/public/81ad901d59844fd3ba52a-1ac77bcf3b6/TD_RandC_019-EN_A.pdf.

110. Cohn, S.K. *Epidemics: Hate and Compassion from the Plague of Atehns to AIDS*. Oxford : Oxford Uiversity Press, 2018. ISBN-13: 9780198819660.

111. Haeseler, S. Der Ausbruch des Vulkans Tambora in Indonesien. *Deutscher Wetterdienst*. [Online] 27 Juli 2016. [Cited: 22 April 2021.] https://www.dwd.de/DE/leistungen/besondereereignisse/verschiedenes/20170727_tambora_1816_global.pdf?__blob=publicationFile&v=5.

112. Langer, Fred. HANSESTADT IM JAHR 1892, Cholera ein Lehrstück über den Umgang mit Epidemien. *GEO WIssen*. [Online] 05 2020. [Cited: 27 April 2021.] https://www.geo.de/wissen/22929-rtkl-hansestadt-im-jahr-1892-cholera-hamburg-ein-lehrstueck-ueber-den-umgang-mit.

113. Alcabes, P. *Dread – How Fear And Fantasy Have Fueled Epidemics From the Black Death to Avian Flu.* New York: PublicAffairs, 2009. ISBN 978-0-7867-4146-5,.

114. Schweikardt, C. *DIe Entwicklung der Krankenpflege zur staaatlich anerkannten Tätigkeit im 19. und frühen 20. Jahrhundert.* München : Meidenbauer Verlagsbuchhandlung, 2008. ISBN 978-3-89975-132-1.

115. Snow, S.J. Death by Water: John Snow and the cholera in the 19th century. *Medical Historian.* 2000, Vols. 11, 5-19.

116. Snow, J. *Mode of Communication of Cholera.* London : John Churchill, 1855.

117. Schwarz, T. Lesen in der Corona-Krise – Teil 6. *Aschenbachs Fallgeschichte: Thomas Manns Novelle „Der Tod in Venedig" über die „indische Cholera" in der Lagunenstadt.* [Online] Mai 2020. [Cited: 29 April 2021.] https://literaturkritik.de/corona-teil-6-mann-novelle-cholera,26616.html.

118. Heim, Klaus. *Leschs Kosmos Erregern auf der Spur.* ZDF, 2021.

119. Cirillo, V.J. Arthur Conan Doyle (1859–1930):Physician during the typhoid epidemic in the Anglo-Boer War (1899–1902). *Journal of Medical Biography.* 2013, Vols. 22(1) 2–.

120. Wassermann, A. Eine serodiagnostische Reaktion bei Syphilis. *Harvard Library viewer.* [Online] 1906. [Cited: 30 April 2021.] https://nrs.harvard.edu/urn-3:HMS.COUNT:1151774.

121. Whitrow, M. Wagner-Jauregg and fever-therapy. *Medical History,.* 1990, Vols. 34: 294-3 10.

122. Guitard, E-H. Syphilis et génie : Adalberto Pazzini, in La Rassegna di Clinica, Terapia e Scienze affini, 1952. *Revue d'histoire de la pharmacie.* 1952, Vols. 40 (134), p.400-400.

123. Mann, T. *Doktor Faustus: Das Leben des deutschen Tonsetzers Adrian Leverkühn, erzählt von einem Freunde.* Frankfurt am Main : S.Fischer-Verlag, 1990. ISBN-10 : 3596294282.

124. Kelly, B. Stevenson, R.L. Robert Louis Stevenson, Advocate for Blessed Damien of Molokai. *Catholicism.Org.* [Online] Saint Benedict Center, Richmond, New Hampshire, 1 Dec 2008. [Cited: 4 Mai 2021.] https://catholicism.org/robert-louis-stevenson-advocate-for-blessed-damien-of-molokai.html.

125. Tayman, J. Human Soil. *The Colony: The Harrowing True Story of The Exiles of Molokai.* New York : Scribner, 2006.

126. Cheung, A.T.M. How Stigma Distorts Justice: the Exile and Isolation of Leprosy Patients in Hawai'i. *Asian Bioethics Review.* 2018, Vols. 10:53–66.

127. Koch, R. *Die Lepra-Erkrankungen im Kreise Memel.* 2010.

128. *Vorbei.* Berbner, B. 15 8. April 2021, 15-17, Hamburg : Zeitverlag Gerd Buccerius GmbH & Co KG, 2021.

129. Ridderbusch, K. Warum wir noch immer Pockenviren lagern. *Deutschlandfunk Kultur – Zeitfragen (Archiv).* [Online] 28 11 2019. [Cited: 5 Mai 2021.] https://www.deutschlandfunkkultur.de/gefaehrliche-erreger-warum-wir-noch-immer-pockenviren-lagern.976.de.html?dram:article_id=464533.

130. Ross, R. *Instructions for the prevention of malarial fever [electronic resource] : for the use of residents in malarious places.* Liverpool : Universitypress of Liverpool, Digitizing Sponsor: Wellcome Library, 1899.

131. Saga of Malaria Treatment. *Malaria Site.* [Online] BS Kakkilaya, 9 3 2015. [Cited: 11 April 2021.] www.malariasite.com/history-treatment/.

132. World Health Organisation. Malaria. *who.int.* [Online] WH=, 1 April 2021. [Cited: 19 April 2021.] https://www.who.int/news-room/fact-sheets/detail/malaria.

133. WHO. Plague. *WHO.* [Online] WHO, 31 October 2017. [Cited: 2 Mai 2021.] https://www.who.int/news-room/fact-sheets/detail/plague.

134. –. Tuberculosis. *WHO Europe.* [Online] 14 October 2020. [Cited: 1 Mai 2021.] https://www.who.int/health-topics/tuberculosis#tab=tab_1.

135. Rose et al. An estimate of the contribution of HIV infection to the recent rise in tuberculosis in England and Wales. *Thorax*. 2002, Vols. 57:442–445.

136. Ottlitz, T. Wie ein Paradies zur Hölle wurde. *BR2*. [Online] Bayerischer Rundfunk, 21 7 2016. [Cited: 4 Mai 2021.] https://www.br.de/radio/bayern2/sendungen/radioreisen/hawaii-molokai-kalaupapa-lepra-100.html.

137. BBC. Koizumi apologises for Leper Colonies. *BBC World News Asia-Pacific*. [Online] 25 May 2001. [Cited: 5 Mai 2021.] http://news.bbc.co.uk/2/hi/asia-pacific/1350630.stm.

138. WHO. Typhoid. *WHO*. [Online] WHO, 31 January 2018. [Cited: 4 Mai 2021.] https://www.who.int/news-room/fact-sheets/detail/typhoid.

139. Dahlke, C., Addo, M. Emerging Infections. *Biologie in unserer Zeit*. 2015, Vols. Volume 45, Issue 6, Pages 368-378, https://doi.org/10.1002/biuz.201510578.

140. Waldor, M.K., Mekalanos, J.J. Lysogenic Conversion by a Filamentous Phage Encoding Cholera Toxin. *Science*. 1996, Vols. 272, No. 5270, pp. 1910-1914.

141. WHO. Cholora. *WHO*. [Online] WHO, 5 February 2021. [Cited: 4 Mai 2021.] https://www.who.int/news-room/fact-sheets/detail/cholera.

142. RKI. Syphilis. *RKI-Ratgeber*. [Online] RKI, November 2020. [Cited: 4 Mai 2021.] https://www.rki.de/DE/Content/Infekt/EpidBull/Merkblaetter/Ratgeber_Syphilis.html;jsessionid=C7E047E191E48E723B509FC6FF-26A65F.internet112#doc2382636bodyText3.

143. Peeling, R.W., Mabey, D.C. W. Syphilis. *Nature Reviews/Microbiology*. [Online] June 2004. [Cited: 4 Mai 2021.] https://web.archive.org/web/20080711175345/http://www.who.int/tdr/dw/pdf/dw6_2004.pdf.

144. Blutspendedienst des Bayerischen Roten Kreuzes. Gesundheit & Blutspende. *Blutspende*. [Online] BRK, 2021. [Cited: 7 Mai 2021.] https://www.blutspendedienst.com/blutspende/spendeinfos/gesundheit-blutspende.

145. Deutsche Hämophiliegeellschaft. Blutskandal. [Online] Deutsche Hämophiliegesellschaft zur Bekämpfung von Blutungskrankheiten e.V., 16 6 2020. [Cited: 8 Oktober 2021.] https://www.dhg.de/blutungskrankheiten/begleiterkrankungen/blutskandal.html.

146. Ewald, P.W. Evolution of HIV in Africa. *Science*. 1992, Vol. 257 July.

147. WHO. HIV/AIDS. *WHO*. [Online] WHO, 14 July 2021. [Cited: 1 Oktober 2021.] https://www.who.int/news-room/fact-sheets/detail/hiv-aids.

148. SOS Kinderdörfer. Aids in Afrika. *SOS Kinderdörfer Weltweit*. [Online] SOS Kinderdörfer, 7 Mai 2021. [Cited: 7 Mai 2021.] https://www.sos-kinderdoerfer.de/informieren/hilfsprojekte/aids-waisen.

149. Heinemann, P. Nach „Berliner Patient" auch „Londoner" frei von HIV. *Welt Gesudheit*. [Online] Axel Springe SE, 10 3 2020. [Cited: 7 Mai 2021.] https://www.welt.de/gesundheit/article206460501/HIV-Zweiter-Patient-weltweit-gilt-als-geheilt.html.

150. WHO. Ebola Virus Disease. *WHO*. [Online] WHO, 23 February 2021. [Cited: 12 Mai 2021.] https://www.who.int/news-room/fact-sheets/detail/ebola-virus-disease.

151. PharmaWiki. Remdesivir. [Online] PharmaWIki, 8 12 2020. [Cited: 11 Mai 2021.] https://www.pharmawiki.ch/wiki/index.php?wiki=Remdesivir.

152. Medecins Sans Frontieres, Ärzte Ohne Grenzen. ERNEUT EBOLA IN DER D.R. KONGO. [Online] Medecins Sans Frontieres, Ärzte Ohne Grenzen, 26 Feb 2021. [Cited: 11 Mai 2021.] https://www.aerzte-ohne-grenzen.de/krankheit/ebola.

153. Ciesek, S. Sars-CoV-1 wurde ausgerottet: Virologin sagt, warum wir das bei Sars-CoV-2 nicht schaffen. *Focus.de*. [Online] 8 2 2021. [Cited: 7 Mai 2021.] https://www.focus.de/gesundheit/news/sandra-ciesek-im-gespraech-sars-cov-1-wurde-ausgerottet-virologin-sagt-warum-wir-

das-bei-sars-cov-2-nicht-schaffen-werden_id_12943148. html?drucken=1.

154. Heinemann, P. Warum Superspreader so gefährlich sind. *Welt Gesundheit*. [Online] 16 3 2020. [Cited: 7 Mai 2021.] https://www.welt.de/gesundheit/plus206571809/ Superspreader-beim-Coronavirus-Warum-manche-Menschen-ueberdurchschnittlich-infektioes-sind.html.

155. Drosten, C. Weltreise eines neuen Virus. *Biol. Unserer Zeit*. 2003, Vols. Nr.4 Jahrgang 33 212-213.

156. Riley et al. Transmission Dynamics of the Etiological Agent of SARS in Hong Kong: Impact of Public Health Interventions. *Science*. 2003, Vols. 300, 1961-1965.

157. Mengersen, A. SARS: Die erste Pandemie im 21. Jahrhundert. *lifeline, das Gesundheitsportal*. [Online] 6 Mai 2021. [Cited: 11 Mai 2021.] https://www.lifeline.de/krankheiten/sars-id180667.html.

158. Hu et al. Discovery of a rich gene pool of bat SARS-related coranaviruses provides newe insights into the orign of SARS coronavirus. *PLos Pathogens*. [Online] 30 November 2017. [Cited: 11 Mai 2021.] https://doi.org/10.1371/ journal.ppat.1006698. 13(11): e1006698.

159. Donnelly, C. A., Malik, M. R., Elkholy, A., Cauchemez, S., & Van Kerkhove, M. D. Worldwide Reduction in MERS Cases and Deaths since 2016. *Emerging Infectious Diseases*. 2019, Vols. 25(9):1758-1760.

160. Dana, P. Coronavirus. *Research Gate*. [Online] 2020. [Cited: 11 Mai 2021.] https://www.researchgate.net/figure/The-natural-reservoir-MERS-cov-and-SARS-cov-is-the-bat-passed-through-the-intermediate_fig1_340535457.

161. Chen, L., AFP. The WHO's China mission: Five questions still unanwered. *Medical Express*. [Online] 10 February 2021. [Cited: 12 Mai 2021.] https://medicalxpress.com/news/2021-02-china-mission-unanswered.html.

162. WHO. COVID-19 China Mission VPC 09 Feb 2021. *WHO*. [Online] 9 Fenruary 2021. [Cited: 12 Mai 2021.] https://www.who.int/docs/default-source/coro-

naviruse/transcripts/who-audio_emergencies_coronavirus_vpc_global_study_origins_wuhan_china_09feb2021.pdf?sfvrsn=924e7fe0_1.

163. Wetzel, H. Ursprung des Coronavirus: Wehe, wenn es doch im Labor war. *Süddeutsche Zeitung.* [Online] Süddeutzsche Zeitung, 28 Mai 2021. [Cited: 28 Mai 2021.] https://www.msn.com/de-de/nachrichten/coronavirus/ursprung-des-coronavirus-wehe-wenn-es-doch-im-labor-war/ar-AAKq2XQ?ocid=msedgntp.

164. worldometer. COVID-19 CORONAVIRUS PANDEMIC. [Online] 12 May 2021. [Cited: 12 Mai 2021.] https://www.worldometers.info/coronavirus/.

165. Morse, S.S., Schluederberg, A. Emerging Viruses: The Evolution of Viruses and Viral Diseases. *The Journal of Infectious Diseases.* 1990, Vols. 162, No. 1, pp.1-7.

166. Wardeh, M., Blagrove, M.S.C., Sharkey, K.J. et al. Divide-and-conquer: machine-learning integrates mammalian and viral traits with network features to predict virus-mammal associations. *Nat Commun.* [Online] 25 June 2021. [Cited: 11 Mai 2022.] https://www.nature.com/articles/s41467-021-24085-w#citeas. https://doi.org/10.1038/s41467-021-24085-w.

167. The Independent Panel. COVID-19: Make it the Last Pandemic. *A Summary by The Independent Panel for Pandemic Preparedness & Response.* [Online] 12 Mai 2021. [Cited: 12 Mai 2021.] https://theindependentpanel.org.

168. Slotnik, D.E. The W.H.O. opens a Berlin hub to head off the next pandemic. *The New York Times.* 1. September 2021.

169. Roizman, B., Hughes, J.H. Effects of changes in human ecology and behavior on infectious diseases: An introduction. *Proc. Natl. Acad. Sci. USA.* 1994, Vols. 91, p. 2377,.

170. Kurth, R. Das Auftreten alter und neuer Seuchen als Konsequenz menschlichen Handelns. *Bundesgesundheitsbl – Gesundheitsforsch – Gesundheitsschutz.* 2004, Vols. 47, 611–621, https://doi.org/10.1007/s00103-004-0857-9.

171. Machalaba, C., Romanelli, C., Stoett, P. Global Environmental Change and Emerging Infectious Diseases. [book auth.] M. (Ed. Bouzid. *Examining the Role of Environmental Change on Emerging Infectious Diseases and Pandemics.* Hershey, PA, IGI Global : EISBN13: 9781522505549, 2017.

172. Kuntoff, B. Insel mit höchster Sicherheitsstufe. *Deutsfhlandfunk Kultur.* [Online] 15 5 2014. [Cited: 26 August 2021.] https://www.deutschlandfunkkultur.de/forschung-insel-mit-hoechster-sicherheitsstufe.1088.de.html?dram:article_id=285434.

173. Grange et al. Ranking the risk of animal-to-human spillover for newly discovered viruses. *Proc Natl Acad Sci U S A.* 2021, Vol. 118(15): e2002324118., doi: 10.1073/pnas.2002324118.

174. Dobson, Andrew P. What Links Bats to Emerging Infectious Diseases? *Science.* 2005, Vols. 310, no. 5748 pp. 628–629.

175. Joffrin L., Dietrich M., Mavingui P., Lebarbenchon C. Bat pathogens hit the road: But which one? *PLoS Pathog 14 (8) e1007134.* [Online] 9 August 2018. [Cited: https://doi.org/10.1371/journal.ppat.10071347 August 2021.]

176. Sax, M. Wenn Krankheitserreger von Tieren auf Menschen springen. *Quarks.de.* [Online] Westdeutscher Rundfunk Köln, 3 Mai 2020. [Cited: 26 August 2021.] https://www.quarks.de/umwelt/tierwelt/wenn-krankheitserreger-von-tieren-auf-menschen-springen/.

177. Langlois, J. Illegales Goldschürfen fördert Malaria-Ausbrüche im Amazonas. [Online] 5 Nov 2020. [Cited: 21 Mai 2021.] https://www.nationalgeographic.de/umwelt/2020/08/illegales-goldschuerfen-foerdert-malaria-ausbrueche-im-amazonas.

178. Castro M.C, Baeza A., Codeço C.T., Cucunubá Z.M., Dal'Asta A.P., De Leo G.A., et al. Development,environmental degradation, and disease spread in the Brazilian Amazon. *PLoS Biol.* 2019, Vol. 17(11): e3000526, https://doi.org/10.1371/journal.pbio.3000526.

179. Kurth, R. Das Auftreten alter und neuer Seuchen als Konsequenz menschlichen Handelns. *Bundesgesundheitsbl – Gesundheitsforsch -*. 2004, Vols. · 47:611–621, DOI 10.1007/s00103-004-0857-9.

180. Lovejoy, T.E. Kommentar: Ihr wollt keine Pandemien? Hört auf, die Natur zu missachten. [Online] 5 Nov 2020. [Cited: 21 Mai 2021.] https://www.nationalgeographic.de/umwelt/2020/05/kommentar-ihr-wollt-keine-pandemien-hoert-auf-die-natur-zu-missachten.

181. Daszak P, Cunnigham A.A., Hyatt A.D. Emerging infectious diseases of wildlife: global threats to biodiversity and human health. *Science*. 2000, Vols. 287,443– 449, doi:10.1126/science.287.5452.443.

182. Anthes, E. When People Take Pandemic Precautions, Gorillas Breathe Easier. *The New York TImes*. 21. Feb 2022, 2022, https://www.nytimes.com/2022/02/21/health/gorillas-respiratory-illness-colds.html?campaign_id=51&emc=edit_mbe_20220222&instance_id=53911&nl=morning-briefing%3A-europe-edition&regi_id=141288882&segment_id=83514&te=1&user_id=470fc052da9df3a31042a6e3aadca4c4.

183. The New York Times. Oh deer! [Online] 7 February 2022. [Cited: 8 Februar 2022.] https://messaging-custom-newsletters.nytimes.com/template/oakv2?campaign_id=154&emc=edit_cb_20220207&instance_id=52430&nl=coronavirus-briefing&productCode=CB&regi_id=141288882&segment_id=81930&te=1&uri=nyt%3A%2F%2Fnewsletter%2F1ced7025-7de3-5e70-9132-d2d5.

184. Shah, S. Animals That Infect Humans Are Scary. It's Worse When We Infect Them Back. [Online] 19 Jan 2022. [Cited: 24 Januar 2022.] https://www.nytimes.com/2022/01/19/magazine/spillback-animal-disease.html?campaign_id=51&emc=edit_mbe_20220124&instance_id=51112&nl=morning-briefing%3A-europe-editi-

on&regi_id=141288882&segment_id=80556&te=1&user_
id=470fc052da9df3a31042a6e3aadca4c4.
185. Brook, C.E., Dobson, A.P. Bats as 'special' reservoirs
for emerging zoonotic pathogens. *Trends in Microbiology.*
2015, Vols. 23, No. 3, pp 172-180.
186. Bundesmineterium für Umwelt, Naturschutz und nuc-
leare Sicherhait. Ein einzigartiges Säugetier: die Fledermaus. [Online] Bundesministerium für Umwelt, Naturschutz und nukleare Sicherheit (BMU), 27 8 2020. [Cited:
6 August 2021.] https://www.umwelt-im-unterricht.de/
hintergrund/ein-einzigartiges-saeugetier-die-fledermaus/.
187. Wohlleben, P. *Das Geheime Netzwerk der Natur.* München
: Wilhelm Heyne Verlag, 2017. ISBN 978-3-453-60561-9.
188. Irmer, J. Jagd auf Fledermäuse und Flughunde: Die
Sündenböcke der Pandemie bezahlen mit dem Leben. *NZZ
am Sonntag.* [Online] 04 04 2020. [Cited: 7 August 2021.]
https://nzzas.nzz.ch/wissen/fledermaeuse-und-flughun-
de-werden-wegen-corona-gejagt-ld.1550188.
189. Niedersächsischer Landesbetrieb für Wasserschutz,
Küsten- und Naturschutz. Fledermäuse durch die Coronapandemie zu unrecht in Verruf geraten. [Online] Niedersächsischer Landesbetrieb für Wasserwirtschaft, Küs-
ten- und Naturschutz, 29 5 2020. [Cited: 8 August 2021.]
https://www.nlwkn.niedersachsen.de/startseite/aktuelles/
presse_und_offentlichkeitsarbeit/pressemitteilungen/fle-
dermause-in-der-corona-pandemie-zu-unrecht-in-ver-
ruf-geraten-188803.html.
190. Koch, H. *ZDF Zoom Eure Wut- Eurer Mut, Was tun
gegen den Klimawandel.* ZDF, 2021.
191. Friedrich-Loeffler-Institut. Institut für bakterielle
Infektionen und Zoonosen (IBIZ). [Online] Freidrich-
Loeffler-Insitut (FLI) Budbesforschungsinstut fürTierge-
sundheit, 2021. [Cited: 23 August 2021.] Institut für bakterielle Infektionen und Zoonosen (IBIZ).
192. Deutscher Bundestag. Ausarbeitung Zoonosen und
Tierhaltung. WIssenschaftliche Dienste. [Online] 21 Juli

2020. [Cited: 30 August 2021.] https://www.bundestag.
de/resource/blob/709482/19485c96e154b0413bab0b7b5ff-
7ad3a/WD-5-070-20-pdf-data.pdf.

193. Conraths et al. Bundesgesundheitsbl. 2004, Vols.
47:633–646, DOI 10.1007/s00103-004-0866-8.

194. WHO. Influenza (Avian and other zoonotic). [Online]
WHO, 13 Nov 2018. [Cited: 29 August 2021.] https://
www.who.int/news-room/fact-sheets/detail/influenza-
(avian-and-other-zoonotic).

195. International Trade Center. Trade Map. [Online] ITC,
2020. [Cited: 2 September 2021.] https://www.trademap.
org/Country_SelProduct_TS.aspx?nvpm=
1%7c%7c%7c%7c%7c02%7c%7c%7c%7c2%7c1%7
c1%7c1%7c2%7c1%7c2%7c1%7c1%7c1.

196. Freidrich-Loeffler- Institut. Afrikanische Schweinepest. [Online] 7 4 2021. [Cited: 19 September 2021.]
https://www.openagrar.de/servlets/MCRFileNodeServ-
let/openagrar_derivate_00037053/Steckbrief-Afrikani-
sche-Schweinepest-2021-04-07-bf.pdf.

197. Becker, N. Die Rolle der Globalisierung und Klima-
veränderung auf die Entwicklung von Stechmücken und
von ihnen übertragenen Krankheiten in Zentral-Euro-
pa. *Environ Sci Eur.* 2009, Vols. 21, 212–222, https://doi.
org/10.1007/s12302-009-0049-1.

198. Overdevest, I., Willemsen, I., Rijnsburger, M., Eus-
tace, A., Xu, L., Hawkey, P. M…Kluytmans, J. Exten-
ded-Spectrum β-Lactamase Genes of Escherichia coli in
Chicken Meat and Humans, the Netherlands. *Emerging Infectious Diseases.* 2011, Vols. 17(7), 1216-1222, https://doi.
org/10.3201/eid1707.110209.

199. Mehltretter, T. Bakterienbefall im Stall. [Online] 25
1 2012. [Cited: 17 August 2021.] https://www.spiegel.de/
wissenschaft/medizin/massentierhaltung-bakterienbefall-
im-stall-a-811423.html.

200. Forschungsverbund RESET. ESBL and (fluoro)qui-
nolone resistance in Enterobacteriaceae. [Online] 25 Januar

2012. [Cited: 17 August 2021.] http://www.reset-verbund.de/documents/PM_RESET_material_2012-01-25.pdf.

201. Hannover, J. Resistente Keime im Hühnerstall. [Online] 14 1 2020. [Cited: 24 August 2021.] https://www.deutschlandfunk.de/folgen-der-massentierhaltung-resistente-keime-im.724.de.html?dram:article_id=467875.

202. Bundesminesterium für Ernährung und Landwirtshaft. Lagebild zur Antibiotikaresistenz. *AG Antibiotikaresistenz.* [Online] 23 7 2018. [Cited: 20 August 2021.] https://www.bmel.de/DE/themen/tiere/tierarzneimittel/lagebild-antibiotikaeinsatz-bei-tieren.html.

203. Bundeministerium für Ernährung und Landwirtschaft. Klöckner: „Reserve-Antibiotika in der Geflügelmast: Einsatz zu hoch, dringender Handlungsbedarf". *18. Jul 2019 Pressemitteilung Nr. 157/2019.* [Online] BMEL, 18 Jul 2019. [Cited: 25 August 2021.] https://www.bmel.de/SharedDocs/Pressemitteilungen/DE/2019/157-reserve-antibiotika.html.

204. Schmidt, H. Reserveantibiotika bleiben in der Tiermast erlaubt. *Tagessschau.de.* [Online] 16 9 2021. [Cited: 19 September 2021.] https://www.tagesschau.de/ausland/europa/reserveantibiotika-tiermast-101.html.

205. Lambrecht, O. Baar, C. Das Ende der Antibiotika? *Panorama.* s.l. : NDR, 12.09.2019. https://www.ndr.de/fernsehen/sendungen/panorama_die_reporter/Das-Ende-der-Antibiotika,antibiotika570.html.

206. Jonas, A. 700.000 Tote durch resistente Keime pro Jahr – 3 Wege aus der Antibiotika-Krise. *Focus Online.* [Online] FOCUS Online Group GmbH, 15 5 2019. [Cited: 26 August 2021.] https://www.focus.de/gesundheit/ratgeber/medikamente/antibiotikaresistenz/forscher-entwickeln-neue-strategien-resistente-keime-fordern-tausende-todesfaelle-drei-neue-wege-aus-der-antibiotika-krise_id_10703568.html.

207. WHO. Antimicrobial resistance. *Factsheet.* [Online] WHO, April 2014. [Cited: 26 August 2021.] https://web.

archive.org/web/20140505005857/http://www.who.int/mediacentre/factsheets/fs194/en/.

208. Tschurtenthaler, K., Lambrecht, O., Baars, C. Pharmabranche startet Antibiotika-Initiative gegen multiresistente Keime. *Tagessschau*. s.l. : NDR, 9.07.2020. https://www.tagesschau.de/multimedia/video/video-727739.html.

209. WHO. *Global antimicrobial resistance and use surveillance system (GLASS) report 2021*. s.l. : WHO, 2021. ISBN 978-92-4-002733-6 (electronic version).

210. Unicef. In Madagaskar droht eine Hungersnot – jetzt spenden. [Online] Deutsches Komitee Für Unicef, 2021. [Cited: 10 September 2021.] https://www.unicef.de/informieren/projekte/afrika-2244/madagaskar-19290/hunger-madagaskar/246222.

211. WHO. Climate change and health. *Fact Sheets*. [Online] WHO, 1 February 2018. [Cited: 7 September 2021.] https://www.who.int/news-room/fact-sheets/detail/climate-change-and-health.

212. Hasnain, S.E., Friedrich, B., Mettenleiter, T., Dobrindt, U., Hacker, J. Climate change and infectious diseases – Impact of global warming and climate change on infectious diseases: Myth or reality? *International Journal of Medical Microbiology*. 2012, Vols. 302, Issue 1, Pages1-3, https://doi.org/10.1016/j.ijmm.2011.09.011.

213. Randolph, S. Perspectives on Climate Change Impacts on Infectious Diseases. *Ecology*. 2009, Vols. 90(4), 927-931, http://www.jstor.org/stable/25592580.

214. Halliru, S.L. Climate Change Effects on Human Health with a Particular Focus on Vector-Borne Diseases and Malaria in Africa. [book auth.] M. (Ed.) Bouzid. *Examining the Role of Environmental Change on Emerging Infectious Diseases and Pandemics*. Hershey, PA, IGI Global : EISBN13: 9781522505549, 2017.

215. Becker, N. Die Invasion der Stechmücken. *Biologie in unserer Zeit*. 2014, Vols. 44, Issue 6, Pages 400-408.

216. Tetsch, L. Zika-Virus: Bedrohung durch invasive Tigermücken? *Biologie in unserer Zeit.* 2016, Vols. 46, Issue 1, pages 11-12, https://doi.org/10.1002/biuz.201690001.

217. ECDC. Yellow Fever. *survellance Report.* [Online] 2019. [Cited: 9 Septemmber 2021.] https://www.ecdc.europa.eu/sites/default/files/documents/AER-Yellow-Fever-2019.pdf.

218. Olaso, A. de Gògolas, M., Ramos, J. M. Malaria in Europe: a rare disease? Malaria en Europa, ¿una enfermedad rara? *Gaceta Sanitaria.* 2015, Vols. 29, Issue 4, Pages 316-317, https://doi.org/10.1016/j.gaceta.2015.02.010.

219. ECDC. Risk of importation and spread of malaria and other vector-borne diseases associated with the arrival of migrants to the EU. [Online] ECDC, 22 October 2015. [Cited: 9 September 2021.] https://www.ecdc.europa.eu/en/publications-data/risk-importation-and-spread-malaria-and-other-vector-borne-diseases-associated.

220. Ma, Y., Bring, A., Kalantari, Z., Destouni, G. Potential for Hydroclimatically Driven Shifts in Infectious Disease Outbreaks: The Case of Tularemia in High-Latitude Regions. *International Journal of Enviromental Research and Public Health.* 2019, Vols. 16(19), 3717, https://doi.org/10.3390/ijerph16193717.

221. Timofeev V., Bahtejeva I., Mironova R., Titareva G., Lev I., Christiany D. Insights from Bacillus anthracis strains isolated from permafrost in the tundra zone of Russia. *PLoS ONE.* 2019, Vol. 14(5): e0209140, https://doi.org/10.1371/journal.pone.0209140.

222. ZDF zeit. Corona – Pandemie ohne Ende? *ZDF zeit.* [Online] ZDF, 16 3 2021. [Cited: 11 September 2021.] https://www.zdf.de/dokumentation/zdfzeit/zdfzeit-corona---pandemie-ohne-ende-100.html.

223. Bellin, E. Blutendes Wildschwein randaliert im Stahnsdorfer Friseur-Salon. *Potsdamer Neueste Nachrichten.* 2019, Vol. 06.02.2019.

224. Northoff, E. Krise in China: Schweinepest dezimiert Bestände. [Online] 2021 10 2019. [Cited: https://www.welthungerhilfe.de/welternaehrung/rubriken/krisen-humanitaere-hilfe/china-krise-durch-afrikanische-schweinepest/#:~:text=Krise%20in%20China%3A%20Schweinepest%20dezimiert%20Best%C3%A4nde%201%20Krise,Verlierer.%20…%205%20Peking%20will%20Megabe 22 September.]

225. Felsch, C. Wildschweine in der Falle. *Märkische Allgemeine*. 2018, Vol. 15.09.2018.

226. Woebken, D. Mikroorganismen: Artenvielfalt im Boden. *Semesterfrage*. [Online] Universtität Wien, 24 Januar 2020. [Cited: 15 September 2021.] https://medienportal.univie.ac.at/uniview/wissenschaft-gesellschaft/detailansicht/artikel/mikroorganismen-artenvielfalt-im-boden/.

227. Bundesverband Boden e.V. Potentielle Erosionsgefährdung von Ackerböden durch Wasser. *Bodenwelten*. [Online] Bundesverband Boden e.V., 16 Juni 2014. [Cited: 15 September 2021.] https://www.bodenwelten.de/content/potentielle-erosionsgefaehrdung-von-ackerboeden-durch-wasser#:~:text=Potentielle%20Erosionsgef%C3%A4hrdung%20von%20Ackerb%C3%B6den%20durch%20Wasser%20Bodenerosion%20ist,von%20Ackerb%C3%B6den%20durch%20Wasser%2C%20wie%20z.

228. Wainwright, M. Effects of fungicides on the microbiology and biochemistry of soils – a review. *Zeitschrift für Pflanzenernährung und Bodenkunde*. 1977, Vols. 140, Issue5 Pages 587-603, https://doi.org/10.1002/jpln.19771400512.

229. Max-Planck-Institut für Chemie (MPIC). Stellungnahme des MPI für Chemie zu Vorwürfen des Deutschen Bauernverbandes (DBV) in der Pressemeldung „Fragwürdige Diskussion um Feinstaub" vom 22. Januar 2019 veröffentlicht auf der Webseite des DBV. [Online] 24 1 2019. [Cited: 15 9 2021.] https://www.mpic.de/4393304/stellungnahme_mpic_zu_dbv__11022019.pdf.

230. Wall, D.H., Nielsen, U. N., Six, J.,. Soil biodiversity and human health. *Nature*. 2015, Vols. 528, pp 69-76, doi:10.1038/nature15744.

231. al., Garrison et. African and Asian Dust: From Desert Soils to Coral Reefs. *BioScience*. 2003, Vols. 53, no. 5: 469-480, https://doi.org/10.1641/0006-3568(2003)053[0469:aaadfd]2.0.co;2.

232. Hoberg E.P., Brooks D.R. *Phil. Trans. R. Soc. B*. 2015, Vol. 370: 20130553., http://dx.doi.org/10.1098/rstb.2013.0553.

233. Bundeszentrale für politische Bildung (bpb). Bevölkerung mit Migrationshintergrund I (2019). [Online] bpb, 20 9 2020. [Cited: 15 9 2021.] https://www.bpb.de/nachschlagen/zahlen-und-fakten/soziale-situation-in-deutschland/61646/migrationshintergrund-i.

234. UNO Flüchtlingshilfe. Zahlen & Fakten zu Menschen auf der Flucht. [Online] 2021. [Cited: 19 September 2021.] https://www.uno-fluechtlingshilfe.de/informieren/fluechtlingszahlen.

235. Kuehne, A., Fiebig, L., Jansen, K. et al. Migrationshintergrund in der infektionsepidemiologischen Surveillance in Deutschland. *Bundesgesundheitsbl*. 2015, Vols. 58, 560–568, https://doi.org/10.1007/s00103-015-2157-y.

236. Deutsches Zentrum für Luft- und Raumfahrt (DLR). Weltweiter Luftverkehr steigt in den nächsten 20 Jahren um rund 3,7 Prozent jährlich. [Online] DLR, 16 Dezember 2019. [Cited: 17 September 2021.] https://www.dlr.de/content/de/artikel/news/2019/04/20191216_fast-zehn-milliarden-flugpassagiere-im-jahr-2040.html.

237. Statista.de. Schifffahrt. [Online] 2021. [Cited: 19 September 2021.] https://de.statista.com/statistik/kategorien/kategorie/16/themen/131/branche/schifffahrt/#overview.

238. –. Kreuzfahrtindustrie: Markt für Hochsee- und Flusskreuzfahrten in Deutschland. [Online] 4 Juli 2021. [Cited: 19 September 2021.] https://de.statista.com/themen/593/kreuzfahrt/.

239. The Fund for Peace. Fragility in the World 2021. *Fragile State Index*. [Online] 21 Sep 2021. [Cited: 24 September 2021.] https://fragilestatesindex.org/.

240. Tuite et al. Global trends in air travel: implications for connectivity and resilience to infectious disease threats. *Journal of Travel Medicine,*. 2020, Vols. pp1-8, doi: 10.1093/jtm/taaa070.

241. Razum, O., Voigtländer, S. „Primary Health Care" und Urbanisierung. *Präv Gesundheitsf20210*. 2009, Vols. 5:29–36, DOI 10.1007/s11553-009-0210-0.

242. Leon, D.A. Cities, urbanization and health. *International Journal of Epidemiology*. 2008, Vols. 37:4–8, doi:10.1093/ije/dym271.

243. Unicef. UN-Report: Weltweit leiden rund 690 Millionen Menschen an Hunger. [Online] Unicef, 13 Juli 2020. [Cited: 28 September 2021.] https://www.unicef.de/informieren/aktuelles/presse/2020/un-report-nahrungssicherheit-hunger/221914.

244. Levine, M.M., Levine, O.S. Changes in human ecology and behavior in relation to the emergence of diarrheal diseases, including cholera. *Proc. Nad. Acad. Sci. USA*. 1994, Vols. 91, pp. 2390-2394,.

245. Linnhoff, C. Corona bei Tönnies: Was hat sich getan? *ZDFheute*. [Online] 14 6 2021. [Cited: 24 September 2021.] https://www.zdf.de/nachrichten/panorama/corona-toennies-ausbruch-ein-jahr-danach-100.html.

246. dpa. Strengerer Arbeitsschutz in Fleischindustrie. *ZDFheute*. [Online] 16 12 2020. [Cited: 24 September 2021.] https://www.zdf.de/nachrichten/politik/schlachthoefe-arbeitsschutz-regeln-100.html.

247. Riely et.al. Hemorrhagic Colitis Associated with a Rare Escherichia coli Serotype. *N Engl J Med*. 1983, Vols. 308 :681-685, DOI: 10.1056/NEJM198303243081203.

248. O'Brien et. al. Profile of Escherichia coli 0157:H7 Pathogen Responsible for Hamburger-Borne Outbreak of Hemorrhagic Colitis and Hemolytic Uremic Syndrome in

Washington. *JOURNAL OF CLINICAL MICROBIO-LOGY.* 1993, Vols. 31 No. 10, p. 2799-2801.

249. Schlundt, J. Food Safety. [book auth.] S.R. (Hrsg.) Quah. *International Encyclopedia of Public Health (Second Edition).* Waltham MA : Academic Press, 2017.

250. Limper, V. Vorsprung durch Stillen?. *Geschichte und Gesellschaft.* 2020, Vols. 46, S. 285 – 312.

251. WHO. Interantional Code of Marketing Breast Milk Substitutes. [Online] 1981. [Cited: 27 September 2021.] https://apps.who.int/iris/bitstream/handle/10665/40382/9241541601.pdf?sequence=1&isAllowed=y.

252. Esch, S., Janssen, S. Virus bei 70 Kindern – Schule schließt. [Online] 15 Dezember 2016. [Cited: 28 September 2021.] https://rp-online.de/nrw/staedte/neuss/norovirus-bei-70-kindern-schule-in-neuss-schliesst_aid-17661033.

253. von Klein, C.H.,. Contents of the Papyrus. *The Medical Features of the Papyrus Ebers.* Chicago : Press of the American Medical Association, 1905.

254. Hilligmeier, K. Casanova – Spielsucht, Frauen und Gefängnis. *Geschichte Spezial.* [Online] 29 7 2015. [Cited: 1 Oktober 2021.] https://www.g-geschichte.de/sonderhefte/gspezial-casanova/.

255. Schaefer, A. „Wer zweimal mit derselben pennt …". *Deutschlandfunk Kultur.* [Online] Deutschlandfunk, 7 6 2018. [Cited: 30 September 2021.] https://www.deutschlandfunk-kultur.de/sexuelle-revolution-wer-zweimal-mit-derselben-pennt.976.de.html?dram:article_id=419832#:~:text=%20Sexuelle%20Revolution%20%E2%80%9EWer%20zweimal%20mit%20derselben%20pennt,Die%20Adressaten%20der%2068er%20Befreiung%20des.

256. Bremer et. al. Sexuell übertragbare Infektionen in Deutschland. *Bundesgesundheitsbl.* 2017, Vols. 60:948–957, DOI 10.1007/s00103-017-2590-1.

257. Kramer, S. Schmidt, A.J., Marcus, U. Daten zur sexuellen Gesundheit von Anbietern und Kunden sexueller Dienste bei in Deutschland lebenden Männern, die Sex mit

Männern haben. *Bundesgesundheitsbl.* 2017, Vols. 60:958–970, DOI 10.1007/s00103-017-2589-7.

258. WHO. Sexually transmitted infections (STIs). [Online] WHO, 2021. [Cited: 25 Januar 2022.] https://www.who.int/health-topics/sexually-transmitted-infections#tab=tab_1.

259. Nixdorff, K., Schilling, D., Hotz, M. Biowaffen: Wie Fortschritte in der Biotechnologie missbraucht werden können. *Biologie in unserer Zeit.* 2002, Vols. 32 Issue 1, Pages 58-63, https://doi.org/10.1002/1521-415X(200201)32:1<58::AID-BIUZ58>3.0.CO;2-Y.

260. Ulrichs, T., Kuhn, J., Hahn, H. Mögliche Gefahren durch Bioterrorismus. *Fundiert.* 2005, Vol. Sicherheit (01/2005).

261. Keim, P.S., Walker, D.H., Zilinskas, R.A. Die Milzbrand Bedrohung. [Online] 23 11 2017. [Cited: 2 Oktober 2021.] https://www.spektrum.de/news/die-milzbrand-bedrohung/1520587.

262. Cenciarelli et. al. Bioweapons and Bioterrorism: A Review of History. *Defence S&T Tech. Bull.,.* 2013, Vols. 6(2): 111-129,.

263. Cencialrelli et al. Bioweapons and Bioterrorism: A Review of History and Biological. *Defebse S&T technical Bulletin.* 2013, Vols. 6 Num-2, pp 111-129.

264. Guilllemin, J. Scientists and the history of biological weapons. *EMBO Report.* 2006, Vols. 7:S45-S49, https://doi.org/10.1038/sj.embor.7400689.

265. Spiegel. »Enorme Bedrohung für die Welt«. *Spiegel.* 1977, Vol. 21 Artikel 44/87.

266. Grady, D. Pathogen Mishaps Rise as Regulators Stay Clear. *New York Times.* 2014, Vol. 19. July, https://www.nytimes.com/2014/07/20/science/pathogen-mishaps-rise-as-labs-proliferate-with-scant-regulation.html?searchResultPosition=5.

267. Kristof, N.D. Unmasking Horror – A special report.; Gruesome War Atrocity. *New York Times special Report.* [Online] 17 March 1995. [Cited: 31 Mai 2021.] https://

www.nytimes.com/1995/03/17/world/unmasking-hor-ror-a-special-report-japan-confronting-gruesome-war-atrocity.html.

268. Grill, B. Der Giftmischer der Apartheid. *Zeit Online.* [Online] Zeit Online GMBH, 10 Januar 2002. [Cited: 4 Oktober 2021.] https://www.zeit.de/2002/03/200203_dr__seltsam_die_xml/komplettansicht.

269. Gould, C., Folb, P. Project Coast: Apartheid's Chemical and Biological Warfare Programme. *UN-Report UNIDIR/2002/12.* [Online] 2002. [Cited: 4 Oktober 2021.] https://de.wikipedia.org/wiki/Project_Coast.

270. Kattmann, U. Menschenrassen. *Spektrum. de.* [Online] 7 12 2009. [Cited: 14 Oktober 2021.] https://www.spektrum.de/lexikon/biologie/menschenrassen/42123.

271. Wain-Hobson, S., (Autor) Bischoff, M. (Übers.). Außer Kontrolle. *Frankfurter Allgemeine Zeitung.* 20. Oktober 2021.

272. Quin, A. Buckley, C. A Top Virologist in China, at Center of a Pandemic Storm, Speaks Out. *New York Times.* [Online] 25 August 2021. [Cited: 6 Oktober 2021.] https://www.nytimes.com/2021/06/14/world/asia/china-covid-wuhan-lab-leak.html?action=click&module=Top%20Stories&pgtype=Homepage.

273. Ramzy, A. Chien, A. C. Rejecting Covid Inquiry, China Peddles Conspiracy Theories Blaming the U.S. [Online] 27 August 2021. [Cited: 6 Oktober 2021.] https://www.nytimes.com/2021/08/25/world/asia/china-coronavirus-covid-conspiracy-theory.html?searchResultPosition=1.

274. Grady, D. Deadly Germ Research Is Shut Down at Army Lab Over Safety Concerns. *New York Times.* [Online] 5 August 2019. [Cited: 6 Oktober 2021.] https://www.nytimes.com/2019/08/05/health/germs-fort-detrick-biohazard.html.

275. Altmann, L. K. Some Medical Puzzles Lead to Dark, and Criminal, Minds. *New York Times.* [Online] 12 Aug 1997. [Cited: 6 Oktober 2021.] https://www.nytimes.

com/1997/08/12/science/some-medical-puzzles-lead-to-dark-and-criminal-minds.html.

276. Amazonas.de. Yanomami – Kampf ums Überleben. [Online] Bernd Kulow Bildungsportal, 16 Juni 2020. [Cited: 22 Mai 2021.] https://amazonas.de/yanomami-kampf-ums-ueberleben/.

277. Das Gupta, O. Opfer der Krise: das Yanomami-Volk. [Online] 30 8 2012. [Cited: 22 Mai 2021.] https://www.sueddeutsche.de/politik/gefaehrlicher-goldrausch-am-amazonas-opfer-der-krise-das-yanomami-volk-1.981868.

278. Darlington, S. Uncontacted' Amazon Tribe Members Reported Killed in Brazil. [Online] 10 Sep 2017. [Cited: 22 Mai 2021.] https://www.nytimes.com/2017/09/10/world/americas/brazil-amazon-tribe-killings.html.

279. Survival International. Brasilien: Indigene Völker kämpfen gegen Covid und Bolsonaro. [Online] Survival Intetnational, 19 Februar 2021. [Cited: 21 Mai 2021.] https://www.survivalinternational.de/nachrichten/12541.

280. *Quo vadis Humanitas.* Nobre, C. 17.Juni 2020, Frankfurt : Frankfurter Allgemeine Zeitung, 2020.

281. Barras, V., Greub, G. History of biological warfare and bioterrorism. *Clinical Microbiology and Infection.* 2014, Vols. 20 Issue 6 Pages 497-502.

282. Follath, E. Das Geheimnis der Killerbakterien. *Der Spiegel (online).* [Online] 8 10 2000. [Cited: https://www.spiegel.de/politik/das-geheimnis-der-killerbakterien-a-ed0ea056-0002-0001-0000-000017541535?context=issue31 Mai 2021.]

283. Geissler, E. Alibek, Tularaemia and The Battle of Stalingra. *CBW Conventions Bulletin.* [Online] Seotember/Dezember 2005. [Cited: 2021 Mai 2021.] https://www.researchgate.net/profile/Erhard-Geissler-2/publication/242160520_Alibek_Tularaemia_and_The_Battle_of_Stalingrad/links/5f733ae8a6fdcc008645389e/Alibek-Tularaemia-and-The-Battle-of-Stalingrad.pdf.

284. Galea S., Merchant R. M., Lurie N. The Mental Health Consequences of COVID-19 and Physical Distancing: The Need for Prevention and Early Intervention. *JAMA Intern Med.* 2020, Vols. 180(6):817–818.

285. Müller, N. Infectious Diseases and Mental Health. [book auth.] Holt RIG, Maj M (eds) Sartorius N. *:Comorbidity of Mental and Physical Disorders.* Basel : Karger, 2015.

286. Wildermuth, V. Wie SARS-CoV-2 das Nervensystem. *Neuro Covid.* [Online] Deutschlandfunk, 6 11 2020. [Cited: 9 Juni 2021.] https://www.deutschlandfunk.de/neuro-covid-wie-sars-cov-2-das-nervensystem-schaedigt.676.de.html?dram:article_id=487121.

287. Schatz, J.L. Stigmatization, Syphilis, and Prostitution: The Discursive Construction of Sex Workers, Disease, and Feeblemindedness. [book auth.] Servitje L. (eds) Nixon K. *Syphilis and Subjectivity.* Palgrave Macmillan, Cham : Online ISBN 978-3-319-66367-8, 2018.

288. Thomas, A.J. Acquired deafness and mental health. *Psychology and Psychotherapy.* 1981, Vols. 53 Issue 3 pages 219-229.

289. du Feu, M. Fergusson, K. Sensory impairment and mental health. *Advances in psycatric Treatment.* 2003, Vols. 9, 95-103.

290. Santos-Pinto et al. Health demands and care of children with congenital Zika syndrome and their mothers in a Brazilian state. *BMC Public Health.* 2020, Vol. 20:762.

291. Boccaccio, G. *Decamerone.* München : Anaconda Verlag/Penguin Random House Verlagsgruppe, 2013. ISBN-10 : 3730600478.

292. Catholic online. Dance of Death. *Catholic Encyclopedia.* [Online] Catholic online. [Cited: 2 Juni 2021.] https://www.catholic.org/encyclopedia/view.php?id=3642.

293. Brüning, A. Steigt in der Pandemie die Zahl der Suizide? *Berliner Zeitung.* [Online] 30 11 2020. [Cited: 8 6 2021.] https://www.berliner-zeitung.de/gesundheit-oekologie/steigt-in-der-pandemie-die-zahl-der-suizide-li.122583.

294. ZDF. Heute Journal 09.06.2021. *ZDf Mediathek*. [Online] ZDF, 9 Juni 2021. [Cited: 9 Juni 2021.] https://www.zdf.de/nachrichten/heute-journal/heute-journal-vom-09-06-2021-100.html.

295. Racine et. al. Global Prevalence of Depressive and Anxiety Symptoms in Children and Adolescents During COVID-19. *JAMA Pediatrics*. 2021, Vol. 9. August 2021, doi:10.1001/jamapediatrics.2021.2482.

296. Müller-Jung, J. Seelisches Trümmerfeld. *Frankfurter Allgemeine Zeitung*. 2021, Vol. 202, 1. September 2021.

297. Deutschlanfunk. Anstieg um 15 Prozent in der Corona-Pandemie. *Die Nachrichten*. [Online] Deutschlandfunk, 10 Mai 2021. [Cited: 4 Juni 2021.] https://www.deutschlandfunk.de/haeusliche-gewalt-anstieg-um-15-prozent-in-der-corona.2932.de.html?drn:news_id=1257671.

298. Zeit online. Deutlich mehr Fälle von sexueller Gewalt gegen Kinder. *Zeit online*. [Online] Zeit online GmbH, 26 Mai 2021. [Cited: 3 Juni 2021.] https://www.zeit.de/gesellschaft/zeitgeschehen/2021-05/sexuelle-gewalt-kinder-kriminalstatistik-anstieg.

299. Frankfurter Allgemeine Zeitung. Gewalt gegen Frauen in Corona-Krise stark gestiegen. [Online] Frankfurter Allgemene, 14 4 2021. [Cited: 4 Mai 2021.] https://www.faz.net/aktuell/politik/ausland/un-bericht-gewalt-gegen-frauen-in-corona-krise-stark-gestiegen-17293180.html?service=printPreview.

300. Schm., E. Langeweile. *LEXIKON DER PSYCHOLOGIE*. [Online] Spektrum der Wissenschaft Verlagsgesellschaft, 2000. [Cited: 7 Juni 2021.] https://www.spektrum.de/lexikon/psychologie/langeweile/8514.

301. Die Welt. Viele Deutsche haben in der Corona-Krise deutlich zugenommen. *welt.de*. [Online] Axel Springer SE, 2 juni 2021. [Cited: 7 Juni 2021.] https://www.welt.de/vermischtes/article231540209/Studie-Viele-Deutsche-haben-in-der-Corona-Krise-deutlich-zugenommen.html.

302. Bay, M. Anna hungerte sich in Pandemie krank – ein Moment rettete ihr das Leben. *Focus Online.* [Online] Focus, 19 2 2021. [Cited: 7 Juni 2021.] https://www.focus.de/gesundheit/20-jaehrige-musste-drei-monate-in-klinik-anna-hungerte-sich-in-pandemie-fast-zu-tode-ein-moment-rettete-ihr-das-leben_id_13000863.html?drucken=1.

303. Brandt, M. Anzahl der Suizide steigt 2020 um 1,8%. *Statista.com.* [Online] Statista GmbH, 4 11 2021. [Cited: 4 November 2021.] https://de.statista.com/infografik/25737/anzahl-der-todesfaelle-durch-vorsaetzliche-selbstbeschae-digung-in-deutschland/.

304. Deutsche Haupststelle für Suchtfragen e.V. DHS Jahrbuch Sucht 2021. *DHS.* [Online] 14 4 2021. [Cited: 8 Juni 2021.] https://www.dhs.de/service/presse/pressemeldungen/meldung/dhs-jahrbuch-sucht-2021-erschienen.

305. IDEA. ERF Medien: Die „geistliche Wirkung" ist gewachsen. *IDEA Newsletter.* [Online] IDEA, 8 6 2021. [Cited: 9 Juni 2021.] file:///C:/Users/Anwender/OneDrive/Dokumente/Czicki/Pest,%20Plagen%20und%20Pandemien/Teil%204%20Quellen/Heulen%20und%20Z%C3%A4hneklappern/ERF%20Medien_%20Die%20%E2%80%9Egeistliche%20Wirkung%E2%80%9C%20ist%20gewachsen_%20idea.de.pdf.

306. WHO. WHO Executive Board stresses need for improved response to mental health impact of public health emergencies. [Online] WHO, 11 February 2021. [Cited: 8 6 2021.] https://www.who.int/news/item/11-02-2021-who-executive-board-stresses-need-for-improved-response-to-mental-health-impact-of-public-health-emergencies.

307. Spitale, G. COVID-19 and the ethics of quarantine: a lesson from the Eyam plague. *Medicine, Health Care and Philosophy.* 2020, Vols. 23:603–609.

308. Knapen, B. *Between Plague, Passions and Pogroms.* Nijmegen : Knapen, B., 2019.

309. Frenschkowski, M. *Die Hexen.* Wiesbaden : Marix-verlag, 2016. ISBN 978-3-86539-965-6.

310. Anhalt, U. Cholera-Pandemie: Geschichte, Verlauf und Hintergründe. *Heilpraxis.* [Online] 1 Mai 2020. [Cited: 26 Mai 2021.] https://www.heilpraxisnet.de/themen/cholera-pandemie-geschichte-verlauf-und-hintergruende/.

311. Lippold, H. Der Cholera-Aufstand von 1831. Damals stellten die edlen Söhne der Albertina die Ordnung wieder her. *Ostpreußenblatt.* 1968, 11. Mai 1968.

312. Heine, H. Französische Zustände. *Heines sämtliche Werke sechster Band.* s.l. : Books on Demand, 2013.

313. ntv.de. Cholera in Simbabwe. *ntv Panorama.* [Online] ntv, 12 Dezember 2008. [Cited: 29 Mai 2021.] https://www.n-tv.de/panorama/Cholera-in-Simbabwe-article41326.html.

314. Wernicke, C. "Die meisten sterben still und unbeachtet". *Spiegel.* [Online] Spiegel Gruppe, 12 12 2008. [Cited: 29 Mai 2021.] https://www.spiegel.de/politik/ausland/cholera-epidemie-in-simbabwe-die-meisten-sterben-still-und-unbeachtet-a-595873.html.

315. Götz-Votteler, K. and Hespers, S. *Alternative Wirklichkeiten.* Bielefeld : transcript Verlag, 2019. ISBN 978-3-8376-4717-4.

316. Shear, M.D., Barnes, J.E., Zimmer, C., Mueller,B. Biden Orders Intelligence Inquiry Into Origins of Virus. *Politics.* [Online] 26 Mai 2021. [Cited: 27 Mai 2021.] https://www.nytimes.com/2021/05/26/us/politics/biden-coronavirus-origins.html?action=click&module=RelatedLinks&pgtype=Article.

317. Müller-Lancé, K. Influencer sollten Biontech-Impfstoff verunglimpfen. *Süddeutsche Zeitung.* [Online] 26 Mai 2021. [Cited: 29 Mai 2021.] https://www.sueddeutsche.de/politik/biontech-kampagne-influencer-1.5304280?print=true.

318. Oppenheimer, S. *Out Of Eden.* London : Constable & Robinson Ltd., 2003. ISBN 1-84119-697-5.

319. Filipović, D., Meadows, J., Corso, M.D. et al. New AMS 14C dates track the arrival and spread of broomcorn millet cultivation and agricultural change in prehistoric

Europe. *Sci Rep.* [Online] 13 August 2020. [Cited: 6 Juni 2021.] https://www.nature.com/articles/s41598-020-70495-z. https://doi.org/10.1038/s41598-020-70495-z.

320. Myhrman, J., Weingast, B. Douglass C. North's Contributions to Economics and Economic History. *The Scandinavian Journal of Economics,.* 1994, Vols. 96(2), 185-193.

321. Charité. Zur Geschichte des Campus Charité Mitte. [Online] Charité – Universitätsmedizin Berlin, 2021. [Cited: 25 Juli 2021.] https://www.charite.de/die_charite/campi/campus_charite_mitte/historie_des_campus_charite_mitte/.

322. Sarasin, P. Die Geschichte der Gesundheitsvorsorge. *Cardiovascular Medicine.* 2011, Vols. 1;14(2):41-45.

323. Reynolds, F. *The Fight For Beauty.* London : Oneworld Publications, 2016. ISBN 978-1-78607-104-0.

324. Hill, O. Übersetzung Großherzogin v. Hessen, A. *Aus der Londoner Armenpflege (Homes of the London Poor).* Wiebaden : Julius Riedner, 1978.

325. Mann, T. *Tod in Venedig.* Frankfurt am Main : Fischer Verlag, 1992. ISBN-10 : 3596112664.

326. –. *Der Zauberberg.* Frankfurt am Main : Fischer Verlag, 1991. ISBN-10 : 3596294339.

327. Zysk, K.G. The Beginnings of Indian Medicin: Magico-Rieligeous Healing. *Asceticism and Healing in Ancient India: Medicine in the Buddhist Monastery.* Delhi : Motilal Banarsidass, 1998.

328. Irmer, J. Kann die Pharmaindustrie das Wissen von Dr. Schimpanse nutzen? *Tageblatt.* [Online] 27 3 2015. [Cited: 15 Juni 2021.] https://www.tagblatt.ch/leben/gesundheit/kann-die-pharmaindustrie-das-wissen-von-dr-schimpanse-nutzen-ld.1682897.

329. Kessler et.al. Social Structure Facilitated the Evolution of Care-giving as a Strategy for Disease Control in the Human Lineage. *Scientific Reports.* [Online] nature.com, 27 September 2018. [Cited: 10 Juli 2021.] https://www.nature.com/articles/s41598-018-31568-2. DOI:10.1038/s41598-018-31568-2 1.

330. Mühlberger, M. Geschichte der Krakenpflege. [Online] 1966/67. [Cited: 1 August 2021.] http://www.carolusbrevis.de/martina/KPflege/Krankenpflege.pdf.

331. Utz, C., Kammerer A. *Latein mit Felix 2*. Bamberg : C.C. buchner Oldenburg, 2003. ISBN 978-3-637-19732-9.

332. Hilger, H. Von der Therme bis zum Wellnesstempel. *Monumente*. 2006, Vol. Juni.

333. SchUM Städte e.V. Mikwe Speyer. *Schum entdecken*. [Online] SchUM Städte e.V., 2021. [Cited: 1 August 2021.] https://schumstaedte.de/entdecken/mikwe-speyer/#view-0.

334. Höpp, H.W. Ungleichheit ist ungesund. *Inland*. [Online] Frankfurter Allgemeine Zeitung, 14 5 2018. [Cited: 14 Juni 2021.] https://www.faz.net/aktuell/politik/inland/soziale-ungleichheit-beeinflusst-die-gesundheit-15585325.html#void.

335. Wippermann, C. Lebensstile und Milieus:. [Online] Konrad Andenauer Stiftung. [Cited: 14 Juni 2021.] https://www.kas.de/c/document_library/get_file?uuid=260ac523-c08d-e3e4-31e9-df41f8ed6761&groupId=252038.

336. Kásler, M. Ignaz Semmelweis, The Saviour of Mothers. *Civic Review,*. 2018. Vols. 14, 385-410, DOI: 10.24307/psz.2018.0425. DOI: 10.24307/psz.2018.0425.

337. Schülke. Geschichte der Hygiene. [Online] Schülke & Mayr AG, 2021. [Cited: 30 Juni 2021.] https://www.schuelke.com/ch-de/Wissensportal/article/Geschichte-der-Hygiene.php.

338. Xiao, J., Shiu, E., Gao, H., Wong, J. Y., Fong, M. W., Ryu, S., & Cowling, B. J. Nonpharmaceutical Measures for Pandemic Influenza in Nonhealthcare Settings-Personal Protective and Environmental Measures. *Emerging infectious diseases*. 2020, Vols. 26(5), 967–9, doi:10.3201/eid2605.190994.

339. Schneider, J. EU-Behörde zweifelt am Nutzen von FFP2-Masken. [Online] ZDF, 04 02 2021. [Cited: 3 Juli 2021.] https://www.zdf.de/nachrichten/panorama/corona-ffp2-masken-zweifel-100.html.

340. Kauermann, G., Küchenhoff, H., Berger, U. *CODAG Bericht Nr. 16*. München : LMU, 2021. https://www.co-vid19.statistik.uni-muenchen.de/pdfs/codag_bericht_16.pdf.

341. Cerulli Irelli et. al. The potential impact of enhanced hygienic measures during the COVID-19 outbreak on hospital-acquired infections: A pragmatic study in neurological units. *Journal of the Neurological Sciences*. 2020, Vols. 418, 117111, https://doi.org/10.1016/j.jns.2020.117111.

342. Krief et al. Novel Antimalarial Compounds Isolated in a Survey of Self-Medicative Behavior of Wild Chimpanzees in Uganda. *ANTIMICROBIAL AGENTS AND CHEMOTHERAPY*. 2004, Vols. 48, No. 8 p. 3196–3199.

343. GEOplus Magazin. Primatologie: Gesunder Dreck. *GEO*. [Online] G+J Medien, 9 2008. [Cited: 15 Juni 2021.] https://www.geo.de/natur/tierwelt/7092-rtkl-primatologie-gesunder-dreck.

344. Krief, S., Daujeard, C., Moncel, M., Lamon, N., & Reynolds, V. Flavouring food: The contribution of chimpanzee behaviour to the understanding of Neanderthal calculus composition and plant use in Neanderthal diets. *Antiquity*. 2015, Vols. 89(344), 464–471.

345. Merkel, W. Medikamente aus der Urwald-Apotheke. *Welt am Sonntag*. [Online] 7 12 2008. [Cited: 15 Juni 2021.] https://www.welt.de/wams_print/article2839503/Medikamente-aus-der-Urwald-Apotheke.html.

346. Oliver, S. J. The role of traditional medicine practice in primary health care within Aboriginal Australia: a review of the literature. *JOURNAL OF ETHNOBIOLOGY AND ETHNOMEDICINE*. 2013, Vols., 9:46, https://doi.org/10.1186/1746-4269-9-46.

347. Akter et Al. Phytochemical Profile and Antibacterial and Antioxidant Activities of Medicinal Plants Used by Aboriginal People of New South Wales, Australia. *Evidence-Based Complementary and Alternative Medicine*. [Online] 2016. [Cited: 22 Juni 2021.] https://www.hinda-

wi.com/journals/ecam/2016/4683059/. https://doi.org/10.1155/2016/4683059.

348. Elujoba, A. A., Odeleye, O.M., Ogunyemi, C.M. TRADITIONAL MEDICINE DEVELOPMENT FOR MEDICAL AND DENTAL PRIMARY HEALTH CARE DELIVERY SYSTEM IN AFRICA. *Afr. J. Trad. CAM.* 2005, Vols. 2 (1): 46- 61.

349. WHO. *The promotion and development of traditional medicine.* Genf : World Health Orginastion, 1978. ISBN 92-4-120622-5.

350. Khalid et. al. ISOLATION AND CHARACTE-RIZATION OF AN ANTIMALARIAL AGENT OF THE NEEM TREE AZADIRACHTA INDICA. *Journal of Natural Products.* 1989, Vols. 52, No. 5, pp. 922-927.

351. planet wissen. *Was ist Voodoo?* WDR, 2015.

352. Müller, C. Der schwierige Kampf gegen Hexenwahn. [Online] Deutsche Welle, 10 8 2020. [Cited: 21 Juni 2021.] https://www.dw.com/de/der-schwierige-kampf-gegen-hexenwahn/a-54484143.

353. Nutton, V. *Ancient Medicine.* London New York : Taylor & Francis Group, 2012. ISBN 978-0-415-52094-2.

354. Saad, B. Said, O. History of Graeco-Arab und Islamic Medicine. [book auth.] B., Said, O. Saad. *Greco-Arab and Islamic Herbal Medicine : Traditional System, Ethics, Safety, Efficacy, and Regulatory Issues.* Honoken New Yersey : John Wiley & Sons. Inc., 2011.

355. Hartigan, K V. *Performance and Cure : Drama and Healing in Ancient Greece and Contemporary America.* London : Bloomsbury Publishing Plc, 2009. e-ISBN-13: 978-1-8496-6774-6.

356. Babkin, I., Babkina, I. N. The Origin of the Variola Virus. *Viruses [online].* 2015, Vols. 7, no. 3, p. 1100–1112.

357. Filliozat, J. La valeur des connaissances gréco-romaines sur l'Inde. *Journals des Savants.* 1981, Vols. nr.2 pp 97-135, DOI : https://doi.org/10.3406/jds.1981.1426.

358. Brown, M. Attendant He: Innovator or Persona? *The Art of Medicine in Early China: The Ancient and Medieval Origins of a Modern Archive*. Cambridge : Cambridge University Press, 2015.

359. Wang, J., Wong, Y., & Liao, F. What has traditional Chinese medicine delivered for modern medicine? *Expert Reviews in Molecular Medicine*. 2018, Vols. 20, E4, doi:10.1017/erm.2018.3.

360. Liang, S. Missing pieces in the story of a caterpillar fungus – Ophiocordyceps sinensis. *IMA Fungus*. 2018, Vols. 9, A75–A77, https://doi.org/10.1007/BF03449442.

361. Siraisi, N. G. *Medicine in teh early Mediveal West and the Muslim World*. Chicago and London : University of Chicago Press, 2009. ISBN 13 978-0226761305.

362. Sweet, V. Hildegard of Bingen and the Greening of Medieval Medicine. *Bulletin of the History of Medicine*. 1999, Vols. 73, No. 3 (Fall 1999), pp. 381-403.

363. Deutscher Apotheken Verlag. Jüdische Ärzte und ihre Rolle in der mittelalterlichen heilkunde. [Online] [Cited: 27 Juni 2021.] https://media.dav-medien.de/sample/9783515121767_p.pdf.

364. Brooklyn Museum. Francesca of Salerno. *Heritage Floor*. [Online] Brooklyn Museum. [Cited: 26 Juni 2021.] https://www.brooklynmuseum.org/eascfa/dinner_party/heritage_floor/francesca_of_salerno.

365. Horden, P. What's Wrong with Early Medieval Medicine? *Social History of Medicine*. 2011, Vols. 24, Issue 1, Pages 5–25, https://doi.org/10.1093/shm/hkp052.

366. Dufour, H., Carroll, S. Große Mythen sterben langsam. *Spektrum.de*. [Online] 14 10 2013. [Cited: 30 Juni 2021.] https://www.spektrum.de/news/grosse-mythen-sterben-langsam/1210205.

367. Ernst, E. Komplementärmedizin – eine kritische Analyse. *Wien Med Wochenschr*. 2008, Vols. 158/7–8: 218–221, DOI 10.1007/s10354-007-0505-.

368. Roberts, A. *Die Anfänge der Menschheit*. London : Dorling Kindersley Ltd., 2011. ISBN 978-3-8310-2223-6.

369. Kessler et. al. Selection to outsmart the germs: The evolution of disease recognition and social cognition. *Journal of Human Evolution*. 2017, Vols. 108, Pages 92-109, https://doi.org/10.1016/j.jhevol.2017.02.009.

370. Seiler, E., Leven, K.-H. Anfänge von Helkunst und Pflege. *Geschichte der Medizin und der Krankenpflege*. Stuttgart : Verlag Kohlhammer, 2003.

371. Harig, G. Zum Problem „Krankenhaus" in der Antike. *Klio*. 1971, Vols. 53, pp180-195.

372. Wilmanns, J.C. Die ersten Krankenhäuser der Welt: Sanitätsdienst des Römischen Reiches schuf erstmals professionelle medizinische Versorgung. *Dtsch Ärzteblatt*. 2003, Vols. 100(40): A-2592/B-2161/C-2034.

373. Kaf al-Ghazal, S. K., Husain, M. Women's Contribution to Classical Islamic Civilisation: Science, Medicine and Politics. *Journal of the British Islamic Association*. [Online] 26 Mai 2021. [Cited: 20 Juli 2021.] https://muslimheritage.com/womens-contribution-to-classical-islamic-civilisation-science-medicine-and-politics/.

374. Threde, W., von Bonin, T. Pilgerfahrten, Kreuzzüge Ordensgründungen im Heiligen Land. [book auth.] W., von Bonin T. Threde. *Johanniterim Spannungsfeld an Weichsel und warthe*. Neuried : ars et unitas verlagsgesellschaft mbH, 2012.

375. Bernau, N. Was ist eigentlich ein Hospital? [Online] Deutschlandfunk, 26 03 2020. [Cited: 17 Juli 2021.] https://www.deutschlandfunk.de/endlich-mal-erklaert-was-ist-eigentlich-ein-hospital.691.de.html?dram:article_id=473410.

376. Frank, C. Wo das Spital gefürchteter war als der Tod. [Online] 26 März 2012. [Cited: 18 Juli 2021.] https://www.sueddeutsche.de/gesundheit/geschichte-des-krankenhauses-wo-das-spital-gefuerchteter-war-als-der-tod-1.1316825.

377. Vogt-Lüerssen, M. Die Hospitalgeschichte. *Kleio.org.* [Online] 1999-2021. [Cited: 18 Juli 2021.]

378. Hirschber, R. M. Hospitäler und Heilmethoden der Johanniter. [Online] Marca brandenburgensis anno domini 1260, Februar 2002. [Cited: 19 Juli 2021.] http://brandenburg1260.de/hospital1.html.

379. Dickens, C. *Martin Chuzzlewit.* s.l. : Kindle Ausgabe, 1843/44. ASIN B0084BZU48.

380. Cohen, I.B. Florence Nightingale. *Scientific American.* 1984, Vols. 250 No. 3 pp. 128-137.

381. de Groot, C., Taylor, M.A. Florence Nightingale: A Mother to Many. [book auth.] C. de Groot. *Recovering Nineteenth-Century Women Interpreters of the Bible.* Atlanta : Society of Biblical Literature, 2007.

382. Newsweek. The Worlds Best Hospitals 2020. [Online] Newsweek, 2021. [Cited: 25 Juli 2021.] https://www.newsweek.com/best-hospitals-2020.

383. Das Erste. Charité. [Online] Das Erste, 2017. [Cited: 26 Juli 2021.]

384. NDR. Coronavirus-Update: Alle Folgen. [Online] NDR, 27 7 2021. [Cited: 28 Juli 2021.] https://www.ndr.de/nachrichten/info/Coronavirus-Update-Alle-Folgen,podcastcoronavirus134.html.

385. AKH. Geschichte. [Online] Stadt Wien. [Cited: 26 Juli 2021.] https://www.akhwien.at/default.aspx?pid=88.

386. Elkeles, B. Medizinische Menschenversuche gegen Ende des 19. Jahrhunderts und der Fall Neisser: Rechtfertigung und Kritik einer wissenschaftlichen Methode. *Medizinhistorisches Journal.* 1985, Vols. 20, H. 1/2, pp. 135-148.

387. WHO Regional Office Europe. European Health Information Gateway. [Online] WHO, 1998-2013. [Cited: 2021 Juli 2021.] https://gateway.euro.who.int/en/hfa-explorer/.

388. Statistisches Bundesamt. Einrichtungen, Betten und Patientenbewegung. [Online] DESTATIS, 4 Feb 2021. [Cited: 26 Juli 2021.] https://www.destatis.de/DE/The-

men/Gesellschaft-Umwelt/Gesundheit/Krankenhaeuser/
Tabellen/gd-krankenhaeuser-jahre.html.

389. Müller, I. Krankenhäuser in Deutschland – Daten &
Fakten. *Netdoktor.* [Online] Hubert Burda Media, 21 August 2019. [Cited: 25 Juli 2021.] https://www.netdoktor.de/
krankenhaus/krankenhaeuser-in-deutschland-11207.html.

390. Deutsche Krankenhausgesellschaft. Coronavirus Fakten und Infos. [Online] Juli 2021. [Cited: 25 Juli 2021.]
https://www.dkgev.de/dkg/coronavirus-fakten-und-infos/.

391. aerzteblatt.de. Deutschland verliert in der Coronapandemie tausende Pflegekräfte. *Politik.* [Online] DER
DEUTSCHER ÄRZTEVERLAG GMBH, 9 3 2021.
[Cited: 12 12 2021.] https://www.aerzteblatt.de/nach-
richten/121853/Deutschland-verliert-in-der-Coronapan-
demie-tausende-Pflegekraefte.

392. Gross, CP., Sepkowitz, KA. The Myth of the Medical Breakthrough: Smallpox, Vaccination, and Jenner Reconsidered. *Int J Infect Dis.* 1998, Vols. 3:54–60.

393. Jütte, R. Zur Geschichte der Schutzimpfung. *bundeszentrale für politische bildung.* [Online] 6 11 2020. [Cited: 8 April
2021.] www.bpb.de/apuz/weltgesundheit-2020/318298/zur-
geschichte-der-schutzimpfung. CC BY-NC-ND 3.0 DE.

394. Foege et al. Smallpox eradication in West and Central Africa. *BULL. WORLD HEALTH ORGAN.* 1975,
Vols. 52, 209-222.

395. Lochner, W. Pest, Pocken, Cholera: München und
seine Seuchen. [Online] 11 12 2020. [Cited: 7 Juli 2021.]
https://www.merkur.de/welt/coronavirus-sti164091/pest-
pocken-cholera-muenchen-und-seine-seuchen-90128950.
html.

396. Dale, M.R.T., Fortin, M.-J. Preface. *Spatial Analysis.*
Cambridge : Cambridge University Press, 2014.

397. Diaz-Aviles, E., Stewart, A. *Tracking Twitter for epidemic intelligence: case study: EHEC/HUS outbreak in Germany, 2011.* Evanston, Illinois : s.n., 2012. https://doi.
org/10.1145/2380718.2380730.

398. Sung, U. G. Pandemie oder Shutdown, was beenden wir? [Online] ZDF, 3 4 2021. [Cited: 3 Juli 2021.] https://www.zdf.de/nachrichten/panorama/corona-suedkorea-deutschland-100.html.

399. Ritter des Heiligen Lazarus zu Jerusalem. Der Lazarus-Orden. [Online] Ritter des Heiligen Lazarus zu Jerusalem-Priora in Deutschland e.V. [Cited: 6 Juli 2021.] https://www.lazarusorden.org/der-orden/.

400. Mackowiak, P. A., Sehdev, P.S. The Origin of Quarantine. *Clinical Infectious Diseases*. 2002, Vols. 35, Issue 9, Pages 1071–1072, https://doi.org/10.1086/344062.

401. Bulst., N. Europäisches Massensterben. *Damals.de*. [Online] Konradien Medien GmbH, 28 Juni 2011. [Cited: 7 Juli 2021.] https://www.wissenschaft.de/magazin/weitere-themen/europaeisches-massensterben/.

402. Conti, A.A. Quarantine Through History. International Encyclopedia of Public Health. *International Encyclopedia of Public Health*. [Online] 28 August 2008. [Cited: 7 Juli 2021.] https://www.ncbi.nlm.nih.gov/pmc/articles/PMC7150140/. https://doi:10.1016/B978-012373960-5.00380-4.

403. Barrett.C.L., Eubank, S.G., Smith, J.P. If Smallpox Strikes Portland. *Scientific American*. 2005, Vols. 292 (3) pp 42-49.

404. Kofman, A. Stadtplanung für Größenwahnsinnge. [Online] Jacobin.de, 21 7 2020. [Cited: 10 Juli 2021.] https://jacobin.de/artikel/simcity-stadtplanung-neoliberalismus/.

405. Srivastav et. al. A mathematical model for the impacts of face mask, hospitalization and quarantine on the dynamics of COVID-19 in India: deterministic vs. stochastic. *Matheimatical Biosciences and Engineering*. 2021, Vols. 18(1): 182-213, doi: 10.3934/mbe.2021010.

406. Sattenspiel, L. Infectious diseases in the historical archives: a modelling approach. [book auth.] A. D., Swedlund, A. C. Herring. *Human Biologists in the Archives*. Cambridge : Cambridge University Press, 2002.

358

407. Metropolis, N. The Beginning of the Monte Carlo Method. *Los alamos Science*. 1987, Vol. Special Issue 1987.

408. Benedek, T. Vaccination-Induced Syphilis and the Hübner Malpractice Litigation. *Semantic Scholar*. [Online] WInter 2012. [Cited: 28 Juli 2021.] https://www.semanticscholar.org/paper/Vaccination-Induced-Syphilis-and-the-H%C3%BCbner-Benedek/09ce78461e4c3ca208d-2374455462c052ecde79d. DOI:10.1353/pbm.2012.0000.

409. Benzenhöfer, U. Tollwutimpfung: Die erste Tollwut-„Impfung". *aerzteblatt.de*. [Online] 2010. [Cited: 28 Juli 2021.] https://www.aerzteblatt.de/archiv/78959/Tollwutimpfung-Die-erste-Tollwut-Impfung.

410. Pasteur, L. Methode pour prévenir la rage après morsure. [book auth.] Pasteur Vallery-Radot (Hrsg.). *Oeuvres de Pasteur Band 6*. Paris : Masson, 1922-1939.

411. Kellerhoff, S.F. Robert Koch nahm „schwerste Nebenwirkungen" in Kauf. *Geschichte*. [Online] 7 4 2020. [Cited: 28 Juli 2021.] https://www.welt.de/geschichte/article207078959/Seuchen-Robert-Koch-nahm-schwerste-Nebenwirkungen-hin.html.

412. Lehmann, E. Hochgiftig, aber heilend: Salvarsan gilt als erstes Mittel gegen Syphilis – in Magdeburg und Stendal getestet. [Online] MDR, 3 März 2021. [Cited: 1 Oktober 2021.] https://www.mdr.de/zeitreise/stoebern/syphilis-salvarsan-krankheit-medizingeschichte-100.html.

413. Jewish Virtual Libary. The Holocaust: Nazi Medical Experiments. [Online] American-Israeli Cooperative, 1998-2021. [Cited: 28 Juli 2021.] https://www.jewishvirtuallibrary.org/nazi-medical-experiments.

414. United States Holocaust Memorial Museum. NAZI MEDICAL EXPERIMENTS. *Holocaust Encyclopedia*. [Online] United States Holocaust Memorial Museum, 30 August 2006. [Cited: 28 Juli 2021.] https://encyclopedia.ushmm.org/content/en/article/nazi-medical-experiments.

415. IPPNW. Der Nürnberger Kodex 1947. [Online] IPPNW, 1999. [Cited: 3 August 2021.] http://www.ippnw-nuernberg.de/aktivitaet2_1.html.

416. Presidential Commission for the Study of Bioethical Issues. Ethically Impossible STD Research in Guatemala from 1946 to 1948. [Online] September 2011. [Cited: 30 Juli 2021.] https://bioethicsarchive.georgetown.edu/pcsbi/sites/default/files/Ethically%20Impossible%20(with%20linked%20historical%20documents)%202.7.13.pdf.

417. Murrell, T. W. Syphilis in the Negro: Its Bearing on the Race Problem. *American Journal of Dermatology and Genito-Urinary Diseases*. 1906, Vols. 10, S 307.

418. Brandt, A.M. Racism and Research: The Case of Tuskegee Syphilis Study. *The Hastings Center Report*. 1978, Vols. 8(6): 21-29.

419. Stark, F. Der Tuskegee-Skandal und die Folgen. *welt.de*. [Online] 16 2 2021. [Cited: 30 Juli 2021.] https://www.welt.de/geschichte/article226431137/Menschen-als-Versuchsobjekte-Der-Tuskegee-Skandal-und-die-Folgen.html.

420. Bajaj, S.S., Stanford, F.C. Beyond Tuskegee – Vaccine Distrust and Everyday Racism. *The New England Journal of Medicine*. 2021, Vols. 384;5 (e)11-(e)12.

421. Bošnjak, S. The declaration of Helsinki: The cornerstone of research ethics. *Archive of Oncology*. 2001, Vols. 9(3), 179-184.

422. Lurie P, Wolfe SM. Unethical trials of interventions to reduce perinatal transmission of the human immunodeficiency virus in developing countries. *N Engl J Med*. 1997, Vols. Sep 18;337(12):853-6, doi: 10.1056/NEJM199709183371212. PMID: 9295246.

423. Angell, M. The Ethics of Clinical Research in the Third World. *N Engl J Med*. 1997, Vols. 337:847-849, DOI: 10.1056/NEJM199709183371209.

424. Hippokrates (Adams, F. Überstzer). On Airs, Waters, and Places. *The Internet Classics Archive*. [Online] 1994-

2009. [Cited: 20 Oktober 2021.] lassics.mit.edu/Hippocrates/airwatpl.html.

425. Bundesministerium für wirtschaftliche Zusammenarbeit und Entwicklung. One Health. [Online] Bundesministerium für wirtschaftliche Zusammenarbeit und Entwicklung (BMZ), 2021. [Cited: 19 Oktober 2021.] https://www.bmz.de/de/entwicklungspolitik/one-health.

426. Podbregar, N. Wie das Coronavirus nach Europa kam. *Scinexx Das Wissensmagazin.* [Online] MMCD NEW MEDIA GmbH, 14 September 2020. [Cited: 19 Oktober 2021.] https://www.scinexx.de/news/medizin/wie-das-coronavirus-nach-europa-kam/.

427. Psaropoulos, J. How Greece flattened the coronavirus curve. *Economy.* [Online] 7 April 2020. [Cited: 19 Oktober 2021.] https://www.aljazeera.com/economy/2020/4/7/how-greece-flattened-the-coronavirus-curve.

428. Travelbook. Griechenland hebt fast alle Corona-Beschränkungen auf. *TRAVELBOOK.de.* [Online] Axel Springer SE, 8 Oktober 2021. [Cited: 19 Oktober 2021.] https://www.travelbook.de/news/corona-covid-19-lage-griechenland.

429. Die Welt. Sechs Millionen Schutzmasken für Deutschland in Kenia verschwunden. *welt.de.* [Online] Axel Springer SE, 24 3 2020. [Cited: 21 Oktober 2021.] https://www.welt.de/politik/deutschland/article206762429/Corona-Sechs-Millionen-Schutzmasken-fuer-Deutschland-verschwunden.html#:~:text=Sechs%20Millionen%20Schutzmasken%20f%C3%BCr%20Deutschland%20in%20Kenia%20verschwunden.,verloren%20gegangen%2C%20wie%20e.

430. ARD. Die Täuschung in der Packungsbeilage. *Tagessschau.* [Online] ARD, 6 5 2017. [Cited: 12 Oktober 2021.] https://www.tagesschau.de/wirtschaft/intransparenz-medikamente-101.html.

431. Bidder, B. Coronavirus – Indien: Größter Impfstoffhersteller der Welt meldet Fabrikbrand. *Der Spiegel online.* [Online] 21 1 2021. [Cited: 12 Oktober 2021.] https://

www.spiegel.de/wirtschaft/unternehmen/coronavirus-indien-groesster-impfstoffhersteller-der-welt-meldet-fabrikbrand-a-290c30f3-3bd2-43a3-a758-15bff9f2944a.

432. Trigema. TRIGEMA stellt wiederverwendbare Behelfs–Mund- und Nasenmaske in Corona-Krise her. [Online] Trigema, 3 2020. [Cited: 22 Oktober 2021.] view-source:https://www.trigema.de/behelfs-mund-und-nasen-maske/#.

433. Schinke Couture. Crefelder-Couture-Masken. 2020. https://www.youtube.com/watch?v=Etivf1WCwL0.

434. Stückle, R. Beatmungsgeräte made in Ingolstadt. *Donaukurier.de.* [Online] 2 12 2020. [Cited: 22 Oktober 2021.] https://www.donaukurier.de/nachrichten/bayern/Covid-19-Beatmungsgeraete-made-in-Ingolstadt;art155371,4542670.

435. Die Welt. Der Turbo-Bau von Wuhan im Zeitraffer. *Welt.de.* [Online] Axel Springer SE, 30 1 2020. [Cited: 21 Oktober 2021.] https://www.welt.de/vermischtes/article205440353/Coronavirus-Kliniken-Der-Turbo-Bau-in-Wuhan-im-Zeitraffer.html.

436. Schmid, M. Corona in Indien: 4000 Corona-Tote in 24 Stunden – Sauerstoffmangel hat verheerende Folgen. *FR.de.* [Online] 5 6 2021. [Cited: 26 Oktober 2021.] https://www.fr.de/panorama/corona-indien-sauerstoff-coronavirus-mangel-krankenhaus-braende-rekordzahlen-covid-19-news-90484874.html.

437. Banner, T. Corona „nur ein paar Mutationen entfernt" von einer Variante, die Impfschutz umgehen kann. *FR.de.* [Online] 1 8 2021. [Cited: 25 Oktober 2021.] https://www.fr.de/panorama/corona-news-coronavirus-variante-delta-cdc-warnung-mutation-mutante-escape-90887953.html.

438. Eberth, C. Gefährliche Kombination bisheriger Virus-Mutationen: Kommt jetzt Covid-22? *FR.de.* [Online] 1 9 2021. [Cited: 26 Oktober 2021.] ttps://www.fr.de/ratgeber/gesundheit/corona-virus-covid-22-gefahr-kombination-virus-mutationen-delta-variante-zr-90953882.html.

362

439. Reddy, S. Covid-22 könnte noch schlimmer werden. *ETH-Forscher Sai Reddy warnt vor neuer Corona-Super-Variante.* Ringier AG, Zürich : Blick, 22 8 2021.

440. World Health Organization. https://www.who.int/docs/default-source/coronaviruse/transcripts/who-audio_emergencies_coronavirus_vpc_global_study_origins_wuhan_china_09feb2021.pdf?sfvrsn=924e7fe0_1. *WHO media briefing from Wuhan.* [Online] 09 Februar 2021. [Cited: 12 Februar 2021.] www.who.int/docs/default-source/coronaviruse/transcripts/who-audio_emergencies_coronavirus_vpc_global_study_origins_wuhan_china_09feb2021.pdf?sfvrsn=924e7fe0_1.

441. Harmsen, Torsten. Neue Studie: Masern sprangen in der Antike von Tieren auf den Menschen über. *Berliner Zeitung.* 2020.

442. Dobson, Cara E. Brook and Andrew P. Bats as 'special' reservoirs for emerging zoonotic pathogens. *Trends in Microbiology.* 2014, Vols. Vol 23 (3) p 172-180.

443. Müller, K. Verwesen für die Wissenschaft. *Spektrum.de.* [Online] 6 11 2018. [Cited: 17 Februar 2021.] www.spektrum.de/news/forensik-wie-zersetzt-sich-eine-menschliche-leiche/1595318.

444. SCINEXX. Pest: Freispruch für die Ratten. *SCINEXX das Wissensmagazin.* [Online] [Cited: 25 Februar 2021.] https://www.scinexx.de/news/medizin/pest-freispruch-fuer-die-ratten/#.

445. Foppa, IM. Introduction. *A Historical Introduction to Mathematical Modeling of Infectious Diseases.* Amsterdam : Elsevier Science & Technology, 2016.

446. Edelson PJ., Wormser GP. Peer Review: Dread: How Fear and Fantasy Have Fueled Epidemics from the black Plague to Avian Flu. *ClinicaInfectous Disease.* 2010, Vol. Vol 50 Issue 2.

447. Schneider, P. Focus.de. *Sandra Ciesek im Gespräch.* [Online] Focus, 8 2 2021. [Cited: 12 März 2021.] www.focus.de/gesundheit/news/sandra-ciesek-im-gespraech-sars-cov-

1-wurde-ausgerottet-virologin-sagt-warum-wir-das-bei-sars-cov-2-nicht-schaffen-werden_id_12943148.html.

448. Salo et al. Identification of Mycobacterium tuberculosis DNA in a pre-Columbian Peruvian mummy. *Proc. Nati. Acad. Sci. USA.* 1994, Vols. Vol. 91, pp. 2091-2094,.

449. Pennisi, E. First Genes Isolated from the Deadly 1918 Flu Virus. *Science.* 1997, Vols. 275, No. 5307 p. 1739.

450. Webb, JLA. Early Tropica Africa. *Humanitys Burden: A Global History of Malaria.* Cambridge : Cambridge University Press, 2008.

451. Schlagenberger, A.P. Die Vorstellungen und das Wissen von der Wirkungsweise des Choleraerregers Vibiro cholerae im Wandel der Zeit. *Disssertation zum Erwerb des Doktorgrades an der medizinischen Fakultät derLudwig-Maximilians-Universität München.* München : s.n., 2009.

452. Althouse, B.M., Hérbert-Dufresne, L. Epidemic cycles driven by host behaviour. *J. R. Soc. Interface.* 2014, Vol. 11:20140575.

453. Higgins, C. J. Book Review: Kalaupapa: A Collective Memory. *the hawaiian journal of history.* 2015, Vols. 49,204-206.

454. Williams, N. Phage Transfer: A New Player Turns Up in Cholera Infection. *Science.* 1996, Vols. 272, No. 5270, pp. 1869-.

455. Dezhong, Xu, et al. SARS coronavirus without reservoir originated from an unnatural evolution, experienced the reverse evolution, and finally disappeared in the world. *Chinese Medical Journal.* 2014, Vols. 127(13), p 2537-2542.

456. Cohen, J. Further evidence supports controversial claim that SARS-CoV-2 genes can integrate with human DNA. *Science Health, Coronavirus.* [Online] Science, 6 May 2021. [Cited: 11 Mai 2021.] https://www.sciencemag.org/news/2021/05/further-evidence-offered-claim-genes-pandemic-coronavirus-can-integrate-human-dna. doi:10.1126/science.abj3287.

457. BMBF. Ebola. [Online] BMBF. [Cited: 11 Mai 2021.] https://www.bmbf.de/de/ebola-1677.html.

458. Tchesnokov EP, Feng JY, Porter DP, Götte,M. Mechanism of Inhibition of Ebola Virus RNA-Mechanism of Inhibition of Ebola Virus RNA-Dependent RNA Polymerase by Remdesivir. *Viruses*. 2019, Vol. 11(4):326.

459. WHO. Middle East respiratory syndrome coronavirus (MERS-CoV). [Online] WHO, 11 March 2019. [Cited: 11 Mai 2021.] Middle East respiratory syndrome coronavirus (MERS-CoV).

460. Euronews. Coronavirus: Die 5 wildesten Verschwörungstheorien. *Welt*. [Online] 6 3 2020. [Cited: 12 Mai 2021.] https://de.euronews.com/2020/03/06/coronavirus-die-5-wildestens-verschworungstheorien.

461. *Mit offenen Karten-die Geschichte der Epidemien*. ARTE, 2020.

462. Glüsing, J. Die Virusjäger vom Amazonas. *Spiegel Panorama*. [Online] 22 6 2003. [Cited: 22 Mai 2021.] https://www.spiegel.de/panorama/die-virusjaeger-vom-amazonas-a-9dbcd293-0002-0001-0000-000027442209.

463. news.de. Virus-Pandemie "Seuche X": Millionen Tote in wenigen Wochen! Forscher warnen vor neuer Pandemie. [Online] MM New Media GmbH, 12 2 2021. [Cited: 22 Mai 2021.] https://www.news.de/panorama/855902593/coronavirus-news-forscher-warnen-vor-neuer-pandemie-seuche-x-neue-virus-pandemie-nach-corona-schlimmer-als-die-pest-durch-zoonose/1/.

464. Rötzer, F. Auf Epidemien folgen Unruhen und Aufstände. *Telepolis*. [Online] Heise online, 8 September 2020. [Cited: 28 Mai 2021.] https://www.heise.de/tp/features/Auf-Epidemien-folgen-Unruhen-und-Aufstaende-4887450.html.

465. Querner, E. Häusliche Gewalt gegen Kinder im Lockdown. *BR24*. [Online] BR, 3 2 2021. [Cited: 3 Juni 2021.] https://www.br.de/nachrichten/deutschland-welt/corona-lockdown-haeusliche-gewalt-gegen-kinder,SNsY0YF.

466. Lutterroth, J. Todesstudie von Tuskegee. *Spiegel Geschichte*. [Online] 7 6 2012. [Cited: 7 6 2021.] https://www.spiegel.de/geschichte/medizin–skandal–todesstudie–von–tuskegee–a–947601.html.

467. Semmelweis, I. P. *Die Aetiologie, der Begriff und die Prophylaxis des Kindbettfiebers*. Pest, Wien, Leipzig : Hartleben, 1861.

468. Kásler, M. Ignaz Semmelweis, The Saviour of Mothers. *Civic Review*. 2018, Vols. Vol. 14, Special Issue, DOI: 10.24307/psz.2018.0425.

469. Chiu, N. C., Chi, H., Tai, Y. L., Peng, C. C., Tseng, C. Y., Chen, C. C., Tan, B. F., & Lin, C. Y. Impact of Wearing Masks, Hand Hygiene, and Social Distancing on Influenza, Enterovirus, and All-Cause Pneumonia During the Coronavirus Pandemic: Retrospective National Epidemiological Surveillance Study. *Journal of medical Internet research*. 2020, Vol. 22(8)e21257, https://doi.org/10.2196/21257.

470. Gensini, G.F., Yacoub, M.H., Conti, A.A. The concept of quarantine in history: from plague to SARS. *Journal of Infection*. 2004, Vols. 49, Issue 4, Pages 257-261, https://doi.org/10.1016/j.jinf.2004.03.002.

471. Netflix. Charité. [Online] Netflix, 2017. [Cited: 25 Juli 2021.] https://www.netflix.com/de/title/80178971.

472. Magnuson et al. Inoculation Syphilis in Human Volunteers. *Medicine*. 1956, Vols. 33 Issue 1, pp 33-82.

473. Reverby, S.M. (edt.). *Tuskegee's Truths*. Charlotte : UNC Press Books, 2012. ISBN 1469608723, 9781469608723.

474. Der Spiegel. Schlechtes Blut. *Der Spiegel online*. [Online] 40 1981. [Cited: 30 Juli 2021.] https://www.spiegel.de/impressum.

475. Mitscherlich, A. Mielke, F. (Hrsg.). Nünberger Kodex 1947. *Medizin ohneMenschlichkeit: Dokumente desNürnberger Ärzteprozesses*. Frankfurt am Main : Fischer Taschnbücher, 1979.

476. Hircin, E., Antwerpes, F., Meyer, J. Antibiotikaresistenz. [Online] DocCheck Flexicon, 17 Dezember 2019.

[Cited: 17 August 2021.] https://flexikon.doccheck.com/de/Antibiotikaresistenz.

477. Fricke, A. Reserveantibiotika in der Tiermast ärgern die Ministerin. *ÄrzteZeitung.* [Online] 20 6 2019. [Cited: 18 August 2021.] https://www.aerztezeitung.de/Politik/Reserveantibiotika-in-der-Tiermast-aergern-die-Ministerin-85414.html.

478. ÄrzteZeitung. So unterschiedlich sind die Corona-Warn-Apps der anderen Länder. *ÄrzteZeitung.* [Online] Springer Medizin Verlag GmbH, 15 07 2020. [Cited: 3 Juli 2021.] https://www.aerztezeitung.de/Wirtschaft/So-unterschiedlich-sind-die-Corona-Warn-Apps-in-anderen-Laendern-411295.html.

479. Langlois, J. Illegales Goldschürfen fördert Malaria-Ausbrüche im Amazonas. *National Geographic.* [Online] 5 Nov. 2020. [Cited: 26 August 2021.] https://www.nationalgeographic.de/umwelt/2020/08/illegales-goldschuerfen-foerdert-malaria-ausbrueche-im-amazonas.

480. Lovehjoy, T.E. Kommentar: Ihr wollt keine Pandemien? Hört auf, die Natur zu missachten. *National Geographic.* [Online] 22 Mai 2020. [Cited: 26 August 2021.] https://www.nationalgeographic.de/umwelt/2020/05/kommentar-ihr-wollt-keine-pandemien-hoert-auf-die-natur-zu-missachten.

481. Statistisches Bundesamt. Erste vorläufige Ergebnisse der Todesursachenstatistik für 2020 mit Daten zu COVID-19 und Suiziden. [Online] DESTATIS, 8 Juli 2021. [Cited: 3 September 2021.] https://www.destatis.de/DE/Presse/Pressemitteilungen/2021/07/PD21_327_23211.html;jsessionid=021560BB58B13709141606F6A56BBF68.live731.

482. Bouzid, M. (Ed.). *Examining the Role of Environmental Change on Emerging Infectious Diseases and Pandemics.* East Anglia : Heshey P.A.: IGI Global, 2017. http://doi:10.4018/978-1-5225-0553-2.

483. Settele, J. Welche Rolle spielen sogen. „Tipping Points", zum Beispiel in der arktischen Tundra? *planet e.* [Online]

ZDF, 3 11 2017. [Cited: 10 September 2021.] https://www.zdf.de/dokumentation/planet-e/planet-e-wenn-das-klima-kippt-teil1-interview-prof-settele-frage2-100.html.

484. Bogich T.L, Chunara R., Scales D., Chan E., Pinheiro L.C., Chmura A.A., et al. Preventing Pandemics Via International Development: A Systems Approach. *PLoS Med.* 2012, Vol. 9(12): e1001354, https.//doi.org/10.1371/journal.pmed.1001354.

485. Cox, D.T.C., Shanahan, D.F., Hudson, H.L., Fuller, R.A., Gaston, K.J. The impact of urbanisation on nature dose and the implications for human health. *Landscape and Urban Planning.* 2018, Vols. 179, pp72–80.

486. Müller F., Schmid, A. Afrikanische Schweinepest in Deutschland: Bundesland will festen Grenzzaun errichten. [Online] Merkur.de, 6 5 2021. [Cited: 22 Septmber 2021.] https://www.merkur.de/welt/schweinepest-afrikanische-deutschland-importstopp-wildschwein-berlin-labor-kadaver-tote-ansteckungsgefahr-hunde-grenzzaun-zr-90040661.html.

487. Prosinger, J. Kogelboom, E. Syphilis, Tripper und Co. – das Comeback der Geschlechtskrankheiten. *Gyncast (Folge 14).* [Online] 28 10 2020. [Cited: 1 Oktober 2021.] https://www.tagesspiegel.de/gesellschaft/tagesspiegel-podcast-gyncast-folge-14-syphilis-tripper-und-co-das-comeback-der-geschlechtskrankheiten/26568568.html.

488. WHO. Sexually transmitted infections (STIs). [Online] WHO, 14 June 2019. [Cited: 1 Oktober 2021.] https://www.who.int/news-room/fact-sheets/detail/sexually-transmitted–infections-(stis).

489. Owen, G. REVEALED: U.S. government gave $3.7million grant to Wuhan lab at center of coronavirus leak scrutiny that was performing experiments on bats from the caves where the disease is believed to have originated. *mail online.* [Online] 12 April 2020. [Cited: 6 Oktober 2021.] https://www.dailymail.co.uk/news/ar-

ticle-8211291/U-S-government-gave-3-7million-grant-Wuhan-lab-experimented-coronavirus-source-bats.html.

490. Die Welt. Prominente Syphilis-Opfer. *Welt.de.* [Online] Axel Springer SE, 21 8 2017. [Cited: 1 Oktober 2021.] https://www.welt.de/gesundheit/gallery108391146/Prominente-Syphilis-Opfer.html.

491. Müller-Jung, J. Die schräge Karriere der Pandemie-Pille. *FAZ.net.* [Online] Frankfurter Allgemeine Zeitung GmbH, 20 10 2021. [Cited: 21 Oktober 2021.] https://www.faz.net/ueber-uns/faz-net-impressum-112096.html.

492. Sajey, N. J Marion Sims: controversial statue taken down but debate still rages. *The Guardian.com.* [Online] 21 Apr 2018. [Cited: 30 Juli 2021.] https://www.theguardian.com/artanddesign/2018/apr/21/j-marion-sims-statue-removed-new-york-city-black-women.

Abbildungsverzeichnis

Bild 1
Tierhaltung im alten Ägypten
Von einem unbekannten Autor eingescannt aus 1000 Fragen an die Natur, via The Metropolitan Museum of Art, Rogers Fund, 1948., Public Domain CC0
https://commons.wikimedia.org/w/index.php?curid=2959985

Bild 2
Bills of Mortality
Quelle: Bills of Mortality form February 28-March 7th, 1664. A plague free week. Rare Books Keywords: Illness
https://wellcomeimages.org/indexplus/obf_images/14/22/7e5e2491c7bfb2721023df86bf9f.jpgGallery: https://wellcomeimages.org/indexplus/image/L0045211.htmlWellcome Collection gallery (2018-03-23): https://wellcome-collection.org/works/b2utzsfe CC-BY-4.0, CC BY 4.0
https://commons.wikimedia.org/w/index.php?curid=36119061

Bild 3
Yamnaya Steppenhirten. Referenced from (6 September 2019). "The formation of human populations in South and Central Asia". Science 365 (6457). DOI:10.1126/science.aat7487. ISSN 0036-8075
Quelle: Map created from DEMIS Mapserver, which are public domain. Koba-chan.Drawing: (talk), reference: https://science.sciencemag.org/content/365/6457/eaat7487 – This file has been extracted from another file: Topographic90deg N0E0.pngThis file has been extracted from another file: Topographic90deg N0E90.png, CC BY-SA 3.0

https://commons.wikimedia.org/w/index.php?cu-rid=97058340

Bild 4
Reproduktion des Ebers Papyrus (ca. 1550 v.Chr.) eines ägyptischen medizinischen Papyrus
Quelle : Reproduction of the Ebers Papyrus General Collections https://wellcomeimages.org/indexplus/obf_images/cb/92/6bd8ecdac789281257737e5fbaca.jpgGallery: https://wellcomeimages.org/indexplus/image/L0016592.htmlWellcome Collection gallery (2018-03-29): https://wellcome-collection.org/works/mvv8scjq CC-BY-4.0
https://commons.wikimedia.org/w/index.php?cu-rid=35978487

Bild 5
Lazaruskreuz
Quelle: Krzysztof Blachnicki – eigenes Werk, Public Domain CC0
https://commons.wikimedia.org/w/index.php?cu-rid=1182511

Bild 6
St. Sebastian der für das Leben eines Totengräbers betet der während der Justinianischen Pest im 7.Jhd. von der Beulenpest befallen wurde
Quelle: Von Josse Lieferinxe – Ursprung unbekannt entstanden zwischen 1497und 1499, Gemeinfrei CC0
https://commons.wikimedia.org/w/index.php?curid=539827

Bild 7
Der König legt Kranken die Hand auf und heilt sie, Druck The Kings Evil von Raymond Crawfurd
Quelle: The King laying his hands on the sick to cure them. General Collections https://wellcomeimages.org/index-plus/obf_images/90/4a/8833df53e3b66dd7fc33d81a39b9.

jpgGallery: https://wellcomeimages.org/indexplus/image/
L0026472.htmlWellcome Collection gallery (2018-04-
01): https://wellcomecollection.org/works/w7wq48ng
CC-BY-4.0,
https://commons.wikimedia.org/w/index.php?cu-
rid=36012190

Bild 8
Ansicht des Pockenhospitals in Hawaii
Quelle: 'View of Smallpox Hospital', By Paul Emmert –
Hawaii Historical Society, Public Domain CC0
https://commons.wikimedia.org/w/index.php?cu-
rid=14701434

Bild 9
Albrecht Dürer zugeschriebene Darstellung eines Syphilitikers (Flugblatt mit dem Lehrgedicht des Arztes Dietrich Ulsen, Nürnberg)
Quelle: https://www.historicalresearchupdate.com/sto-
ries/science-history-syphilis-and-christopher-columbus/,
Public Domain CC0
https://commons.wikimedia.org/w/index.php?cu-
rid=1819475

Bild 10
Shitala Mata, die Pockengöttin auf einem Pferd sitzend
An artistic depiction of Hindu goddess Shitala at 25 Palli
Sarbojanin Durga Puja pandal, Kidderpore, Kolkata, 2010
Quelle: Jonoikobangali – Own work, CC BY-SA 3.0,
https://commons.wikimedia.org/w/index.php?cu-
rid=14889062

Bild 11
Karikatur zeitgenössischer britischer Nabobs
Quelle: By Unknown author – Library of Congress, Pu-
blic Domain CC0

https://commons.wikimedia.org/w/index.php?cu-rid=56900317

Bild 12
Ein Arbeiter am Panama-Kanal spritzt Kerosin in eine Pfütze
Quelle: The Field Museum Library – originally posted to Flickr as Man spraying kerosene oil, Public Domain CC0 https://commons.wikimedia.org/w/index.php?cu-rid=11331679

Bild 13
Satirische spanische Darstellung Ende September 1918: Ein Soldado de Nápoles liest in der Zeitung vom gutartigen Charakter der Krankheit und gleichzeitig, dass der Platz auf den Friedhöfen ausgeht
Quelle: Lorenzo Aguirre – El Fígaro, Public Domain CC0 https://commons.wikimedia.org/w/index.php?cu-rid=38765024

Bild 14
Poster für eine Produktion von Puccini's La Bohème. Erstellt: 1. Januar 1896
Quelle: By Adolfo Hohenstein – Allposters, Public Domain CC0
https://commons.wikimedia.org/w/index.php?cu-rid=16344228

Bild 15
Oktober 1831 Cholera, als großes verhülltes Gespenst mit skelettartigen Händen und Füßen, das Soldaten auf beiden Seiten der Front niedertrampelt
Quelle: Cholera, as a large shrouded specter with skeletal hands and feet, indiscriminately crushes soldiers on both sides of the battlefield von Robert Seymour – A Short History of the National Institutes of Health National Library of Medicine photographic archive. Cholera "Tram-

ples the victors & the vanquished both." Robert Seymour. U.S. National Library of Medicine, Public Domain CC0 https://commons.wikimedia.org/w/index.php?curid=117446532

Bild 16
Mary Mallon (1870–1938) erhielt den Spitznamen ‚Typhoid Mary'
Quelle: By Unknown artist – According to http://www.newsday.com/community/guide/lihistory/ny-history-702b,0,3017376.photo?coll=ny-lihistory-navigation[<span title=" since October 2014"class="plainlinks">dead link] this is an illustration that appeared in 1909 in The New York American. (According to http://www.pbs.org/wgbh/nova/typhoid/mary.html, the precise date was June 20, 1909)., Public Domain CC0 https://commons.wikimedia.org/w/index.php?curid=689799

Bild 17
Übertragungswege von Zoonosen
Quelle: Nach Léa Joffrin, Muriel Dietrich, Patrick Mavingui, Camille Lebarbenchon, https://journals.plos.org/plospathogens/article?id=10.1371/journal.ppat.1007134, CC-BY 4.0 (175) ins Deutsche übersetzt von E. Brandt unter Verwendung von Abbildungen von Piotr Siedlecki und Karen Arnold, Public Domain CC0

Bild 18
Vasco Núñez de Balboa tötet Indigene in Panama mit Kriegshunden als Strafe für angebliche Sodomie (Stich aus dem 17.Jhd.)
Quelle: © Can Stock Photo/GeorgiosArt <!-- HTML Credit Code for Can Stock Photo --><a href="https://www.canstockphoto.com">(c) Can Stock Photo/GeorgiosArt</a>

Bild 19
Größere Mausschwanzfeldermaus (*Rhinopoma microphyllum*) von A. Müller
Quelle: Brehms Thierleben. Allgemeine Kunde des Thierreichs, Erster Band, Erste Abtheilung: Säugethiere, Erster Band: Affen und Halbaffen, Flatterthiere, Raubthiere. Leipzig: Verlag des Bibliographischen Instituts, 1883, Public Domain CC0
https://commons.wikimedia.org/w/index.php?curid=9873271

Bild 20
Farbdruck des Gelbfieber oder Dengue Mosquitos *Aedes aegypti* (Damals *Stegomyia fasciata*, heute auch *Stegomyia aegypti*) von 1905.
Quelle: Original von Emil August Goeldi (1859 – 1917). – E. A. Goeldi (1905) Os Mosquitos no Pará. Memorias do Museu Goeldi. Pará, Brazil. Figures 3 (left) 1 (middle) and 2 (right) of Plate 1 in the Appendix., Public Domain CC0
https://commons.wikimedia.org/w/index.php?curid=5469706

Bild 21
Bettlerin ihr Kind stillend von Marquard Wocher 1. Januar 1780
Quelle: helveticarchives.ch; Swiss National Library, Prints and Drawings Department, Gemeinfrei CC0
https://commons.wikimedia.org/w/index.php?curid=38077702

Bild 22
Ein Poster des amerikanischen Kriegsministeriums von 1941–1945, das vor Geschlechtskrankheiten Veneral Diseases (VD) warnt
Quelle: Unbekannter Künstler – U.S. National Archives and Records Administration, Public Domain CC0, https://commons.wikimedia.org/w/index.php?curid=16942212

Bild 23
Symbol für Biogefahren
Quelle: Piotr Siedlecki, Public Domain CC0

Bild 24
Die Apokalyptischen Reiter (1497/1498) von A. Dürer
Quelle: Datei:Durer Revelation Four Riders, Created:
1497-1498, Public Domain CC0
http://www.wga.hu/html/d/durer/2/12/2apocaly/in-
dex.html

Bild 25
Totentanz von Guyot Marchant, Paris, 1485
Quelle: „The Bishop and the Squire", from The Death
Dance, by Guyot Marchant, Paris, 1485, scanned from
The Waning of the Middle Ages (1924)- on HathiTrust;
page 153 of scan, Gemeinfrei, CC0
https://commons.wikimedia.org/w/index.php?cu-
rid=92276562

Bild 26
Dr. Schnabel 1656
Quelle: Paul Fürst (copper engraving print)Doug Cold-
well (derivative work) – This file was derived from: Paul
Fürst, Der Doctor Schnabel von Rom (coloured version).
png(Superstock: Dr. Schnabel of Rome, a Plague Doctor
in 1656 Paul Fuerst Copper engraving (Stock Photo 1443-
1112)), Public Domain,CC0
https://commons.wikimedia.org/w/index.php?cu-
rid=11432793

Bild 27
Statue der Hygieia, römische Kopie circa 130–160 nach
einem griechischen Original um 360 v. Chr.
Quelle: Los Angeles County Museum of Art, Foto von
Sailko CC BY-SA 3.0

https://commons.wikimedia.org/w/index.php?curid=11821138

Bild 28
Abbildung 28: Zentralhalle (Basilica thermarum) in Carnuntum
Quelle: Pudelek (Marcin Szala) – Eigenes Werk, CC BY-SA 3.0
https://commons.wikimedia.org/w/index.php?curid=26107115

Bild 29
Müllersches Volksbad in München
Quelle: © Jorge Royan/http://www.royan.com.ar, CC BY-SA 3.0
https://commons.wikimedia.org/w/index.php?curid=23088118

Bild 30
Dr. Ignaz Phillip Semmelweis Von Eugen Doby (1834-1907)
Quelle: Die großen Deutschen im Bilde" (1936) by Michael F. Schönitzer, Gemeinfrei CC0
https://commons.wikimedia.org/w/index.php?curid=213879

Bild 31
Hildegard von Bingen, die eine Vision empfängt, die sie ihrem Schreiber diktiert und dabei auf ein Wachstablett zeichnet
Quelle: Illustration aus dem Liber Scivias, Gemeinfrei CC0
https://commons.wikimedia.org/w/index.php?curid=1718595

Bild 32
Hôtel-Dieu de Paris Detail aus einem Stich c. 1500
Quelle: unbekannter Autor Hotel-dieu-1500-nuns-detail.jpg,, http://cottageshare.com/monastic-and-hospital.htm, Public domain CC0

https://commons.wikimedia.org/w/index.php?cu-rid=4802648

Bild 33
Miss Nightingale, in dem Hospital, von Scutari.
Quelle: Holzdruck für The Illustrated London News, 24 February 1855, Seite 176. original version, Crimean War: Florence Nightingale going around the wards at Scutari Hospital. Wood engraving. Miss Nightingale, in the Hospital, at Scutari. Illustration for The Illustrated London News, 24 February 1855. https://wellcomeimages.org/indexplus/image/M0003645.htmlWellcome Collection gallery (2018-03-28): https://wellcomecollection.org/works/chsuqfym General Collections Keywords: Florence Nightingale, CC BY 4.0
https://commons.wikimedia.org/w/index.php?cu-rid=36318309

Bild 34
Polar-Area- oder Hahnenkamm-diagramm, mit dessen Hilfe Nightingale die Todesursachen während des Krimkrieges darstellt: blau: an Infektionskrankheiten Verstorbene rot: an Verwundungen Verstorbene schwarz: andere Todesursachen Erstellt: 1. Januar 1858
Quelle: Florence Nightingale – https://www.davidrumsey.com/luna/servlet/s/h6xid2, Public Domain CC0
https://commons.wikimedia.org/w/index.php?cu-rid=1474443

Bild 35
Karikatur über die Pocken Vakzination
Quelle: James Gillray – Library of Congress, Gemeinfrei CC0
https://commons.wikimedia.org/w/index.php?cu-rid=2289666

Bild 36
Karte von Dr. John Snow mit den Anhäufungen der Todesfälle bei der Cholera-Epidemie 1854
Quelle: John Snow – Ursprung unbekannt, Gemeinfrei CC0
https://commons.wikimedia.org/w/index.php?curid=403247

Bild 37
Lepraklapper
Quelle: Wellcome Collection gallery (2018-03-30): https://
wellcomecollection.org/works/tug9355j CC-BY-4.0
https://commons.wikimedia.org/w/index.php?cu-
rid=36311178

Bild 38
Gesundheitspass (fede di sanità) der dem Träger erlaubt
sich trotz Quarantäne und anderer pestbedingter Reisebeschränkungen frei zu bewegen.
Übersetzung: „Wir, die Gesundheitsbeamten von Montecchio
sind Zeugen, das folgende Person mit all ihren Besitztümern
dieses Land, das durch Gottes Gnade frei ist von allem Verdacht böser Ansteckung, verlässt um nach _____; zu
gehen, Name____, Alter____; Größe____, Haarfarbe____,
Montecchio, 22. Monat? 1611&1612 (übers. Aus dem Englischem Von E.Brandt). Von einem Unbekanntem Autor
Quelle: Wellcome Collection – https://wellcomecollecti-
on.org/works/atdv9uyf?wellcomeImagesUrl=/indexplus/
image/L0063755.html, CC-BY 4.0
https://commons.wikimedia.org/w/index.php?cu-
rid=92388928

Bild 39
Schema des One-Health-Konzepts
Quelle: Christian Julius – Eigenes werk, CC BY-SA 4.0
https://commons.wikimedia.org/w/index.php?cu-
rid=108203498

Die Autorin

Elisabeth Brandt wurde 1965 geboren. Während ihrer Kindheit lebte ihre Familie einige Jahre in Argentinien, wo sie eine bilinguale Schule besuchte. Zurück in Deutschland beendete sie ihre Schulkarriere mit der Mittleren Reife und absolvierte anschließend eine Ausbildung zur Veterinär-Medizinisch-Technischen Assistentin. Sie trat dann eine Stelle im Veterinärmedizinischen Institut der Bundeswehr an. Danach holte sie auf dem zweiten Bildungsweg ihr Abitur nach, studierte Biologie und vertieft Verhaltensforschung, Biochemie, Ökologie und Anthropologie. 2002 promovierte sie am Lehrstuhl für Anthropologie und Umweltgeschichte und absolvierte anschließend einen Kurs in Oxford über die Evolution des menschlichen Verhaltens. 2021 schloss sie ein Studium an der Freien Journalistenschule erfolgreich ab.
Mit „Pestilenz" erscheint ihr erstes Buch.

novum VERLAG FÜR NEUAUTOREN

Der Verlag

*Wer aufhört
besser zu werden,
hat aufgehört
gut zu sein!*

Basierend auf diesem Motto ist es dem novum Verlag
ein Anliegen, neue Manuskripte aufzuspüren, zu ver-
öffentlichen und deren Autoren langfristig zu fördern.
Mittlerweile gilt der 1997 gegründete und mehrfach
prämierte Verlag als Spezialist für Neuautoren in
Deutschland, Österreich und der Schweiz.

**Für jedes neue Manuskript wird innerhalb
weniger Wochen eine kostenfreie, unverbind-
liche Lektorats-Prüfung erstellt.**

Weitere Informationen zum Verlag und
seinen Büchern finden Sie im Internet unter:

www.novumverlag.com